전남 동부 개신교 전래사　1894~1960

완전한 순교

저자 **최경필**

도서출판 아세아

| 전남 동부 개신교 전래사 1894~1960 |

완전한 순교

초판1쇄 발행_2023년 7월 5일 · 발행_2023년 7월 5일

지은이_최경필
펴낸이_이명환
펴낸곳_도서출판 아세아기획
등록_제2000-000001호
주소_전남 순천시 장천2길 17-1
전화_(061)727-1070 · 팩스_(061)070-4758-0185
E-mail : ckp920@hanmail.net
ⓒ최경필, 2023

ISBN 978-89-6966-069-5(03230)

책값 20,000원

*지은이와 협의해 인지는 생략합니다.
*잘못된 책은 교환해 드립니다.
*이 책은 전라남도·(재)전라남문화재단의 후원을 받아 발간되었습니다.

전남 동부 개신교 전래사 | 1894~1960

완전한 순교

목차

서문   08

PART 01
전남동부 전래사 **순천읍성은 여리고성**
Chapter

1. 선교가 빠진 조미통상조약   16
2. 조선 땅 복음의 새벽을 열다   21
3. 호남에 복음을 전하라   30
4. 첫 교회 무만리 교회와 정태인 목사   35
5. 순천읍성은 여리고성   44
6. 여리고성이 무너지다   49
7. 목포는 전남 복음의 통로   56
8. 전남동부의 3·1운동과 기독교   65
9. 생명의 보루 알렉산더병원   74

PART 02
일제강점기 수난사 **배교의 역사, 신사참배**
Chapter

1. 배교의 길을 간 장로교와 감리교   86
2. 신사참배 찬성한 박용희 목사의 정체   95
3. 순천노회는 왜 신사참배에 굴복했는가   103
4. 신사참배와 동방요배의 실체   108
5. 순교로 지켜낸 신사참배 반대운동   119
6. 원탁회 사건과 독립운동   133
7. 순천노회 수난사건과 우상숭배   138
8. 하나님의 징계와 장로교의 분열   143
9. 84년 만의 참회와 남은 과제   159

PART 03 해방 후 개신교 피해사 **여순사건과 6·25의 참화**

Chapter

1. 기독교와 여순사건의 관계   168
2. 제헌선거 후유증과 손가락총   179
3. 여순사건에 미친 개신교의 영향력   191
4. 손동인·동신 형제의 순교와 진실   201
5. 안재선은 진짜 살해범인가   212
6. 6·25 전쟁과 기독교인 학살   218
7. 손양원 목사의 순교와 또다른 우상화   233

PART 04 순교와 배교의 회고사 **스데반의 순교를 따르라**

Chapter

1. 완전한 순교자가 되는 길   254
2. 이수정은 순교자인가, 아닌가   263
3. 호남 최초 순교자 양용근 목사   269
4. 전라도를 사랑한 조선의 바울 사도 이기풍   286
5. 신사참배 반대로 순종한 황보익 목사   306
6. 영광의 감리교 순교자들과 전라도   322
7. 언더우드가의 비밀   330

목차

PART 05 | 기독교와 반공주의 역사 **원수를 사랑하라**

Chapter

1. 기독교는 왜 공산세력과 적이 되었나 — 336
2. 소설 순교자와 북한에 남은 목사들 — 348
3. 유관순과 김일성의 스승 손정도 목사 — 354
4. 김일성 주석은 감리교 세례 신자 — 358
5. 정교분리 실패한 이승만의 야망 — 366
6. 원수를 사랑하라 — 379

부록

조선예수교 장로회 사기 순천노회 교회 등록 현황 — 388
전남동부지역 개신교 연대표 — 391
참고문헌 — 416
서평 — 426
추천사 — 429

> 네가 만일 네 하나님 여호와를 잊어버리고 다른 신들을 따라 그들을 섬기며
> 그들에게 절하면 내가 너희에게 증거하노니 너희가 반드시 멸망할 것이라.
> 여호와께서 너희 앞에서 멸망시키신 민족들 같이 너희도 멸망하리니 이는
> 너희가 너희의 하나님 여호와의 소리를 청종하지 아니함이니라
>
> (신명기 8:19~20)

이 책의 내용에 대해 다른 의견이 있으시면 저자에게 연락주세요. 개정판이나 다음 편에서 반영하도록 하겠습니다. 대신 확실한 근거자료를 반드시 제시해주시기 바랍니다. 교회 설립일에 대해서는 각각의 주장들을 반영하였으니 양해 바랍니다.
이 책에 실린 내용을 인용할 경우 반드시 출처를 밝혀야 합니다.

> 서문

하나님의 축복과 징계의 역사를 보며

하나님의 역사는 참 위대하다. 그 위대한 역사를 통찰해보기는 쉽지 않다. 전남 동부지역의 교회사를 들여다보면 위대한 하나님의 섭리를 확인할 수 있다. 전문 기독교 사학자도 아닌 그저 재야에 묻혀 향토사 연구에 몰두하던 비전문가인 내가 감히 전남 동부 개신교 전래사를 쓰겠다고 결심하기에는 대단한 용기가 필요했다.

전남 땅에 비춘 한줄기 생명의 빛

전남 동부지역, 즉 초창기 미 남장로교 순천선교부가 관할하던 구역(순천, 여수, 광양, 고흥, 보성, 구례, 곡성 일부)의 개신교 역사는 동학농민항쟁이 발생했던 1894년 4월부터 시작된다. 이번에는 1960년까지 이 지역에서 일어난 사건들을 정리해보았다. 레이놀즈 선교사 일행이 호남 선교답사를 시작해 첫 발을 디딘 곳은 그해 4월 27일 고흥 거금도와 녹동항이었다. 그로부터 11년 만인 1905년에 벌교 장좌리 무만동마을에 첫 교회가 세워졌다.(교회에서는 1900년 설립이라고 주장한다) 그리고 12년 만에 무만교회 출신 정태인 목사가 첫 목사로 장립되었다.

광주전남에서 첫 목사는 강진 출신 임성옥 목사이고, 전남동부 출신 첫 목사는 순천 출신 곽우영 목사(목포양동교회)이며, 첫 장로는 무만교회 김일현 장로이다. 전남 동부에서 처음 기독교를 받아들인 분은 목포양동교회에 출석했던 지원근 조사와 곽우영 목사로 보인다. 지원근 조사는 낙안 출신이고 곽우영 목사는 순천읍 출신이다.

하나님은 이 지역에서 130여 년의 시간 속에 많은 진리와 증거를 나타내셨다. 동학의 서학 배척 분위기와 향교를 중심으로 팽배한 유교 사상의 여리고성 같은 암담한 상황에서도 동학농민항쟁과 의병들에 대한 일본군과 관군의 무자비한 진압으로 희망을 잃어가던 우리 조상들에게 기독교는 한줄기 빛이었다. 무엇보다 알렉산더병원을 세워 각종 질병으로 죽어가던 생명을 살릴 수 있게 된 것은 커다란 축복이었다. 배우지 못해 고통받던 백성들에게 눈을 뜨게 만든 교회와 주일학교는 새로운 세상을 꿈꾸게 하였다.

절망과 고통에서 희망과 평안으로 가는 길을 기독교가 열어왔다. 교회는 절망한 이들의 피난처였고 생명을 지킬 수 있는 최후의 보루였다. 교회와 주일학교를 통해 민주주의를 배웠고, 인간은 누구나 보편적인 평등한 존재라는 것을 깨닫게 해 주었다. 그런 발전 과정 속에서 자신의 목숨까지 버리며 신앙을 지켰던 순교자들과 자신의 재산을 바치며 헌신하셨던 믿음의 조상들이 있었기에 우리는 오늘의 축복을 누리고 있다고 믿는다.

우리 가족의 믿음 역사는 하나님의 섭리

내가 어머니 손에 이끌려 고향의 모(母)교회(고흥 송산교회)를 다니기 시작한 것이 정확히 언제인지는 모른다. 기억나는 것은 초등학교 입학 전부터 기와식 5칸 교회에 나갔다는 것이다. 그리고 그 교회가 분열될 때 부모 따라 새 교회로 옮겼다가 다시 합해지는 과정이 있었는데, 아버지는 분열되어 나올 때마다 교회 예배당의 건축에 앞장섰다.

어머니는 모교회 집사로 죽는 날까지 새벽기도를 다니시며 우리 남매를 위해 울며 기도하셨다. 어머니의 간절한 기도 덕분에 오늘날까지 나와 내 가족이 그리고 우리 남매가 부족함 없이 누리며 살고 있다고 믿는다. 여의도순복음교회를 섬기셨던 외할머니도 살아생전 쉬지 않고 우리를 위해 기도해주셨다. 내가 방황을 끝내고 40대가 되자 정신이 번쩍 들어 다시 교회를 찾게 되었다. 그리고 매일 매일 신나는 영적 체험을 하면서 믿음도 쌓여 갔다. 그리고 나의 믿음도 다시 확고해졌다.

친할머니가 계셨는데, 생전에 겨울철을 제외하면 늘 흰 고무신을 신고 다니셨다. 한번은 동생의 인도로 교회(침례교회)에 나가셨는데, 고무신이 낡아 색이 바랬는지 그 다음 주에 목사님이 새 고무신을 선물로 주셨다. 그 선물을 받아 미안하셨는지 계속 주일마다 동생을 따라 교회에 다니셨다. 글자 하나도 모르셨지만, 목사님의 설교 말씀을 졸지 않고 잘 들으셨다고 한다. 그리고 큰댁으로 가셨다가 돌아가셨고, 운구차가 고향 선산으로 내려가시는 길에 우리 집에 들렀는데, 그 목사님이 교인들과 오셔서 천국 가시라고 축복해주셨다. 비록 성경도 읽지 못하고 찬송가도 전혀 알지 못하셨지만, 교회 가면 목사님 말씀에 마음이 평안해진다고 하셨는데, 주님이 천국으로 인도해 주셨으리라. 그 증거가 바로 교회는 쳐다보지도 않으시던 작은 아버지가 60대에 시골교회 장로가 되셨다는 것이다. 하나님은 우리 가족에게도 이렇게 섭리하셨다.

교회설립일 다툼보다 우선해야 할 것

교회사를 집필하면서 가장 논쟁이 되는 것이 바로 교회 설립일이다. 이는 한국교회가 교회의 개념을 제대로 이해하지 못해 생긴 혼란이다. 교회(敎會)란 예수 그리스도를 주(主)로 고백하고 따르는 신자들의 공동체. 또는 그 장소이다. 가톨릭에서 교회는 건물인 '성전', '성당', 즉 공간적인 개념이지만, 개신교는 '예배자리', '예배모임'이라는 형식의 개념이다. 교회를 구성하는 것은 예배, 인도자(목사, 조사, 전도사, 장로, 집사 등 직분자), 교인 등 세가지를 갖추어야 한다.

그리고 매 주일 예배를 드리는 것이 교회의 설립이라고 할 것이다. 그래서 사기에서는 '성립(成立)하다'라고 썼다. 교회라는 공동체를 이루고(成)세우는(立) 것을 말한다. 주일에 교인들이 모여 인도자가 예배를 인도해 드리는 것이 교회이고, 그 시작일이 바로 '성립일(成立日)'이다.

그런데 한국교회는 인도자도 없이 교인 몇사람 모여서 예배를 드렸다면서 그날을 교회 설립일이라고 주장한다. 이는 억지 주장이다. 그렇게 해서 교회 설립일이 좀 앞당겨진다고 그 교회의 위상이 높아지고 명예가 올라간다고 착각하는 것 같다. 왜 주님의 영광이 올라가는 것에는 무신경하고 교회의 명예가 올라가는 것에

만 목숨(?)을 걸고 거품을 무는지 알 수가 없다. 나는 이것을 "천박스럽다"고 표현한다. 하나님 앞에서 겸손해야 할 시점이다.

일제강점기에 세워진 교회의 역사는 모두 지워야 한다. 1940년대 일제의 강요에 굴복하여 신사참배를 수용하고 교회 안에까지 일본 귀신을 모셨던 교회는 그 이전의 역사를 모두 지우는 것이 더 명예로운 길이다. 1938년에서 해방 이전까지 문을 닫았던 교회가 아니라면 해방 전 역사는 치욕의 역사일뿐이다.

여전히 우상숭배에 빠진 한국교회

일제강점기 신사참배는 하나님의 큰 진노를 샀으며 분명한 징계가 있었음이 역사 안에서 확인되고 있다. 다른 신을 모셔놓고도 축복과 영광을 바랄 수는 없는 것이다. 여순사건과 6·25 전쟁의 학살, 남북분단, 교단분열의 시작은 바로 우상숭배(신사참배)에서 비롯되었다. 하나님과 일본의 천조대신은 이름만 다를 뿐 같은 신이라고 주장했던 박영희 목사의 주장에 "아멘"이라고 답했던 전남 동부지역 교회는 해방 이전의 치욕스런 역사를 깨끗이 지우고 다시 써야 한다.

지금도 한국교회는 거대한 예수 동상과 유명 목사 동상 건립 등을 쉽게 여기고 우상숭배에 열을 올리고 있다. 세 번이나 훼손되었던 연세대 언더우드 동상을 보고서도 참회하는 기색이 없다.

우리 조상들이 저지른 이 엄청난 배반의 역사와 과정을 확인해야만 올바른 참회와 역사 정립이 가능할 것이다. 우리는 먼저 복음통일을 기도하기 전에, 한반도의 평화를 바라기 전에 우리 조상의 원죄를 제대로 밝히는 것이 필요하다. 그리고 일제가 우리 조상들에게 무슨 짓을 저질렀는지 똑바로 알아야 우리 후손들에게 제대로 가르칠 수 있다.

손양원 목사의 위대한 순교정신이 우상화로 퇴색된 것도 이런 원죄를 숨기는 수단으로 악용되었기 때문이다. 신사참배를 반대하다 순교하신 양용근 목사나 이기풍 목사의 순교정신은 참으로 위대했다. 이 두 분의 순교를 자랑스럽게 내놓을수록 신사참배에 찬성하고 일제의 강요에 순응했던 그들의 원죄가 더 드러나기 때문에 선양사업에 관심을 기울이지 않았다.

나는 우리 신학교육도 문제가 많았다고 본다. 해방 후 신학대 교수 중 신사참배나 동방요배를 거부한 목사들이 있었는가. 조선신학교 발기인으로 참여한 김재준, 채필근, 송창근 목사가 그랬고, 장로회신학교에서 교회사를 가르친 한경직 목사도 이 흑역사를 제대로 가르칠 수 없었을 것이다.

그리고 미국 선교사들의 편지나 자료 등을 혼자 독점하고 있는 신학자들이 있다. 자료공유를 하려고 하면 미국 다녀온 비행기 값을 내놓으라는 등 터무니없는 돈을 요구한다는 소식도 들린다. 예수 믿는 신학자들이라면 부끄러운 줄 알아야 한다. 신학대 등 관련기관, 도서관 등에 그 자료를 기증해서 많은 신학도들과 역사 연구자들이 활용할 수 있도록 해야 한다.

최근의 기독교 역사에서 빼놓을 수 없는 것이 대형 교회 세습의 반칙 역사이다. 교묘하게 자식들에게 교회를 물려주기 위해 혈안(?)이 되어 있는 작금의 현실을 보면서 신앙인의 한 사람으로서 분노와 애증이 솟구친다. 저렇게 불순종하면서도 그 징계를 두려워하지 않는 한국교회가 앞으로 얼마나 더 힘들어질까 걱정된다.

평신도들의 헌신도 기록해야

이번 전남 동부 개신교 전래사에서는 시대별 개척과 선교, 교회창립과 교역자들의 활약, 시대별 사건과 기독교의 역할 등에 대해 정리했다. 앞으로 다음편에서는 초기 복음 전파에 헌신했던 장로, 영수, 조사, 권사, 집사 등 평신도들을 발굴해내고 그들의 삶을 기록하고자 한다. 한국교회나 교회사들은 대부분 교역자 위주로 집필되어 개척과정에서 헌금과 헌신으로 바쳤던 평신도들의 역할과 희생은 사장되고 있다. 그리고 교회를 세우고 부흥하고 섬겼던 평신도들과 그 후손들이 하나님께 어떤 축복을 받았는지도 기록하고 싶다.

일제강점기 일본 귀신을 섬기며 배교했던 목사들이 하나님께 어떤 징계를 받았는지도 계속 추적해 기록할 것이다. 그래서 하나님이 살아 역사하고 계심을 증거해 보이고 싶다. 이 책이 하나님이 살아계심을 증거하고 혼돈의 시대에서 방황하는 영혼들을 절망에서 생명의 길로 안내하는, 작은 이정표가 되었으면 하는 소망이다. 무엇보다 그런 소망을 갖게 해주신 하나님께 영광을 올려드리며 부족한 나를 주님의 영광을 위한 도구로 써주심에 감사드린다.

　이 책이 우리 모두에게 살아계신 하나님을 만나는 확증이 되고, 하나님 나라를 더 확장하는 도구가 되었으면 하는 소망을 품고 있다. 또한 전남 동부지역의 역사에서 기독교가 인권과 평화, 그리고 민주주의를 발전시키는데 어떻게 기여했는지를 보여주는 산 역사로 인식되는 계기가 되었으면 한다.

　이 책이 나오기까지 기도로 응원해주신 박병식 원로목사님과 이석권 원로목사님을 비롯해 물심양면으로 응원해주시고 협조해주신 신외식 목사님과 서종옥 장로님, 추천사와 기도로 격려해주신 금당남부교회 고창주 위임목사님과 여수제일교회 박웅진 담임목사님께 머리 숙여 감사를 드린다.

　또한 우리 지역사에 대해 조언해주시고 서평을 보내주신 역사학자 박병섭 선생님과 여순사건분야에 대한 감수와 자문를 해주신 여순사건 전문학자 주철희 박사님, 지역의 아픈 역사를 마다하지 않고 늘 함께 변함없이 동행해주시고 격려해주신 여성운동가 박소정 대표님, 감리교 역사를 자문해주신 신바람 낙도선교회 김용태 목사님(전 순천 왕지감리교회 담임목사), 조부의 귀한 사진자료 및 고흥 최초의 개신교인 신우구 선생의 자료를 챙겨주신 서울 이상완 선배님, 선교사 등 소중한 역사를 자문해주시는 양국주 선교사님, 늘 치열한 글쓰기를 응원해주시는 허석 전 순천시장님, 미국 애틀란타주 훼잇빌시티에서 응원해주는 나의 벗 명동광 목사, 한많은 한국전쟁전후 피학살자전국유족회를 이끌며 격려해주시는 윤호상 회장님, 여수지역 향토사를 자문해주신 여수지역사회연구소 박종길 소장님, 고흥지역 향토사를 자문해준 송호철 후배와 주변에서 늘 기도해주시는 금당남부교회 동역자님들에게도 깊은 감사를 드린다.

　앞으로 가난한 작은 시골교회를 찾아 그 교회 역사를 기록하고 집필하는 사역을 하고 싶다. 많은 기도와 응원을 부탁드린다.

2023년 7월

최경필

PART 01

전남동부 전래사
순천읍성은 여리고성

CHAPTER · 1

선교가 빠진 조미통상조약

조선과 미국은 1882년 5월 22일(음력 4월 6일) 고종 19년 인천 제물포에서 조미수호통상조약(朝美修好通商條約)을 체결하였다. 조선의 전권위원 신헌(申櫶, 1811~1884, 조선후기 무관이자 외교관, 추사 김정희의 제자, 실학파), 김 홍 집 (金弘集, 1842~1896, 조선후기 마지막 영의정, 개화기 정치인, 온건개화파로 갑오개혁 이후 최초의 총리대신)과 미국의 전권위원 로버트 윌슨 슈펠트(Robert Wilson Shufeldt, 182~1895, 미 해군제독, 외교관) 간에 체결되었다. 이 조약은 조선이 서양 국가와 맺은 최초의 수호통상조약이다.

이 조약이 체결되기 전 조선은 고종 및 명성황후와 흥선대원군 간의 힘 겨루기, 즉 아버지와 아들 며느리 간의 정쟁으로 혼란을 거듭하고 있었다. 대원군 이하응은 고종은 물론, 며느리 명성황후와 민씨 일족을 폐출시키고 첩실의 아들이자 적장자인 이재면을, 이어 이재면의 아들(고종의 손자)인 이준용을 왕위에 앉히기 위해 네 차례나 쿠데타를 시도했으나 연거푸 실패했다.

이준용의 첩이 셋이나 되는데, 세 번째 첩인 전순혁과 사이에 난 딸 이진완이 윤보선 대통령의 동생 윤원선(전 경기도 내무국장)과 결혼했다. 이렇게 조선 말기에는 유교 윤리도 무너지고 혼인마저 정략적으로 이용할 정도로 도덕 윤리마저 완전히 무너졌다. 성리학의 토대 위에 세워진 조선이 이렇게 각종 정쟁으로 성리학의 근본이 무너질 정도로 망조의 길로 가고 있었다.

이하응은 일본에 명성황후 제거를 청탁했고, 을미사변의 협력자로 역사에 큰 오점을 남겼다. 특히 그는 권력을 이용해 쇄국정책, 천주교인 대량 학살 등으로 조선의 멸망을 앞당긴 인물이라고 할 수 있다. 500년 왕국 조선이 멸망에 이른 것은 세도정치와 치열한 정쟁에 이어 마지막에는 시아버지와 며느리 간의 권력 쟁탈의 결과로 볼 수 있다.

제네럴셔먼호 사건과 조미통상수호조약

토마스선교사

1866년 미국 상선 제너럴셔먼호가 대동강을 거슬러 올라가 평양에서 통상을 요구하다가 거절당하자, 행패를 부렸다. 그러자 평안도관찰사 박규수(朴珪壽, 1807~1876, 서울 출신, 한성판윤·형조판서, 대제학)의 지시로 평안도 주민들이 배를 불태우고 선원들이 전원 사망한 사건이 발생했다. 이때 영국 선교사 토마스 (Robert Jermain Thomas, 최난헌, 1839~1866. 영국 웨일즈 출신)가 통역인으로 승선했다가 대동강변 백사장에서 피살되었다. 첫 개신교 순교자라고 하지만, 순교로 볼 수 없다는 주장도 있다.

이로부터 5년 후 1871년 미국은 제너럴셔먼호 사건을 문책하고 동시에 강제로 통상조약을 맺기 위해 5척의 군함을 이끌고 강화도로 쳐들어왔던 사건이 신미양요(辛未洋擾)이다. 미국이 5년이 지나서 쳐들어온 것은 1865년 링컨 대통령 암살에 이어 새로 취임한 앤드루 존슨 대통령도 탄핵 위기에 몰려 미국 내 정세가 어지러웠기 때문이었다. 존슨은 링컨이 폐지시킨 흑인 노예제를 부활시켰다가 탄핵 투표에서 1표 차로 간신히 살아났다.

1882년(고종 19년) 5월 22일 조선 정부는 인천 제물포에서 청국 대신 이홍장(李鴻章, 1823~1901, 외교관, 태평천국의 난 평정)의 주선으로 조선 측 전권대신 신헌과 미국측 전권공사 슈펠트 간에 '전문 14관(款)'으로 이루어진 조미수호통상조약을 체결하였다. 이 조약에는 미국을 최혜국(最惠國) 대우로 부여하고 치외법권을 허용하는 등 조선에 불리한 내용이 다수 포함되었음에도 '선교 허

상선 제너럴셔먼호

용'은 끝내 포함되지 않았다.

이 조약의 체결로 1883년 4월 조선 주재 미국 초대공사 푸트(Lucius H. Foote, 1826~1913. 갑신정변 때 조선·청국·일본 등 3국 간 난리 조정)가 입국해 비준서를 교환하고, 조선 정부에서도 같은 해 6월 민영익을 수반으로 한 보빙사 일행을 미국에 파견하였다. 이로써 조선은 비로소 구미 자본주의 국가에 직접적인 문호개방을 하게 되었고 양국의 역사적 교류가 시작되었다.

그런데 고종은 조미수호통상조약을 체결하면서 조약 내용에 왜 '선교 허용'를 포함해주지 않았을까. 일본은 이미 1858년 미국과 수호통조약을 체결하면서 개신교 선교를 허용하고 문호를 개방했음에도 전혀 흔들리지 않고 오히려 강국으로 가고 있었다.

중국은 1813년 런던 선교회의 밀네(W. Milne)가 광동에 도착하면서 개신교의 역사가 시작되었고, 연이어 독일, 프랑스, 미국 선교사들이 뛰어들면서 만주까지 전략적으로 선교활동이 이루어졌다. 1814년 중국인 최초로 차조(蔡高)가 런던선교회 모리슨(Robert Morrison, 1782~1834) 선교사에게 세례를 받음으로써 복음전파가 시작되었다. 그로부터 4년 후 조선은 1886년 5월 프랑스와 수호통상조약을 체결하면서 비로소 천주교의 선교 허용과 교인 신분보호를 수용하게 되었다. 실제 이때부터 미국 선교사들의 활동이 한반도에서 활발하게 전개되기 시작했다.

그런데 2년 뒤 1888년 4월 28일 조정에서 주미공사관에 기독교 금교령을 통보했다. 이때 알렌(Horace N. Allen, 1858~1932. 안연. 을사늑약 체결 때 일본 규탄한 후 파면됨)공사가 따졌다. 이미 한불조약에서 '교회(敎誨)'라는 내용은 포교 허용을 의미하는 것이라고 설득했다. 이 용어의 뜻은 원래 교도소에서 재소자를 위한 포교활동을 말하는 것이라고 할 수 있다. 사실상 이때부터 국내에서는 전면적인 선교사들의 활동이 자유롭게 허용되었다. 하지만, 이미 개신교의 선교활동은 외국 선교사들이 입국하기 전부터 중국과 만주, 일본을 통해서 활발하게 이루어지고 있었다.

한반도의 선교는 앞서 카를 퀴츨라프(Karl Friedrich August Gützlaf,1803~1851, 독일 루터교 선교사, 1832년 충남 홍주 상륙), 토마스, 존 로스[1](John Ross, 나요한, 1842~1915, 영국 스코틀랜드 출신) 선교사 등의 활약으로 성경 보급에 의한 자생적인 교회가 세워지는 등 서북지역과 압록강 등 국경지역에서 한국 개신교 역사가 서서히 시작되고 있었던 것이다.

만주에는 1882년 임오군란 때 피난 온 조선인들이 지안현에 거주했고, 두만강 건너 헤이룽장성에 거주한 조선인들도 있었다. 캐나다 선교사 로버트 그리어슨(Robert G. Rierson)과 조선인 김진근, 한경희 등이 옌지 일대 조선족을 대상으로 복음을 전파했고, 존 로스 선교사도 퉁화, 싱징, 선양 등지로 복음 전파에 나섰다.[2]

하지만, 직접 조선 땅에 최초로 선교사를 파견한 나라는 미국이다. 미국교회는 미국 정부와 상인들이 길을 열어놓은 중국과 일본에 차례대로 진출했지만, 애초 조선이라는 나라에는 큰 관심이 없었다.

처음 조선 선교에 관심을 가진 이는 미국 감리교 선교사 매클레이(Robert S. Maclay, 맥리가, 1824~1907, 극동아시아 감리교 선교 개척자)였다. 그는 1848년 중국에 파견된 초기 미국 북감리교 선교사로서, 푸저우(福州)에 동아시아 최초의 감리교 예배당을 건축한 인물이다. 푸저우에서 활동하던 매클레이는 조난당한 조선인을 통해 조선 선교에 관심을 가지게 되었다. 하지만, 병인박해에 대한 소문이 동아시아에 퍼져 쉽게 엄두를 낼 수 없었다.[3]

1882년 5월 미국과 수호통상조약을 맺으면서 비로소 선교의 길이 열렸다. 조약이 비준되면서 미국 공사 푸트가 1883년 5월 서울에 도착했고, 고종은

---

1 최초 한글성경 번역자, 한글 띄어쓰기 도입, 동북지방 사역, 심양 동관교회 설립자
2 대륙의 십자가(송철규 민경중. 메디치미디어. 2020) 564쪽
3 한권으로 읽는 한국기독교의 역사(류대영. 한국기독역사연구소. 2018) 51쪽

미국에 사절단(보빙사)을 보냈다. 명성황후의 조카 민영익이 이끄는 사절단은 1883년 9월 샌프란시스코를 거쳐 시카고로 향하면서 기차 안에서 유력한 감리교 목사 가우처[4](John F. Goucher, 1845~1922. 조선 선교의 아버지로 불린다)를 만나게 된다. 이 인연으로 가우처는 조선 선교를 결심하고 감리교회에 조선선교 요청과 함께 선교비 2천 달러를 보냈다.

1884년 6월 개신교 선교사로는 처음으로 매클레이 선교사가 조선을 방문했다. 당시 일본 유학생 중 갑신정변을 일으킨 김옥균은 매클레이의 부인에게 영어를 배워 친분관계를 유지했고, 다른 미국 선교사들과도 교류하면서 기독교를 배웠다. 그렇다고 불교도였던 김옥균이 개종을 한 것은 아니었다. 그 인연으로 매클레이 부부는 김옥균을 통해 고종에게 학교와 병원을 설립하게 해달라고 청원서를 제출해 승인을 받아냈다. 이를 통해 복음 전파를 시작하겠다는 목적이었다.

그런데 정작 선교사를 먼저 보낸 곳은 미국 장로교 쪽이었다. 일본에서 성경 번역에 참여했던 이수정에 의해 미국 북장로교 선교본부가 먼저 움직였다. 1884년 9월 20일 당초 중국으로 파송되었던 의료선교사 알렌이 자원해 서울에 도착했다. 알렌은 상주하기 위해 한반도에 온 최초의 개신교 선교사이었다. 그는 매클레이가 점찍어 두었던 정동의 집을 구입했다.[5]

---

[4] 1922년 서울YMCA 뒤에 가우처기념예배당이 건립됐고, 충남 서천 아펜젤러순직기념관 부속건물로 가우처홀이 건축됐다.
[5] 같은 책 (3항) 53~54쪽

CHAPTER · 2

조선 땅 복음의 새벽을 열다

　미국 북장로회 선교사 알렌이 조선 땅을 밟게 된 것은 가톨릭 중국인 신부 주문모(周文謨, 1792~1801, 한국 최초의 외국인 신부, 1801년 신유박해 때 순교)이후 90년 만이고 토마스 순교 이후 20년 만이었다. 또한 고려문에서 로스 선교사가 이응찬을 만난 때부터는 8년 만이었다. 당시에는 극심한 박해를 견딘 가톨릭 선교사들도 다시 들어와서 한창 교회를 재건하고 있었다.
　선교사가 입국하기 시작했다는 것은 자발적 신앙공동체를 넘어 교회가 본격적으로 만들어질 수 있다는 뜻이었다. 그러나 그것은 선교사의 손에 넘어간다는 것을 뜻하고 이후 오랫동안 선교사와 그들이 파견한 서구교회의 그늘 밑에 존재했다.
　알렌은 미국공사관의 공의(公醫) 신분으로 활동을 시작했다. 하지만, 1884년 12월 4일 갑신정변에서 개화당의 습격으로 중상을 입은 명성황후의 동생 민영익(閔泳翊)을 치료해 준 것이 계기가 되어 조선왕실 주치의로 발탁되었다. 이 사건으로 1885년 4월에는 조선 최초의 서양병원이자 왕립병원인 광혜원(나중에 제중원으로 변경)이 설립되었다.
　갑신정변에서 서광범(徐光範, 1859~1897, 개화파, 일본 미국 유럽 순방 등으로 갑오개혁 추진) 등 에게 깊은 상처를 입은 민영익(閔泳翊, 1860~1914, 명성황후 오빠 민승호의 양자)은 조선해관 총세무사인 묄렌도르프(P.G. Von Möllendorff, 목인덕, 민씨 집안의 지지

묄렌도르프

로 활약한 독일인, 고종의 고문)의 집으로 옮겨와 있었으며, 그 치료를 위해 알렌은 한밤중에 묄렌도르프의 집으로 가게 되었다. 당시 민영익은 얼굴, 목, 등, 팔꿈치 등 온몸에 깊은 자상을 입었으며 지혈조차 이뤄지지 않았던 상태였는데, 알렌은 서양 의학의 방식으로 상처를 소독하고 봉합하였으며, 5일과 6일에도 묄렌도르프의 집으로 민영익을 왕진하였다.

또한 알렌은 청나라 군인도 치료하였고, 이어 일본 대리공사 곤도 모토스케(近藤眞鋤, 부산구 초계조약 체결, 이중환의 택리지를 일본어로 번역함)를 치료하며 가까워졌다. 민영익을 치료한 것을 계기로 그는 고종까지 만나게 되었는데, 고종과 명성황후의 유사 천연두 증세를 치료하여 왕의 시의(侍醫)까지 맡게 되었다.

알렌이 개입한 운산금광의 이권

1885년 1월 27일 알렌은 미국 대리공사 포크(George Clayton Foulk, 1856~1893, 미해군 장교, 제너럴셔먼호 조사담당, 개항 초기 조선의 사정을 잘 이해한 외교관)의 추천 서신과 함께 '병원 설립안'을 고종에게 제출하였다. 이때 독일공사관, 혜민서 관원들이 반대했지만, 알렌은 민영익의 도움으로 병원 설립을 중단없이 추진해나갔다. 병원 적임자로 김윤식(金允植, 1835~1922, 온건개화파, 갑신정변 진압, 미국·영국·독일·러시아 등 수호통상조약 체결 주도, 한일병합 과정에서 중립, 3.1운동에 불참, 독립청원서에 서명)을 임명하고 갑신정변의 주도자로서 정변 당시 죽은 홍영식(洪英植, 1856~1884, 조선말기 문신, 외교관, 개화파 중진, 갑신정변 실패로 처형)의 한옥을 개조해 병원으로 사용하게 되었다. 그는 1880년에 순천부사도 지냈다.

마침내 1885년 4월 9일 최초의 서양식 병원인 광혜원(廣惠院)이 개원하게 되었고, 얼마 후에는 진료뿐만 아니라, 의학교도 설치하여 서양식 의학교육을 실시하였다. 제중원이 개원한 후 미국 북장로교의 헤론, 언더우드, 북감리교의 스크랜튼이 합류하여 진료와 교육을 담당하였다.

알렌 의료선교사

1887년 8월 조선정부는 미국에 공사관을 설치하기로 하고 박정양(朴定陽, 1841~1905, 을미개혁 추진, 온건중립파, 총리대신, 개화파 지원)을 전권대신으로 파견하면서 알렌을 외무비서관(參贊官)으로 임명하여 박정양을 보좌하게 하였다. 이에 알렌은 같은 해 10월 26일자로 선교사직을 사임하고 미국으로 돌아갔다가, 2년 후인 1889년 6월 박정양이 귀국하면서 다시 내한하게 되었다.

미국은 고종의 신임을 받고 있던 알렌에게 다시 미국 공사관의 서기관직을 제안해 본격적인 외교관으로 활동하게 되었다. 알렌은 조선에 대한 청나라의 내정 간섭에 반대하며 조선의 독립을 지지했다. 하지만, 을미사변으로 일본에 배심감을 느끼며 조선의 편에 서서 고종을 돕게 되었다. 고종은 알렌을 통해 미국의 힘을 빌려 위기를 벗어나고자 애를 썼다.

대신 알렌은 자국의 이익을 위해 서울의 전기, 전차, 경인철도, 광산 등의 산업부문에 미국 자본을 끌어들이는 데 큰 역할을 하였다. 특히 아시아 최대의 금광인 평안북도 운산광산의 채굴권을 미국의 모오스(J. R. Morse)가 획득하는 데에 결정적인 도움을 준 것도 알렌이었다. 이 광산의 채굴권은 알렌이 10여 년간 조선정부를 위해 헌신해 준 선물으로 명성황후의 힘이 절대적으로 작용했다. 항간에는 미국이 선교사 파송과 학교, 병원 등을 세우는데 지원한 금액의 몇배를 이 금광에서 벌어들였다는 이야기도 들릴 정도다.

그렇다면 이 운산금광 채굴권은 어떻게 계약되었고, 얼마나 금맥이 쏟아졌을까. 알렌은 계속 자본가를 물색하던 중 일본의 요코하마에서 무역업을 하고 있던 모오스를 적임자로 선정하여 1895년 7월 고종의 특명으로 운산금광 채굴 계약이 성립되었다.[6] 그러나 을미사변으로 본격적으로 채굴 착수를 못했으나, 1896년 4월 정식으로 외무대신 이완용과 모스 사이에 운산금광

---
6 한국근대광업침탈사연구(이배용, 일조각, 1989), 75쪽

특허권이 재조인되면서 시작되었다. 그 특허권 내용 속에는 채굴기한을 25년으로, 주식의 25%을 조선왕실이 소유한다는 조항이 있었다. 그런데 모스는 조선광업회사를 설립해 착수하려고 했지만, 자본이 부족했다. 결국 모스는 1897년 뉴욕의 자본가인 헌트(Leigh S. J. Hunt)와 파세트(J. Sloat Fasset)에게 3만 달러에 양도하게 되었다.

이에 헌트와 파세트는 버지니아주에서 영국 자본까지 포섭하여 총자본금 500만 달러를 모아 동양광업개발주식회사(Oriental Consolidated Mining Company)를 조직하여 대대적으로 운산금광 개발에 착수하였다. 모스의 조선광업회사에 비하면 자본금만도 50배나 되는 큰 조직이었다. 이 회사를 설립하면서 곧 채광에 착수하였고 조선광업회사를 완전히 인수한 것은 1898년 5월 18일이었다.

운산금광이 계속 호조를 보이자 헌트는 조선왕실의 주식 25%를 현금으로 매입해 버렸다. 주식매입금 10만 달러에 매년 세금으로 2만5천 원을 상납하게 되었다. 1900년에는 매년 상납금 대신 일시불로 1만2500 달러를 지불하고 계약기간을 1939년 3월까지 15년 더 연장해버렸다. 더불어 추후 광산시설이 확장되어 더 많은 기간이 요구된다고 인정될 때는 15년을 추가해 1954년 3월 27일까지 채굴할 수 있도록 협정을 맺었다.[7]

얼마나 많은 금광이 매장되어 있었으면 미국이 이렇게까지 연장을 거듭했겠는가. 이 운산금광은 노다지 금광으로 유명한데 미국인들이 경영하면서 매우 많은 금이 쏟아져 나온다는 소문을 듣고 운산 일대의 주민들이 미국인 금광회사의 철조망으로 모여들었다. 그러자 이를 제지하려는 미국인들이 '노터치(Notouch-손대지 말라)'를 연발하자 '노다지'로 알아듣고 이후에는 금이 많이 나온다는 말이 '노다지'로 통용되었다고 전해질 정도이다.[8]

조선 왕실은 미국에게 운산금광을 넘겨줄 때는 미국이 경제적 관심을 갖

7　규장각계약문서(奎 23194)-운산광약개정건
8　우리역사넷-미국의 이권쟁탈상(광산이권 편)
　　http://contents.history.go.kr/front/nh/view.do?levelId=nh_041_0030_0010_0010

도록 함과 아울러 국제적 갈등 속에서 정치적으로 한국에 대한 원조를 구하려는데 목적을 두고 있었다. 미국이 열강의 침략을 저지시켜 주리라는 기대 하에서 이권을 넘겨주었던 것인데, 미국은 어떻게 했을까.

조선 왕실의 기대와는 달리 시종일관 미국은 정치적 불개입의 입장을 견지하고 경제적 이권만을 얻는 데 관심을 보였다. 그 당시나 지금이나 마찬가지로 미국은 자국의 이익을 위해서는 불법행위도 자행했으며, 조선 왕실의 인사 문제까지 간섭했다.

미국은 이 계약으로 40여 년간 운산금광에서 '노다지'를 캐냈다. 동양광업개발주식회사의 경영진에는 모두 미국인만으로 구성되어 총 900만 톤의 금광석을 생산하여 총 5,600만 달러의 산출고를 올렸다. 현재 가치로 환산하면 수조 원에 이를 것이다. 또한 1909년에는 운산 및 그 부근의 산림 채벌권까지 획득하여 더욱더 수익을 증가시킬 수 있었다. 총경비를 제외한 순이익이 1,500만 달러였으니 왕실 소유주를 10만 달러에 팔아넘기지 않았다면 375만 달러의 수익을 얻을 수 있었다. 얼마나 큰 경제적 손실인가.

그래서 알렌은 고종과 민비의 총애를 받아 조선의 이권을 모두 미국에 넘겨버린 로비스트라고 말할 정도이다. 미 남장로교 소속 놀란 의료선교사가 군산예수병원장을 관두고 이 금광의 월급쟁이 의사로 스카웃되어 떠나게 되는데, 상당히 높은 보수가 보장된 것으로 전해지고 있다.

그래도 알렌은 청일전쟁 이후 박정양을 총리대신으로 하는 친미 내각을 세우는데 까지 성공했다. 그리고 을미사변으로 명성황후가 살해되자, 그 진상을 알리고 고종의 신변을 보호하기 위해 직접 총을 들고 궁을 지켰다고 한다.

친한파 알렌의 역할과 미국의 속셈

이후 고종이 아관파천을 단행한 후 러시아와 일본의 대결로 압축되어 전쟁으로 치닫게 된다. 알렌은 주한 미국 대리공사 겸 총영사를 거쳐 1901년에는 주한 미국 전권공사가 되었다. 하지만, 친한파인 알렌과 미국 정부의 속셈은 달랐다. 미국 정부의 기조는 불간섭이고, 나중에는 조선을 일본에게 넘겨주는 대신 일본으로 하여금 러시아의 남진을 막도록 하겠다는 것이었다.

알렌은 미국의 친일정책에 대해 1903년 9월 미국으로 들어가 루즈벨트 대통령과 논쟁을 벌였다. 그는 러시아가 만주를 평정하고 막대한 자본을 들여 항구와 철도, 도로 등을 건설했기 때문에 절대로 물러가지 않을 것이고, 만주 개발에 참여하면 미국의 경제적 이익이 높아질 수 있다고 주장했다. 그래서 '친러반일' 정책을 취해야 한다고 역설했다. 그렇지만 알렌의 주장은 받아들여지지 않았고, 이에 불복하여 미국에 머무는 동안 언론을 통해 자신의 주장을 설파하고 자국 정부를 비판했다.

러일전쟁이 일본의 승리로 결론이 나자, 미국은 알렌을 해임하고 미국공사관도 철수했다. 1905년 귀국한 알렌은 다시 의사로서 활동하고 집필에도 전념하며 여생을 보내다가 1932년 12월 11일 74세의 나이로 세상을 떠났다.

그래도 조미수호통상조약 체결 이후 선교사를 제외하고 가장 조선을 사랑했던 인물이 아닐까 싶다. 미국의 선교사들이 조선 땅에서 자유롭게 선교활동을 할 수 있게 된 것은 알렌의 공을 잊을 수는 없다. 비록 민씨 일가의 절대적 신임을 얻어 이루어진 것이지만, 그가 없었다면 한동안 조선 관리들의 방해에 힘들었을 것이다.

1888년 4월 28일 조정에서 미국 공사관에 기독교 금교령을 통보하자, 이에 항의해 설득시킨 이도 알렌이었고, 1894년 평양감사 민병석(閔丙奭, 1858~1940, 군부대신·궁내부대신, 이토 히로부미의 척사, 경술국적, 친일반족행위자)이 기독교인 한석진(韓錫晉, 1868~1939, 평양신학교 1회 졸업 7인중 한명, 7대 총회장)과 김창식(金昌植, 1857~1929, 감리교 최초목사, 황해도 등에 사역) 등을 투옥시키자, 외아문(外衙門, 외교부)을 통해 석방시킨 것도 알렌의 조치였다.

1900년 9월 1일에는 군부대신 이근택(李根澤, 1865~1919, 군부대신, 을사오적, 반민족행위자)이 전국에 기독교인을 살해하라는 밀지를 발송했다가 선교사들의 항의로 철회시킨 일도 있었다. 천주교도 1901년 5월 28일 제주도에서 교인 700여 명이 피살되는 신축교난(辛丑敎難, 신축민란)이 발생했고, 서북지방에서도 기독교인들에 대한 습격, 살해 협박 등이 있을 정도로 안심할 수 없는 시기였다.

본격적인 선교사 파송과 선교

이후 선교사 파송이 이어져 부활주일인 1885년 4월 5일 북장로교의 언더우드(H.G. Underwood, 원두우, 1859~1916. 경신학교·새문안교회 창립)와 감리교의 아펜젤러(H.G. Appenzeller, 1858~1902. 아편설라. 배재학당·벧엘예배당(정동제일교회) 설립, 선박사고 순직) 부부가 인천에 상륙했고, 5월 1일에는 감리교의 스크랜턴(W.B. Scarnton, 1856~1922. 정동병원 설립, 상동교회 개척)이 혼자 입국하였다.[9] 언더우드와 아펜젤러는 목사였고, 스크랜턴은 의사였다.

그해 6월에는 스크랜턴의 어머니 매리 스크랜턴(Mary F.B. Scarnton, 1832~1909. 시란돈대부인. 감리교 교육선교사)과 일본으로 잠시 돌아갔던 아펜젤러 부부가 다시 합류하였으며, 같은 무렵 북장로교 의사인 헤론(John W. Heron, 1858~1890. 제중원 2대 원장) 부부가 도착했다. 스크랜턴 부인과 아펜젤러 부인은 전문 여성 선교사였다. 아직 직접적인 복음 전파는 허용되지 않았기 때문에 의사가 아닌 그들에게는 교육사업 밖에 없었다.

그런데도 선교사 파송은 이어져 영국성공회와 미국 남장로교, 캐나다장로교, 호주장로교 등 다양한 개신교 교파들과 독립선교사들까지 경쟁적으로 조선 땅의 선교에 뛰어들었다. 영국성공회는 1885년 말 중국인 선교사를 부산에 파송하면서 시작되었고, 캐나다장로교는 1893년 말 입국한 캐나다 출신 맥킨지의 사망으로 1898년 선교사 파송이 시작되어 함경도 지역에서 주로 활동했다. 호주장로교는 1889년부터 선교사가 오기 시작해 경남 일대에서 활약했다. 그 외에도 독립선교사들도 들어왔는데, 서양 한국학의 선구자로 1888년 입국한 캐나다 출신의 게일[10](James S. Gale, 1863~1937. 북장로교 선교사)을 비롯해 한국 침례교의 선구자가 된 펜윅(Malcolm C. Fenwick, 편위익, 1863~1935. 캐나다독립·침례회 선교사, 원산성경학원 개설, 대한기독교회 초대감독)이 1889년에 들어왔다.

의사로는 1890년에 들어와 감리교 부흥운동을 주도한 하디(Robert A. hardie,

---

9 전남노회 105년사 90쪽
10 번역학자. 조선성교서회 창립위원. 평양신학교 교수. 3·1운동을 해외에 알리는데 기여했고, 우리 역사와 문화를 서양에 알리는 데도 공헌하였다.

하리영, 1865~1949, 의사, 신학자, 협성신학교 교장 및 피어선성경학원 교장)와 세브란스병원과 의학교를 만든 에비슨(Olive R. Avison, 어비신, 1860~1956, 북장로교 선교사, 의사, 고종 주치의, 제중원 원장, 세브란스의전·연희전문 교장) 및 1893년 말 입국해 소래에서 활동하다가 열병으로 정신착란증세를 보이면서 권총으로 자살한 맥킨지(William Mckenzie) 둘 다 1893년 입국한 캐나다 출신 독립선교사였다.

언더우드 선교사

미국 남장로교는 언더우드 선교사의 조선 선교보고회 강연으로 감명을 받은 신학생들이 자원하면서 본격적인 호남지역의 복음 전파가 시작되었다. 미국 남감리교는 중국 상하이에서 감리교인이 된 윤치호((尹致昊, 1865~1945, 충남 아산 출신, 일제강점기 개신교운동가, 정치가, 언론인, 독립협회 회장, 독립신문 사장, 최초 남감리교 신자, 애국가 작사가로 추정)의 호소로 1896년 리드(C. F. Reid, 이덕, 1849~1915, 광화문교회 설립) 부부가 파송되면서 개성과 강원도에서 선교활동이 시작되었고, 1895년 미국 침례교 계열의 엘라싱기념선교회 소속 선교사가 들어와 공주, 강경 등지에서 활약했다. 1907년에는 미국 성결운동계열의 동양선교회가 도쿄의 성서학원 졸업생 김상준(1881~1933, 한국 최초 성결교회 설립, 부흥강사 활동)과 정빈이 귀국해 전도를 시작했다. 외국인이 와서 선교한 다른 교파와 달리 한국인이 직접 선교활동을 시작한 것이다. 영국 구세군은 1908년, 안식교는 1904년에 첫 선교사를 파송했다. 러시아정교회도 1898년에 처음 파송했는데, 러일전쟁에서 패하면서 선교사업이 중단되었다.[11]

1880년대 중반 이후 많은 선교사가 파송되었지만, 복음 전도와 교회 설립은 조선정부의 부정적인 태도와 사회 전반의 보수적인 분위기 때문에 본격적으로 실시되기 어려웠다. 그래서 간접 선교방식인 병원과 학교 운영을 통해 기독교에 대한 편견을 불식시키는 데 주력했다.

가장 먼저 착수한 것은 병원 설립으로 1885년 4월 최초의 근대식 병원인

---

11 한국기독교의 역사 I 개정판(한국기독교역사학회. 기독교문사. 2011) 141~144쪽

광혜원을 세웠다. 다시 제중원으로 바뀐 왕립병원은 나중에 미국인 실업가 세브란스(L. H. Severance, 1838~1913, 북장로교 장로, 실업인, 한국선교 후원자)의 건축기금에 힘입어 오늘의 세브란스병원으로 발전하게 되었다.

언더우드는 교사 자격으로 머물며 우리말을 익혔고, 스크랜턴은 의사로 활동했다. 아펜젤러는 1886년 6월 8일 2명의 학생으로 정식학교를 시작했는데, 근대교육의 효시인 배재학당이 문을 열었다. 1886년 5월 언더우드는 고아원학교로 알려진 언더우드학당을 설립하였고, 나중에 경신학당으로 정착하여 오늘의 경신학교 모체가 되었다. 그 무렵 여자학교도 시작되었는데, 1886년 5월 스크랜턴 대부인에 의해 미 감리교의 이화학당과 1887년 6월 북장로회의 정동여학당이 문을 열었다.[12]

한국에 개신교가 전래되는 과정에서 특기할 만한 사실은 선교사들이 들어오기 전에 우리말 번역성경이 출판되어 보급되면서 자발적인 신자들이 많이 생겨났다는 점이다. 그래서 개신교 선교는 성경 번역과 발행, 반포를 중심으로 시작되었다고 해도 틀린 말이 아니다.

평양에는 유교의 대안으로 도교의 일종인 선도수행자들이 있었고, 이들이 개신교를 받아들여 개신교로 개종하면서 평양 장로교회의 지도자들이 되었다. 김종섭, 길선주, 송인서, 이재풍, 김찬성 등이 대표적인 인물로 모두 평양신학교를 거쳐 목사가 되었다.[13]

이때 이들을 개신교 개종으로 이끈 것은 1894년 발생한 청일전쟁이었다. 평양은 청일전쟁의 중심지로 두 달간 청나라 군인들이 점령하면서 약탈과 부녀자 겁탈 등으로 많은 백성이 희생되었고, 이어 닥친 일본 콜레라까지 겹쳐 수많은 생명을 앗아갔다. 청일전쟁이 서양 문명을 수용한 일본의 승리로 돌아가면서 서양 종교, 즉 개신교에 대한 반감도 줄어들었다.[14]

---

12 전남노회 105년사 91쪽
13 한국기독교형성사(옥성득. 새물결플러스. 2020) 631쪽
14 같은 책 623쪽

CHAPTER · 3

호남에 복음을 전하라

7인의 개척자

호남지역에 개신교 복음이 전파될 수 있도록 물꼬를 튼 이는 남장로교가 아닌 북장로교 언더우드였다. 그가 7년의 조선 선교활동을 재충전하기 위해 안식년을 맞아 미국에 귀국했다가 조선 선교를 호소하면서 호남선교의 길이 본격적으로 열린 것이다.

7인의 선교 개척자들의 여정

1890년대 들어 해외선교 운동이 일면서 많은 선교사가 공급되기 시작했다. 미국 남장로교의 조선선교는 학생 해외선교 운동 가운데 하나인 '신학교 선교연맹' 집회를 통해 시작되었는데, 안식년을 맞아 미국에 가 있던 언더우드와 유학 중인 윤치호가 함께 집회에서 조선선교를 호소하면서 레이놀즈, 테이트로 하여금 조선 선교를 결심하게 했다. 여기에 레이놀즈의부인 팻시 볼링, 친구인 전킨과 그의 부인 매리 레이번, 테이트의 여동생 매티, 데이비스 등 여성선교사 4명과 함께 1892년 조선에 들어오면서 드디어 호남에도 복음 전파가 시작되었다.

7인의 개척자

선교사명	한국명	생몰년도	활동내용
레이놀즈 (William D. Reynolds)	이눌서	1867~1951	호남 최초의 교회 전주서문교회 개척
테이트 (Lewis B. Tate)	최의덕	1862~1929	
전킨 (William M. Junkin)	전위렴	1868~1908	교육가 · 호남 최초 개척 선교사 · 군산선교부 개척
매티 (Martha S. tate/Mattie)	최마태	1864~1940	테이트의 여동생, 전주선교부에서 여성사역 담당
데이비스 (Linnie F. Davis)	대부인	1862~1903	군산 · 전주선교부 어린이 · 여성사역 담당
팻시 볼링 (Patsy Boling. Reynolds)		1867~1962	레이놀즈 아내, 전주 평양
메리 레이번 (Mary Leyburn)		1965~1952	전킨의 아내, 군산 멜볼딘여학교 설립

이들이 바로 남장로교 '7인의 개척자'로서 전주를 중심으로 호남선교에 불을 지폈다. 레이놀즈는 뛰어난 언어학자로 성서번역을 주도했고, 평양신학교 교수로도 오랫동안 근무해 초기 한국교회의 신학 형성에도 크게 이바지했다. 1897년 합류한 여성 의료선교사 마티 잉골드(Martha Barbara Ingold, 1867~1962. 전주예수병원의 시초인 진료소 개설)는 전주에 상주한 최초의 서양 의사로

테이트와 결혼 후 남편을 도왔다. 남장로교 선교사들은 조선에 파송된 선교사들 가운데 신학적으로 가장 보수적인 집단이었다.[15]

마침내 이들은 남장로교 외지(外) 선교부 실행위원회에 조선선교를 정식으로 신청하기에 이르렀다. 그러나 실행위원회는 재정이 부족하다는 이유로 이들의 신청을 정중히 거절하였다. 그런데도 이들은 굴하지 않고 언더우드에게 각 지역의 교회들을 방문하여 조선 선교의 필요성을 역설해달라고 요청함과 아울러 교회 잡지에 조선 선교의 중요성을 역설하였다.

이들의 끈질긴 노력과 간절한 기도는 전혀 뜻밖의 곳으로부터 응답을 받게 되었다. 이 시기에 언더우드의 친형이요, 북장로교 선교국 위원이던 존 언더우드(John Under wood)가 조선 선교를 위해 2천 달러를 헌금한 것이다. 이 선교기금은 언더우드의 5백 달러 헌금과 그의 동료들의 헌금으로 3천 달러로 늘어났다.

남장로교 선교회 실행위원회는 조선 선교를 위한 충분한 재정이 확보되자, 7인의 선교단을 파송하기로 하였다. 이들은 일본을 거쳐 조선에 들어갈 예정이었으나, 여러 가지 사정으로 동시에 들어가지 못하고 1892년 10월 18

1909년 한반도 선교지 분담도

---

15 한권으로 읽는 한국기독교의 역사(류대영. 한국기독역사연구소. 2018) 66쪽

일 여성선교사 데이비스가 먼저 인천 제물포항에 도착했다. 조선 선교기지인 일본 요코하마에 머물던 나머지 일행은 다음 달인 11월 3일 제물포항에 도착해 서울로 올라가 마펫(Samuel A. Moffett, 마포삼열, 1864~1939. 평양선교부 개척. 널다리교회·평양신학교 설립. 조선독노회 초대회장), 그라함(Lee. Graham, 이길함, 1861~1916. 평양 대부흥운동을 이끌었다), 빈턴(Vinton. C. C, 빈돈, 1859~1936. 제중원 원장. 성서보급과 문서사역자. 부산 나병환자수용소 설립) 등의 환영을 받았다.

당시 선교지역 분할협정에 의해 남장로교는 충남(대전, 부여, 목천)과 전북, 전남, 제주지역을 담당하게 되었다. 이러한 선교지역 분할은 장로교와 감리교의 6개 선교회에 의해 주도된 것으로 구세군, 성공회, 성결교회 등 다른 교파는 불리한 입장에서 선교사업을 추진할 수밖에 없었다.[16]

1893년 2월 호남지방을 선교구역으로 할당받은 남장로교 선교회는 맨 먼저 전주성문 밖 언덕 은송리 마을에 초가집 한 채를 구입하고, 1894년 2월에 테이트와 매티 남매를 파송하기로 결정하였다. 이들이 이곳을 기점으로 선교활동을 시작하면서 전주에서 복음 전파가 시작되었다. 그리하여 1893년 전주 서문교회가 설립되면서 본격적인 호남지역 복음 역사가 시작되었다.

1897년 7월 17일 전주 서문 밖 테이트의 집에서 김창국(金昶國, 1894~1950. 전주지역 최초로 1915년 목사안수를 받음) 등 5명이 세례를 받게 되었는데, 집례자는 레이놀즈였다. 13살이었던 그는 레이놀즈의 사랑채에서 처음으로 근대식 교육(신흥학교의 전신)을 받고 평양신학교를 나와 목사가 되었다.[17] 레이놀즈는 그 해 여름 전주교회 최초의 성례전을 베풀었다. 이때 김내윤, 임씨 부인, 김성희, 김창국과 그의 어머니 등 6명이 세례를 받았다.[18]

조선독노회 시절 전라대리회에서 배출한 첫 한국인 목사는 1909년 안수받은 김필수(金弼秀, 1872~1948)이다. 경기도 안성 출신인 그는 레이놀즈의 어학선생으로 전주에 머물다가 선교사들의 추천으로 황성YMCA(서울

---

16 한국초대교회사(김민영. 쿰란출판사. 1998) 73쪽
17 전남노회 105년사 109쪽
18 한국기독교와 역사 제33호(2010년 9월 25일)-레이놀즈의 목회 사역(송현강 저) 40쪽

YMCA) 창립이사로 참여했다. 또한 1909년 평양신학교(2회)를 졸업하여 목사 안수를 받고 전주서문교회 등에서 시무하였다. 3.1운동 당시 서울에서 『기독신보』 발행인(주필)으로 재임하면서 독립선언문을 광주, 전주 등지에 전달해 호남에서도 3.1만세 운동이 전파되는 큰 역할을 담당하였다.

전라도에 복음이 본격적으로 전파되면서 우상숭배 금지에 따른 제사 문제 등으로 보수적인 유학도들에 의한 교회와 교인들에 대한 핍박도 많았다. 동학당에서는 1893년부터 기독교 배척운동이 진행되었다. 1905년 을사늑약 체결 이후 항일 의병이 시작되면서 서양 종교에 대한 공격도 일어났다. 이 시기 전라도에서 최익현(崔益鉉, 1833~1906, 대원군 탄핵 주도, 위정척사운동 전개, 대마도 유배, 순국)이 의병을 일으켜 친일매국도배의 강력한 처단을 요구하면서 외국에 의존하는 의부심(倚附心)을 금지할 것을 상소했다.

이 영향으로 나주 덕림교회와 방산교회가 의병들의 협박을 당했고, 함평 월봉리교회는 다른 곳으로 피난하는 일도 있었다. 또한 영광 염산리교회는 교인들이 의병들에게 납치되는 사건도 발생할 정도였다. 이런 가운데에서도 벌교 무만리교회를 비롯해 광양 신황리교회, 장성 영신교회, 제주 성내교회, 전주 삼례교회, 군산 개복동교회 등에서는 학교를 세워 교육사업을 시작했다. 전주 신흥학교와 기전여학교, 군산 영명학교와 멘본딘여학교, 목포영흥학교, 광주 숭일학교와 수피아여학교 등이 이 무렵 탄생했다. 벌교 무만리교회의 학교설립은 후일 순천 매산학교 설립으로 이어졌다.[19]

---

19 조선예수교장로회사기-상(한국기독교사연구소, 2014) 346쪽

CHAPTER · 4

첫 교회 무만리 교회와 정태인 목사

전남 동부지역 복음 전파에 큰 역할을 한 인물은 지원근(1899~?, 1899년 목포에서 세례받음)과 조상학(趙尙學, (1877-1950))이다. 이들은 매서인과 조사로 활약한 광양, 여수, 고흥까지 전남 복음 전파의 파수꾼이었다. 동부지역 첫 교회인 벌교 무만리교회도 이들에 의해 1905년 세워졌다. 하지만, 이 교회에서는 1900년 1월 4일 무만마을 김재조 의 집에서 처음 예배를 드린 것으로 주장하고 있다.

이 당시 벌교는 낙안군 고상면 벌교리에 불과한 아주 작은 동네였고, 현재의 읍시장 등 시가지 대부분이 갯벌이었다. 만조 때는 장좌리 앞까지 바닷물이 들어오고 배가 드나들었다. 당시 노를 젓는 선박들은 바닥이 평평해서 물이 한 자(30cm)만 차도 들어올 수 있었다.

1907년 을사늑약으로 낙안군이 폐지되고, 벌교면으로 개편된 것이 1915년이다. 낙안군 폐지의 배경에는 임진왜란 때 김빈길 장군의 활약과 의병장 안규홍이 활약한 정미의병의 항일활동에 따른 것이라는 주장이 지배적이다. 이후 1920년대 들어 일본인들이 대거 벌교로 이주하면서 상업도시로 크게 발전하였다.

이때부터 방죽을 쌓고 간척지로 개발하면서 현재의 형태로 갖추게 되었다. 특히 경전선 구간에서 광주 송정역과 순천역 구간(광려선)은 1930년 12

벌교-1930년대 지도

월 25일 개통되었고, 벌교역도 그 일대를 매립해 철로를 개설했다. 이 철로 개설작업에 지역민을 동원하였다.

신당의 마을 장좌리에 교회를 세우다

무만교회가 들어선 장좌리는 고흥과 보성으로 가는 길목에 자리 잡고 있다. 역사적으로 장좌리는 고려 문종 2년(1048)에 묘향사 영불인 연안보사(蓮安補寺)가 남하 장좌도에 하산하여 마을이 형성되었다 한다. 낙안군 남하면 지역이었다가 1908년(융희2)에 보성군에 편입되고 1914년 행정구역 개편에 따라 남하면의 무만, 분토, 월곡, 두평리의 각 일부와 남상면의 죽동리 일부지역을 병합하여 장좌리라 하였다. 장좌리에 속하는 자연마을은 장좌, 분토, 반룡, 무만, 척등, 월곡이 있다.[20]

장좌리는 '신당의 마을'이라 일컬어질 정도로 800여 년 간 이어져온 상당(上堂), 중당(中堂), 하당(下堂)이 있으며 각종 설화로 전해지고 있다. 상당은 바다로 나간 배들의 안녕을 기원하는 신당이고, 중당은 김선근이라는 여

---

20 벌교읍지(벌교읍지편찬위원회, 2007) 340쪽

인을 모시는 신당이다. 바로 선근교도 여기서 비롯되었다. 하당은 마을입구에 솟대를 세우고 매년 정월 보름에 별신제를 지내는 등 수백년의 역사를 자랑한다. 이렇게 3곳의 신당에 제를 지내는 기받이 별신제가 매년 정월에 지낸다.

이 토속신앙이 수백년 자리 잡은 곳에 전남 동부지역 최초의 교회가 세워진 것은 하나님의 섭리가 아니면 쉽게 이해할 수 없는 교회 건립 역사이다. 또 무만(武萬)마을은 1680년경 광산 김(光山金)씨의 손(孫)이 거주하면서 마을이 형성되었고, 마을 이름도 풍수지리설에 의하면 무사(武士)가 만명이 난다 하여 무만동(武萬洞)이라 했다고 한다. 그 무사가 무기로 전투하는 무사가 아니라면, 미신과 싸워 복음을 전파하는 교회 십자군의 보루가 아닌가 싶다.

이렇게 지리적으로 무만리(벌교읍 장좌리)는 고흥과 순천, 낙안, 보성을 오가는 길목이자, 육상교통 요충지였고, 마을 앞까지 목선이 드나드는 해상 교통의 요충지였다. 마을 앞에는 장좌도가 있었다. 당시 돌산군이 여자도, 장도까지 포함되어 해상을 통한 교류도 활발했다. 그래서 금오도 우학리 사람들이 하루를 꼬박 노를 저어 무만리까지 왔고 무만리교회를 통해 복음을 받아들일 수 있었던 것은 놀라운 하나님의 섭리이다.

무만리의 김일현은 조상학의 사촌 처남이자, 친구였는데, 송사가 걸려 광주에 갔다가 친구 조상학으로부터 복음을 듣고 결심해 아버지 김재조(金在祚)와 매제인 정태인을 전도했다. 그리고 벌교 장좌리 김재조의 집에서 첫 예배가 시작되었다. 1908년 초가 목조식 온돌방의 예배당을 건축하였고, 1909년 김일현(金日鉉, 1881~1924)을 장로로 세웠다. 1910년에는 지역사회를 위하여 학교와 유년주일학교도 운영했다. 그런데 김일현 장로는 안타깝게도 43세의 짧은 생을 마쳤고, 아버지 김재조 장로와 함께 무만리 산자락에 묻혔다.

1904년 12월 광주선교부는 순천지방을 담당하는 오웬의 조사로 지원근을 발탁했다. 당시 지원근처럼 선교부 소속 조사는 연봉 60달러를 받았고, 조상학처럼 교회에 소속된 조사는 소량의 쌀이나 신발값(shoe money)를 받았다. 지원근의 처가가 무만리였는데, 교회를 세울 당시 낙안 평촌에 내려와 있었

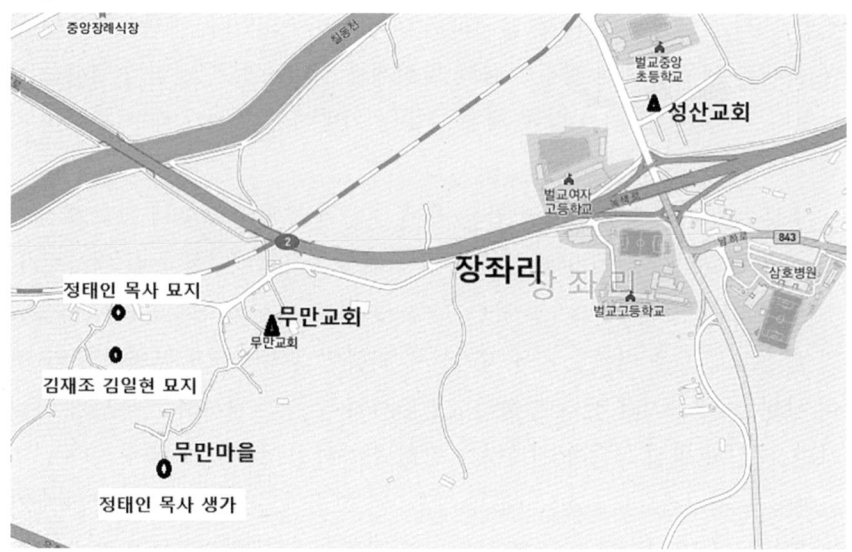

벌교무만교회 주변 현재 위치도

고, 김재조의 자부담으로 11칸짜리 무만리교회가 세워졌다.[21]

무만마을 광산김씨 후손들이나 김일현 장로 묘비 공적에 따르면 김재조는 일찍이 장좌리 앞 갯벌에 방죽[22]을 쌓아 간척지를 조성해 부를 축적했고, 무만리교회를 건축하고 주일학교 등 교육에도 많은 투자를 한 것으로 전해지고 있다. 처음 김재조가 세운 한옥 11칸짜리 교회는 현재 무만교회 바로 아래(교회 아래 고물상 터)에 있었다. 무만교회가 세워지고 출석한 교인들은 김재조의 형제 재찬, 재유, 재윤, 재원 등이 있고, 조카 채현, 진현 등이었다.

무만리교회는 1960년 통합측과 분리되면서 교회 전체가 합동으로 넘어갔다. 그 과정에서 기존 교단에 남으려는 소수의 교인들과 상당한 갈등을 겪었다. 쫓겨난(?) 통합교단 교인들은 무만마을 입구에 따로 교회를 세워 예배를 드렸다. 당시 순천노회 회의록에는 무만리교회에서 교회 이전을 조건으로 50만 원을 요구해 결의했으나, 실행되지 않았던 것으로 보인다.

---

21 전남의 기독교이야기3(김양호. 사람이크는책. 2020) 304~305쪽
22 현재 벌교휴게소 부근으로 현우방죽이라고 불렸다고 함. 건너편에는 중도방죽이 있음

그러다가 1980년 현재의 벌교중앙초등학교 옆으로 교회를 신축해 이전하면서 기존 무만교회 부지는 순천의 건설업자에게 팔렸다. 그 업자는 그곳에 모텔을 지으려고 했으나, 자금 사정으로 실행되지 못하다가 순천노회에서 매입했다. 그 후 2004년 구건물을 헐고 현재의 100주년 기념교회를 세웠다.

1980년 벌교중앙초등학교 옆으로 이전한 합동측 무만교회는 1982년 성산교회로 이름을 바꿔 오늘에 이르고 있다. 20년 동안 두 교회는 같은 이름을 사용했던 것이다. 광주 양림동 양림교회가 통합, 합동, 기장교단이 같은 교회 이름을 사용하고, 매년 성탄절에 합동으로 기념예배를 드리는 것처럼 무만교회와 성산교회가 100주년 기념교회에서 함께 예배를 드리는 것도 큰 의미가 있을 것 같다. 교회가 세상의 모범을 보이는 것은 바로 이런 열린 자세가 아니겠는가.

무만교회 설립에 참여했던 김재조의 집안사람들은 대부분 고향을 떠났고, 먼 친척들만 남아 있다. 무만마을 자락에 있는 김재조, 김일현 장로의 문중 묘지도 장자 집안이 아닌 후손들이 관리하고 있다.

한편, 교통의 요지였던 무만교회를 기점으로 오웬과 지원근은 1906년 낙안 평촌교회, 1907년 율촌 장천교회를 세웠다. 또한 여수 우학리교회도 무만리교회를 통해 세워졌다. 인근 장도, 여자도는 당시 행정구역상 금오도 우학리와 같은 돌산군에 속했는데, 벌교와 해상을 통한 교류가 빈번했다. 당시 의병지도자 서병도가 벌교 무만동에서 서양종교를 보고 전해주면서 무만교회를 찾았고, 돌아가 제당을 헐고 우학리교회를 세운 것이다.

낙안 출신 지원근이 목포 양동교회에서 오웬에 의해 복음을 받아들이면서 송광면 출신 친구 조상학을 전도했다. 두 사람 모두 오웬의 조사로 활약했고, 조상학은 1909년 광주에서 유진벨 선

무만교회 전경

교사에게 세례를 받아 전도인이 되었다. 그는 광주숭일학교 교사로 있다가 1923년 평양신학교(16회)를 졸업하고 목사안수를 받았다.

독립운동자금 모금의 통로 정태인 목사

성산교회 전경

동부지역 출신으로 첫 세례자는 목포양동교회에서 유진벨에게 세례를 받은 곽우영(郭宇盈, 1874~1931, 순천읍 출신, 정명여학교 교사, 목포4·8만세운동 주동, 순천읍교회·여수읍교회 등 시무)과 지원근이고 목사안수 1호는 무만교회 출신 정태인(鄭泰仁, 1873~1947)이다. 정태인은 1917년 평양신학교(10회)를 졸업하고 목사 안수를 받아 보성, 고흥지역 교회의 전도목사로 임명되었다.

정태인은 무만교회를 세운 김재조의 장녀 김순천(金順天)과 결혼했고, 김재조의 장남 김일현 장로는 조상학의 사촌동생과 결혼했다. 정태인의 본명은 정태삼(鄭泰三)이고, 본적은 벌교읍 장좌리 1125번지였다. 현재 그 주소지에는 사돈인 서화일(서민호 부친)의 동생 서덕윤의 손자가 살고 있다.

그는 당시 벌교일대에서 부호였던 서화일과 사돈을 맺었다. 정태인의 장녀 정희련(鄭喜憐)이 이화여고보에 다니던 18살에 서울 보성고보에 다니던 서화일의 4남 월파 서민호와 결혼을 한 것이다. 정태인은 임시정부와 연결되어 벌교 일대에서 모은 독립운동 자금을 비밀리에 전달하는 창구 역할을 한 것으로 전해졌다. 서민호의 회고록에 기록된 내용이다.

나의 장인인 정태인 목사는 상해임시정부와 내통을 하면서 독립투쟁군자금을 모금하고 있었는데 자수성가하여서 구두쇠라는 말을 들을 정도로 깐깐했던 아버지께서 독립운동 군자금으로 1만원을 내기로 하고 5천원은 즉시 현금으로 수교하게 되었다. 이 돈을 전달하기 위해서 고향 뱀골고개 산소에 가는 것처럼 위장하고 임시정부(사람)와 중간에서 연락을 취하도록 된 분을 만나서 전달하는 아버지의 모습을 나는 같이 가서 목격하였다.[23]

정태인 목사

평양신학교 졸업 후 목사 장립을 받은 정태인은 1917년 고향이자 신앙의 출발지인 무만교회 담임으로 청빙되어 1년을 시무하고 1918년 순천읍교회 2대 교역자로 부임하였다. 그는 매산학교가 폐쇄되면서 3·1 만세시위에도 교회가 가담하지 않으면서 무사히 지나갈 수 있었다.

그러다가 1920년 3월 두 번째로 다시 무만교회 담임으로 부임했다가 1921년 10월 고흥읍교회 초대 목사(그 이전에는 조사가 시무)로 부임해 2년을 시무하였다. 이 기간에 장녀 정희린이 서민호와 결혼했다. 그리고 1924년 구례읍교회로 부임했다가 상해임시정부와 연결되어 독립자금을 모아 보냈다.

임시정부에는 평양신학교 동기인 김병조(金秉祚, 1877~1948, 평북 용천 출신, 임시의정원 의원, 시베리아에서 사망, 건국훈장 대통령장) 목사와 이원익(李元益, 1885~1963, 평북 선천 출신, 3·1 운동 참가, 임시의정원 의원, 임시정부 인사국장, 건국훈장 애족장) 목사가 있어 연결되었다. 김병조 목사는 민족대표 33인 중 한 사람으로 참가했고, 이원익 목사는 독립운동 자금을 모집하기 위해 입국했다가 일경에 체포되어 옥고를 치렀다. 평양신학교 10기 졸업 동기는 31명이었는데, 전국적으로 이렇게 연결되어 독립운동 자금 모집책으로 동원되었다.[24] 동기 중에는 애양원교회 담임을 지낸 김응규 목사도 있었다.

정태인은 1928년 10월 12일 순천노회 제1차 임시회에서 이례적으로 무거

---

23 서민호, 〈그때 그 이야기, 이 정권과의 투쟁〉, 〈전남매일신문〉, 1973년 8월 30일/[김삼웅의 인물열전-월파 서민호 평전4] 3.1혁명 참여, 일경에 소금 · 고춧가루 뿌려 (오마이뉴스, 2023. 1. 2. 일자) https://www.ohmynews.com/NWS_Web/View/at_pg.aspx?CNTN_CD=A0002892261&CMPT_CD=P0010&utm_source=naver&utm_medium=newsearch&utm_campaign=naver_news
24 독립유공자 공훈전자사료관 유공자정보-김병조/이원익

운 처벌인 목회직을 면직당했다. 노회 회의록에서는 그 사유를 제대로 밝히지 않고 있으나, 크레인의 개인보고서에 그 사유가 약간 언급되어 있다.

J. C. Crane의 개인 보고서(1930년 6월까지)
금년은 영향력 있는 "검은 양" 몇 명이 진정한 회개의 눈물과 그에 따른 증거와 함께 되돌아왔다. 한 사람은 무만에서 퇴임당한 목사로서, 그의 노력으로 고향교회가 안식일 범하기, 이교도와의 결혼.... 등으로부터 회복되는 듯 하다. 그가 노회 앞으로 제출한 고백서는 그에게 성찬을 회복시켜 주었으며, 그는 곧바로 고향교회로 하여금 다른 목회자에 대한 부분적인 도움을 주도록 이끌었다.[25]

여기서 안식일 범하기와 이교도와의 결혼이 문제가 되어 무거운 처벌을 받은 것으로 기록되어 있다. 이교도와 결혼과 안식일 범하기는 연결되어 있는 것 같다. 그렇다 해도 이 정도의 사안으로 목회자에게 사형이나 마찬가지인 목회직 중지의 사유로는 충분치 않다. 그 의문은 정태인 목사의 묘지에 가면 풀리게 된다.

3개의 묘지가 나란히 누워 있는데, 좌측은 본처인 김순천 사모이고, 우측은 후처의 묘지이다. 아마도 후처가 이교도에 해당되거나, 기독교 교리를 위반한 중혼에 해당된 것으로 보인다. 그래서 '목회 중지'라는 무거운 처벌을 받았던 것이다.

하여튼 다시 복직되어 제주노회 삼양교회로 청빙되었고, 1937년에 여수 돌산군내교회로 부임하였다가 그해 가을에 벌교읍교회 담임 이기풍 목사의 배려로 세 번째로 무만교회로 돌아왔다. 하지만, 순천노회 소속 목사명단에는 이름이 오르지 않았다. 신사참배를 가결한 총회에도 참석하지 않았고 해방 후 1947년 타계했다. 사위인 서민호는 해방 후 국회의원까지 지냈지만, 불교 신자였고, 그 자손들도 개신교와는 거리가 멀었다.

25　Personal Report, J. C. Crane, for the year ending June, 1930.
　　2018년 순천대 인문학술원 학술대회-전남동부지역 기독교인물과 지역사회 82쪽

초라한 정태인 목사 묘지 전경(전남 보성군 벌교읍 장좌리 산82-3번지)

정태인 목사는 2남(윤호, 동호) 2녀(희련, 희남)를 낳았다. 장남 정윤호는 오석주 목사의 장녀 오방덕과 결혼하여 8남매를 낳았다. 오 목사의 자녀들이 대부분 미국으로 이주한 것처럼 정태인 목사의 후손들도 국내 활동 흔적이 남아 있지 않다. 정태인 목사의 독립운동자금 모금에 대한 공적은 분명 다시 재평가되어야 할 것이다.

CHAPTER · 5

순천읍성은 여리고성

1912년의 순천읍성 전경

　1894년 봄 레이놀즈와 드루의 전라도 선교 답사는 성공적이었지만, 순천 입성에는 사실상 실패했다. 레이놀즈의 일기를 보면 4월 30일 오후 5시쯤 순천읍에 도착했다. 당시 외국인들은 각 지역에 입성할 때마다 외국인 단속 관리자인 아전(호장이나 별장)을 만나 통행허가증을 받아야 가능했다.

드루는 벌교에서 발이 부어 더는 여행이 불가능해 여수에서 배편을 구해 부산으로 떠났고, 레이놀즈만 순천읍성에 도착해 순천부 별장에게 1만 냥을 뇌물로 바쳤지만, 대답은 '통행 제한'이었다.

그래서 읍성 안에는 들어가 보지도 못하고 읍성 밖 저전리 주막 허름한 방에서 하룻밤을 지내고는 다음 날 여수항에서 배편으로 부산으로 갔다가 인천으로 가는 기항선을 타고 서울로 돌아갔다.

그 배경에는 유교를 중시한 지배 계층으로 외국문물 유입에 대한 저항이 강한 향리층이 있었다. 또한 당시 순천부사로 세도가 안동김씨 가문의 김갑규 (金甲圭, 1854~1924. 본명은 김갑균(金甲均). 갑신정변의 주역 김옥균이 역적이 되자 가문의 수치로 여겨 항렬을 고쳤다)가 있었다. 그는 충주 출신으로 역시 당대 세도가 여흥민씨 집안과 외척, 사돈 등으로 엮어진 세도가 출신답게 승승장구하면서 순천부사를 거쳐 농상공부 농무국장, 규장각 제학 등을 지냈고, 낙향 후에는 충주에서는 땅이 가장 많은 대지주로 떵떵거리며 살았다.[26] 화려한 그의 이력을 보면 왜 순천읍성 진출을 막았는지 감이 잡힐 것이다.

레이놀즈 선교사 일행이 순천에 당도하기 한 달 전 전북 고부에서 동학농민항쟁이 발생하자, 순천에서도 분위기가 심상치 않았다. 순천부사 김갑규는 친일파의 거두 민영준(나중에 개명 민영휘)의 매부로 가뭄에도 백성들에게 가혹하게 세금을 거두는 등 수탈이 심해 농민들의 불만이 높아지고 있었다.

미남장로교 선교사 - 미 남장로교 레이놀즈 선교사 일행은 선교답사를 통해 호남의 여건을 파악하였다.

특히 서면에서는 소작인들의 불만이 높아 봉기를 앞두고 있었다. 김갑규는 백성들의 요구사항을 모두 들어주겠다고 애걸해서 시위는 막았지만, 농민들이 봉기하여 그해 5월 1일 전북

---

26 논문-대한제국기 충추 안동김씨 김갑규의 가계와 경제기반(충북대 남금자)-한국사연구제154호(2011)

부안군 백산에서 열린 '백산봉기'에 참여하자, 도망치듯 부사직을 사임하고 말았다.

이어 6월 하순 순천의 농민군 100여 명이 두 달 만에 고향으로 돌아왔을 때 순천부사는 공석이었다. 그 후 8월에는 대접주 김인배가 이끄는 농민군이 와서 순천부 동헌에 영호도회소를 설치했다. 이런 분위기에서 미 선교사들의 입성이나 적극적인 전도활동이 쉽지 않았다. 무엇보다 외세에 대한 저항과 서양종교(천주교)에 대한 배척 기운이 아직 남아 있었다.

천주교가 순천에 입성한 것도 1916년에 송성문이 처음 미사를 드리고 1919년에 옥천동에 순천공소가 발족된 것으로 볼 때 개신교 보다 반감이 더 심했던 것으로 보인다.

조선시대 국교는 유교였다. 천주교가 박해를 받은 것도 바로 이 때문이다. 유교의 예배처라고 할 수 있는 곳이 공자를 모시는 향교의 대성전이다. 순천도 마찬가지로 향교를 중심으로 양반사회가 단단히 묶어진 유교사회였다. 천주교가 한참 박해를 받던 시절에도 순천에는 천주교가 입성하지 못했다. 전남에서는 나주와 장성에서 천주교인이 처형되었을 뿐이었다. 순천향교는 고려 성종 때 학교가 설치되었는데, 호남에서는 전주, 나주 등 3곳뿐이었다. 1407년 태종 7년에 순천도호부 향교가 설치되면서 여수, 광양, 돌산 등 인근 군현들의 향교까지 관할하는 전남동부지역의 중심지였다. 그래서 선교사들의 입성이 늦어진 것이다.

1896년 나주 입성에 실패한 남장로교 선교부는 그 이듬해인 1897년 10월 1일 인천, 원산, 부산에 이어 네 번째로 개항한 목포를 새 선교기지로 선택했다. 순천 입성에 실패한 지 4년만인 1897년 말 목포 선교부에 부임한 오웬과 전주 선교부의 테이트가 조사 지원근과 함께 다시 순천읍성을 방문했다. 1898년에도 테이트가 순천읍성 장터 등지에서 전도지를 나눠주며 전도하였는데, 선교부 설치로 이어지지는 않았다. 그만큼 순천의 보수적인 분위기는 생각보다 더 단단했다.

하지만, 오히려 순천읍성 외곽지역에서는 자생적인 예배처소가 생기고,

순천읍성 북문로 전경. 지금의 중앙로

선교사 방문을 적극적으로 요청할 정도로 상반된 분위기였다. 벌교 무만(1905), 낙안 평촌(1906), 고흥 옥하리(1906), 율촌 장천리(1907), 광양 신황리(1907), 서면 용당(1907), 별량 이미(1908) 등에 예배당이 속속 들어서면서 마치 순천읍성을 포위해가는 형국이었다.

1899년 낙안출신 지원근과 순천읍 출신 곽우영은 목포양동교회에서 세례를 받았다. 순천지방에서는 가장 먼저 세례를 받은 이들이다. 당시 목포는 개항으로 새로운 삶의 근거를 마련하기 위해 전남 전 지역에서 젊은이들이 몰려들었다. 오히려 목포 출신보다는 다른 지역에서 찾아온 이들이 초기 목포양동교회를 세우고 이끌었다.

1904년 광주선교부가 개설되면서 유진벨과 오웬은 광주로 옮겼다. 당시 광주선교부에는 순천 송광면 출신의 조상학이 조사로 있었다. 도도한 유학도였던 조상학은 오웬과 친구 지원근의 끈질긴 설득으로 개종했다. 목포선교부 설치와 함께 1898년 가을 유진벨과 오웬이 부임하면서 1899년 목포에 진료소를 설치했으나, 1년여 만에 문을 닫았다가 1904년 의사 놀란(Joseph W.

Nolan, 노라노, 1880~1954. 광주기독병원 개원)이 부임해오면서 재개되었다.[27] 조상학은 서양의사가 와 있다는 소식을 듣고 목포까지 달려가 오웬을 만나 치료를 받고 개종까지 하게 되었다.

곽우영은 목포에서 선교사들이 세운 정명여학교 한문교사를 거쳐 1919년 목포 4.8만세운동에 가담해 형을 살았고, 평양신학교를 졸업해 1924년에는 순천읍교회 4대 담임목사로 부임하였다. 1928년 신간회 순천지회장으로 부임했고, 2010년에 정부로부터 건국훈장 애족장을 추서 받았다.

동부지역에는 선교사의 전도나 개척이 아닌 주민들이 자생적으로 교회를 세운 곳이 많은데, 무만리교회를 비롯하여 여수 장천교회와 우학리교회, 고흥읍교회 및 신흥리교회와 명천교회, 광양 신황리교회, 여수읍교회 등이 그런 곳이다. 순천선교부가 세워지기 전 전남 동부에는 22개 교회가 있었다. 이 중에는 광주선교부 소속 선교사들을 통해 복음 전파가 이루어져 생긴 교회도 있지만, 타지역에서 복음을 듣고 들어와 예배를 드리기 시작한 곳도 있었다.

벌교 무만리교회에 이어 1906년 두 번째로 낙안 평촌교회가 세워졌다. 평촌은 지원근 조사의 고향으로 그 마을 박응삼과 이원백을 전도하여 예배당을 세웠고, 이어 세 번째로 지원근과 박응삼, 정태인이 율촌 장천리의 조의환, 이기홍, 지재한 등을 전도해 1907년에 장천리 예배당과 학교를 세웠다. 무만리교회와 평촌교회는 지원근이 시무를 맡았고, 장천리교회는 조상학이 시무를 맡았다.

---

27 한국기독교의료사(이만열. 아카넷. 2003) 209쪽, 407쪽

CHAPTER · 6

여리고성이 무너지다

　구약 여호수아 6장에는 여리고성이 등장한다. 여리고성은 해수면 보다 240m나 낮은 곳에 있어 팔레스타인 언덕의 사람들이 겨울철에 추위를 피하러 가는 피한지였다. 구약시대 이곳은 가나안 땅으로 들어가는 입구였고, 이스라엘 백성들의 진출을 막아 하나님의 명령에 대적하는 불순종의 상징이었다. 모세의 후계자인 여호수아의 지휘로 이스라엘 백성들이 6일간 한 번씩 성을 돌고 7일째에는 7번을 돌고 큰 소리를 지르자, 성벽이 무너졌다.
　순천읍성은 그런 여리고성이었다. 3번이나 복음 전파를 시도했지만, 쉽게 열리지 않았던 곳이었다. 1894년 레이놀즈와 1898년 테이트, 오웬의 입성을 허락하지 않았던 순천읍성에는 13년 만에 율촌 장천리교회 교인 조일환(조의환 목사 백부), 이기홍(4대 국회의원 이은태가 3남이다), 박경주(장남 박형렬이 고흥농고 교장, 고흥읍교회 장로 장립, 초대 전남교육감을 지냈다), 그리고 조상학 조사까지 나서 최정희를 전도하면서 그 첫 문이 열리게 되었다. 그후 1907년 4월 15일 김억평, 최시중, 윤병열, 김창수 등 10여 명이 금곡동 향교 뒤 양사재를 빌려 예배를 드리면서 순천읍교회의 역사가 시작되었다.[28]
　조선예수교장로회 사기에는 1909년 설립된 것으로 보고 있으나, 교회연

28　순천중앙교회 교회연혁 1900 's-1910' s

혁에서는 1907년 4월 15일에 금곡동 양사재에서 첫 예배를 드린 것으로 보고 있다. 사기에는 조상학이 최사집(崔仕集)을, 조의환이 최정의(崔珵義)를 전도하였고, 서문 안 강시혁(姜時奕)의 집에서 예배를 드리다가 양사제(養士齊)를 임시 예배처소 사용하였다고 기록하고 있다. 장천교회의 설립일은 같은 해 10월 15일이고 장천교회 설립교인인 조의환, 이기홍, 박경주가 전도해 예배가 시작되었다. 그러므로 순천읍교회 설립일은 장천교회 설립 이후라고 해야 맞다. 그래서 1908년 아니면 사기에 기록된 1909년에 설립된 것으로 보는 것이 가장 합리적일 것이다. 특히 이기홍 장로의 이복동생이 1939년에 장립된 최정완(알렉산더병원 의사, 고산병원 원장, 매산학교 교장) 장로이므로 장천교회 역사를 앞설 수는 없는 것이다.

양사재는 숙종(1718년) 때 순천부사 황익재(黃翼再, 1682~1747)가 석현동 향림사 입구에 세운 유생 교육기관으로 순천유림들이 향교에서 운영하다가 대원군이 '서원 철폐령'을 내린 이후 폐허가 되다시피 한 것을 교회가 빌려 예배당으로 사용했다.

황희 정승의 후손인 황익재는 전라도사(都事)·무안현감·순천부사·영광군수 등 주로 전라도에서 지방관을 지냈고, 조세의 운반 과정에서 일어나는 폐단을 단속하며, 굶주리는 백성들의 구제에 힘쓰는 등 선정을 베풀었다. 순천부사로 재직 시 진휼청과 양사재를 설립하였는데, 손수 『사창절목(社倉節目)』을 만들고, 이에 병행하여 향약과 양사재를 설치하여 운영했던 것으로 유명하다.[29]

순천중앙교회는 유교의 교육기관 건물인 양사제에서 첫 예배를 드렸고, 순천동부교회는 선암사와 송광사의 포교당이었던 환선정을 첫 예배당으로 사용했다. 또한 서문 밖에 땅 400여 평과 초가집을 매입하여 선교부의 중심지로 정하고 가옥을 건축하며 남녀학교와 병원을 설립하니 교회가 점차 발전하였다고 하였다.

29　네이버 두산백과 인물사전 '황익재' 편

1920년대 순천 선교사들

　순천선교부는 1910년부터 본격적인 부지 매입이 시작되었다. 1908년 일본군이 주둔하면서 양사재를 빼앗기고 서문 밖에 "ㄱ"자형 초가집을 매입하여 유내춘 조사가 초대 교역자로 부임한 것이 1908년 5월이다. 유내춘은 황해도 해주 출신으로 평양신학교를 거쳐 목사안수를 받고 군산, 나주, 광주 등지에서 목회를 하였다. 그러나 유내춘이 실제 부임했는지에 대해서는 아직까지 자료가 불확실하다.

　1916년에는 김영진을 초대 장로로 세웠다. 김영진은 황해도 개성 출신으로 목포에서 미곡상을 하다가 기독교 복음을 접했다. 1905년 머리에 종양이 생겨 놀란이 운영하던 목포진료소에서 치료를 받고 양동교회에 출석하다가 제주도와 전남 일대에서 선교사의 조사로 활동했다. 1915년 순천으로 옮겨 프레스톤(John Fairman. Preston, 변요한, 1875~1975. 목포·광주·순천에서 활약. 순천노회 초대 노회장 역임)과 코잇(Robert Thornwell. Coit, 고라복, 1878~1932. 교육가. 순천선교부 개척. 두 자녀를 양림동에 묻었다)의 조사로 활동하다가 알렉산더병원의 전도자로 일했다.[30] 그후 나중에 승주교회(현 순천제일교회)의 토대가 된 남문 밖 기도처소를 이끌다가 분립할 때 승주교회로 옮겼다.

순천의 교회 개척역사를 보면 초창기 타지역 출신들이 헌신하며 세운 교회들이 대부분이다. 순천중앙교회와 제일교회는 황해도 개성 출신 김영진 장로가, 남부교회는 해남 출신 정관진 장로가, 동부교회는 구례 출신 문재구 목사가 세웠거나, 주도적 역할을 했다.

순천읍교회가 설립되기 이전에 순천에는 낙안 평촌교회(낙안중앙교회), 용당교회, 대치리교회(황전대치교회)가 들어섰고, 1908년에 들어선 신평리교회(송광), 이미교회(별량)까지 5개나 있었다. 현재의 행정구역상으로 본다면 순천에서 최초로 설립된 교회는 낙안 평촌교회(현 낙안중앙교회)라고 할 수 있다.

오웬 선교사

1909년 봄 남장로교 선교사들에게는 충격적인 일이 벌어졌다. 장흥을 순회하던 선교사 오웬이 급성 폐렴에 걸려 광주로 후송했으나, 결국 사망하고 말았다. 오웬의 안타까운 죽음 이후 광주 선교부가 순천까지 담당하는 것은 무리라는 판단에 따라 1909년 7월 순천선교부 설치가 논의되었다. 1910년에는 니스벳(Nisbet J. Samel, 유서백, 1869~1949. 전주신흥학교·목포영흥학교 교사. 전남노회 초대 노회장), 프레스톤, 해리슨(Harrison. W. B, 하위렴, 1866~1928. 전주·광주선교부 활약, 목포양동교회 담임), 윌슨(Wilson. R. M, 우일선, 1880~1963. 광주기독병원 의사. 광주나병원·여수 애양원 설립)등 4인 준비위원회도 만들어졌고, 벌교와 순천을 두고 논의를 했다.[31]

결국 새로운 선교부는 순천읍으로 결정할 수밖에 없었다. 벌교는 아직 리 단위에 불과한 작은 동네였다. 벌교면 승격도 1915년 부군면 통합 때 비로소 이루어질 정도로 순천읍에 비해 작고 경전선도 아직 건설되지 않았다. 선교

---

30 전남의 기독교이야기3(김양호. 사람이크는책. 2020) 43쪽
31 같은 책 24쪽

사들에게는 1894년 순천읍성에도 들어가지 못하고 쫓겨난 아픔이 있었다.

당시 순천은 순천읍교회를 중심으로 선교부의 중심 역할을 할 수 있는 교회가 이미 조직되어 있었고, 주변 지역에 모두 22개의 교회가 선교사들의 사역과 관리를 기다리고 있었다. 또한 전남 남부 구역을 담당하는 프레스톤도 장거리 순회활동으로 몹시 지쳐 있었다.

광주 의료선교사 윌슨도 프레스톤에게 휴식할 것을 권고했고, 코잇은 새로운 선교부 설치를 역설했다. 순천은 그렇게 해서 남장로교의 다섯 번째 선교거점이 될 수 있었다.[32] 순천 선교부는 프레스톤과 로버트 코잇에게 그 책임을 맡겼고, 실무책임은 조사 김윤수(1860~1919, 목포 첫 개종자, 광주선교부 설치 및 양림교회 세운 공로자)였다.

전남 동부권에서는 벌교 무만리교회 출신들이 초기 목사로 안수받아 복음 전파에 나섰다. 무만리교회 출신으로 정태인이 1917년 평양신학교(10회)를 졸업해 전남 동부지역 교회 개척과 담임목사로 활약했다. 또한 순천 출신으로 목포 양동교회에서 세례를 받고 1922년 목사안수를 받은 곽우영이 고향

조의환 목사

곽우영 목사

김순배 목사

오석주 목사

조상학 목사

김상두 목사

김정복 목사

양용근 목사

---

32 Rev. R. T. Coit, A New Station in Korea, The Missionary(September 1910), 468.

으로 돌아와 순천노회 조직노회장과 순천읍교회 4대 담임으로 부임하였고, 1924년 순천중앙유치원 설립 및 초대원장으로도 사역하였다.[33]

이외에도 두 사람을 이은 전남동부 출신 초창기 목사로는 1922년 목사안수를 받은 조의환(여수 율촌)과 1923년 목사안수를 받은 오석주, 조상학 등이 있다. 이어 광양 출신으로 양용근, 선재련, 김형모, 안덕윤 등이 있고, 여수 출신으로 황보익, 김순배, 조의환 등이, 고흥 출신으로는 김상두, 오석주 등이 있다.

전남동부지역 출신 목사안수자 - 1940년 기준

성명	출신지	신학교 졸업연도	목사안수 선교부	비고
정태인	순천	1917	광주	벌교 무만교회 출신
곽우영	순천	1922	목포	순천노회 조직노회장, 순천읍교회 담임
조의환	여수	1922	순천	장천교회 설립
조상학	승주	1923	광주	순천노회 1호 목사, 6·25 순교자
오석주	고흥	1924	순천	3·1운동 참여, 순천노회장
김상두	고흥	1929	순천	여수제일교회 담임, 고흥·구례지역 사역
황보익	여수	1930	순천	보성읍교회 담임, 황성수 박사 부친
김순배	여수	1932	순천	순천·여수지역 사역
선재연	광양	1936	순천	광주 제일교회 담임, 광양, 광주지역 사역
김형모	광양	1938	순천	매산고 교장, 손양원과 신학교 졸업 동기
안덕윤	광양	1939	순천	광양 및 전북 김제지역 사역, 6·25 순교자
양용근	광양	1939	순천	길두교회, 구례읍교회 담임, 손양원과 입학동기, 신사참배 거부 순교자

동부지역에서 사역한 타지역 출신 목회자로는 이기풍(평양)을 비롯하여, 나덕환(전남 영광), 강병담(평북 대동), 김정복(충남 서천), 손양원(경남 함안), 박용희(경기 안성), 김형재(평양), 이수현(전북 군산), 최병준(충남 서산), 이영희(평북 철산), 김응규

---
33 전남의 기독교 이야기1(김양호. 세움북스. 2019) 30쪽

(전북 익산)등이 해방 전에 이 지역 양떼를 돌본 목자들이었다. 이중 신사참배 거부로 이기풍, 양용근 목사가 순교하였고, 6·25 전쟁 중 인민군에게 조상학, 손양원, 안덕윤, 김정복 목사 등이 희생되었다.

　1922년 9월 10일 순천노회가 설립되었다. 초대 조직노회장은 곽우영 목사였고, 선교사는 변요한, 고라복 등 2인을, 목사는 곽우영, 정태인, 조의환, 강병담 등 4인을, 장로는 김억평(순천읍), 오영식·서병준·장기용(광양 웅동), 이기홍(율촌 장천), 김일현(벌교 무만리), 장현중(광양 대방도), 목치숙(고흥읍), 박창규(고흥 관리) 등 9인으로 총 15인으로 결성되었다. 1923년 2월 12일 광양읍예배당에서 열린 1차 임시회에서 조상학을 순천노회 첫 목사로 안수하여 광양읍교회와 대방도교회 목사로 임명하였다. 1925년에는 장로 피택 자격을 강화하여 성경공부를 2년 이상 수료하고, 신체가 성결하며, 금연자로 제한했다. 이영희 목사(평북 철산 출신)에 이어 1926년에는 김정복 목사(충남 서산 출신)가 청빙되어 늘어난 교회를 맡아 시무하기 시작했고, 전남노회 소속이던 애양원교회가 순천노회로 소속으로 변경되었다.

CHAPTER · 7

목포는 전남 복음의 통로

목포는 개항과 함께 일제 수탈의 아픈 역사가 있지만, 전남에서 남장로교 선교부가 가장 먼저 설치되면서 복음의 통로가 되었다. 광주, 나주, 순천 등 대부분 지역의 초창기 복음 전도자들은 목포양동교회를 통해 복음을 받아들였고, 다른 지역으로 나가 교회를 개척하고 복음을 전파했다.

하지만, 직접 다른 지역을 통해 복음을 받아들이고 자생적으로 교회를 세운 곳도 2곳이나 있다. 여수읍교회는 1906년 12월 10일 부산 동래에 살던 김암우(박바우) 여사가 여수로 이주해와서 군자동 초가집에서 예배를 드리며 시작되었고, 고흥 거금도의 신흥리교회는 서울에서 쪽 복음서와 전도지를 받아들고 와서 예배를 드리며 시작된 곳이다.

레이놀즈와 드루의 첫 선교답사 여행

레이놀즈

레이놀즈는 호남선교의 구체적인 계획을 수립하기 위해 전라도 지방에 대한 광범위한 선교지 답사에 나섰다. 이때 남장로교 최초의 의료선교사인 드루 (Alessandro. D. Drew, 유대모, 1859~1926. 군산선교부 개척 활동 참여), 통역 및 어학선생이자 조사 정해원(1893년 전주선교부 선발대로 내려와 다음해인 1894년에 생활고로 사임)이

동행하게 되었다. 드루는 영국 출신으로 어릴 때 미국으로 이주해 필라델피아 약학대학에서 공부했고, 버지니아대 의학대학원을 졸업해 의사가 되었다. 그는 미국 남장로교 내한선교사 중 첫 번째 의사였다.[34]

드루와 레이놀즈는 1894년 3월 27일 서울에서 출발해 인천에서 배를 타고 3월 30일 군산에 도착했다. 다음날에는 전주 은송리 선교주택에서 테이트 남매와 정해원 조사를 만났다. 4월 9일 태인과 금구를 거쳐 정읍을 지나 12일에는 부안군 홍덕·줄포·곰소를 답사했다. 서해안을 따라 영광·무안·목포를 거쳐 해남에 도착했고, 거기서 주일예배를 드렸다.

이어 진도, 완도를 거쳐 고흥 거금도에 닻을 내렸고, 4월 28일 녹동을 거쳐 흥양(현 고흥읍)에 도착해 1박을 했다. 미국 선교사들이 전남 동부지역에 첫 발을 내린 것은 4월 27일이었고, 순천에는 4월 30일 처음으로 들어왔다.

당시 외국인의 출입은 엄격한 통제를 받고 있었고, 그 지역 관원의 통행허가증이 있어야 가능했다. 흥양현 호장(조선후기 중인 계급으로 현감을 보좌하는 자리, 고을을 총괄하는 직위) 이종호를 만난 선교사 일행은 통행허가증을 받았고, 이를 기념하기 위해 이종호의 독사진을 카메라에 담았다.

또한 그를 통해 홍교 앞 감초당한약방을 운영하던 고흥 최초의 교인 신우구 등 서양 문물에 관심이 있는 사람들을 만났고, 동강 유둔리에서 1박을 하고 4월 30일에는 벌교를 거쳐 순천에 도착했다.[35]

당시 전북 고부에서 동학농민항쟁이 발생해 어수선한 상태였지만, 전남 해안까지는 아직 확대되지 않아서 무사히 순천까지 왔다. 고창과 영광, 함평 등지에서는 동학교도들을 만났지만, 레이놀즈는 그들과 직접 부딪히지 않고 무사히 넘겼다. 이 여행을 통해 남장로교 한국선교회는 전라도 전역의 지형과 문화, 기독교와 외국인에 대한 현지인의 태도 등을 확인할 수 있었다.[36]

---

[34] 내한선교사사전(한국기독교역사연구소. 2022) 131쪽(드루 편)
[35] 순천노회 100년사(순천노회. 2022) 79~80쪽
[36] 내한선교사사전 131쪽(드루 편)

가는 곳마다 공통으로 느끼는 것은 조선정부가 외세에 밀려 개항은 했으나, 종전의 서교금압(西敎禁押, 서학과 천주교를 금지하는 정책) 의식이 그대로 남아있었기 때문에 자유스럽게 복음을 전파하기는 쉽지 않을 것이라는 점이었다. 그러므로 적극적인 방문 전도는 시도할 수 없었고, 단지 호기심으로 자진해서 몰려드는 사람들이나 숙소에 일부러 찾아오는 사람들만을 전도의 대상으로 삼을 수밖에 없는 제한된 전도활동을 했다.

김제·정읍·고창 등지를 지나게 된 4월 8일 주일에는 구경꾼조차도 모여들지 않아 고용한 마부 두 사람을 앞에 앉혀놓고 예배를 드렸다. 구경꾼이 모여들지 않는 까닭을 알아보니 불과 서너 주일 전에 "천주교를 경계하라"는 내용의 경고 벽보가 이 일대에 붙어있었기 때문이었다. 이는 동학의 척외(斥外)운동이 일어나고 있었던 까닭이었다. 그러나 그외 대부분 지역에서는 구경꾼과 방문객들이 있었고 두 선교사의 전도활동에 대해 관리들이나 양반들의 직접적인 간섭이나 방해는 없었다.[37]

드루는 발이 부어 여행을 중단했고, 레이놀즈는 혼자 여수로 가서 부산으로 가는 배편을 구해 갔다가 5월에 서울로 돌아왔다. 군산에 와있던 전킨과 전주의 테이트 남매도 동학농민항쟁으로 잠시 서울로 철수했다가 끝난 후 다시 내려왔다. 레이놀즈도 서울에서 내려와 합류하면서 전주 선교부도 다시 활기를 띠게 되었다.

전주선교부에서는 1897년과 1898년에 테이트가 조사 지원근을 데리고 순천, 고흥, 녹동까지 전도한 내용이 전주선교부에 기록되어 있다. 또한 목포선교부에서도 유진벨(Eugene Bell, 배유지, 1868~1925. 광주선교부 설립. 전남 교회 개척. 조선예수교장로회 총회장) 선교답사가 1897년 말에 이뤄진 것으로 볼 때 신우구 등 고흥과 벌교 무만리 신자들의 적극적인 방문 요청이 있었던 것이 아닐까 싶다. 또한 동학농민항쟁 등 호남지방의 여건상 더 안전한 곳을 찾아 우선적으로 방문해 복음을 전파한 것이다.

---

37 전주서문교회100년사-제2절 미국 남장로회 선교사의 입국과 호남선교편-레이놀즈 선교사의 호남지방 선교 답사 중에서

이종호-1894년 4월 미국선교사 레이놀즈와 드류가 1차 선교여행중 고흥에서 촬영한 고흥 최초의 사진. 사진 속 인물은 당시 흥양현 아전(별장)이었던 이종호이며 외국인 출입단속관리.(이재원 소장, 이상완 제공)

레이놀즈의 1차 방문 때 통행허가를 위해 만났던 흥양현 호장 이종호를 다시 만나 레이놀즈가 찍었던 초상화 사진 한 장을 전해주었다. 이날도 역시 오웬 일행은 이종호의 초가집에서 가족을 카메라에 담았다가 다음 방문 때 전해주었고, 그 빛바랜 사진이 이종호 후손을 통해 지금까지 전해지고 있다. 19세기 말 미국 선교사들에게는 필수 휴대품 중 하나였던 카메라는 당시 조선인에게는 신기한 물건이었다. 첫 상용카메라는 1889년 미국 코닥사에서 나온 '코닥 넘버1'이었고, 1890년에 간편하게 롤 필름을 방식으로 사진을 찍을 수 있는 휴대용 카메라로 코닥사의 '브라우니'가 나왔다. 그 이전에는 독일에서 나온 작고 가벼운 '라이카' 카메라가 나와서 종군기자들이 애용했다.

목포선교부 설치와 양동교회 출신들

전남지방의 선교역사는 1896년 나주선교부 설치를 결정하면서 시작되었다. 유진벨이 나주선교부 설립 책임자로 내려와 땅을 매입하는 등 선교활동에 나섰다. 그러나 보수적인 나주 양반계층의 극심한 반대에 부딪혔다. 임시숙소를 포위하는가 하면 살해위협까지 할 정도여서 할 수 없이 땅과 집을

목포양동교회

팔고 철수할 수밖에 없었다.[38] 그래서 목포가 내륙인 광주, 나주, 순천보다 먼저 선교지부가 설치되어 본격적인 전남(광주 포함)의 선교 역사가 시작된 것이다.

목포선교부는 1897년 3월 2일 유진벨이 도착하여 초가집과 선교부 부지를 확보하였고, 5월 15일 주일에 조사 등과 함께 첫 예배를 드렸다. 장로회 사기를 보면 전남 최초의 교회는 1898년 유진벨과 매서(賣書)[39] 전도인 변창연이 부임하여 시작한 목포 양동교회이다. 이후 1900년에는 목포 양동 126번지에 기와집 교회를 신축하면서 양동교회의 역사도 시작되었다.

당시 첫 세례자 중 한 사람인 임성옥(1897-?, 1919년 경남노회로 이명)이 1906년 장로로 장립된 후, 1912년 평양신학교(5회)를 졸업하여 전남(광주 포함) 출신 첫 목사가 되었다. 임성옥은 1871년 강진군 작천 출신으로 해남 우수영교회, 원진교회, 함평 월봉리교회, 나주 서문정교회 등에서 조사로 시무하였고, 목사안수를 받은 후에는 강진의 병영과 작천, 해남 화원지역의 교회를 맡아 목

---

38 전남노회 105년사 111쪽
39 선교 초창기 쪽복음서 및 전도지를 나눠주거나 판매하며 전도하는 사람.

회하였다.[40] 그후 1919년 경남노회로 옮겼다.

그 뒤를 이어 이원필(1914년 장립, 충남 금산 출신), 이경필(1917년 장립, 충남 금산 출신) 형제와 유내춘(1917년 장립, 황해도 해주 출신), 김웅규(1922년 장립, 전북 익산 출신), 곽우영(1922년 장립, 순천 출신) 등이 목사로 배출되어 전남지역 복음 전파의 파수꾼이 되었다.

이원필은 목포와 군산에서, 이경필은 제주도와 광주에서 목회하였고, 김웅규는 애양원교회 4대 목사로 부임했다가 1938년 순천노회 정기노회에서 신사참배 찬성 발언으로 쫓겨나는 수모를 당하기도 하였다. 곽우영은 순천읍교회 담임과 순천노회 조직노회장을 역임하였고, 유내춘은 순천읍교회 초대 교역자를 거쳐 군산·나주·광주·황해도 재령 등에서 목회를 하였다. 특히 이 목포양동교회 출신들이 목포의 3·1운동인 4·8만세운동의 주역으로 참여하여 고초를 겪었다.

1901년 조선예수교장로회 합동공의회가 설립되면서 조선인 장로들이 선교사들과 공동으로 사역하는 시대가 열렸다. 전라대리위원부도 설치되었는데, 1902년에는 최중진(전주, 1871~1932, 정읍 출신, 동학혁명 참여, 자유교회사건으로 제명), 최홍서(군산, 1860~1934, 김제 출신, 호남 첫 장로, 군산교회의 기둥), 김윤수(목포, 1859~1919, 서울 출신, 목포경무청 총순, 광주양림교회 첫 장로, 광주교회의 기둥) 장로가 조선인 대표로 참석했다. 1904년에는 평양신학교에 김필수(1872~1948, 경기도 안성 출신, 기독신보 발행인(주필), 전주서문교회 시무 독립선언문 호남에 전달), 최중진, 윤식명(1871~1956, 강원도 철원 출신, 목포교회 초대 목사, 제주도·익산·정읍 등 시무)을 추천해 조선인 출신 목사 배출을 위한 신학공부를 시작했다.

1890년 가을부터 서울 선교부에서는 신학반을 운영해 한달씩 공부시켜 선교현장에 내려보냈다. 평양의 마펫도 목사 양성소가 필요함을 느끼게 되었고, 미국 선교본부의 지원을 약속받고 합동공의회 논의를 거쳐 평양에서 신학교육을 시작하기로 했다. 마펫은 이미 1900년 봄에 평양 장대현교회 장

---

40 전남의 기독교 이야기1(김양호, 세움북스, 2019) 28쪽

로 방기창과 김종섭을 목사 후보생으로 결정하고 신학 예비과목을 가르치기 시작했다. 조선에 복음이 들어온 지 15년 만에 최초의 신학생으로 입학하여 방기창은 1회, 김종섭은 3회 졸업생이 되었다. 서울에서 신학반 과정을 마쳤던 이들은 편입할 수 있었는데, 서경조와 한석진이 편입하여 1회 졸업생이 되었다.

1902년에 신학과 5년 과정을 결정하고 전국 교회에 신학생 추천을 요청했다. 평양에서는 길선주, 양전백, 이기풍, 송인서 4명이 추천되었으나, 지방에서는 1904년에 17명이 지원하였다. 전라공의회에서는 김필수, 윤식명, 최중진, 김창국(1884~1950, 전주 최초 세례교인, 광주금정교회 목사, 제주·광주 등 시무) 등 4명을 추천했으나, 김창국은 입학이 허가되지 않았다.

1909년 2회 신학교 졸업생 8명 중 남장로교 소속은 3명이 졸업해 전도목사로 장립되었다. 이들은 제3회 전라노회에서 목사 안수를 받은 후, 김필수는 진안, 장수, 무주 지역의 목사로, 최중진은 정읍, 태인 지역에서 그리고 윤식명은 무안, 목포 지역으로 파송되었는데, 이들의 선교활동은 호남지역에서 대단한 성과를 거두었다.

동학농민군 출신인 최중진은 동생들과 동학농민항쟁에 참여한 바 있었고, 테이트를 만나 조사로 활동하다가 평양신학교를 거쳐 목사가 되었다. 그러나, 선교사들이 지나치게 세례 자격을 제한하고, 선교 재정 사용에도 지역적 차별을 두는 것에 불만을 품고 강력히 개선을 요구했다. 그러나 그의 다소 과격한 주장으로 1910년 전라대리회에서 당회 권리행사 금지를 통보하자, 독립을 선언했다. 그후 동생 최대진 목사 등 여러 동역자가 설득시켜 노회 회원들 앞에서 회개하고 돌아왔으나, 이어 강도사로 강등되더니 결국 채 1년도 못 돼 다시 자유교회를 이끌고 떠났다.

평양 장로회신학교는 1903년에 예비과정 수료자 2명과 평양 선교부가 추천한 4명 등 6명이 입학하면서 평양신학교가 개교하였다. 3년간의 예비과정과 5년간의 정규과정을 채택하고 5년간 학교에서 배우는 정규과목과 방학 동안 자습하는 열람과목을 채택하였다. 하지만 대부분 신학생은 교회 조사들이어서 1년에 3개월만 학교에서 교육받고 9개월간은 교회를 돌보면서 대신 숙제를 공부하는 방식을 채택했다.[41] 5년제는 1920년까지 지속되다가 그 이후로는 1년을 2학기로 나누어 기숙사에 입소하여 출석하는 3년제를 설치해 병행하였다.

남장로교 선교지역에서는 2회 3명 졸업 이후 3회와 4회는 졸업생을 배출하지 못했고, 1912년 5회 졸업생으로 최중진의 동생 최대진(1879~1942, 제주·김제·군산·서울·북간도에서 시무, 이기풍 목사의 신병으로 대신 제주도 파송)이 목사안수를 받았다. 1913년에는 임성옥이 졸업해 목사 안수를 받는 등 매년 목사들이 배출되었다.

선교사공의회, 합동공의회를 거쳐 1907년 조선독노회가 결성되어 호남은 전라대리회가 설치되었다. 한국장로교회는 1907년 9월 17일 조선예수교장

평양신학교 1회 졸업생
(앞줄 좌에서 한석진, 이기풍, 길선주, 송린서, 뒷줄 좌에서 방기창, 서경조, 양전백)

---

41 신학지남 1974년 여름호 90~94쪽 -평양신학교 초기 편사(박용규 성남제일교회 목사 저)

로회 노회(독노회)를 설립하면서 조선장로교회 신경과 조선예수교장로회 규칙을 제정했다. 이것은 한국장로교회가 처음으로 교단의 교회법을 제정한 것이다.[42] 이후 1922년에 조선예수교장로회 헌법이 제정되어 완전한 형태의 장로교회 헌법을 가지게 되었다. 1911년 경북 대구에서 열린 독노회에서 전국을 7개 노회로 나누기로 결정해 그해 9월 18일 전주서문교회에서 전라노회를 설립하였다.

초창기 교회 조직은 목사, 조사, 영수 등으로 시작되어 1897년부터 집사 임명과 장로 선출이 시작되었다. 조선예수교장로회 사기에서 전라노회가 설립 이전인 1911년까지 전주서문교회나 목포양동교회 등의 장로 선출 기록이 누락되어 최초의 장로는 파악하기 힘들다. 하지만, 임성옥, 김창국, 김필수, 최중진, 김윤수 등이 대표적인 초창기 장로로 장립되어 독노회에 선교부 대표로 파송되었고, 모두 평양신학교를 거쳐 목사안수를 받았다.

호남에서 처음 세례를 받은 교인은 군산선교부에서 나왔다. 군산에서는 1896년 7월 20일 전킨과 드루가 개척 선교를 할 때 세례받기를 간절히 원하는 김봉래, 송영도에게 세례 문답을 하고, 전킨 사택에서 전킨의 집례로 세례식을 거행했다.[43]

---

42 김일환(서울장신대)의 논문-1920년대 한국장로교회 헌법을 통해 본 장로회 정치의 특징(한국기독교와 역사 제49호. 2018.09) 36쪽
43 전주서문교회 〈서문100년사〉 제2절 미국 남장로회 선교사의 입국과 호남선교

CHAPTER · 8

전남동부의 3·1운동과 기독교

　전남동부지역의 3·1운동은 광주나 목포에 비해 조직적으로 전개된 대규모 만세 시위는 없었으나, 산발적인 시위가 있었고, 계획 단계에서 실패한 사건도 있었다. 광주나 목포에서는 미션스쿨이 주도적으로 참여한 반면에, 순천에서는 매산학교가 그 전에 문을 닫으면서 아무런 역할을 하지 못했다.

　서울에서는 민족대표 33인 중에서 기독교를 대표해 16명이 참가했다. 이 중 장로교는 길선주(평양 장대현교회 목사), 김병조(정주읍교회 목사), 양전백(선천북교회 목사), 유여대(의주 동교회 목사), 이갑성(세브란스병원교회 집사), 이명룡(정주 덕흥교회 장로), 이승훈(정주 오산교회 장로) 등 7명이고, 감리교는 김창준(서울중앙교회 전도사, 월북), 박동완(서울 정동교회 장로), 박희도(서울 창의문교회 전도사), 신석구(서울 수표교회 목사), 신홍식(평양 남산현교회 목사), 오화영(서울 종교교회 목사), 이필주(서울 정동교회 목사), 정춘수(원산 상려교회 목사), 최성모(해주 남본정교회 목사) 등 9명이다. 이중 박희도와 정춘수는 변절해 친일파가 되었고, 김창준은 월북했다. 이들 중 평양 등 서북 출신이 길선주 목사 등 8명이고, 서울은 7명이다. 33인 중에는 천도교가 13명, 불교가 2명이고, 호남 출신은 전북 장수 출신인 불교 대표 백용성(1864~1940)과 해남 옥천 출신 천도교인 양한묵(1862~1919, 서대문에서 순국)이 있다. 당시 호남지역 목사나 교인의 참여는 없었다.

완전한 순교 | 65

순천선교부 설립되다

1915년대 매산학교

1897년 목포가 개항하면서 전남에서는 미국 남장로교 선교부가 가장 먼저 설립되었다. 이후에는 광주선교부를 거쳐 순천선교부가 마지막 설립되면서 선교역사도 뒤늦게 시작되었다. 하지만 순천을 중심으로 한 주변지역은 이미 자생적 교회를 비롯해 22개의 교회가 들어서 선교사의 사역과 관리를 기다리고 있었다. 장거리 순회 활동으로 프레스톤은 지쳤고, 코잇은 새로운 선교부 설치를 역설했다. 그렇게 해서 순천은 남장로교의 다섯 번째 선교거점이 되었다.

순천선교부 부지 매입은 1910년부터 본격적으로 이루어졌다. 광주선교부에서 파송된 조사 김윤수와 순천읍교회 성도 김억평이 나서 매산등 일대 부지를 사들였다. 당시 매산등은 가난한 아이들의 풍장(風葬, 매장하지 않고 자연상태로 풍화시키는 방식)터였다. 그렇게 해서 선교부가 확보한 매산등의 땅은 모두 1만4,500㎡(4,393평)로 2천 달러가 소요되었다. 땅만 있다고 모두 해결되는 것은 아니었다. 선교부 건물 건축 비용과 무엇보다 선교사들의 확충을 위한 정기적인 후원도 필요했다.

1911년 프레스톤(변요한)이 안식년을 맞아 미국에 들어가 순회하며 전라도 선교활동을 알리고 지원을 요청했다. 사우스캐롤라이나 더램제일장로교회 담임목사는 전주선교부 전킨의 처남이었고, 조지 와츠(George Watts)가 그 교회 장로였다. 전라도 선교에 관심이 많던 조지 와츠는 순천선교부 13명의 급여를 몽땅 책임지는 매년 1만3천 달러의 통 큰 후원을 약속했다.⁴⁴

이는 선교부 역사상 가장 큰 규모의 기부금이었다. 사실상 순천선교부는 프레스톤과 조지 와츠의 합작품이라고 볼 수 있다. 매산등은 읍내를 내려다 볼 수 있는 위치에 샘터도 2개나 있고, 바로 뒷산에는 양질의 화강암이 풍부하게 분포하고 있어 건축자재 확보도 쉬웠다. 코잇은 일꾼들을 동원하여 화강암을 채석하고 기와를 굽고 길을 냈다.

선교부 회계 및 시설담당자는 건축전문가 스와인하트(Martin L. Swinehart, 서로득, 1874~1957. 광주선교부 서기 및 회계. 매산학교 건축담당)가 맡았다. 건물 신축공사는 1912년 8월부터 본격적으로 시작되었는데, 당시 석축공사는 중국과 일본 석공들이 동원되었다. 현재도 남아 있는 선교 관련 건물은 중국, 일본, 한국 등 3개국 합작품이다. 미국에서 보낸 자재들도 대대포 포구를 통해 속속 도착했다. 그렇게 해서 1913년 4월에는 프레스톤 사택 등 4채의 선교사 사택과 병원 및 시약소 건물, 남학교와 여학교, 작은 기숙사, 400석 규모의 순천읍교회 예배당이 들어섰다.

순천선교부는 1913년 호남에서 마지막으로 설치되어 활동에 들어갔다. 그리고 교육과 의료사업을 통해 복음 전도에 나섰다. 후임 선교사들도 속속 도착해 전도사역은 프레스톤과 코잇, 교육은 크레인(Crane. J. C, 1888~1964., 구례인, 은성학교 설립, 매산학교 교장)과 듀퓌(Lavalette. Dupuy, 1883~1964, 두애란, 매산여학교 교장, 군산 멜본딘여학교 교장)가 담당했다.

병원은 티몬스(Timmons. H. L, 김로라, 1878~1973. 알렉산더병원 건립. 전주예수병원 의사

---

44 전남의 기독교이야기3(김양호. 사람이크는책. 2020) 24쪽

로 사역)와 그리어(Greer. A. L, 기안라, 1883~1973. 간호사. 광주기독병원·알렉산더병원·군산예수병원 간호사로 사역), 여성사역은 비거(Biggar. M. L, 백미다, 1882~1959. 순천선교부 여성과 어린이 복음담당. 매산여학교 초대교장), 주일학교는 프랫(Pratt. C. H, 안재륜, 1881~1950. 순천선교부 서부 사역담당. 고흥 관리교회·천등리교회 설립)이 맡았다. 프레스톤은 순천과 여수, 곡성을 맡아서 전도와 목회사역을 하였고, 코잇은 구례와 광양을, 크레인은 고흥과 보성을 맡았다.

매산학교 설립과 3·1운동 전개

매산학교의 전신은 은성학교였다. 1910년 봄 금곡동 사숙에서 문을 연 은성학교는 이듬해 매곡동에 새로 학교를 지어 이전했다. 1913년 9월 정식으로 당국의 허가를 얻어 개교했다. 성경과 한글, 역사, 기하, 한문, 공작 등을 가르쳤다. 1915년 조선총독부는 허가받은 학교에서는 성경 과목을 가르칠 수 없도록 조치했다. 결국 1916년 6월에 자진 폐교하고 1921년 매산학교로 다시 개교하였다. 이때 남학교와 여학교로 분리하여 설립했고, 남학교 교장은 크레인, 여학교는 비거였다.

매산학교는 1916년 자진 폐교로 1919년 3·1운동에서 아무런 역할도 하지 못했다. 광주의 숭일학교와 수피아여학교, 목포의 정명여학교와 영흥학교, 전주의 기전여학교와 신흥학교, 군산의 영명학교 등은 교사와 학생, 졸업생들이 독립선언서 제작과 전달, 만세 시위 모의 등 주도적 역할을 감당했다. 전남 동부권에서는 광주 3·10만세 시위에 순천읍교회 출신으로 수피아여학교 재학생 중에는 박우말례(朴又禮, 1902~1986, 건국훈장 대통령표창)와 이봉금(李奉錦, 1904~1971, 건국훈장 대통령표창), 이태옥(李泰玉, 1902~?, 건국훈장 대통령표창), 임진실(林眞實, 1899~?, 건국훈장 대통령표창), 숭일학교 재학생으로는 조흥종(趙興鍾, 1900~?, 건국훈장 건국포장)과 황맹석(黃孟錫, 1902~?, 건국훈장 건국포장) 등 총 6명이 참가했다.

여수읍교회에서는 숭일학교 재학생 김순배(金順培, 1899~1970, 평양숭실·평양신학교 졸업, 여수읍교회4대 담임, 순천노회 수난사건으로 투옥, 건국훈장 애족장)와 정두범(鄭斗凡, 1899~1956, 조선일보·시대일보 기자, 한독당 광주시위원장, 건국훈장 애족장), 수피아여학교의 윤형숙(尹亨淑, 1900~1950, 여수읍교회 전도사, 건국훈장 건국포장) 등 3명이 참가했고, 광양에서는 다압면 출신의 수피아여학교 교사 진신애(陳信愛, 1900~1930, 건국훈장 애족장)가 참가했다. 진신애는 독실한 교인의 딸이었을 것으로 보인다. 당시 광양 다압면에는 아직 교회가 세워지지 않았고, 가장 가까운 교회가 진상면 섬거리교회(현 광동중앙교회)였다.

고흥읍교회 출신으로 숭일학교 교사 신의구(申義求, 1892~1974, 건국훈장 애족장)와 박무응 장로의 딸로 수피아여학교 재학생 박성순(朴聖淳, 1901~1981, 서울 약수동성결교회 권사, 건국훈장 대통령표창), 숭일학교 재학생 박오기(朴伍基, 1902~1945, 건국훈장 대통령표창)가 참가했다.

김필수 목사

광주와 전주에 독립선언서를 전달한 이는 김필수(金弼秀, 1872~1948, YMCA운동가, 전북·서울에서 활동, 예장총회장 역임) 목사였다. 3·1운동 당시 서울에서 『기독신보』 발행인 겸 주필로 있으면서 독립선언문을 호남에 전달하는 책임을 맡았다. 김필수 목사는 경기도 안성출신으로 레이놀즈의 어학선생이었고, 1909년 조선독노회 시절 전라대리회에서 1호로 목사안수를 받은 분이다. 전주선교부에서 조사를 하다가 평양신학교 2회로 졸업해 목사가 되었고, 독립선언서 기초를 만들 때도 참여했으나, 민족대표 33인에는 들어가지 않았다. 전주서문교회 담임과 군산지역 교회에서 주로 시무했다.

순천에 독립선언서가 전달된 것은 3월 2일 천도교를 통해 입수되었다. 남원 천도교 교구장 유태홍이 보낸 독립선언서 35장이 순천읍 천도교구에 전달되었고, 이들을 통해 구례를 거쳐, 순천에 도착해 여수, 광양 등으로 배포되어 관공서 게시판 등에 붙여 알렸다.

이렇게 3·1운동에서 순천지방 기독교는 아무런 역할을 하지 못했다. 3월 16일 순천중앙교회 기독청년면려회가 주도해 난봉산에 모여 만세를 부르려고 했으나, 사전에 발각되어 헌병대에 의해 해산되고 5명이 검속당한 정도에 불과했다.

하지만, 순천에서는 4월 9일 낙안지역 비밀조직 '이팔사(二八社)'의 전평규(田平奎, 1875~1949, 건국훈장 애족장), 안용규, 안응섭(安應燮, 1886~?, 건국훈장 애족장), 안덕환(安德煥, 1897~1958, 건국훈장 대통령표창) 등이 벌교장터에서 조선 독립을 외치며 시위를 벌였고, 나흘 뒤 13일 낙안읍성에서 김종주(金鍾胄, 1864~1947, 건국훈장 애족장) 등 150여 명이 참가한 가운데 만세 시위를 벌였다. 14일에는 다시 벌교장터에서 검거를 피한 이팔사 대원 안규삼 등이 3차 만세시위를 벌였다. 순천 읍내에서는 4월 7일 유생 박항래(朴恒來, 1861~1919, 건국훈장 애국장)가 연자루에 올라 단독으로 만세를 외치다가 일경에 체포되어 광주교도소에서 순국했다. 순천에서는 헌병대에 의해 무산된 기독청년면려회의 난봉산 시위로는 기소되지 않았으나, 강영무 등 천도교인들은 실패로 끝났음에도 모두 기소되었다. 또한 낙안과 벌교에서는 의병장 안규홍(安圭洪, 1879~1910, 건국훈장 독립장)의 후손들이 주동이 된 만세 시위로 28명이 기소되었다.

광양에서는 3월 3일 순천을 통해 독립선언서가 전달되었다. 3월 27일 옥룡출신 유생 정성련(鄭星鍊, 1879~1923, 건국훈장 대통령표창)이 광양읍장에서 독립만세를 외치다가 헌병에게 붙잡혔고, 이를 기점으로 4월 1일 장날 만세시위를 준비하다가 발각되어 실패로 끝났다. 옥룡출신 김상후(金商厚, 1869~1944, 건국훈장 대통령표창)는 광양읍 빙고등(우산공원)에서 독립선언서를 낭독하고 독립만세를 외쳤고, 다음날에는 서경식(徐璟植, 1886~1938, 건국훈장 대통령표창)이 주동이 되어 1천여 명의 모여 있는 군중 앞에서 독립운동을 위해 궐기할 것을 촉구하는 연설을 하다가 헌병들에게 끌려갔다. 광양향교 입구에는 당시 3·1운동을 주도한 서경식, 박용래(朴龍來, 1875~1959, 건국훈장 대통령표창), 김상후, 정귀인(鄭貴人, 1885~1946, 건국훈장 대통령표창), 정성련 등을 추모하는 기념비가 세워져 있다.

여수에서는 순천에서 전달된 독립선언서가 여수읍내 등에 배포되었으나, 아무런 움직임이 없었다. 12월에서야 수산학교 학생 김동열 등이 회합을 갖고 21일 장날에 만세 시위를 하기로 했으나, 사전에 발각되어 유봉목(兪鳳穆, 1898~1945, 건국훈장 애족장), 이선우(李善雨, 1899~1961, 건국훈장 대통령표창) 등 10명이 검속을 당하고 태극기 120장이 압수되었다.

구례에서는 3월 24일 구례읍 장날 박경현(朴敬鉉, 1859~1923, 건국훈장 대통령표창) 등이 주동이 되어 만세를 부르다가 출동한 헌병에게 끌려갔고, 보성은 낙안 주민들이 주동이 되어 벌교장에서 벌인 시위가 있었을 뿐, 보성읍내에서는 만세시위가 없었다. 곡성에서는 3월 29일 곡성 장날 신태윤(申泰允, 1884~1961, 건국훈장 애국장) 등이 주동이 되어 만세시위를 벌였고, 옥과읍 시장에도 격문이 붙고 만세시위가 일어나 2명이 구속되었다.

고흥에서는 평양신학교 입학을 위해 서울로 향했던 목치숙(睦致淑, 1885~1928, 본명 목홍석, 건국훈장 애족장) 조사가 서울에서 3·1만세시위에 참가하였다가, 독립선언서 1장을 가지고 다시 고흥으로 돌아왔다. 그는 이 사건에 휘말리면서 끝내 신학교를 졸업하지 못했다.

그는 이형숙 조사를 비롯해 손재곤, 최세진, 조병호, 이석완, 오석주 등 기독교인들과 거사를 계획하고 준비했다. 이들은 벌교 무만교회를 통해 개척한 남양 주교리교회와 고흥읍교회 교인들이었다. 각 지역 기독교인들에게 연락하여 4월 14일 고흥읍 장날 만세시위를 벌이기로 하고 태극기 80여 장, 독립선언서 100장 등을 준비했다. 또 함께 거금도 신흥리 교회를 세웠던 한익수 장로에게 조선독립고흥단 명의로 자체 선언서 10장을 작성하도록 준비했으나, 하늘이 도와주지 않았다.

당일 폭우가 쏟아지면서 시위를 못하게 되자, 발각을 우려해 고흥군수, 순천검찰청과 법원, 순천헌병분견대 등에 독립선언서를 우송했다가 경찰에 체포되었다. 1919년 목치숙과 오석주가 6개월의 옥고를 치렀고, 한익수(韓翊洙, 1863~?, 금산신흥교회 장로, 순천노회장, 건국훈장 대통령 표창) 는 징역 4월에 집행유예 2년형을 받았다. 당시 고흥경찰서에 끌려가 조사받은 교인들만 12명이나 되었다.

그 후 목치숙은 1920년 8월 고흥기독청년면려회를 창립해 아동들을 위한 야학을 열었고, 고흥읍교회를 비롯해 보성읍교회, 조성교회 등에서 조사로 사역했다.

목치숙 목사

동요작가 목일신(1913~1886, 누가누가잠자나 등 동요작사, 순천여중, 목포여중 등에서 국어교사로 재직)이 목치숙의 아들이다. 크레인 선교사가 목치숙에게 자전거를 선물했는데, 목일신의 동요『자전거』가 1932년 기독교 어린이 잡지〈아이생활〉에 발표되었다. 이 잡지는 1926년 3월에 창간되어 1944년 1월까지 18년간 지속적으로 발행된 기독교계열의 아동잡지이며 한국아동문학사에서 가장 오랜 기간 발행된 잡지이다. 조선야소교서회와 조선주일학교연합회가 주동이 되어 아이들의 교육지로 발간되었다.[45] 목일신은 서울 배화여고에서 퇴직 후 아동문학단체에서 활동하다가 1986년 박태선이 만든 부천 범박골의 '신앙촌'에 들어가 여생을 마쳤다.

1919년을 기점으로 일제로부터 처벌받은 목사는 김창국(제주), 윤식명(제주), 최흥종(광주), 곽우영(목포) 목사 등이 있고, 조사로는 목치숙(고흥), 오석주(고흥), 한익수(고흥) 등이 있다. 당시에 목사는 아니었지만, 나덕환 목사가 영광에서, 김순배 목사가 광주에서 3·1운동에 참가해 기소되어 형을 살았다. 특히 목포에서는 목포양동교회 곽우영 목사 등 교인들이 중심이 되어 4월 8일 4·8만세시위를 주도했다.

순천노회에서 건국훈장을 받은 목사와 장로는 1990년 나덕환(애족장, 문화운동), 1992년 목치숙(애족장, 3·1운동), 1995년 오석주(애족장, 국내항일), 2010년 곽우영(애족장, 3·1운동), 2019년 김순배(대통령표창, 3·1운동), 2020년 한익수(장로, 대통령표창, 3·1운동) 등이다.

박은식의 '한국독립운동지혈사'는 순천에서 6차례의 시위와 1,500명의 참여, 8명 피살, 32명의 부상자가 발생했다고 기록하고 있다. 비록 순천에서는 매산학교의 폐쇄로 1919년 3·1운동 때는 아무런 활약을 못했지만, 광주와 목포에서는 미션스쿨들이 문을 닫지 않고 버티고 있어서 3·1운동사에 남을

---

45 어린이 잡지『아이생활』의 창간 주도 세력 연구 논문(박영지, 인하대, 2019

만한 큰 활약을 할 수 있었다. 3·1운동에 경남지역은 7만 명이 참여한 반면에 전남은 2,800여 명이 동참하였다. 국가보훈처의 조사 결과를 보면 전국의 독립운동자 수형자 5,323명 중에 광주·전남 출신은 37.3%인 1,985명이 투옥되었다. 전남에서 3·1운동에 참여한 기독교인은 170명이 넘는다.[46]

광주 전남 3·1운동 종교별 기소자 현황

청명	총인원	예수교	천도교	불교	유교	무종교	불명
광주지검	139(25)	81(25)	1	0	0	57	0
순천지청	43	0	15	0	0	28	0
목포지청	69(4)	17(4)	0	0	3	49	0
장흥지청	89(1)	8(1)	2	0	0	75	4
제주지청	29	1	0	0	0	28	0
합계	369(30)	107(30)	18	0	3	237	4

※ 독립운동사 3편 636쪽에 실린 '3·1운동관계 기소인 종별표(1919. 5. 20 현재)에서 발췌 정리한 것임. 가로 안은 여성 기소자.

---

46 논문-광주·전남 기독교인들의 3·1운동 참여와 동향(한규무 광주대 한국사)
전라남도지 8권(전라남도지편찬위원회, 1993)

CHAPTER · 9

생명의 보루 알렉산더병원

　알렉산더의 기금으로 세워진 알렉산더병원(안력산병원)은 비록 27년 동안 운영되고 끝났지만, 전남 동부지역은 물론이고 경남 서부지역까지 각종 전염병과 질병으로 죽어가는 수많은 조선인을 살린 생명의 보루였다.
　어렵게 이 병원에서 태어난 이도 있고, 이 병원에서 부모의 목숨을 건지면서 개종이나 복음을 받아들인 신앙인들이 많았다. 이기풍 목사의 막내 이사례 권사도 이 병원에서 태어났다. 한약방이나 침술사에 의해 겨우 간단한 처방으로 질병을 고치던 시대에서 외과수술을 통해 죽어가는 생명을 살린 서양의술은 신비로운 체험이었다. 한의학으로는 치료받을 수 없는 죽음 직전의 중병이 치료되어 살아날 때 그 기쁨은 복음 전파의 확실한 수단이 되었다.
　1913년 의사 티몬스와 간호사 그리어가 진료소를 개설하였다. 처음에는 판잣집에서 시작해서 1916년 3층 건물의 현대식 병원을 완공하였다. 특히 의료진들의 헌신적인 치료는 복음 전파에 큰 힘이 되었고, 서양 의술에 대한 절대적인 신뢰를 갖게 하였다.
　당시 알렉산더병원의 규모는 서울 세브란스와 버금갈 정도의 규모였고, 이 병원을 통해 조선인 의사와 간호사들도 양성되었다. 무엇보다 조선총독부가 순천에 서둘러 자혜의원(현 순천의료원)을 세울 정도로 인기를 끌었다.
　당초 국립(관립)의료기관인 자혜의원은 1도 1개 의원 원칙으로 대한제국

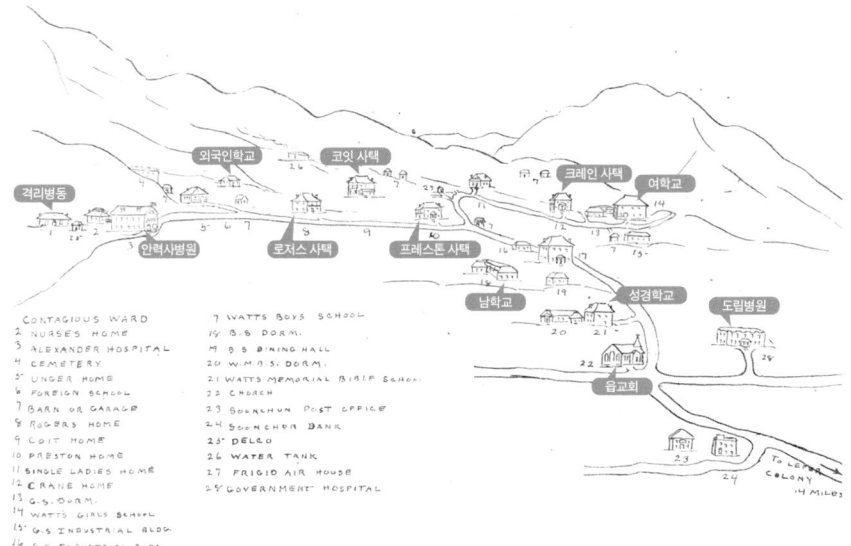

프레스톤 선교사가 그린 1929년대 매산등 일대 약도

시절 순조의 칙령으로 개설된 국립병원이었다.

1919년 미국 선교사가 세운 알렉산더병원을 견제하기 위해 매산등 입구에 부지를 마련하고 자혜의원 건립이 추진되었다. 전남에서는 1910년 광주에 가장 먼저 건립되었고, 1916년 한센인 격리 치료를 위해 소록도에 자혜의원이 건립되었다. 순천과 함께 1924년까지 추가로 증설된 조선총독부의 자혜의원은 군산, 마산, 성진 등 대부분 선교사들이 의료사업을 시작한 곳으로 견제하려는 목적이 강했다. 미국 선교사들이 우수한 의료장비와 저렴한 비용으로 한국인들에게 시료혜택을 베푸는 것은 일제의 입장에서는 자존심도 상할뿐더러, 순천지방 주민들의 민심을 얻으려는 방편으로 자혜의원 설립이 시급한 사항으로 대두되었던 것이다.

그래서 순천자혜의원을 알렉산더병원으로 가는 길목인 순천읍성 북문 앞에 세운 것도 시혜환자들을 끌어모으기 위한 자구책이었다. 사실상 이 무렵부터 순회진료소를 열어 전염병 치료와 의약품 지급 등으로 당시 한국인들의 신뢰를 받고 있던 알렉산더병원을 적극적으로 견제하기 시작했다.

그리고 1920년 순천자혜의원 설립이 발표되자마자 전국에서 가장 먼저 공사에 착수하였고, 1922년 11월 12일 개원식에는 제2대 사이토 총독이 직접 방문하여 지역 민심을 전환하고자 하였다. 자혜의원 공사는 이미 끝났지만, 한참이 지난 이때 개원식을 가진 것은 사이토 총독의 전라남도 방문일정에 맞춰져 있었기 때문이다.[47]

1919년 3·1운동의 책임을 지고 물러난 데라우치 마사타케(寺內正毅)를 대신하여 신임 조선 총독으로 부임한 사이토 마코토(齋藤實, 1858~1936, 일제강점기 일본 수상(1932~1934), 2차례 조선총독((1919~27, 1929~31) 역임, 해군대장((1912), 1936년 청년장교에게 암살당함) 총독은 한국인들의 민심을 회유하기 위하여 한국인과의 접촉을 늘렸다. 그중에서도 가장 심혈을 기울였던 것이 지방 순시로, 총독의 순시는 한국인의 반일 경향을 가까이에서 감시하는 한편, 식민통치의 정당성을 홍보하기 위한 것이었다.[48]

사이토 총독의 지방 순시에는 정치적 선전을 극대화하기 위한 행사들이 마련되었다. 가는 곳마다 관민들이 동원되어 총독을 맞이하였고, 총독은 그 지역의 지주, 유생, 촌로, 자본가, 외국인 선교사들을 만나 연회를 베풀었다. 또한 각급 학교, 공장, 주요 산업 시설을 시찰하며 각계의 이야기를 들었고, 병원의 환자들을 위로하기도 했다.

이처럼 지방 순시를 통하여 자신을 권위의 상징이자 '자애로운' 통치의 표상이면서, 한국인의 저항심을 누그러뜨려 식민 지배하에 통치시키고자 하였다. 하지만, 그 자신이 부임해 오던 길에 1920년 11월 29일 장로교 장로인 강우규(姜宇奎, 1855~1920, 평남 덕천 출신, 한의사, 함남 홍원에 교회, 학교 등 건립, 서대문형무소에서 순국, 1962년 건국훈장 대한민국장 추서) 열사의 폭탄 세례를 받을 정도로 당시 한국인들의 저항은 격렬했다. 따라서 사이토 총독이 만날 수 있는 한국

---

47 순천의료원100년사(최경필, 2019, 순천의료원) 89쪽
48 국사편찬위원회-역사넷(한국 근현대사 사진모음-총독의 지방순시 편)

인은 친일 성향의 사람들로 제한될 수밖에 없었다.[49]

전라도지방의 선교를 맡아오던 미국 남장로회는 1895년 의료사업을 시작하였다. 군산(1895년), 전주(1896년), 목포(1898년) 등 3곳에서 먼저 의료사업을 시작하였지만, 1903년까지는 상당히 불안정상태로 유지되었다.

군산은 1901년부터, 목포는 1900년 이래 의료사업을 중지하고 말았다. 다만, 전주에서는 여의사 마티 잉골드(Martha B. Ingold Tat)가 홀로 의료사업의 명맥을 유지하다가 1904년에 안식년 휴가를 떠나면서 일시적으로 중단되었다.

1904년 3월에 3명의 의사가 부임해왔는데, 군산에는 다니엘(Thoms H Daniel, 1879~1964, 단의열, 테네시주 출생, 군산·전주예수병원·세브란스병원 근무)이, 전주에 포사이드(Wiley H, Forsythe. 1873-1918, 보위렴, 켄터키주 출생, 전주예수병원·목포프렌치병원 근무, 한센병 환우들에게 성인으로 추앙)가, 목포에는 놀란(Joseph W. Nolan, 1880~1954, 노라노, 켄터키주 출생, 목포진료소 재개, 광주기독병원 개원, 1906년 사임)이 각각 의료선교사로 자리를 잡게 되었다.

이들 병원과 의료선교사들의 활약으로 의료선교 활동이 한국인들에게 큰 인기를 끌면서 1905년에는 광주에, 1913년에는 순천에 각각 병원이 들어서게 되었다. 또 1904년 이래 1923년까지 12명이나 되는 많은 의사가 파송되었고, 간호사도 8명이나 파송되었다.

1913년 의사인 티몬스 부부(부인은 마치과의사)와 간호사 그리어가 선교

알렉산더 선교사

알렉산더병원 티몬스 원장과 작원들

---

[49] 위와 같은 책(47번) 90쪽

사로 들어와 순천에 처음으로 진료소를 개설하였는데, 첫 6개월은 작은 판잣집에서 진료를 시작하였고, 1914년 기와집 건물로 옮겨 수술과 함께 진료를 담당하였다. 이같은 열악한 조건 속에서도 7개월 동안 수술 68명을 비롯하여 3,814명의 환자를 진료하였다.[50]

드디어 1916년 3월 1일 군산에 도착했다가 아버지의 사망으로 즉시 귀국한 알렉산더의 기부금으로 30개 병상을 갖춘 3층 현대식 건물인 알렉산더병원(현재 매산고 은성관 터)이 완공되었다.

이 병원은 1903년 미국으로 귀환한 의료선교사 알렉산더의 기부금으로 건립되고 와츠(Watts)의 보조금으로 운영되었다. 뒤에는 알렉산더 부인과 와츠 부인이 남편들을 기념하기 위해 1만8천 원과 1만5천 원을 각각 기부했으며, 전남 순천·광양·여수·구례·고흥·보성·장흥 및 경남 하동·남해 등지의 환자들을 대상으로 진료했다.[51]

그리어는 몇 명의 한국인 간호사를 양성하였고, 티몬스 부인은 마취과의사로서 남편이 훈련시키던 의학생을 함께 가르쳤다. 당시 이 병원에는 6명의 의료조수와 세브란스에서 의학공부를 하던 박승봉(해룡면 대치리 출신으로 순천에서 YMCA, 농민단체, 청년단체 등에서 활약하였음) 등이 있었다.

알렉산더병원의 초대원장인 티몬스 부부와 그리어의 눈부신 활약은 초기 이 병원이 순천에 정착하는데 큰 기여를 하였지만, 몰려오는 많은 환자들을 돌봄으로써 티몬스가 과로로 쓰러질 정도였다. 결국 1919년 티몬스가 과로로 귀국하자 윌슨이 광주와 순천을 왕래하며 진료했으며, 그리어 간호사와 임시면허증을 가진 한국인 의사가 진료하기도 했다.

결국 1917년에 로저스(James Mclean. Rogers, 노재수, 1892~1967, 버지니아 의과대 졸업, 풍토병 '스푸루' 치료법 개발)가 부임하여 1940년 신사참배 거부로 추방당할 때까지 병원을 운영하였다. 로저스 원장이 부임한 후 간호실, 전염병실 등 기타 설비를 확충하고 건물도 4층으로 증축하였다. 특히 극빈환자들의 치료에 심

---

50 위와 같은 책(47번) 71쪽
51 연구논문-미국남장로교 한국선교부의 전남지역 의료선교(1898~1940), 한규무(광주대) 467쪽

혈을 기울여 칭송을 받았다.[52] 그가 살았던 로저스가옥(현 매산여고 어학실)은 현재 등록문화재 126호로 지정되어 있다.

알렉산더병원 의료사업 실적(1914~1923)[53]

연도	외국인		한국인				진료	입원	수술	수입(엔)
	의사	간호사	의사	조수	전도사	의학생				
1914	1	1	0	3	1	1	3,814	-	90	636
1915	1	1	0	3	1	0	3,888	-	71	688.76
1916	1	1	0	6	2	1	5,501	97	162	747.13
1917	1	1	1	13	2	1	6,122	384	209	3,248.17
1918	1	1	1	13	2	1	7,023	-	186	2,434.00
1919	1	1	0	15	2	2	2,573	490	175	5,868.70
1920	0	1	0	20	2	2	6,195	595	464	10,404.00
1921	0	1	0	15	2	0	6,308	506	430	12,993.00
1922	1	1	0	15	2	0	7,750	830	462	10,435.00
1923	1	1	1	-	2	0	6,994	568	600	8,795.00

남장로교 소속의 다른 지역 병원은 재정지원, 의사부족 등으로 크게 성장하지 못했으나, 알렉산더병원은 1930년대로 접어들면서 더 크게 성장하였다. 이 기간 의료사업 실적은 기독교병원 중 서울 세브란스병원 다음으로 성장하였다.

1932년 12월에는 기존 병원의 전면 계단 출입구를 철거하고 알렉산더의 부인과 와츠 장로의 부인이 기부한 3만3천 원으로 증축하였다.[54] 1935년에는 로저스 외에도 한국인 의사가 3명으로 늘어나 1914년부터 근무한 정민기[55](鄭瑉基, 호는 임천. 1886~1974) 외에도 윤병서(尹秉瑞), 김용식(金龍植)이 근무하고 있었다.

특히 의생 출신 정민기는 율촌면 출신으로 뛰어난 의술실력을 발휘했고,

---

52 한국기독교사연구소 한국교회사 게시판(내한선교사 로저스
53 위와 같은 책(47번) 72쪽
54 순천의 근대기 도시화에 관한 연구(2009, 순천대대학원 우승완) 182쪽
55 1932년 4월 6일자로 의생면허 획득(관보 1932.4.6

알렉산더병원 로저스 원장과 병원 직원들

선교사들에게도 그 실력을 인정받아 로저스 대신 외래환자들을 전문적으로 진료할 정도였다. 또한 1934년에는 순천유치원 원장도 겸임할 정도로 신망이 높았고 1938년에는 순천읍교회에서 그의 근속 25주년 기념예배가 열릴 정도로 교회와 병원 사역에 순종한 사람이었다.[56] 그의 장남 정양신도 알렉산더병원이 폐쇄되기 전까지 함께 근무하였고, 광복 후 부친과 함께 여수에서 '순천병원'을 개업하여 운영했다. 이 순천병원은 여순사건 당시 소실되기도 했다.

차남인 정양원(1918~?)도 세브란스의전을 거쳐 중국 칭따우의과대학을 나와 순천철도병원 원장(1956~1960)과 소록도병원 원장(1961), 승주군보건소장(1963~1964) 등을 역임한 후, 장천동 남교오거리에서 '정의원(내과)'을 운영하다가 작고하였다. 이어 그의 삼남인 정세윤도 한양대 의대를 나와 2004년 근로복지공단 순천병원 원장을 지내는 등 후대까지 의사 집안으로 이어지고 있다.

윤병서는 1903년 황해도 출신으로 일본 이와테현립의전(岩手縣立醫專)과 경성제대 의학부 강습과를 수료했고, 광복 후 화순군 보건위생과장을 거쳐 광주갱생원 의무과장, 여수구호병원 원장을 역임했다.

한국인 직원 중에는 황두연(黃斗淵, 1905~1984)도 있었다. 순천읍교회 장로와 광복 후 제헌의원(순천 갑)까지 지낸 인물인데, 알렉산더병원 서무과장을 지냈다. 60대에 장신대 신학대학원을 졸업한 후, 목사 안수를 받고 1969년 서울 광진구 자양동에 동성교회를 개척하여 시무하다가 1984년 소천하였다.

1936년에는 세브란스의전을 졸업한 의사가 합류하는 등 4명으로 늘어났고, 간호사는 22명에 이르렀다. 당시 순천군의 인구는 1만5천여 명에 불과

---

56 순천시민의신문 2004년 기획특집 〈안력산병원에서 순천병원까지〉 김선유

1915년 건립된 알렉산더병원 본관

1920년대 알렉산더병원 격리병동

했으나, 이 병원은 여수, 광양, 보성, 고흥, 장흥, 구례, 하동, 남해, 진주까지 환자들이 몰려올 정도로 담당하는 지역이 넓었다. 환자의 절반은 자선 진료 환자였으니 이 병원이 당시 지역사회에 미치는 영향은 물론이고, 전도사업에서도 큰 역할을 해왔다.

이에 비해 남장로회에 속한 다른 4개 병원은 1910년 초 보다 그 실적이 뚜렷이 감소하였다. 포사이드 의료선교사를 거쳐 안정화되던 목포 양동병원(프렌치병원)은 1918년 이후 6년간 폐쇄되고 1924년 다시 문을 열었으나, 의사와 간호사가 부족해 진료실적은 절반으로 감소하였다.

1922년에는 호남지방 의료선교 사상 최초의 치과의사로 레비(James Kellum, Levie, 여계남, 1890~1977, 군산예수병원·광주기독원 사역) 의료선교사가 내한하였다. 당시 치과의사는 희귀해서 서울에 가야 치료를 받을 수 있을 정도였다. 레비는 한국인의 치아건강을 위해 '10일 부인사경회'가 개최되는 곳을 순회하며 참석자들의 충치치료를 하였다. 1930년 전반기에는 순천 사경회를 방문하여 188개의 충치를 뽑았고 한동안 알렉산더병원에서도 활동하였다.[57]

이렇게 수많은 환자들을 돌보며 생명을 살렸던 알렉산더병원은 1940년 일제에 의해 강제로 폐쇄되었다. 일본 제국주의의 파시즘적 야욕은 1937년 7월의 중일전쟁으로 노골화되었고 그 여파는 종교계와 교육계에 심각한 타격을 주었다.[58]

황국신민의 서사가 제정되었으며, 각급 학교에는 일본 천황의 사진이 배

---

57 한국기독교의료사(이만열, 아카넷, 2003) 691쪽
58 같은책 855쪽

부되어 학생들로 하여금 경배토록 하였다. 이어 1938년에는 신사참배를 강요하였으나, 많은 기독교 학교들이 거부하여 문을 닫아야 했다. 학교가 폐교되자 선교사들은 병원으로 옮겨 사역을 계속했지만, 오래 가지 못했다.

일제는 병원에까지 작은 신사를 차려놓고 참배토록 하였다. 선교사나 한국인 의료진들은 이에 굴복하지 않았다. 일제는 새 법령을 마련하여 선교사들의 모든 활동을 봉쇄하였고, 끝까지 버티고 있던 선교사들을 간첩죄로 구속, 억류하여 포로로 교환할 정도로 탄압을 자행했다.

결국 1940년 11월 병원경영자인 로저스 원장이 본국의 소환으로 귀국하면서 알렉산더병원은 문을 닫았다. 병원 소유권이 선교회에 있던 일부 병원

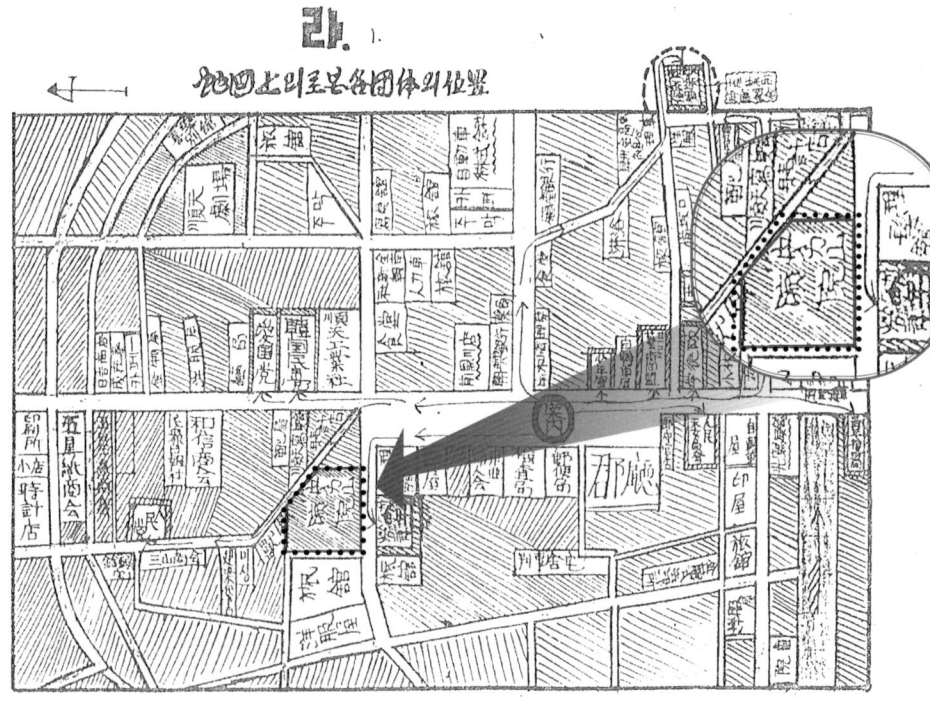

1946년 시가지 지도-조명훈

은 한국교회에 병원 경영권을 위탁하기도 하였지만, 이 병원은 재정지원 등 문제가 발생하면서 한국인 의료진들은 뿔뿔이 흩어졌다. 애양병원은 윌슨 선교사가 10년간 같이 일해 온 한국인 의사 조경동에게 병원 운영을 위임하고 떠났으나, 로저스 선교사는 병원의 모든 집기를 직원들에게 기증하고 귀국하였다. 그후 다시 한국으로 돌아오지 못하고 1947년 선교사를 사임하였다.

알렉산더병원 출신 한국인 의사로는 행동에서 '안력산의원'으로 운영했던 김창은과 남산의원을 개원한 임영호가 있었다. 안력산의원은 중앙의원 바뀌었다가 김창은외과의원으로 바뀌었다.

순천제일교회에서 1940년 장로안수를 받은 임영호 장로는 1957년 여수로 이주해 '안력산의원' 간판을 달고 경영하면서 여수제일교회를 열심히 섬겼다. 마침 2명의 장로가 박태선의 신앙촌으로 들어가 제명당하는 혼란기에 그 교회 시무장로가 되어 교회의 안정에 큰 힘이 되었다. 임 장로는 1961년 다시 순천으로 이주해 장천동에 남산의원을 개업하고 순광교회를 섬겼다.

결국 알렉산더병원은 광복 이후 선교사들이 다시 문을 열지 못하면서 계승되지 못하고 역사 속으로 사라졌다. 병원 본관 건물은 6·25전쟁 때 인민군이 점령해 사용하다가 전쟁 후에는 매산학교 생활관으로 사용되었다.

알렉산더병원 본관 위치는 매곡동 163-1번지로 현 매산고 기숙사(은성관) 자리였으나, 1991년 1월 13일 화재가 발생해 50년 된 지하 1층, 지상 3층짜리 목조건물 1천4백여㎡가 모두 사라졌다.[59] 대신 격리병동이었던 건물만 남아있다가 복원하여 2017년 12월 '안력산의료문화센터'로 개관하였다.

---

59 연합뉴스 1991. 1. 13. 일자 기사- 순천매산고 화재로 2천만원 피해

PART
02

일제강점기 수난사
배반의 역사, 신사참배

CHAPTER · 1

배교의 길로 간 장로교와 감리교

신사참배

    1931년 일제는 만주사변을 일으켜 대륙침략을 본격화하였다. 이때부터 조선과 일본의 조상이 같다는 '일선동조론', 일본인(내지인)과 조선인(선인)은 한 몸이라는 '내선일체론' 과 같은 터무니 없는 주장을 하며, 1937년 중일전쟁 이후에는 일본 천황을 위해 충성을 다해야 한다는 '황국 신민화

정책'으로 우리의 민족성을 말살하려 하였다.

이때부터 우리말과 우리 역사 교육을 금지하고 창씨개명을 강요했으며, 전국 각지에 일본 왕실의 조상을 모시는 신사를 세워 참배하도록 강요했다. 또한 어린 학생까지도 일왕에게 충성을 맹세하는 '황국신민서사'를 외우도록 강요했다. 이뿐만 아니라, 일왕이 사는 도쿄의 왕궁을 향해 절을 하는 '궁성요배(동방요배)'까지 강요하면서 조선을 병참기지화 하고 각종 약탈과 강제징용, 위안부 성 착취 등 온갖 만행을 저질렀다.

무엇보다 기독교인들에게 신사참배와 궁성요배는 기독교 신앙의 근본을 위협하는 행위였고, '우상숭배 금지'라는 십계명 제1계명을 어기는 반성경적인 정책이었다. 여기에 일제 왕실의 위패를 모시는 '가미다나'를 행정기관과 학교, 심지어 교회와 가정에도 설치하도록 강요하면서 대대적인 '신사참배 거부운동'이 확산되었다.

가장 먼저 배교한 천주교, 가장 늦게 배교한 장로교

조선후기 극심한 박해와 탄압을 받았던 천주교는 대한제국기는 물론 일제강점기에도 되도록 정치권력과 마찰을 빚지 않기 위해 노력했다.[1] 그래서 개신교보다 먼저 신사참배를 받아들였다. 1917년 일본 나가사키 교구의 천주교 학생들은 신사참배를 미신으로 규정하고 거부하여 정부로부터 탄압을 받았다. 당시 일본 정부는 신사참배를 단순한 '애국적 국민의례'라고 해명하였으나, 일본 천주교회에서는 신사참배가 명백히 종교적 성격을 갖는다는 이유로 이를 거부한 것이다.

조선 천주교회도 당초에는 신사참배는 이단으로 간주하여 금지했다. 1925년까지는 개신교와 더불어 신사참배를 이단으로 규정하고 일제에 저항했다.[2] 그러나 1932년 일본 천주교회 주교들은 일본 문부대신이 '신사참배는 애국심과 충성의 표현일 뿐'이라고 말한 답변을 결국 받아들여 겨우 신

---

1 한국 기독교의 역사 II (한국기독교역사학회, 기독교문사, 2012) 269쪽
2 일제의 한국교회 박해사 (김인수, 대한기독교서회, 2006) 98쪽

사참배를 허락하였다.

　그러자 로마교황청에서도 1936년 5월 18일자로 천주교 신자들의 신사참배를 허용하는 훈령을 내렸다. 당시의 한국 천주교회는 신사참배 거부로 많은 교인들이 어려운 처지에 놓아 있었고 더욱이 일제와 교회의 갈등이 점점 고조되자 호교적 차원에서 로마교황청의 결정을 받아들이게 된 것이다.[3]

　다음은 감리교회가 두 번째로 일제의 강요 앞에 굴복하고 말았다. 1936년 6월 제3차 연회에서 총리사 양주삼 목사가 총독부 초청 좌담회에 다녀온 후 신사참배를 하기로 결정하였다.[4] 함께 끝까지 싸워야 할 장로교 입장에서는 감리교의 굴복이 적게나마 영향을 미칠 수밖에 없었다.

　이어 성결교와 구세군, 성공회는 큰 저항없이 신사참배를 받아들여 허용하고 있었다. 이단으로 정죄한 안식교는 신사참배를 피해 산속으로 도피해 생활했고, 침례교는 신사참배를 끝까지 거부했지만, 교세가 약해 일제가 적극적으로 탄압하지 않았다. 교세가 가장 큰 장로교의 신사참배 거부 움직임은 일제를 긴장시켰다. 그래서 가장 늦게까지 버티다가 손을 들게 된 것이다. 그 덕분(?)에 해방 후 장로교가 가장 번성한 교단이 되지 않았나 싶다. 대신 가장 갈기갈기 분열되는 아픔도 있었다.

　1937년 9월 새 학기가 시작되자, 조선총독부는 모든 학교에 대해 중국에 출정한 일본군의 승리를 천조대신(天照大神)에게 기원하라는 명령을 내렸다. 이를 받아 들일 수 없었던 남장로교 선교부는 본국 교회의 훈령과 또 선교사들의 결의에 따라 학생들을 집으로 돌려보내고 각급학교를 폐쇄하고 말았다. 광주의 숭일학교, 수피아여중, 목포영흥학교, 정명여중, 순천 매산학교, 전주 신흥학교, 기전여중 등은 스스로 문을 닫았고, 군산 영명학교 등 10여 개 학교는 당국에 의해 폐쇄되었다.[5]

3　왜 한국교회는 신사참배에 나섰는가?(가톨릭뉴스 지금여기, 2008.11.27.일자 기사)
　　http://www.catholicnews.co.kr/news/articleView.html?idxno=666
4　위의(2번) 책 100쪽
5　장로회신학대학교100년사(장로회신학대학교, 2002) 229쪽

이로써 매산학교 학생 500여 명은 순천보통학교로 편입하거나, 중퇴를 할 수밖에 없었다. 일본 경찰은 1938년 2월 '기독교에 대한 지도대책'을 세워 일선 경찰력을 동원해 교회와 노회·총회 등 교단적 차원에서 신사참배를 결의, 실행하도록 압력을 가하였다.

총칼의 위협 속에 굴복한 신사참배 결의

1938년 4월 25일 밤 구례읍 교회에서 모인 순천노회(노회장 오석주) 제22회 정기노회에서 오석주·김상두·김순배 등 3명이 제출한 신사참배 안건을 채택했다. 이날 이하라요시토(井原義人) 구례경찰서장이 직접 참석하여 압박할 정도로 강압적인 분위기에서 선택한 결과였지만, 평북노회에 이어 전국에서 두 번째로 결의한 치욕스러운 역사였다.

이날 노회 참석자는 선교사로 프레스톤(변요한), 잉거(Kelly. J. Unger, 원가리, 1893~1986, 애양원교회 담임, 매산학교 4대 교장), 크레인(구례인)을 비롯하여, 목사로 김응규 등 16명, 장로는 20명 등 39명이 참석하였고, 끝난 후에는 전원이 구례읍 봉성산 입구 신사에서 참배 행사까지 했다. 이날 결의안을 통과시킨 후에 한차례 정회가 있었을 뿐, 모든 회의순서가 정상적으로 진행된 것을 볼 때 신사참배에 대한 적극적인 반대 의사나 항의가 전혀 없었던 것으로 보인다. 오히려 애양원교회 담임 김응규 목사는 이날 신사참배 찬성 발언을 했다가, 교인들에게 쫓겨나는 수모를 겪어야 했다.

그후 전국 23개 노회 가운데 17개 노회가 일제의 강요에 굴복했고, 그해 9

총회록, 1938
신사참배결의 총회회의록

월 9일부터 평양 서문밖교회에서 조선예수교장로회 제27회 총회가 열렸다. 총회 출석자는 27개 노회(조선 23개, 만주 4개) 소속 대표는 목사 88명과 장로 88명 및 선교사 30명 등 총 206명이었다.

총회장은 살벌했다. 강대상 아래에는 장검을 찬 평안남도 경찰부장을 비롯한 고위 경찰들과 총대를 압박하기 위해 지방에서 올라온 경찰들이 자리 잡고 100여 명의 무장경관들까지 삼엄하게 둘러싼 채 총회가 열렸다. 새 총회장으로는 평북노회 홍택기(?~1950(?), 평북 선천, 평양신학교(18회) 졸업, 선천·철산에서 시무, 장로회 증경총회장) 목사가 선출되었다. 이조차도 사전에 짜여진 각본이었다. 홍택기는 이후 국방헌금 모금과 기독교 계열 학교를 폐쇄하는 등 일제에 협력해 2008년 친일인명사전에 수록되었다. 하지만, 그의 말로는 비참했다. 북한에 남았다가 결국 6·25 전쟁이 일어나면서 살해된 것으로 알려졌다. 하나님의 분명한 징계였다.

평양경찰서는 총회 시작 전부터 미국 선교사가 신사참배 결의를 반대하는 것을 용납하지 않겠다고 협박했다. 주기철(朱基徹, 1897~1944, 진해 웅천, 부산·마산·평양 등에서 목회, 경남노회장) 목사 등 신사참배 반대 지도자들은 이미 구금되어 참석조차 할 수 없었고, 선교사들에게는 발언권조차 없애 버렸다.

10일 오전 평양노회장 박응률(평양신학교22기) 목사가 신사참배에 찬성한다는 '긴급 결의안'을 제출했고, 평서노회장 박임현(평양신학교25기) 목사가 동의하고 안주노회장 길인섭(평양신학교28기) 목사가 제청하였다.

홍택기 목사

홍택기 총회장이 '가(可)'만 묻고 '부(不)'는 생략한 채 '만장일치 선언'과 함께 일사천리로 통과시켰다. 항의하는 선교사들은 경찰에 의해 끌려나갔고, 서기 곽진근(1897~1941, 전북 김제, 평양신학교17기, 신사참배결의 전북노회 상정, 1940년 29회 총회장 선출, 친일인명사전 등재) 목사가 미리 준비한 총회장 명의의 성명서를 서둘러 발표했다.

我等(아등)은 神社(신사)는 宗敎(종교)가 아니오, 기독교(基督敎)의 교리에 위반하지 않는 본의(本意)를 이해하고 신사참배가 애국적 국가 의식임을 자각하며, 또 이에 신사참배를 솔선 여행(勵行)하고 추(追)히 국민정신총동원에 참가하여 비상시국하에서 총후(銃後) 황국신민으로써 적성(赤誠)을 다하기로 기(期)합니다.

소화 13(1938)년 9월 10일

조선예수교장로회총회장 홍택기

신사참배 결의 반대의 물결

이날 오전 결의안이 통과되자, 정오에는 부총회장인 경남노회 김길창 (1891~1977, 경남 고성, 부상항서교회 담임, 경성대 등 학교 설립, 친일반민족행위자) 목사를 대표로 23개 노회장이 평양 신사에 가서 참배했다. 선교사들은 그날 오후 1시에 별도 모임을 갖고 다음과 같은 내용의 항의서를 총회에 제출했다.

신사참배 가결은 하나님 말씀의 위반이요,
장로회 헌법과 규칙을 위반함이요,
일본 국법인 종교자유헌장에 위반이요,
이번 처사는 보통회의법의 위반이요.

9월 12일에는 크로더스(John Y. Crothers, 권찬영, 1881~1970, 북장로교 선교사, 안동선교부 시무, 계명학교 교장, 경안노회 설립) 외 25명도 연서날인으로 "이번 총회의 결의는 하나님의 계율과 조선예수교장로회 헌법에 위배될 뿐만 아니라, 우리들에게 발언을 허락하지 않고 강제로 회의를 진행한 것은 일본 헌법이 부여한 종교자유의 정신에도 어긋난다"라는 항의서를 총회에 제출하였다. 하지만 총회는 이 항의서들을 무조건 기각시켜 버렸다. 오히려 총회장 홍택기는 신사참배 가결도 부족하여 전국 각 교회에 서한을 보내 신사참배 반대 행위에 대해 처벌하라고 요구했다.

> 총회의 결의를 경멸하는 행동일 뿐만 아니라, 주님의 뜻에 위배되는 유감 천만의 행동이다. 이런 비상 시국하에서 만일에 아직도 옛 습관으로 해서 이를 보류하거나, 주저하는 자가 있다면, 저들은 결코 신민으로 인정될 수 없으며, 교인으로도 인정될 수 없을 뿐 아니라, 교회의 입장으로 볼 때도 이러한 반대하는 무리나 요소는 마땅히 처벌되어야 한다.

결국 총회의 결의는 이와 같은 교단 차원에서 신사참배를 정당화시키고 제도화시켰다. 이것도 모자라 1938년 12월 12일에는 한국 교계를 대표하는 각 교단의 지도자들이 일본에까지 건너가서 신사를 참배하고 왔다. 한국 기독교를 대표하는 장로교 총회장 홍택기와 부총회장 김길창, 전임 감리교 통리사 양주삼과 현직 감리교 통리사 김종우(1883~1940, 경기도 강화, 감리교 감독), 성결교 이사장 이명직(1890~1973, 서울, 서울신학대학 학장) 등은 열흘의 일정으로 신사참배의 총본산인 이세신궁을 비롯하여 메이지신궁, 가시하라신궁, 아쓰다신궁, 야스쿠니신사 등 여러 개의 주요 신사들을 방문하여 참배한 것이다. 이것은 곧 기독교가 일본의 신에게 절하는 것을 보여주는 상징적인 사건이 되었다.[6]

남장로회 선교부는 신사참배 문제에 대해 가장 강경한 반대입장을 표명했다. 남장로회 선교부는 신사참배 문제가 발생하자 선교본부에 연락하여 해외선교부 총무 풀턴(C. Darby Fulton)을 내한토록 했다. 풀턴은 일본에서 출생한 2세 선교사였으므로 일본의 사정과 신사의 본질에 대해 잘 알고 있었다. 1937년 2월 내한한 그는 전주에서 남장로회 선교사 총회를 소집하여 "학생들과 교직원들에게 신사참배를 시키기보다는 차라리 학교를 폐쇄"하도록 허락하는 "한국학교에 대한 정책"(풀턴성명)이란 강경한 신사참배 반대안을 발표했다.[7]

---

6 아직 끝나지 않은 문제 신사참배(오창희, 예영커뮤니케이션, 2021) 101쪽
7 한국 기독교의 역사 II(한국기독교역사학회, 기독교문사, 2012) 268쪽

이어서 광주 숭일학교와 수피아여학교, 전주의 신흥학교와 기전여학교, 목포의 영흥학교와 정명여학교, 군산의 영명학교, 순천의 매산남녀학교가 잇달아 문을 닫았다. 호주장로회 선교부도 1936년 2월 신사참배 거부방침을 채택했고, 1939년 1월 학교들을 폐쇄했다. 하지만, 감리교와 캐나다선교회는 신사참배를 국가의식으로 간주했기 때문에 별다른 마찰 없이 학교를 유지했다.

한국교회의 치욕 정춘수 목사

감리교 지도자들은 일찍이 '신사참배는 종교행위가 아닌 국가 행위' 라는 논리를 앞세워 신사참배를 수용하고 교인들을 설득했다. 1930년 기독교 조선감리회 초대 총리사로 선출되어 1938년까지 연임했던 양주삼 목사가 그런 '통고문'을 발표하였고, 1939년 새로 감독이 된 정춘수 목사는 여기에 그치지 않고 한국 감리교회를 일본 교회에 예속시키려는 운동까지 벌였다.(1938년 제3차 총회에서 김종우 목사가 2대 총리사로 선출되었으나 1년 만에 병사하였다).

그는 1941년 소위 '혁신교단'이란 '친일 어용교단'을 만들어 구약성경을 읽지 못하게 하였고 일제의 요구대로 찬송가도 개작·삭제하였으며 예배당 안에 '가마다나(神)'를 설치하여 예배 전에 일본 신에게 절하도록 하였다. 그는 일제의 종교정책에 적극 호응하였을뿐 아니라, 교회를 통폐합하고 예배당을 매각하여 '국방헌금'을 헌납하는 등 일본의 전쟁을 적극 지원한 대표적인 친일파 종교지도자로 활약하였다.[8]

정춘수는 3·1운동 당시 민족대표 33인으로 독립선언서에 서명해 옥고까지 치렀으나, 결국 이렇게 하나님과 민족을 배반하는 최악의 죄악을 저질렀다. 1938년 10월 조선감리회 총회 기간 중에는 참석자 전원이 남산의 조선신궁을 방문해 궁성요배와 황국신민서사를 제창한 후 참배했다.

해방 후 반민특위에 자수해 병보석으로 풀려나더니 1949년 4월 갑자기 천

---

8 한국감리교인물사전(기독교대한감리회, 2002) 580쪽

정춘수 목사

주교로 개종을 선언했다. 감리교단은 5개월 후에 교회법에 따라 면직 처분했다. 그는 자신의 잘못에 대해 뉘우치지 않은 채 끝내 변명으로 일관하다가 하나님의 진노를 샀고 엄한 징계를 받았다. 1951년 고향에서 중병에 걸려 고통 속에 사망했다.

이런 악질 배반자를 감리교신학대(감신대) 동문들은 자랑으로 여겼다. 1978년 3월 감신대 동문들의 성금으로 이 대학출신 민족대표 7인(정춘수, 신석구, 신홍식, 최성모, 이필주, 오화영, 김창준) 중 월북한 김창준을 제외한 6인의 흉상을 건립했다. 그러자 1995년 감신대 학생들이 정춘수의 흉상을 훼손했고, 2007년 10월 감신대는 개교 120주년 기념행사의 일환으로 7인의 부조물을 새로 건립하면서도 김창준과 정춘수에 대해서는 내용을 상세히 소개했다. 하나님을 배교한 자의 흉상을 세운 동문 목사들도 참 어처구니가 없다. 2005년에는 충북 청원 좋은감리교회에서 충북 출신 감리회 소속 신홍식, 신석구 목사와 함께 악질 친일파 정춘수의 흉상을 또 설치했다. 이 흉상은 이창수 목원대 조소과 교수가 제작했다. 이 교회는 너그럽게(?)도 정춘수의 공과를 기억해야 하며 그의 좋은 행적 때문에 세웠다고 했다. 이 교회는 하나님을 배반한 자에게 왜 이리도 자비를 베푸는지 알 수가 없다.

1996년 2월 8일, 충북지역 사회민주단체연대회의는 청주 삼일공원에 있던 정춘수의 동상을 끌어내렸다. 현재 그 자리에는 횃불 조형물이 새로 설치되었고, 정춘수의 독립유공포상 대상에서도 제외되었다. 정춘수는 한국 감리회는 물론이고, 한국교회의 치욕의 상징이다.

CHAPTER · 2

신사참배 찬성한 박용희 목사의 정체

남장로교 선교부는 순천노회가 신사참배를 결의하자, 즉시 탈퇴를 선언하여 우상숭배를 행하는 교회와의 관계 단절을 선언했다. 당시 순천노회가 신사참배를 결의해 통과시킨 배경에는 1937년 2월 순천읍교회 담임목사로 부임한 박용희 목사가 있었다.

박용희는 경기도 안성 출신으로 동양선교회(성결교회)가 운영하는 동양성서학원을 수료하고 평양신학교를 중퇴하였음에도, 1925년 경기노회에서 특별가결로 목사안수를 받았다. 20여 년간 평양신학교에 적을 두고도 졸업하지 못하자, 특별가결로 목사안수를 주었다.(당시 엄격한 교회헌법에서 가능한 절차였는지 의문이 많다)

1932년 서울YMCA 총무 신흥우(申興雨, 1883~1959, 충북 청원, 적극신앙단장, 중앙YMCA총무, 민주당 고문(57년), 친일반민족행위자)가 조직한 초교파적인 '적극신앙단'에도 가입했는데, 총회에서 용납하지 않았다. 함태영(咸台永, 1872~1964, 함북 무산, 독립운동가, 3·1운동 참가, 장로교 목사, 3대 부통령), 전필순(全弼淳, 1897~1977, 장로교 목사, 연동교회 담임, 친일인명사전 등재) 등 함께 가입한 장로교측 인사들은 1953년 기독교장로회가 분립될 때 핵심 인물이었고, 그는 나중에 기독교장로회 총회장, 한국신학대학 이사장 등을 역임했다.

서울 승동교회 담임을 하면서는 양반 출신 이재형(철종의 5촌 조카, 남대문교회·

완전한 순교 | 95

승동교회 담임) 명예목사와 갈등으로 총회에서 2년간 자격정지를 당해 사임하고, 1935년부터 목포 중앙교회 초대 담임목사로 부임해 시무하였다. 경성노회에서도 탈퇴를 선언하여 경중노회를 결성하였고, 해방 후에는 국민당, 한독당, 독립촉성중앙협의회 등에 참여하는 등 우익정치인으로 이름을 날렸다.

일제는 1938년 2월부터 '기독교에 대한 지도대책'이라는 방침을 통해 사전에 전남노회와 순천노회에서 지도적인 인물을 골라서 회유했다. 그 대상이 바로 박용희 목사였다.

박용희의 전라도 진출 의혹

박용희 목사

그가 아무런 연고도 없는 전남노회의 목포중앙교회 초대 담임목사로 취임한 배경부터 의심스러웠다. 그리고 후임 목사가 부임하기도 전에 서둘러 순천노회의 중심인 순천읍교회 담임으로 부임한 이유도 바로 이런 목적이 숨어 있었던 것이다. 그는 순천노회와 전남노회 뿐만 아니라, 수도권 등에도 영향력을 미쳤다고 단언해도 좋을 만큼 이상한 신사참배 찬성 논리를 내세웠다.

그런 의혹을 뒷받침할 단서는 '순천노회 수난 사건' 판결문에 그대로 나와 있다. 판결문을 보면 그는 "유대의 여호와 하나님과 일본의 천조대신, 중국의 상제, 조선의 하느님은 명칭은 다르지만 동일신이므로 신사참배는 교리에 위반되지 않는다"[9]는 '이명동일신론설(異名同一神論說)'을 설파해 기독교의 유일신 사상을 완전히 왜곡시켰다. 또한 일본 천황이 여호와의 명에 의해 우리나라를 통치하고 있다는 주장을 폈다. 다시 말해 그는 이단이었다.

노회에 참석하는 총대들은 해당지역의 지서 순사가 노회 개최장소까지 동행했다. 신사참배 결의안을 통과시킨 1938년 4월 25일의 순천노회 회의록

---

9 김승태, "1940년대 일제의 종교탄압과 한국교회의 대응" (한국기독교역사연구소 제10호) 15~16쪽

참석자 명단에 박용희 목사의 이름이 있는 것으로 볼 때 1938년 8월 부임했다는 순천중앙교회의 연혁표는 잘못된 기록이다. 목포중앙교회의 연혁표를 보면 박용희는 1935년 7월 1일 부임했고, 후임 목사는 1940년 1월 5일 부임했다.

그러니까 그는 일제에 회유당해 후임 목사가 정해지지 않았는데도 순천중앙교회로 서둘러 부임한 것도 바로 이런 목적이 있었기 때문이었다. 이런 정황을 볼 때 당시 교계에서도 상당히 동조하고 협력한 조력자, 즉 지도자급 목사가 있었을 것으로 보인다. 당시 총회장 이문주(李文主, 1884~1945, 경남 합천, 친일인명사전 등록) 목사, 전남노회장은 1935년 김창국 목사와 1938년 박연세 목사, 순천노회장은 김상두 목사였다.

'산본용의(新本容義)'라는 창씨개명까지 한 박용희 목사가 제23회 순천노회장까지 취임했으니, 이 논리가 설득력을 얻으면서 노회 소속 교역자는 물론이고, 그의 정치력을 볼 때 전국 노회에도 상당한 영향을 끼쳤다. 그해 9월에 평양에서 열린 전국 총회에서 신사참배 결의안은 박용희 목사의 주장을 그대로 담고 있었다. 또한 승주교회 나덕환 목사도 그의 지도를 받아 같은 논리를 폈다.

박용희는 1951년 6월 다시 목포중앙교회 담임목사로 부임해 3년을 지냈고 1953년 한국기독교장로회(기장)로 분립할 때 앞장서 초대 기장 총회장을 역임했다. 그의 영향력에 놓여 있던 목포노회에서 115개 교회가 기장에 합류한 것도 우연은 아니었다. 당시 목포노회장은 이남규였는데, 박용희가 1935년 목포중앙교회 초대목사로 부임해 왔을 때 신학생으로 전도사를 하고 있었다. 그 인연으로 박용희가 이끄는 기장을 선택하게 되었을 것으로 보고 있다.

이남규는 일제강점기 신사참배 요구로 평양신학교가 폐교될 무렵에 겨우 졸업해 신사참배를 거부하고 숨어 있다가 목포연동교회 목사로 부임해 일제의 교단통합 과정에서 예비검속으로 구금되어 순교자 박연세(朴淵世, 1883~1943, 전북 김제, 군산3·1운동 주도, 목포양동교회 담임) 목사와 함께 고초를 겪었다.

박연세 목사는 형무소에서 순교하였고, 이남규는 적극적인 해명으로 경범죄 처벌을 받았다.

이어 해방 후에는 정치인으로 변신해 성공 가도를 달렸다. 미군정청의 입법의원과 목포노회 초대노회장, 제헌국회의원을 지냈다. 박용희도 해방 후 정치적으로 성공한 인물인데, 이남규도 대단히 정치적인 행보를 걷기 시작했다. 기장은 신사참배를 지지한 목사들이 중심이 된 교단인데, 기꺼이 참여한 것도 박용희와 밀접한 관계가 있었을 것으로 봐야 한다.

이남규는 이승만의 요청으로 초대 전남도지사에 부임했다. 이승만은 감리교인이었지만, 장로교와 연합하여 전국에 한민당을 조직하고 목사들을 제헌국회의원에 대거 진출시켰다.

여순사건 당시 전남도지사이었던 이남규는 1948년 12월 17일 순직 군경 및 애국단체 지도자들의 위령제 참석하기 위해 순천으로 오다가 보성 복래에서 빨치산의 습격을 당해 구사일생으로 빠져 나오기도 했다.

신사참배 결의의 중심인물들이 주축이 된 교단이 바로 기독교장로회인데, 김재준(金在俊, 1901~1987, 함북 경흥, 53년 예장교단에서 제명, 명지학원 이사장) 목사와 박용희 목사가 주도했다. 자타가 인정하는 장공(김재준 목사의 호)의 신사참배 사건의 전말은 이렇다. 일제강점기에 조선신학교(한신대학교의 전신)를 지켜내기 위해 장공이 스스로 신사참배를 하였다는 것이다. 신사참배의 형식을 취했지만, 그것은 일제관리들을 속여서라도 겉으로는 신사참배를 하는 척해주면서 조선신학교를 폐교의 위기에서 구해보자는 충정어린 결단이었다는 것이다. 조선신학교 처지에서는 참으로 감동적인 장공의 처신이라고 볼 수도 있다.[10] 하지만, 이 얼마나 구차하고 부끄러운 변명인가. 차라리 한경직처럼 깨끗하게 인정하고 참회라도 했으면 좋았을 것을 끝까지 참회 한마디 없이 1984년 사망했다.

장로교 교단 중에서 신사참배의 죄악으로부터 자유로운 교단은 고신파뿐

---

10 에큐메니안 칼럼-손바닥으로 하늘을 가리려 하지 마라(김동한, 2005.10.2. 일자)
    http://www.ecumenian.com/news/articleView.html?idxno=239

이남규 목사(초대 전남도지사)

이다. 특히 기장에서는 친일반민족행위자 목사들에 대해 광복 이후 잇따라 총회장에 선출되는 악수를 두었다. 1953년 38회 총회부터 예장과 기장이 분리되었는데, 박용희 목사는 1954년과 1955년 잇따라 기장 총회장을 역임했다.

1941년 일본제국을 찬양하는 기념사를 조선예수교장로회 총회에서 발표한 조승제 목사는 1961년 기장 총회장에 선출되었고, 친일적 기조로 일본식 기독교 교사 양성을 목적으로 한 조선신학교를 세운 김재준 목사도 1965년에 총회장을 지냈다. 그는 신사참배는 개인 의사에 맡겨야 한다며 신사참배를 지지했다.

천황에게 충성 명세한 한국교회

신사참배의 죄악은 끝이 없었다. 일단 각 교회마다 십자가 대신 일본 천조대신의 위패인 '가미다나'를 걸어놓도록 했다. 주일예배 1부는 천황을 위한 예배였다. 국가봉창, 궁성요배, 대동아전쟁 필승 기원 묵도, 황국신민서사 제창, 일본군가 합창 순서로 진행됐다.

황국 신민 서사는 다음과 같이 제창했다.

1. 우리는 황국 신민이다. 충성으로써 군국(君國)에 보답한다.
2. 우리 황국 신민은 서로 믿고 아끼고 협력하여 단결을 공고히 한다.
3. 우리 황국 신민은 괴로움을 참고 몸과 마음을 굳세게 하는 힘을 길러 황도(皇道)를 선양(宣揚)한다.

일제의 지도에 따라 성경과 찬송가마저 왜곡했다. 일제는 1940년 '기독교에 대한 지도 방침'을 통해 성경과 찬송가 내용을 국가 신도의 내용에 맞추어 수정하도록 지침을 내렸다. 그러자 장로교와 감리교 지도부는 일제에 충

성스럽게도 각기 '혁신요강' 혹은 '혁신조항'을 만들어 찬송가를 수정했다.[11]

천왕의 권위를 하나님보다 더 높이기 위해 "왕, 임금, 다스리시네" 등 하나님의 통치권과 관련되는 단어는 '주님, 보살피시네' 등으로 용어를 바꾸었고, '삼천리 반도 금수강산'과 같은 민족적 의식을 고취하는 찬송, '십자가 군병들아'와 같은 전투적인 내용의 찬송은 아예 삭제했다.

성경도 모세오경을 포함한 구약성경이나 요한계시록과 바울서신 등은 이스라엘의 민족주의와 해방의식, 종말의식을 표현하고 있다는 이유로 금지되었고, 설교도 4복음서로만 제한되어 설교의 주제를 사전에 당국에 보고하는 등 엄격한 통제를 받았다.

사도신경도 '전능하사 천지를 만드신 하나님 아버지를 믿사옵고'와 '저리로서 산 자와 죽은 자를 심판하러 오시리라'와 같은 조항들은 삭제되었다. 하나님을 창조주와 심판주로 고백하는 것은 천조대신을 최고신이자 창조주로 묘사하는 신도의 신화와 모순되기 때문이다. 이것이 과연 교회와 신도를 지키기 위한 어쩔 수 없는 선택이라고 변명할 수 있는 문제인가. 이

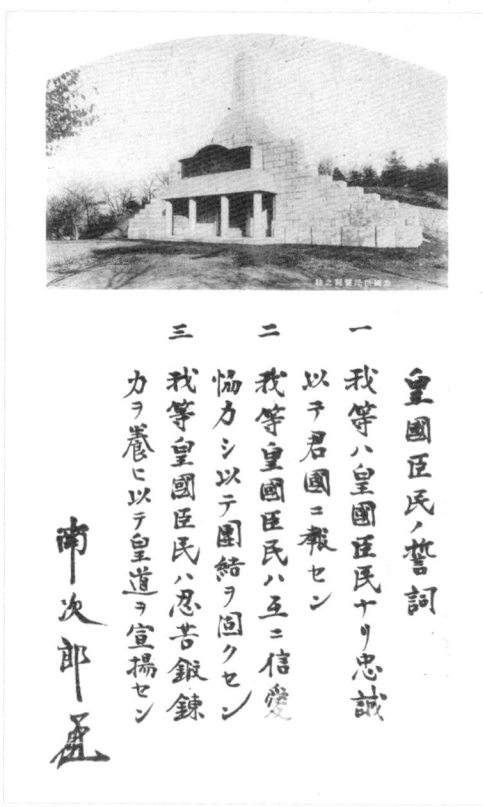

황국신민가

---

11 국민일보-[아직 끝나지 않은 문제 신사참배] 〈9〉 신사참배 이후의 배도들
http://news.kmib.co.kr/article/view.asp?arcid=0924220591&code=23111111&cp=nv

서울 한강에서 일본 미소가하라이(물세례)를 받고있는 목사들

것이 과연 하나님에게 용서받을 수 있는 문제인가.

무엇보다도 충격적인 것은 목사들이 서울의 한강과 부산의 송도 앞바다에서 일본 신도 중들이 행하던 신도의 세례(침례), '미소기하라이'를 받았다는 사실이다. '미소기하라이' 란 신도의 예식 가운데 참배 전에 자기 몸을 깨끗이 씻는 의식을 말한다. 기독교의 세례를 받으면 예수님과 합하여 하나가 되는 것이다. 그렇다면 신도의 세례를 받는 것은 신도의 신과 합하여 하나가 되는 것이다. 미소기하라이는 '천조대신(天照大神)보다 더 높은 신은 없다.' 라고 고백한 사람에게 베풀어졌다.[12]

1938년 12월 12일에는 한국 교계를 대표하는 각 교단의 지도자들이 일본까지 건너가 신사를 참배하고 왔다. 반면에 한국교회는 주기철, 이기선, 한상동, 주남선 목사와 같은 신사참배를 끝까지 거부한 목회자들에 대해서는 면직 혹은 제명하거나 교회에서 추방하였다.

한국교회가 신사참배를 허용한 것은 낙타 머리를 천막 안으로 들어오도록 용인한 것과 같았다. 한번 신사참배를 용인하자, 그보다 더 심한 행위들을

---

12 아직 끝나지 않은 문제 신사참배(오창희, 예영커뮤니케이션, 2021) 104~105쪽

요구했을 때도 한국교회는 거절할 수 없었다. 신사참배와 천황 숭배, 천조대신 숭배와 같은 요소들이 기독교 예배와 기독교 교리 안에 들어왔을 뿐 아니라 그것은 곧 하나님을 밀어내고 하나님의 위치에 들어서고 말았다.[13]

조선신학교 교수를 지낸 채필근 목사는 "국민정신총동원이 절실히 요구되는 이때 종교인도 국가에 충성하지 않으면 안 된다. 이런 것을 이단이라고 하는 자야말로 오히려 이단" 이라고 강연했다. 그는 친일반민족인명사전에 등재되었다. 또 기독교대한복음교회 초대감독 최태용 목사는 1942년 친일잡지 〈동양지광〉에 "조선을 일본에 넘긴 것은 신이다. 그러므로 우리는 신을 섬기듯 일본 국가를 섬겨야 한다" 라고 기고했다.

1942년부터는 국내 교단은 일본기독교단에 흡수되기 시작해 이듬해인 1943년 일본기독교조선장로교단과 일본기독교조선감리교단이 창립되고 1945년 7월에는 모든 교단이 통합해 일본기독교조선교단이 되었다. 1942년부터 교회의 공식문서에도 일본어가 등장하였다.

신사참배는 하나님을 배반한 배교의 행위이기도 하지만, 일제에 협조하고 부역한 친일 행위라는 점에서 반민족적 행위라는 인식을 가져야만 제대로 된 참회를 할 수 있는 것이다. 순천노회와 여수노회는 신사참배 결의안 취소와 참회문을 발표했는데, 조상들의 이런 죄과를 제대로 알고 했을까. 모르고 했다면 아무런 의미가 없다. 제대로 잘못을 알고 참회해야 그 역사가 반복되지 않는다. 죽음 앞에서도 하나님과 의리를 지켜내겠다는 굳은 맹세가 다시 필요하다.

---

13 위와 같은 책 131쪽

CHAPTER · 3

순천노회는 왜 신사참배에 굴복했는가

이명동일신론에 놀아난 순천노회

1938년 2월 구례읍교회에서 열린 순천노회 총회에서 신사참배 결의안을 채택해 통과시켰다. 이날 이하라요시토(井原義人) 구례경찰서장이 직접 참석하여 축사를 했고, 안덕윤, 김성일, 나덕환, 최병준은 축전을 보냈다. 전국

```
       순천노회   제 22 회   회 의 록

일    시 : 1938년 4월 25일 하오 8시
장    소 : 구례읍예배당
회    원 : 선교사 3인, 목사 16인, 장로 20인   합 39인
임    원 : 회  장 오석주      부회장 김순배
           서  기 선재련      부서기 정문갑
           회  계 김형재      부회계 김정복
총회총대 : 선교사 변요한 원가리
           목 사 선재련 오석주   부 김순배 황보익
           장 로 정문갑 백학영   부 최정희 김동혁
특별사항 : 특별위원 오석주 김상두 김순배 3씨가 제출한 안건을 채택하다.
           1)국기게양   2)황거요배   3)신사참배   4)조선 총독의 지원병 교육령
              개정에 대한 감사전보   5)주지륙 해군 최고 지휘관에게 위문전보
           6)신사참배에 대하여 총회에 상고할일
           7)본노회 각교회에 공문을 발송하여 신사참배를 지도할것
```

순천노회 22회 회의록

23개 노회 중 평북노회에 이어 두 번째였다. 5월에는 전남노회도 똑같이 통과시켰다.

일장기 게양, 황거요배, 신사참배, 지원병제도와 교육령 지지 등 결의안 통과에 이어 참석한 목사와 장로들 모두 구례읍 신사에서 일본 천조대신들에게 고개 숙여 참배했다. 전도하면서 가장 먼저 조상신들에게 제사를 지내지 말라고 했던 그들이었다.

조선예수교장로회 총회는 그해 9월에서야 신사참배를 결의했다. 이렇게 빨리 순천노회가 신사참배 찬성 결의를 강행한 배경에는 신사참배 찬성파인 순천읍교회 박용희 담임목사가 있었다. 그는 기독교의 하나님과 일본의 천조대신, 중국의 상제, 조선의 하느님(하늘님)이 같은 신이라는 『이명동일신론』을 주창했다.

그가 갑자기 아무런 연고가 없음에도 1935년 7월 1일 목포양동교회에서 떨어져 나온 교인들이 세운 목포중앙교회 초대 담임목사로 부임해왔다. 그리고 1년 6개월 만인 1937년 2월에 순천읍교회 담임목사로 내려왔다.

1935년 식민지 조선의 상황은 어떠했을까. 1919년 3·1운동 이후 수립된 상해임시정부는 가열차게 독립운동을 전개했다. 1931년 만주사변으로 일본군 위안부가 창설되고 만주괴뢰국이 들어섰다. 1932년 이봉창 의사와 윤봉길 의사의 의거가 잇따라 일어났고, 만주 전역에서 일본의 영향력이 확대되어 독립군의 활동반경도 상당히 위축되고 있었다.

국내에서는 사회주의 계열 인사들을 주축으로 소작쟁의, 노동쟁의 등이 활발하게 전개되고 있었고, 1937년 중일전쟁이 시작되면서 일제는 국가총동원법을 공표하여 전시체제기에 들어갔다.

1940년대가 되어 일본은 조선을 완전히 통합하는 강압적인 흡수통합정책인 민족말살정책을 강제로 수행하였다. 1941년 태평양 전쟁의 발발로 흡수정책이 더욱 가속화되어 한국어를 사용하는 매체를 금지하고, 창씨개명을 강제 시행하였으며, 징병제까지 도입했다. 이미 조선의 지식인층과 지배계층 상당수는 독립의지를 포기하고 친일파로 전향하고 있었다.

태평양전쟁이 시작되면서 강제징용과 징병이 가속화되고 전쟁물자 공급을 위한 공출제 실시에 이어 금속으로 된 밥그릇과 숟가락, 심지어 요강까지 빼앗아 갔다. 이후 각종 물자 부족으로 식민지인들의 삶은 더욱 피폐해져 갔다.

미국 교단 중에 가장 보수적인 교단이 남장로교이다. 순천선교부 선교사들은 신사참배를 즉각 거부하며 매산학교 문을 닫았고, 순천노회를 탈퇴했다. 선교사들은 우상숭배를 지지하는 한국교회와 단절한 것이다.

1940년 순천읍교회 성경공부모임 원탁회 사건으로 순천노회가 발칵 뒤집혔다. 교회 장로들이 순천경찰서에 불려가 곤혹을 치렀고 원탁회 회원들인 10여명의 교회청년들은 10대인데도 불구하고 일경의 강압적인 취조에 시달렸다.

이어 경찰은 본국으로 철수하는 선교사를 순천역에 배웅하러 나갔다고 노회 15명의 목사와 장로들을 체포했다. 순천노회 수난사건인데, '노회 15인 사건'이라 불리기도 한다. 이때 박용희 목사도 체포되어 3년형을 선고받았다. 판결문에도 적시되어 있듯이 그는 일제에 협조한 덕분에 오히려 칭송을 받고 있었는데, 무엇이 밉보였는지 가장 무거운 형을 받았다.

염치없이 역사까지 왜곡한 배교자들

이 노회 수난 사건의 판결문에는 신사참배를 거부했다는 내용은 단 한 줄도 없다. 다만 재림론, 천년왕국 등을 설교해 국체관념을 교란시키고 선동했다는 것이 처벌 목적이었다. 국체관념이란 일본 천황이 통치하는 국가체제로, 천황이 통치하고 있는데 왜 예수의 재림과 천년왕국설을 주장해 새로운 왕이 나타날 것을 주장했느냐는 것이었다. 그래서 '불경죄'라고 했다.

그런데도 박용희 목사나 이들의 자료에는 순천노회 수난사건이 신사참배 거부운동으로 처벌받았다는 주장을 되풀이하고 있다. 명백한 역사 왜곡이자, 신앙적으로도 불순한 의도라고 볼 수 있다.

전국 노회 중에서 유일하게 경남노회만 신사참배 반대를 결의했다. 그들

순천노회 신사참배 결의(동아일보 1938년 4월 29일자 기사)

이 바로 해방 후 예장 고신파들이다. 1939년 애양원교회에 부임했던 손양원도 신사참배를 거부할 것을 설교했다. 1940년 발생한 순천노회 수난사건과 손양원 목사는 아무런 관계가 없다. 당시 고등계 형사들에게 이기풍 목사와 손양원 목사는 주요 감시대상이었다.

대다수 목사나 조사들은 신사참배 거부에 대해 설교에서는 직접 언급하지 않았다. 그냥 재림론을 통해 곧 고난을 벗어나 좋은 세상, 천년왕국이 올 것이라는 희망적인 설교로 위로할 뿐이었다. 그래야 일경의 감시와 핍박을 피할 수 있었다. 하지만, 일제는 이조차도 불경스럽게 본 것이다.

그러나, 이기풍 목사나 손양원 목사는 설교에서 직접 신사참배가 우상숭배임을 가르쳤다. 그래서 손양원 목사는 "여호와 외의 신은 우상 신으로 신사 참배하는 것은 우상숭배로, 우상숭배를 금지하는 성서의 교리로 영원히 구원받지 못할 것이다"고 설교해 혼자 끌려가 재판을 받았다. 순천노회 수난사건으로는 재판을 받은 것이 아니었다.

양용근 목사도 고흥 길두교회 재임 중에는 설교시간에 직접 신사참배 거부를 전파하지 못했고, 가정심방 중에만 우상숭배임을 늘상 강조했다. 그러다가 구례읍교회로 부임한 후에는 더 이상 물러설 곳이 없었다. 그래서 설교에서 직접 신사 불참배를 주창하다가 경찰에 검거되어 광주형무소 차가운 바닥에서 순교했다.

전남노회장 박연세 목사는 신사참배 결의를 회개하며 거부운동을 펼치다가 대구형무소에서 순교했고, 최홍종 목사는 전남노회의 신사참배 결의에 절망해 스스로 사망통지서를 돌리고 세상을 등진 뒤 해방 전까지 무등산에서 은거했다.

여수 우학리교회 이기풍 목사는 75세의 고령에도 신사참배를 거부해 여수경찰서로 끌려가 고문을 당하다가 석방된 후 집에서 절명했고, 보성읍교회 황보익 목사는 신사참배는 차마 할 수 없다면서 목사직을 내려놓고 일본으로 유학을 핑계로 도피했다.

신사참배 문제는 기독교 신앙의 본질을 훼손한 사건이다. 아마테라스 오미카미(天照大神)를 신격화하여 그 후손 일왕을 '신'(神)으로 숭배하게 강요한 제국주의 식민 통치의 일환이었다. 따라서 신사참배는 '주 이외의 신을 섬기지 말라'는 십계명을 어긴 최고의 배교행위이었다.

당시 일제의 부일협력 및 신사참배 강요를 피해 최흥종 목사처럼 항거는 않더라도 은둔하는 하는 목사들도 적지 않았다. 존경받을만한 다수의 교역자는 은둔하거나 일제 당국의 핍박으로 교역활동을 할 수 없게 되자 한국교회는 전체적으로 지도자 공백상태에 빠졌다.

지도자 없는 교회는 더 이상 버티기 힘들었다. 많은 교인들이 집단으로 신앙을 버리고 예배당을 폐쇄하는 등 다른 생존하는 길을 선택했다. 이에 따라 한국교회의 교세는 급격히 감소하였다. 장로교의 경우 1940년도에 35만 명이 넘던 교인 수가 1941년 약 25만 명으로 1년 만에 10만 명 이상 급감했고, 교회수도 3,624개에서 2,543개로 1천 개 이상 감소했다. 한국교회의 암흑기였다.[14]

---

14 한권으로 읽는 한국 기독교의 역사(류대영, 한국기독교역사연구소, 2018) 257쪽

CHAPTER · 4

신사참배와 동방요배의 실체

신사참배

　신사참배를 찬성한 목사들의 논리는 사실 너무 빈약했다. 내선일체론에 의거해서 아예 황국신민화에 찬성한, 적극적인 친일파로 돌아선 정춘수, 정인과 (鄭仁果, 1888~1972, 평남 순천, 수양동우회 사건 구속 후 변절, 반민특위 구속, 친일반민족행위자) 목사가 있었고, 현실에 순응해서 '어쩔 수 없다'는 논리로 저항을 아예 포기했던 채필근(蔡弼近, 1885~1973, 평남 중화, 조선임전보국단 발기인, 6·25 때 월남, 피난민 산돌교회 설립, 친일반민족행위자), 김관식(金觀植, 1888~1948, 경기도 양주, 조선임전보국단 발기인, 일본기독교조선교단 통리, 친일반민족행위자), 양주삼 목사 등도 있었다. 가장 많은 부류가 한경직, 김재준, 함태영 목사 같은 형식적 순응론에 입각한 목사들로 어쩌면 가장 위험한 존재들인지도 모른다.

하지만, 신사참배를 거부한 논리는 명확했다. 가장 확실한 우상숭배라는 점, 하나님과 의리를 앞세워 양심적으로 신사참배를 해서는 안된다는 점, 순교로서 신앙의 밀알이 되어야 한다는 점, 종말론에 입각해 신사참배를 거부해야 한다는 점 등 반대한 목사들의 논리는 현재도 전혀 부족한 점이 없는 논리이다. 문제는 당시 목사들이 일제의 회유에 너무 쉽게 타협했다는 점이다. 하나님과 약속은 결코 타협의 대상이 아니라, 오직 순종뿐이라는 믿음의 결정체임을 잊었다는 것이다.

조선총독부는 경술국치 후 주요 도시에 '천황숭배'를 확립하기 위해 신사를 건립했다. 평양에는 1917년에, 서울 남산에는 1925년에 건립되었다. 평양 을밀대 아래 높은 언덕에 세워진 평양 신사는 도시를 압도했다. 그곳에는 아마테라스 오미카미(天照大神, Sun Goddess)와 15대 오진(品陀別命) 천황을 모셨다. 규모로는 서울 남산에 세워진 신사가 가장 크고 웅대했다.

순천에는 순천고 뒤편 지금의 성신원 자리에 세워졌고, 여수에는 현재의 여수공고 자리에 세웠다. 여수는 일본인들을 위한 신사가 별도로 조성되었는데 고소대 이충무공대첩비 옆에 세웠다. 광양은 광양읍 유당공원에 세웠고, 구례읍은 봉성산 입구에 있었다. 벌교읍의 신사터에는 현충탑(부용산)이 세워져 있다.

1938년 4월 구례읍교회에서 신사참배를 결의한 순천노회 참석자들은 봉성산 신사에 가서 참배했다. 고흥읍은 옛 군청 뒤에 신사가 있었는데, 해방 후 1954년 그 신사터에 고흥읍교회를 세워 민족정기를 되살렸다. 신사는 각 면소재지 마다 모두 세워졌다. 심지어 거문도에도 신사가 세워졌다.

해방 후 진심으로 참회하고자 했던 교회들은 '일제 귀신'을 물리치고 그 신사 터에 교회를 세웠다. 목포 중앙교회를 비롯해 고흥 도화교회, 광주 송정리제일교회, 제주 한림교회, 경기도 안성죽산교회, 김포 양곡제일교회, 경주 감포제일교회 등 많은 교회들이 신사 터를 불하받아 교회를 세워 민족의 정기와 자존심을 조금이라도 되살렸다.

신사는 무엇인가, 일제의 신사 교육

일제는 신사에 대해서 다음과 같이 교육했다.

나라가 부강하고 발전하는 것은 이 신들의 덕이다. 따라서 신사참배를 할 때 이 신들의 뜻을 받들고 신들의 공적을 본받아 우리도 황국을 돕는 일념을 가지는 참된 경지에 나아가야 할 것이다. 그때 신을 뵙는 묘경에 나아갔다고 하겠다. 단지 자신과 자기 가족을 위한 기도만 한다면 신을 뵐 수 없다. 옛날부터 우리나라 일본 제국은 신정일체이다. 신사와 정치는 분리되지 않는다. 신사참배는 시민의 의무이다. 신사참배는 정치 행위이다. 신사는 나라를 위해 존재한다.[15]

궁성요배

---

15 매일신보 1941년 3월 19일자 기사

전국에 신사를 세운 총독부는 1925년부터 식민지 교육체제 확립 차원에서 기독교학교에도 신사참배를 강요하면서 갈등이 시작되었다. 평양에서는 1932년 숭실전문학교 학생들의 신사참배 불참이 문제가 되었다.

만주사변 1주년 기념 전몰자 위령제에 참여하라는 학무국의 통첩에도 불구하고 10개 기독교계 학교가 불참하자 갈등이 고조되었다. 1934년에는 다양하고 거대한 선교 희년 행사로 기독교계는 세를 과시했다. 평양은 '기독교 중심지', '조선의 예루살렘', '제2의 예루살렘'이라며 자만했다. 그러나 핍박의 칼날이 곧 다가왔다.[16]

총독부는 1935년 미션스쿨을 굴복시키기 위해 모든 공사립학교에 신사참배 훈령을 내렸다. 당시 평양 주변에는 숭실전문 등 소학교까지 73곳의 미션스쿨이 있었고, 재학생도 10만여 명이나 되었다. 일제는 마펫 선교사 등과 만나 우선 황자(천왕의 아들) 어명명식 때는 신사참배는 하지 않고 동방요배만 하는 타협안을 수용했다. 이어 전주신흥학교 교장 린톤(William A. Linton, 인돈, 1891~1960, 한남대 설립), 평양숭실전문 교장 매큔(George S. McCune, 윤산온, 1873~1941, 신성학교 교장, 조선의 독립운동 지원), 목포 영흥학교 교장 커밍(Daniel J. Cumming, 김아각, 1892~1971, 수피아 교장, 목포프렌치병원 관리), 연희전문 교장 로즈(Harry A. Rhodes, 노해리, 1875~1965) 등의 선교사 대표와 총독부 와타나베 학무국장의 협상 자리가 다시 마련되었다.

타협하지 않은 장로교 선교부와 주기철 목사

매큔은 "신사참배는 하나님의 뜻에 어긋난다. 최선의 노력으로 문제를 해결하겠다."라는 입장이었고, 와타나베는 "교회와 학교를 혼동하고 있다."라며 맞섰다. 학교는 정부 업무요, 신사참배는 국가의식이라는 입장이었다. 이 주장에 1936년에는 학교 존립을 위해 학교 대표자만 참배하자는 쪽으로 의견이 수렴되었다.

---

16 문화와 신학-옥성득 교수의 평양 기독교역사 2019년 11월호(대한기독교서회)

주기철 목사

매큔은 박형룡과 주기철 목사를 만났으나, 두 사람은 대표자 참배도 우상숭배에 굴종하는 것이므로 반대했다. 결국 숭의전문 교장 매큔과 숭의여중 교장 스눅(Velma L. Snook, 선우리, 1866~1960, 평양지역 여성사역)은 도지사에게 참배를 할 수 없다고 통보했다. 도지사가 두 교장을 해임하자, 숭실전문 학생들의 항의 시위와 농성이 일어났다.

총독부는 1936년 1월 22일 선언문을 통해 공·사립 학교에 신사참배를 지시했다. 이 무렵 평안남도 안식교회는 슬그머니 신사참배를 수용했다. 총독부는 미션스쿨을 한국인에게 넘기려는 절충안을 제시했으나 성사되지 못했다.

결국 북장로교는 학교 폐쇄를 결정했다. 평양 교계의 비타협 입장이 강경하자, 7월 1일 북장로회 선교회 연례회의는 69:16의 표결로 "교육 철수 권고안"을 채택했다. 결국 서울의 경신중과 정신여중, 대구의 계성중과 신명여중, 평양의 숭실중, 숭의여중, 숭실전문, 선천의 신성중과 보성여중을 폐쇄하기로 결정했다.[17]

일제의 신사참배 압력과 학교 폐쇄 충격으로 72세의 노선교사 마펫이 쓰러졌다. 그는 내한 46년 만에 평양을 떠나 귀국길에 올랐다. 그리고 3년 후 1939년 10월 24일 뇌출혈로 쓰러져 소천하였다. 마펫 선교사는 사실상 일제가 죽인 것이나 마찬가지였다. 정부는 1963년 문화훈장을 추서했고, 2006년 마펫 선교사 부부의 유해는 광진구 장로회신학대 교정으로 이장되었다.

평양 교계에서는 어떻게 해서든 숭실전문 등 3개 학교만이라도 유지해 보려고 안간힘을 썼다. 숭실전문, 숭실중, 숭의여중 등 3개 학교를 조선일보 사주 방응모를 끌어들여 인수작업을 시도했으나, 이사진 의견이 양분되면서 결국 성사되지 못했다. 이틈을 노려 연희전문 3대 교장 언더우드(원한경)

---

17 위의 월간지

은 "가이사의 것은 가이사에게, 하나님의 것은 하나님에게" (마 12:17)를 근거로 교육은 정부의 사업이며, 신사참배는 국가의식이라는 총독부 입장을 수용하고, 학생과 학부모를 돕기 위해 신사참배를 수용키로 결정했다. 그리고 북장로교의 신사참배 거부를 비판까지 했다.

이미 천주교, 감리교회와 안식교회 등도 이런 입장에 서있었다. 반면 매큔은 신사참배는 종교의식으로 그 강요는 종교의 자유와 양심의 자유를 침해하는 우상숭배요 영적 간음이며, 십계명을 어기는 것이므로, 차라리 학교를 폐쇄하는 것이 옳다고 보았다.[18] 평양숭실전문은 1938년 3월 4일 자진 폐쇄에 돌입했다.

이명동일신설은 명백한 이단이었다.

일제는 집요했다. 미션스쿨이 이렇게 무너지자, 이제는 교회에 대한 신사참배 강요가 이어졌다. 이미 일부 목사들을 회유하기 시작했다. 그중에는 박용희 목사도 포함되어 있었다. 그의 정치력과 교계에 대한 영향력을 총독부는 결코 놓치지 않았다. 무엇보다 보수적이고 완고한 남장로교 소속 교회를 무너뜨리기 위해서는 박용희 만한 인물이 없다고 생각했는지도 모른다.

남장로교와 아무런 인연도 없고 평양신학교를 졸업하지 않아 전남지역 목사들과 별다른 인맥도 없었던 박용희가 목포중앙교회 초대 목사로 내려왔다.

그는 서울 인사동에서 잡화상을 하다가 일본 도쿄의 백목성서학원(성결회)를 나왔다. 평양신학교를 20여 년 동안 다니면서도 졸업하지 못해 경기노회에서 특별의결로 목사안수를 받은 인물이다. 당시 미 선교부에서는 목사 교육과정을 엄격히 했고, 목사고시를 통해 검증을 철저히 했다. 신학교 졸업장을 받지않고 목사 안수를 받았다는 사실만으로도 그의 뛰어난 정치력을 엿볼 수 있다.

그가 1937년 2월에는 순천중앙교회 목사로 부임했고, 조선예수교장로회

---

18 "Can Christian Missioanries Sanction Shrine Worship?", Sunday School Times(June 12, 1937) 427쪽, 428쪽

총회의 헌법수정위원이라는 경력으로 교리에 대한 조예가 깊어 순천노회에서 이에 비길 자는 없다고 했다.

판결문 등에 나타난 그의 사상과 교리를 보자.

백목성서학원 재학 중 '호리네스' 교회 창설자인 목사 중전중치(中田重治)의 성서강의를 청강하고 말세 하의 진수를 체득하고, 귀국하여 다시 승동교회 목사 김영기로부터 예언통람을 인계 받았지만, 오히려 김정현(金正賢)이 말세론을 연구한 결과 우리나라도 역시 악마의 지배 아래에 있는 반기독교적 세력이라고 생각을 하고 있다. 고로 '우리의 국체를 변혁하여 그리스도와 신도와의 공동정치인 소위 공왕정치국가(共王政治國家)를 건설하지 않는다면 인류생활의 행복은 바랄 수 없는 것이다.
천년왕국의 건설을 갈망함과 동시에 전기 이명 동일 신설이라는 불경신관을 창안하고 각국에서 최고의 신은 우리나라에서는 천조대신 유태에서는 여호와 중국에서는 상제(上) 조선에서는 하늘의 신인데 기독교에서는 여호와의 신이 유일 절대 최고 지상의 신임으로 결국 각국의 최고의 신은 부르는 이름은 각각 다르나 여호와의 신밖에는 없다. 그러므로 우리나라에서도 천조대신과 여호와의 신과는 호명은 다르나 동일 신이므로 신사참배는 교리에 반하지 않는다고 하고 이들을 지도이념으로 장기간에 걸쳐 신도들에게 설교를 하고 이들을 지도해 온 자이다.

이명동일신설의 근거가 이렇게 자세히 설명되어 있다. 천조대신과 여호와 하나님은 이름만 다를 뿐 같은 신이므로 신사참배는 성경 말씀에 위배되지 않는다는 학설인 것이다. 그는 에덴동산의 아담이었다. 일제에 스스로 순응하고 신사참배를 반대한 교인들까지 회유하고 굴복시킨 친일파이고 한국교회를 망가뜨린 주범이었다. 당시 박 목사의 설교에 아멘으로 화답했던 순천의 교인들은 박용희의 세 치 혀에 놀아난 꼴이 되었으니 이 얼마나 통탄할 일인가.

목사들은 시국이 변하자 시류에 편승하고 대세를 따랐다. 4월 22일에는 전북의 200개 교회가 참배를 수용했다. 4월 29일에는 전남의 60개 교회와 순천노회가 완전히 굴복했다. 결국 6월 초가 되자 전남노회, 전북노회, 청주, 서울, 평북노회는 신사참배를 허용했고, 평양노회, 안주노회, 황해노회, 경남노회, 경북노회는 동방요배부터 황국신민서사, 국기배례까지 허용했다. 의주에서는 참배 반대 목사들이 투옥되고 교회에서 추방되었다. 김익두 목사는 감옥에 있었다.[19]

신사참배가 종교 문제라면 동방요배는 민족의 자존을 포기하는 문제였다. 우리 국기에 대한 경례나 동방요배나 같은 것이다. 살아 있는 천황을 향해 하는 경의의 표현이다. 신사참배를 할 때는 단순한 것이 아니었다. 먼저 동방요배-황국신민서사 암송-일장기 경례-신사참배 순으로 진행됐다. 행사 때는 교인들도 기미가요를 불렀다. 1940년대에는 신사 침례까지 받는 목사도 생겼다. 동방요배를 하지 않으면 일본에서는 불경죄에 걸렸지만, 조선에서는 반역죄로 처리되었다. 국가보안법으로 재판을 받았다는 것이다.

오문환 장로

친일파 오문환(吳文煥, 1903~1962, 평양, 토마스기념교회당 건립, 수양동우회사건 후 변절, 친일기독교단체 활동, 친일인명사전 등록) 장로는 1923년 토마스 선교사 연구로 일약 스타가 되더니 배교와 친일파로 돌아서 신사참배 지지와 선교사 배척을 주장했다. 그는 마펫 선교사에게 영어를 배웠고, 그 덕으로 숭실중학교와 숭실전문을 졸업해 숭의여중 교사로 일한 인물이다. 마펫의 제자인 오문환이 친일단체 평양기독교친목회를 만들어 선교사를 핍박했으니 이런 배은망덕한 일이 어디 있겠는가. 마펫 선교사가 쓰러져 죽게 된 원인이 되기도 하였다.

그는 30대에 평양 교계를 대표하는 친일 인사가 되어, 돈과 명예와 권력

---

19 위의 월간지

의 자리로 나아갔다. 1938년 그가 설립한 평양기독교친목회에 서북지역 목사들을 대거 끌어들여 '성지순례' 라는 이름으로 일본 본토의 신사를 돌며 참배하도록 했다. 해방 후 월남한 오문환은 과거의 행적을 숨기고 뻔뻔하게도 다시 '토마스기념전도회' 를 재건하는 등 이념 대결의 장막 뒤로 숨어 경성일보 초대 사장과 복간된 조선일보 상임고문도 맡았다. 그는 자신의 배교 행위를 죽는 날까지 회개하지 않았고, 죽음에 이르게 한 스승 마펫 선교사에게도 사죄하지 않았다. 그럼에도 그의 자녀 8남매 중 딸 오혜식은 이화여자외고 교장과 은혜감리교회 담임목사를 지냈고 독립운동가의 아들과 결혼했다. 그의 자식들도 아버지를 죄악에 대해 단 한번도 회개하지 않았고, 오히려 일제의 감시를 받았다거나, 광복이 되지 않았더라면 순교했을 것이라고 주장할 정도로 뻔뻔함의 극치를 달렸다. 오문환 장로 후손에게 어떤 하나님의 징계가 내려졌는지 궁금해진다.

한편 조선기독교를 대표하여 장로교 홍택기와 김길창, 감리교의 양주삼과 김종우, 성결교의 이명직 목사는 12월 남산의 조선신궁을 참배한 후 일본에 가서 이세신궁과 강원신궁을 참배했다.

그러나 신사참배 반대운동도 가열차게 진행되었다. 산정현교회 주기철(朱基徹, 1897~1944, 경남 창원, 오산학교·평양신학교 졸업, 부산 초량·마산 문창·평양 산정현교회 시무) 목사 등 여러 목회자와 신자들이 참배를 거부했다. 주 목사는 1936년 3월 2일 외금강 오정리 기독교수양관에서 개최된 조선예수교장로회 목사 수양회에서 "목사란 하나님의 대사요 하나님의 말씀을 받아 하나님의 말씀을 대언하는 종이다. 목사는 하나님 앞에 선 단독자, 시대를 향해 하나님의 말씀을 가감 없이 대언하는 예언자, 교인을 위해 목숨을 버리는 목자이다." 라고 설교했다. 그는 구약 예언자 전통에 서서 모세-엘리야-나단-에레미야-에스겔-세례 요한의 길을 따라 오직 하나님의 말씀을 대언하고 하나님의 영광만을 드러내기 위해 노력했다. 그 결과 순교의 자리까지 갈 수 있었다.[20]

---

20 목사직의 영광-기독신보 1936년 5월 13일자 기사

1939년 2월 5일 산정현교회에서 그는 마지막 설교 "나의 5종목의 기원"을 교인과 시민 2,000명 앞에서 고백했다. 그 기도는 다음과 같았다.

(1) 죽음의 권세를 이기게 하여 주옵소서,
(2) 장기간의 고난을 견디게 하여 주옵소서,
(3) 노모와 처자를 주님께 부탁합니다,
(4) 의에 살고 의에 죽도록 하여 주옵소서,
(5) 내 영혼을 주님께 부탁합니다.

산정현교회는 문을 닫았다. 평양신학교도 폐쇄했다. 총회 결정에 항의한 200개의 교회가 문을 닫았고, 2천여 명의 교인이 투옥되었으며, 50여 명이 순교했다. 그해 10월 24일 캘리포니아 몬로비아에서는 마펫 선교사가 하나님의 부르심을 받았다. 주기철 목사는 다섯 번 투옥되어 5년 4개월간 감옥 생활을 했으며 일제 천황제와 군국주의에 끝까지 대항하다가 1944년 4월 21일 순교했다.

주기철 목사는 오산학교의 남강 이승훈 목사와 조만식 장로의 제자였다. 평양 산정현교회 담임을 맡을 때는 조만식 장로가 직접 마산까지 찾아와 청빙을 할 정도로 인정받는 목회자였다. 그가 평양신학교 졸업 후 경남성경학원 강사로 출강할 때는 신사참배 거부로 순교한 김해 진양읍교회 조용학 영수와 5년간 옥고를 치른 손양원 목사를 가르친 스승이었다. 그 스승답게 그 제자들도 끝까지 신사참배를 거부해 하나님께 순종했다.

1940년 3월 연화동교회에서 열린 평양노회 제38회 개회식에서는 개회선언 후 교회 마당에서 '애국식'을 거행했다. 국기게양-국가합창-궁성요배-1분간 묵도-국민서사 제창-만세삼창 순서로 진행되었다. "대일본 제국 만세" 삼창을 하고, 평양 신사에 가서 신국의 가미사마에게 "하루라도 속히 우리 나라가 전쟁에서 이기도록, 군인들이 무사하게 봉공할 수 있도록 기원하고, 우리들은 굳게 총후(후방)를 지키겠습니다." 라고 맹세를 기도했다.

1949년 한 서북인은 장로교가 서울이 아닌 평양에서 성장한 결과 항일투쟁과 신사참배 반대가 가능했다고 평가했다. 서울인은 결기가 적고 약고 중용을 지키는 양반 보수층이 많지만 서북 지역인은 강인한데, 마펫의 지략이 언더우드를 이기면서, 평양신학교와 숭실을 통해 민족적 선각자와 투사를 길러 독립투쟁과 민족해방에 기여했다고 보았다.[21]

　일제 말에 두 개의 길이 있었다. 넓은 길을 간 자는 시류에 순응하면서 무사유(無思惟)로 대세를 따랐다. 그 결과 교회는 우상숭배의 무리가 되고 예배당은 악행의 소굴이 되었다. 겨레와 함께 웃고 겨레와 함께 욕을 본 수난자들은 좁은 길을 갔다. 일제가 태극기를 말살할 때 예배당의 십자가도 떼었으나, 자유와 양심과 순교의 정신은 없앨 수 없었다.

21　평양과 기독교의 수입(이창진)-종합교양잡지 〈民聲〉 1949년 12월호) 87~89쪽

CHAPTER · 5

순교로 지켜낸 신사참배 반대운동

누가 진짜 신사참배 반대인가

서울 남산 신궁

1942년 황두연 장로는 나덕환·오석주·김정복 목사 등과 함께 '4인 교역자 사건'으로 '육해군 형법 위반', 즉 불경죄로 다시 체포되어 재판을 받았다. 오석주 목사와 김정복 목사는 노회 수난 사건에 이어 옥중에서 다시 추가 재판을 받았고, 나덕환 목사는 재판에서 1939년 여수읍교회 시무 당시 치안유지법 위반과 4인 교역자 사건의 불경죄로 각각 1년씩 2년형을 선고받았다. 나 목사는 1919년 고향인 영광에서 3·1운동에 참가했다가 징역 4개월형을 선고받아 옥고를 치른 적이 있었다.

판결문에 보면 원탁회에서 장금석 학생이 황두연 장로에게 "나는 미국인 선교사가 경영하는 매산학교가 폐쇄되어 남소학교(순천남초등학교 전신)로 전학하였는데, 신사참배를 하라고 강요하고 있는 신사는 종교입니까?"라고 물었다.

이에 대해 "신사가 천조대신을 받들고 있으므로 종교이고 일종의 우상이기 때문에 이에 참배하는 것은 우상예배인데, 경찰이 참배를 강요하므로 참배하라, 그렇지만 참배할 때 여호와의 신을 잊지 말고 여호와의 신 앞에서 추도식을 행할 때와 같은 기분으로 참배하라"고 대답했다. 일본제국은 오히려 이를 "천황신궁의 존엄을 모독하는 언사를 제멋대로 하고 신궁에 대해 삼가 불경한 행위를 했다"라고 처벌했다.

또한 판결문을 보면 승주교회(순천제일교회) 나덕환 목사는 한술 더 떴다. 이미 그는 천조대신과 여호와는 호칭만 다를 뿐 같은 신이라는 이명동일신(異名同一神)설을 신봉하고 있었다. 나 목사는 박용희 목사에게 이명동일신설의 지도를 받았고, 이를 김영진 장로와 김종하 집사 등에게도 지도했다고 판결문에 나와 있다.

그는 승주교회 교인들에게 "천조대신과 여호와는 이름은 다르지만 동일한 신으로서 역대 천황은 여호와의 명에 따라 우리나라를 통치하고 있으나, 예수 재림 후에는 천황도 예수의 지배에 따르게 된다. 우리 교인들은 예수 재림 전후에 발생하는 교도, 불신자 사이의 전쟁 등에 참가할 의무가 있으므로 위 전쟁(태평양전쟁) 등에 참가할 준비로써 믿음을 견고히 하고 또 신자를 획득하지 않으면 안된다"라는 내용을 주장했다. 교인들에게 우상숭배는 물론이고 태평양전쟁 참전까지도 독려하는 친일적 발언이다.

오석주 목사는 "여호와의 신 이외의 신은 우상이고 이를 예배하는 것은 기독교리에 반하는 것인데, 신사에 있는 신은 우상이기 때문에 신사에 참배해서는 안된다"고 확실하게 신사 불참배에 방점을 찍었다. 김정복 목사는 "신사는 사람이 만든 것으로 우상이니 참배하는 것은 교리에 반하는 것이나 순천노회에서 이미 신사참배를 결정함에 따라 교인은 신사에 참배하도록 하라"라고 하면서 끝까지 반대 의지를 지키지 못했다.

오직 오석주 목사만 신사참배를 적극 반대했고, 나덕환 목사는 찬성, 김정복 목사와 황두연 장로는 참고인들이 조금 유리하게 증언한 것 일뿐, 끝까지 신사참배를 반대했다. 그런데도 나덕환 목사는 3·1운동 참여 및 신사참배를 거부하는 신도들에게 항일정신을 고취했다는 공적으로 건국훈장 애족장에 추서되었다. 순천노회에서 독립유공자로 추서된 이로는 나덕환, 오석주, 김순배, 박용희 목사와 박창규 장로가 있다. 오석주·김순배 목사는 각각 3·1운동 공적으로, 나덕환 목사는 영광에서 3·1운동과 신사참배 반대 활동 공적으로, 박용희 목사는 3·1운동, 신간회 활동, 신사참배 반대 활동 공적으로 각각 독립유공자로 추서되었다. 박창규 장로도 신사참배 거부 활동 공적으로 추서되었다.

하지만, 나덕환과 박용희 목사, 박창규 장로의 신사참배 반대 공적은 판결문에 단 한 줄도 적시된 바 없다. 이 세 사람은 '천년왕국 건설', '예수 재림설'을 설교해 일본천황의 존립을 위협하고 국체관념을 교란시켰다는 이유로 처벌을 받은 것이다.

그래도 신사참배를 결의하고 찬성론을 펼친 순천노회는 내심으로는 상당히 죄책감을 갖고 있었다. 유일신인 여호와 하나님을 믿으면서 일본 천황을 섬긴다는 것은 신앙의 양심상 있을 수 없다고 생각한 노회 회원들은 스스로 장로회 총회의 총대로 가는 일을 포기하고 나섰다.[22]

목숨을 건 신사참배 반대자들의 항일투쟁

하지만, 전국에서 신사참배를 반대하는 저항운동은 뜨겁게 타올랐다. 특히 신사참배에 반대하는 양심적인 교역자와 신도들은 1938년 이후 서로 전국적인 연대를 맺고 조직적·집단적 저항운동을 전개하기 시작하였다. 그 중심인물로는 주기철(평남), 이기선(평북), 한상동, 이주원·주남선(경남), 손양원·양용근·이기풍·황보익(전남), 이계실(함남) 등으로 전국 각지에

---

22 미국남장로교 선교 100년사-순천지방을 중심으로(안기창, 진흥, 2010) 163쪽

분포되어 있었다.

1940년 3월 안동회합에서는 "신사참배를 죽어도 반대할 것, 신사참배를 하는 학교에 자제들을 입학시키지 말 것, 세속화되어 신사참배를 하는 현 교회에 절대 출입하지 말 것, 신사 불참배 동지들끼리 가정예배를 드릴 것, 신앙 동지들을 확보해 신령한 교회 출현의 소지를 육성할 것" 등을 결의하기도 하였다.

강경파는 다음과 같이 결의하기도 하였다.

1. 신사참배 등 반계명 정책에 죽음으로써 반항할 것
2. 신사참배하는 교회에 출입하지 말고, 이를 취소하도록 할 것
3. 말세 절박한 이때에 신의 예정과 진리를 널리 전도하여 동지를 다수 확보할 것
4. 신사참배를 시인하는 노회에는 노회 부담금을 바치지 않게 하고, 노회를 파괴할 것
5. 신사참배를 긍정하는 목사에게 세례를 받지 말 것
6. 가정예배 및 가정 기도회 개최를 여행하여(장려하여), 일면 개인전도 등의 수단으로 신사불참배주의 신도를 동지로 획득할 것 [23]

1938년 9월 이후 평양성의 목회자들이 수감 됨에 따라 상당수 교회는 무(無)목회자 상황을 유지하면서 예배를 드리기도 하고, 일부 교회들은 아예 교회를 폐쇄시켰다. 이렇게까지 철저하게 신사참배를 반대할 수 있었던 것은 삼위(三位)로 계시는 하나님의 유일성, 하나님께 대한 충성, 그리고 자신의 양심과 예배의 자유를 지키기 위해서였다.[24]

제주에서는 아예 침묵으로 예배를 드리며 저항한 곳도 있었다. 1915년에 설립된 한림교회에 1942년 부임한 강문호(1899~1986, 서귀포 중문 출신, 1919년 군산

---

23 애양원과 사랑의 성자-손양원(차종순, KIATS, 2008) 126쪽
24 같은책 129쪽

3·1운동 주도, 군산영명학교 졸업, 고베신학교 졸업, 거창·무안·서귀포·한림에서 시무)목 사 는 주일예배에서 찬송을 부른 뒤 침묵으로 말씀을 전하고 신자들도 침묵으로 받아들였다고 한다. 일제가 일본말로 예배를 드리라고 지시하자 침묵 설교로 맞선 것이다.[25]

강문호 목사는 창씨개명과 신사참배도 거부했다. 해방 직전인 1945년 7월 6일 미군의 공습으로 한림교회와 목사 사택이 폭격을 맞아 파괴되었고, 여동생과 교인들이 사망하였다. 해방 후에는 미군정청의 도움으로 한림읍 일제 신사를 불하받아 그곳에 한림교회를 세워 민족정기를 되살렸다. 1953년에는 제주대학이 개설되자 종교학 강의를 담당하기도 하였으며, 문태선 목사와 함께 『제주 선교 70년사』를 편저(編著)하여 제주도의 기독교 역사를 정리하였다. 1990년 정부는 건국훈장 애족장을 추서했다.[26]

장로 등 평신도들도 신사참배 거부 투쟁 나서

평신도 중에서도 신사참배를 반대한 인물들이 많았다. 한국교회가 너무 목사들의 순교사에 치중해서 그렇지 장로 등 평신도 중에도 신사참배가 우상숭배임을 깨닫고 목숨 걸고 반대했던 참 신앙인들이 많았다. 그중에서 대표적 인물이 평안북도 개천군 군우리교회 박관준(朴寬俊, 1875~1945, 평북 영천, 개천군우리교회 설립, 십자의원 개업) 장로이다. 그는 의사이면서 전도에 열중한 신앙인이었다. 박 장로는 조선 총독에게 신사참배를 포기하도록 권고하기 위하여 13회나 총독부를 방문하면서 두 차례나 투옥되었다.

또한 1938년 9월 9일 평양에서 열린 제27회 총회에서 신사참배 가결을 막기 위해 십자가 깃발과 경고문을 배포하려고 총회장에 입장하려다가 일경에 의해 저지당했다. 그러나 그의 신사참배 반대에 대한 의지는 일제도 쉽게 꺾을 수 없었다.

---

25 국민일보 2016년 3월 18일자 기사-순교와 순종, 사명과 화해의 이야기가 있는 길 위의 묵상
http://news.kmib.co.kr/article/view.asp?arcid=0923465557&code=23111113&cp=nv
26 독립기념관 한국독립운동사연구소-강문호 편

일본 의회에서 모든 종교를 정부의 승인으로 규정하려는 종교단체법이 상정, 통과될 것이라는 소식을 듣고는 1939년 3월 22일 도쿄 의회 의사당 방청석에 들어가 "여호와 하나님의 사명자(使命者)이다"라고 크게 외치며 단상을 향해 진정서를 내던졌다. 그는 이 사건으로 1941년 치안유지법 위반 및 황실불경죄로 6년형을 받아 끝내 지조를 굽히지 않고 옥중 투쟁을 벌이다가 1945년 3월 13일 순교의 영관을 썼다.[27]

그가 일본 의사당에 던진 진정서의 내용을 요약하면 다음과 같다.

① 여호와는 유일의 참 신이시다.
② 그는 천지 만물을 지배하시며 그의 섭리 아래 인류 역사가 전개된다.
③ 그를 섬기는 나라는 번성하겠고 섬기지 않는 나라는 망한다.
④ 한국 기독교 신도에게 신사 참배를 강요함은 하나님을 거역하는 죄다.
⑤ 무고히 검속되어 있는 한국 신도들을 석방하라
⑥ 여호와 하나님이 참 신인지 혹은 일본의 아마데라스 신이 참 신인지 시험을 해보자, 시험 방법은 나무 백을 쌓아 놓고 그 위에 나를 올려 앉히고 불을 질러 내 몸이 타지 않으면 알게 될 것이고 그때에는 여호와 하나님을 일본의 신으로 섬겨야 한다.[28]

경남 김해 진양읍교회 조용학(趙鏞學, 1904~1940, 경남 양산, 언양읍교회 전도사) 영수는 주기철 목사의 제자였다. 진양읍교회 담임교역자로 봉직하다가 신사참배 반대로 김해경찰서에 끌려가 검도로 맞아 머리가 깨지면서 37세에 순교하였다. 강원도 삼척 천곡감리교회 최인규(崔仁圭, 1881~1942, 강원도 동해) 권사(감리교는 초기 남녀 모두 권사 직분을 두었다)는 신사참배는 물론이고, 동방요배, 창씨개명, 황국신민서사, 일장기 배례까지 일제의 식민정치를 완전하게 거부해 불경죄로 2년형을 받아 1942년 12월 16일 대전형무소에서 순교했다.

27　韓國民族基督敎百年史(김광수, 한국교회사연구원, 1978) 95쪽
28　韓國民督敎人物史(김광수, 기독교문사, 1974) 190쪽

호남에서도 평신도의 완강한 신사참배 거부운동이 일었다. 목포 연동교회 김창옥(金昌玉, 1911~1942, 화순) 장로는 신사참배를 완강히 거부하다가 1942년 목포경찰서에 끌려가 고문을 당해 목포형무소에서 순교했다. 또한 군산 성결교회(현 군산중앙성결교회) 정태희(鄭泰熙, 1910~1943, 충남 공주) 장로는 동방요배를 거부해 군산경찰서에 끌려가 고문을 받고 석방된 후 순교했다.

목포 양동교회 박연세 목사는 전남노회의 신사참배 결의 후 양심의 고통과 일부 신도들의 악평에 시달리다가 1942년 7월 7일 중일전쟁(지나사변) 5주년 기념일에 일제 찬양 설교를 하라는 일경의 권고를 거부하고 "영적으로 예수 그리스도가 제일의 존경 대상이다"는 발언으로 1심에서는 징역 1년형을 선고받았으나, 대구복심법원에서 국어사용 문제는 무죄로 감형되어 징역 10월형을 받았다.

박관준 장로

박 목사는 1944년 2월 15일 차가운 대구형무소 그 추운 감옥에서 무릎을 꿇고 두 손 모아 기도하는 자세로 생을 마쳤다. 일제는 그를 죽이기 위해서 감방에 있는 마룻바닥의 한 칸을 비워 놓고, 또 다른 한 칸을 놔두면서 그 바닥에 물이 흐르게 해서 얼어 죽도록 유도했다. 당시 그의 시신을 인수했던 대구 동문교회 서남동(徐南同, 1918~1984, 전남 신안, 일본 동지사대학 신학과 졸업, 연세대 교수) 목사는 박연세 목사의 제자로서 스승의 시신을 목포까지 운반해서 일본 경찰의 감시를 피해 가족과 함께 몰래 목포공동묘지에서 장례를 치르고 안장했다.[29]

장로가 목사를 고발하고, 문 닫는 교회들

박연세 목사를 고발한 이는 같은 교회 김재현 장로와 송전승 집사였다. 비록 박 목사는 신사참배 반대로 처벌을 받은 것은 아니었지만, 같은 교회 장

---

[29] 한국교회이야기-박연세 목사(성경환 목사. 2021.1.28. 일자)
https://blog.naver.com/kalos1079/222223487685

로 등이 고발했다는 점에서 충격을 주고 있다.

전남 동부지역에서도 문을 닫는 교회들이 생겼다. 무엇보다 순천노회 수난사건으로 예배를 인도하던 목사와 조사 등 교역자들의 부재는 교회의 폐쇄로 이어지는 곳이 많았다. 곧이어 선교사들까지 본국으로 귀환하면서 사실상 예배 자체가 어려웠다. 당시 많은 교회들이 1945년 해방될 때까지 5년 정도 문을 닫았고, 해방 후에도 다시 문을 열지 못하고 사라진 교회들이 많았다. 율촌 구곡교회(현 성암교회)는 1940년 문을 닫았다가 8년 만에 교회를 복구하기도 하였고, 1927년과 1931년에 문을 열었던 광양 다압면 관동리교회 등은 완전히 문을 닫았다가 1958년에서야 다시 설립하기도 하였다. 하지만, 선교사들에 의해 개척한 순천 이미교회나 신평리교회, 보성 대치리교회 등은 결국 복구하지 못하고 역사 속으로 사라졌다.

이에 일제는 전국에 걸쳐 '조선기독교 불온분자 일제검거령'를 내려 대대적인 검거에 착수하였고, 재판에 회부해 광복 때까지 옥고를 치른 이가 많았다. 그 과정에서 이기풍, 양용근, 조용학, 주기철, 최봉석, 최상림 목사 등 50여 명의 순교자가 나왔다. 특히 여수 우학리교회에 시무 중이던 이기풍 목사와 구례읍교회 담임 양용근 목사의 신사참배 거부는 완강하였다. 75세의 이기풍 목사는 고령에도 불구하고 뜻을 꺾지 않아 여수경찰서에서 고문을 받다가 석방되었으나, 고문 후유증으로 1942년 6월 20일 우학리교회 사택에서 하나님의 부르심을 받았다.

양용근 목사는 손양원과 같은 해 평양신학교 입학 동기[30]인데, 신사참배는 물론이고 동방요배까지 반대해 1943년 38세의 나이로 광주형무소에서 순교하였다. 그가 고흥 길두교회 담임목사로 시무할 당시에는 1940년 송산교회 사경회에서 '예수 재림과 천년왕국설' 정도에 그쳤을 정도로 소극적이었다. 공개적인 설교에서는 신사참배 반대를 설파한 적은 없지만, 가정 심방을 통해서 일제의 패망을 예고하고 신사 불참배를 설파했다. 교회마다 일제 경

---

30 같은해 입학했으나, 손양원은 1938년 31회, 양용근은 1939년 32회로 1년 늦게 졸업했다.

찰의 정보원이 있어 예배시간에 공개적으로 신사참배 반대를 설교하는 것은 쉬운 일이 아니었다. 그는 법학과 출신으로 당시 순천에서 활동하고 있던 일본 본토 출신 대학동기인 '하시모토' 변호사의 도움으로 순천노회 수난 사건에서도 징역 1년 6개월형에 그쳤다.

그는 매산학교를 거쳐 일본대학 법학과를 졸업한 인재로 광양읍교회, 고흥길두교회, 구례읍교회 등에서 8년 정도 시무했다. 길두교회 시무 당시 인근 송산교회에서 열린 연합사경회를 통해 천년왕국설을 설교한 것이 불경죄로 경찰의 조사를 받게 되자, 노회의 권유로 조용히 구례읍교회 담임으로 옮겼다. 하지만, 진짜 이유는 그를 몰래 돕고 있던 일본 본토 출신 포두주재소장 '다까하시' 순사의 처지가 난감하게 되어 서둘렀고, 마침 구례읍교회를 시무하던 김상두 목사가 낙도 전도목사로 나가면서 옮길 수 있었다.

이름까지 바꿔 구례읍교회로 옮긴 양용근 목사는 신앙적으로 오래 버티기 어렵다는 것을 직감한 듯 우상숭배 반대를 강론하기 시작했다. 일제는 교회에도 천조대신의 위패인 '가미다나'를 걸어놓고 경배하라고 압박했다. 그들은 협박과 회유로 설득했으나, 그럴 수는 없었다. 그는 이제 순교를 각오하고 신사참배 반대를 설교했다. 스데반(Stephen)[31] 집사의 순교를 본받기를 기도했다. 돌에 맞아 죽어가면서도 하나님께 영광을 돌릴 숭고하고 확신에 찬 믿음을 부러워했다. 지금은 순교할 때이니 순교를 각오하고 신사참배를 반대해야 한다고, 토속 신앙의 잔재인 우상숭배와 기복신앙을 타파해야 한다고 외쳤다.[32]

1940년 11월 15일 양용근 목사는 교회 사택에서 검거되어 순천경찰서로 압송되었다. 그는 감옥에서도 동방요배를 거부하여 모진 고문을 당해 결국 옥사했다. 그는 교인들에게 신사참배는 목숨 걸고 반대할 것과 주일학생들에게 신사참배는 물론, 봉안전 참배와 동방요배, 황국신민서사 제창도 모두

---

31 기독교 최초의 순교자. 예루살렘 교회의 일곱 집사 중의 한 사람. 지혜와 열성 및 이적(異蹟) 때문에 유대인들의 미움을 받아 고소되었으나, 그들의 무지를 비난하며 충고하다가 돌매를 맞아 죽었다.
32 순교목사 양용근 평전 섬진강(진병도, 쿰란출판사, 2010) 554쪽

우상숭배에 해당된다고 가르쳤다. 감옥에서도 동료 재소자들과 일부 간수들을 전도했다. 결국 동방요배를 거부해 간수들의 폭행이 이어졌고, 갈비뼈가 부러지고 머리에 피가 흘러도 독방에 가두었다가 결국 1943년 12월 5일 광주형무소 차가운 독방 바닥에서 하나님의 부르심을 받았다.

양용근 목사는 손양원 목사보다 앞서 일제의 신사참배 요구에 맞서 싸우다가 순교한 순천노회 최초의 순교자였다. 양용근 목사의 순교 정신은 손양원 목사에게도 큰 영향을 미쳤다.

구례읍 신월리에서 신월교회를 세워 섬기던 심봉한 집사는 전라선을 타고 지리산 왕시루봉 수양관을 찾던 선교사를 안내해주면서 불교에서 개종하였다. 그의 집은 구례구역 건너편 신월리로 집안에서 멀어지면서도 교회를 섬겼고, 신사참배를 노골적으로 거부하자, 구례경찰서 순사들이 잡아들여 수시로 고문을 가했다. 결국 고문을 이기지 못하고 1943년 11월 26일 경찰서 차가운 바닥에서 절명하였다.

박재수 장로

여수제일교회 박재수 장로는 1945년 5월에 신사참배 거부 문제로 여수경찰서에 구금되었다가 8월 15일 해방과 함께 석방되었다. 순천제일교회도 순천노회 수난사건으로 목사, 장로 등 교역자 15명이 구속될 때 김영진·한태선·김종하·임영호 장로가 20일씩 구류를 살면서 조사를 받고 석방되었다. 순천중앙교회 김정기 장로는 4개월, 김동섭·정민기·최정완·오례택 장로는 14일, 김원식 장로는 10일씩 구류를 살다가 석방되었다.

그러나, 역사가 100년이 넘은 전남 동부지역 교회들의 역사에서는 신사참배 반대운동에 대한 언급조차 안한 곳이 많다. 일제에 순응해 교회 안에 '일본 귀신'을 걸었는지, 교회 종을 떼어 전쟁물자로 바쳤는지도 사실 확인이 안되고 있다.

신사참배 결의 후 장로교는 1939년 총회에서 국민정신총동원 조선예수교장로회연맹을 결성하고 전국에 수백 개의 애국반을 만들었다. 1939년에만 전승축하회 357회, 무운장구 기도회 3,793회, 시국강연회 605회, 61만여 엔의 국방헌금까지 총독부에 바친 충성스러운 조직이었다. 1941년 총회 보고에 의하면 한 해 동안 놋그릇 2,165점과 교회종 1,540개를 헌납했다. 그해 장로교 교회 총수가 2,543곳이었으므로 60% 이상의 교회가 일본의 전쟁 수행을 위해 종을 제공한 것이다.[33]

감리교도 마찬가지였다. 감리교는 1941년 국민총력조선기독교감리회연맹을 결성해 교회종 및 전투기 헌납운동 등을 펼쳤고, 서울 상동교회를 일본정신문화 교육장으로 바꿔 이용했다. 구세군, 성공회, 안식교, 성결교, 침례교 등 다른 교파도 정도의 차이는 있을지언정 신사참배는 물론이고 적극적인 부일협력으로 치욕스럽게 연명했다.

1939년 9월 순천노회도 '국민정신총동원 조선예수교장로회연맹 순천지맹'을 결성하고 일제의 국책수행에 적극 협력하기로 다짐했다. 1941년 1월 24일 장로회보에 순천노회지맹이 1939년 11월 30일 순천성경학교에서 21명의 회원들이 참석한 가운데 열렸음을 자세하게 소개해 주고 있다.

〈식순〉

사회 - 김형모 목사

국가봉창

궁성요배

성경낭독 - 김형제 목사

취지선언 - 박용희 목사

황군장병과 동양평화를 위한 기도

찬송 - 30장

황사의 가족에게 위문금을 보내기로 만장일치로 결의

---

33 한권으로 읽는 한국 기독교의 역사 (류대영, 한국기독교역사연구소, 2018) 255쪽

지맹 임원 :

이사장 - 박용희, 김순배

서기 - 나덕환, 김종하

회계 - 김형제, 오석주

이사 - 이기풍, 오석주, 박용희, 조상학, 김정복, 강병모, 김형제, 김상두, 김순배, 선재련, 김형모, 양용근, 나덕환, 안덕윤

평의원 - 신영욱, 이정구, 신성일, 선춘근, 남중방, 목영석, 오석주, 박귀조, 황석0, 이ㅇ호, 강윤석, 김동혁, 유천석, 최학연, 박준영, 김병준, 이병묵, 정민기

물론, 이 명단은 실제 참석자가 아닐 가능성이 높다. 이사 명단에 오른 이기풍 목사나 양용근 목사 등은 본인 의사와는 관계없이 명단에 올렸을 것으로 보인다. 하지만, 순천중앙교회에서는 박용희 목사를 제외하고는 대부분 불참했다. 평의원 중에 정민기 외에는 황두연, 최정완, 김동섭, 김정기 장로 등 원탁회 사건 연루자들은 참석자 명단에 없다.

이날 성명과 함께 장로회 지도요강을 발표한 일도 있었다. 당회장을 애국반장으로 개편을 하였다. 애국반장은 주일예배가 시작하기 전 신사참배, 궁성요배, 황국식민서사, 일본 국가(기미가요) 제창 등 국민의례를 하고 예배를 드리게 하였다. 여기에 보다 일본화하기 위해서는 교회의 헌법, 교리의식 등을 전반적으로 재검토하여 민족주의적 색채를 배제하고 천황제 중심적 기독교로 전환할 것을 개정하였다. 이것도 모자라 여성 지도자들은 근로정신대(위안부)를 모집하여 한국의 젊은 여성들을 일본 천황군의 성 노리개감으로 전락시켰다. 근로정신대로 동원되었던 여성들은 천황군 최전방인 남양군도, 미얀마 전선 등으로 끌려갔으며, 그 인원은 대략 약 8~20만 명으로 추정되고 있다.[34]

그동안 전남 동부지역 교회나 지도자들이 위안부 할머니들의 후원이나

---

34 광주·전남지방의 기독교 역사(김수진, 한국장로교출판사, 2013) 168쪽

행사 참여, 평화의 소녀상 건립지원 등에 나섰다는 소식을 들어본 적이 없다. 물론 한국교회일천만기도운동본부 등 관련단체에서 일본대사관 앞 수요집회 및 후원 등에는 참여하고 있지만, 지역에서 믿음의 조상들이 벌인 과오를 회개하는 의미에서라도 참여나 후원을 외면해서는 안될 것이다. 2대, 3대에 걸친 복음 가문만 자랑할 것이 아니라, 지난 과오에 대한 참회를 실천할 수 있어야 한다.

일제강점기 수난사건, 불경죄 선고 형량

이름	황두연	나덕환	오석주	김정복
창씨개명	황원두연	송포광국	오산석주	금신정복
구속일	1940.9.20 구속 후 석방 1942.7.31 재구속	1941.11.5 구속	1941.11.5 구속	불구속 재판
적용죄명	육해군형법 위반	보안법 위반	육해군형법, 안법 위반	불경죄
대상장소	순천중앙교회 기독청년면려회	승주교회	녹동교회, 관리중앙교회	고흥읍교회
혐의내용	원탁회사건 주도, 신사참배 반대 교육, 하나님 앞에 추도식을 행하는 기분으로 참배할 것 권유	이명동일신설 주장, 천황도 그리스도 지배에 복종 주장	신사참배는 우상숭배 주장	신사참배는 우상숭배 주장
선고일	1942.9.30	1942.9.30	1942.9.30	1942.9.30
선고형량	징역1년	징역1년(총2년형)	징역10월 (총2년4월)	징역10월
석방일자	1943.8.20	1943.11.4	1945.1.30	1943.9.30

순천노회 수난사건 혐의 및 선고 형량

이름	나덕환	오석주	김정복	박용희	선재련
창씨개명	송포광국	오산석주	금신정복	산본용의	선의재련
구속일	1941.11.5 구속	1941.11.5 구속	불구속 재판	1941.11.5	1941.11.5
적용죄명	치안유지법, 형법 등위반	치안유지법, 형법 등위반	치안유지법, 형법 등위반	치안유지법, 형법 등위반	치안유지법, 형법 등위반
대상장소	승주교회	녹동교회, 관리중앙교회	고흥읍교회	순천중앙교회	광양읍교회
혐의내용	이명동일신설 주장, 천황도 그리스도 지배에 복종 주장	예수재림 천년왕국 건설 전파	신사참배는 우상숭배 주장	이명동일신설 주장, 예수재림 천년왕국 전파	예수재림 천년왕국 전파
선고일	1942.9.30	1942.9.30	1942.9.30	1942.9.30	1942.9.30
선고형량	징역1년(총2년형)	징역10월 (총2년4월)	징역10월	징역3년	징역1년6월
석방일자	1943.11.4	1945.1.30	1943.9.30	1944.11.5	1943.5.5

이름	김상두	선춘근	박창규	김형재	양용근
창씨개명	금강상두	산본무근	신본창규		양천정일
구속일	1941.11.5	불구속 재판	1941.11.5	1941.11.5	1940.9.15 체포 11.15 병보석 석방
적용죄명	치안유지법, 형법 등위반	치안유지법, 형법 등위반	치안유지법, 형법 등위반	치안유지법, 형법 등위반	치안유지법, 형법 등위반
대상장소	대전교회, 구례읍교회, 신월교회, 신금리교회	축두리교회	조성리교회	두고리교회, 마륜리교회, 이미리교회, 월곡리교회	길두리교회, 송산리교회, 고흥연합사경회
혐의내용	예수재림 천년왕국 전파	예수재림 천년왕국 전파	예수재림 천년왕국 전파	예수재림 천년왕국 전파	예수재림 천년왕국 전파
선고일	1942.9.30	1942.9.30	1942.9.30	1942.9.30	1942.9.30
선고형량	징역1년6월	징역1년6월	징역1년6월	징역1년6월	징역1년6월
석방일자	1943.5.5	1943.9.30	1943.5.5	1943.5.5	1943.12.5 순교

이름	김형모	김순배	임원석	강병담	안덕윤
창씨개명	금촌형모	송강정신		동곡수정	안본덕윤
구속일	1941.11.5	1941.11.5	1941.11.5	1941.11.5	1941.11.5
적용죄명	치안유지법, 형법 등위반	치안유지법, 형법 등위반	치안유지법, 형법 등위반	치안유지법, 형법 등위반	치안유지법, 형법 등위반
대상장소	벌교읍교회	여수읍교회	명천교회	상삼리교회	광동중앙교회
혐의내용	예수재림 천년왕국 전파	예수재림 천년왕국 전파	예수재림 천년왕국 전파	예수재림 천년왕국 전파	예수재림 천년왕국 전파
선고일	1942.9.30	1942.9.30	1942.9.30	1942.9.30	1942.9.30
선고형량	징역1년	징역1년	징역1년	징역1년	징역1년
석방일자	1942.11.5	1942.11.5	1942.11.5	1942.11.5	1942.11.5

CHAPTER · 6

원탁회 사건과 독립운동

　원탁회 사건의 본질은 신사참배 거부운동을 조직적으로 펼치기 위한 청년운동의 일환이었다는 점이다. 1938년 장로회 총회가 신사참배 결의로 배교의 길로 갔지만, 교회 안에서 비밀리에 신사참배의 교리적 문제점을 알리고 독립운동 자금 모금까지 본격적인 독립운동을 나아가기 위한 차원의 조직을 1년 넘도록 운영했다는 점에서 이 사건을 새롭게 조명해야 한다.

　1939년 4월부터 순천읍교회는 황두연[35]장로의 주도로 청년들의 성경모임을 시작했다. 원탁에 둘러앉아 성경을 공부한다는 뜻에서 '원탁회(圓卓會)'라고 불렀는데, 간디의 무저항 운동 가운데 하나였던 '원탁회의'에서 이름을 딴 비밀조직이었다. 황 장로는 청년들에게 신사참배 반대 교육을 설파했다. 그는 1978년 펴낸 자서전에서 원탁회 조직 경위에 대해 이렇게 밝혔다.

> 나는 대한예수교장로회(분열전) 순천노회 청년면려회연합회장 및 순천 중앙교회 청년면려회 회장직을 다년간 담당해 오던 터라 이 조직을 타고 각 교회에 신사참배 반대 의식을 부각시킬 심산이었다. 그 첫 단계로 나는 모 교회인 순천읍교회 청소년(매산중) 강창원(나중에 의사·순천동부교회 장로), 장금석(보성읍교회 장로) 등 100

35　남장로교 선교사들이 세운 알렉산더병원(안력산병원)의 서무과장을 지냈고, 순천에서 제헌국회의원을 거쳐 장로회신학대학을 나와 서울 광진구에 동성교회를 세웠다.

명을 규합하여 성경 연구를 한다는 구실을 내세우고 실제로는 신사참배 반대를 위한 원탁회를 조직했던 것이다. 원탁회는 주님의 고난에 동참하는 의미에서 주님이 십자가에 달린 금요일을 택해 회원들의 집을 순회하며 회집했다. 그리고 신사참배는 분명히 국민의례가 아닌 바알 우상 곧 천조대신(天照大神)을 섬기는 큰 죄악이니 철저히 반대 배격해야 한다고 강조했다.[36]

황두연 장로

그는 여수 우학리 출신으로 전주신흥학교 고등과를 졸업했고, 순천읍교회 기독청년면려회 회장이자, 순천기독교청년회 종교부장이었다. 그는 청년들에게 "일제의 천황이 여호와의 명에 따라 우리나라를 통치하고 있으나, 우리를 통치할 수 있는 통치자는 여호와 신밖에 없다"라며 신사참배 찬성론자인 순천중앙교회 박용희 담임목사의 이명동일신론을 정면으로 부정하는 내용을 가르쳤다.

교회 내에서 장로가 담임목사의 가르침을 거부한다는 것은 당시 대단히 용기 있는 일이었고, 쉽지 않은 결단이었다. 교회의 권위에 대한 도전이었지만, 조국의 안위를 생각하는, 양심 있는 아름다운 도전이었다.

이 원탁회는 매월 가진 모임에 매산학교 재학생 강창원, 장금석, 한춘동, 이성령, 김옥신 등 10여 명의 청년면려회 회원들이 참석하였고, 이들은 모임을 통해 반일 정신의 고취와 신사(神社) 불참배 운동을 비롯해 기미가요 안 부르기, 독립자금 모금 등을 모의하고 실천해 나갔다. 황 장로는 늘 일제 고등계 형사들의 감시대상이었는데, 이 모임을 주시하던 순천경찰서 고등계 형사들이 황 장로와 원탁회 회장 강창원의 집을 갑자기 수색하였다. 마침내 강창원의 일기장에서 '원탁회'에 대한 상세한 기록이 발견되면서 이 비밀 모임이 드러났다.

---

36 자기 십자가 지고 따르라(황두연. 소망사. 1978) 52쪽

강창원의 일기장이 발각되면서 순천읍교회가 발칵 뒤집혔다. 일경은 1940년 9월 20일 이 일기장을 빌미로 황두연 장로를 구속하고 김정기·김동섭·정민기(알렉산더병원 의사)·최정완(알렉산더병원 의사, 고산병원 원장)·오례택·김원식 장로 등이 경찰에 끌려가 취조를 받았다. 주동자인 황 장로는 고등계 형사실에서 고문을 당하며 버티었고, 결국 재판을 받고 1년형을 받아 광주형무소로 이감되어 1944년 8월에 출소하였다.

김정기 장로

김정기(1893~1978, 순천제일교회 2대 담임목사, 순천공고에 역전부근 땅 1만평 기증함)[37] 장로는 순천경찰서에서 4개월 동안 구금되어 고문과 함께 조사를 받았고, 다른 장로들도 10일~14일간 구금되어 조사를 받았다.

황두연 장로는 순천경찰서 감방에서 훗날 손동인·동신 형제의 죽음과 관계가 있는 안재선의 아버지도 만났다. 그는 당시 읍시장(현 중앙시장)에서 마포(삼으로 만든 직물)장수를 하다가 국방헌금을 내지 않아 구금되었던 것이다. 이때도 그는 손양원 목사에 관심을 가지고 약한 체질이라며 수형생활을 걱정했다고 증언한 바 있다. 안재선의 아버지는 애양원과 가까운 신성포에서 살고 있어 손 목사의 인품은 주변 사람들에게도 널리 알려져 있었다.

강창원은 미성년자라서 구속할 수 없어 약 6개월간 경찰서 고등계에 출두하여 지루한 조사를 받았다. 경찰의 배후 인물을 캐기 위한 목적으로 갖은 고문도 동원되었다. 당시 고등계 주임은 일본인 지무라(紙村), 형사부장 김도식(金道植) 형사, 박일홍(朴一洪) 순사, 허덕진(許德振) 등이었다.[38]

하지만, 황두연 장로만 구속되고 다른 이들은 모두 무사히 풀려났다. 황 장로가 조사받을 때도 박용희 목사처럼 이명동일신론을 인정하라고 요구했

---

37 평양신학교 졸업, 신간회 순천지회 상무간사, 순천YMCA 창립회장, 해방 후 순천군수, 천보제지 사장, 덕월교회(천보교회) 설립, 2대 국회의원, 장신대신학원 석사과정 졸업
38 일제의 탄압과 한국교회의 저항-순천노회 수난사건을 중심으로(김수진, 주명진. 쿰란출판사. 1996) 43쪽

지만, 그는 끝까지 거부했다.

당시 박용희 목사는 신사참배 찬성으로 교인들에게 신임을 잃어 상당히 궁지에 몰렸을 것으로 보인다. 1940년 9월 담임목사를 사임한 것으로 볼 때 더 이상 교인들의 눈살에 견디기 힘들었을 것이다. 애양원교회 김응규 목사는 노회에서 신사참배 찬성 발언을 했다가 교인들에게 쫓겨날 정도로 분위기가 좋지 않았다.

강창원(1921~2013)은 1922년 매산학교(고보13회)를 졸업한 후 남내동과 광양읍에서 산부인과의원을 개업했다가 80년대에는 서울 강남으로 옮겨 개업했다. 당시 전국에서 의학전문학교는 많지 않았고, 의사고시에 합격해도 개업을 할 수 있었다. 그는 1953년 광양읍교회에서 장로 임직을 받았고, 말년에는 병원을 관두고 신학대를 나와 목사가 되었다. 2013년 서울에서 소천한 후, 유족들이 모교인 매산고등학교에 장학금 1억 원을 전달하기도 하였다.

생전에 강창원 목사는 "당시 원탁회는 면려회원들을 중심으로 자발적으로 생겨난 모임이었으나, 일제는 이 사건을 지역의 목회자들을 탄압하는 계기로 악용하기 위해 노회 회원들을 대상으로 수사를 확대했던 것 같다"라고 회고한 적이 있다.[39]

장금석 장로

장금석(1921~2006) 장로는 보성읍 출신으로 일찍 부모를 잃고 보성읍교회를 섬겼다. 교회를 열심히 섬기는 그를 보듬은 사람은 보성읍교회 담임 황보익 목사였다. 황 목사는 어린 장금석을 순천에 사는 동생 황두연 장로에게 보내 매산학교를 다닐 수 있도록 뒷바라지를 했다. 그래서 함께 원탁회 회원으로 참여했던 것이다. 일제 말기 황보익 목사가 일제의 신사참배 강요를 피해 일본으로 도피성 유학을 떠날 때도 데리고 가서 야간고등학교를 다니도록 했다.

---

39 한국기독공보 2003년 7월 26일자(순천 '원탁회의'사건,'일기'의 주인공 강창원 목사의 회고)

해방 후 귀국한 황 목사는 보성읍교회 담임목사로 복귀해 하나님의 부르심을 받을 때까지 섬겼고, 1960년 장로 안수를 받은 장금석 장로는 황 목사를 친아버지처럼 섬겼다. 특히 보성읍에서 문방구 등 상업에 종사하면서 평생 십일조를 빼먹지 않고 바치며 보성읍교회를 정성으로 섬겼다. 지금도 남아 있는 교회 석조건물 건축 등을 비롯하여 교회 일을 최우선으로 여기며 헌신하였다. 2017년 발행한 보성읍교회 100년사에 실린 흑백사진의 상당 부분도 장금석 장로가 평생 소중하게 수집했던 것이라고 한다. 그 덕분에 3남 2녀의 자녀들 모두 장로와 권사로 보성읍교회 등 각자의 거주지에서 출석교회를 섬기며 하나님의 넉넉한 축복을 받고 있다.

CHAPTER · 7

순천노회 수난 사건과 우상숭배

　신사참배는 무조건 우상숭배이다. 일제의 압박에 교회를 지키기 위해 어쩔 수 없었다는 논리로 주장하는 것은 하나님에 대한 더 큰 죄악이다. 차라리 천조대신의 위패를 걸어 놓은 교회를 버리고 가정예배로 돌아갔어야 했다.
　이렇게 변명하는 자들은 교묘하게 자식에게 교회 세습을 해놓고도 교단법을 어기지 않았다고 주장하는 철면피 세습 목사들이나 마찬가지이다. 순교로 거부한 순교자들은 교회를 지키지 않은 배반자(?)란 말인가. 차라리 자복하고 참회하며 하나님께 용서를 구하는 것이 가장 옳은 길이다.
　원탁회 사건의 폭풍이 지나갔지만, 일제는 어떤 빌미를 만들어서라도 신사참배를 반대하는 교회 지도자들을 감옥에 보내 교회와 교인들을 일제에 순응하는 황국신민으로 개조시키려고 하였다.

신사참배 거부운동과 무관한 순천노회 수난사건
　프레스톤 선교사의 귀국길 배웅으로 시작된 '순천노회 수난 사건' 재판에서 박용희 목사가 가장 무거운 처벌을 받은 이유는 무엇일까. 일제의 정책에 가장 협력했던 그가 15명 중 가장 무거운 3년형을 선고받은 것은 원탁회 사건을 방치(?)한 책임을 물은 것으로 보인다. 모두 순천중앙교회 교인들이었기 때문이다. 또한 나머지 14명도 죄질에 비해 무거운 처벌을 받았다. 그 이유는 일제가 막바지 무거운 처벌로 교인들과 지도자들을 단절시켜 놓으려는 의도가 있었다고 볼 수 있다.

프레스톤 선교사

크레인 선교사

원탁회 사건 이후 경찰들의 감시는 더 심해졌다. 1940년 11월 일제의 탄압이 극에 달하면서 미국 선교본부는 선교사들의 철수를 결정했다. 1941년 윌슨과 크레인이 떠나고, 1942년 6월에 마지막까지 남아 있던 광주선교부의 탤미지(Talmage. John V. Neste, 타마자, 1884~1964. 광주선교부 사역. 숭일학교 교장)부부, 루트(Root. F. Elizabeth, 유화례, 1893~1995. 수피아여학교·목포성경학교 교장)와 닷슨(Dodson. mary Lucy, 도마리아, 1881~1972. 이일성경학교 교장. 매산여학교 교사. 광주선교부 사역)까지 떠남으로써 일제는 선교사들의 재산을 강제로 흡수하였다.[40] 탤미지는 선교부 재산관리인으로 남았다가 간첩 혐의로 체포되어 구금되었고, 이어 4개월 만에 석방되었다. 루트도 남았다가 탤미지 부부와 함께 1942년 6월 1일 강제 추방되었다.

앞서 1937년 순천선교부는 매산학교 문을 닫은 데 이어 끝까지 버티려고 했던 알렉산더병원도 닫을 수밖에 없었다. 병원에까지 천조대신의 위패인 '가미다나'를 걸어놓고 경배하라고 압박했다. 순천 선교부의 개척과 알렉산더병원 건립, 매산학교 건립 등 재정확보에 큰 업적을 이룬 프레스톤(변요한) 선교사도 결국 본국의 소환에 따를 수밖에 없었다.

로저스 원장은 병원 의료장비는 한국인 의사에게 넘기고, 건물은 순천노회에 관리를 부탁했다. 그는 1940년 11월 순천을 떠났다. 프레스톤 선교사

40　애양원과 사랑의 성자-손양원(차종순, KIATS, 2008) 131쪽

는 1940년 10월 14일 순천읍교회에서 귀국 환송예배를 드리고 순천역으로 나갔다. 이날 환송예배에 참석한 노회 15명의 목사와 조사(장로)도 순천역으로 배웅을 나왔다.

전남을 진짜 사랑했던 프레스톤 선교사

이날 마지막 순천을 떠난 65세의 프레스톤 선교사는 본국으로 철수한 후 다시는 순천 땅을 밟지 못했고, 1975년 6월 향년 100세로 장수의 복을 누리다가 하나님의 부르심을 받았다. 그는 은퇴하기 전까지 미국에서도 순회 강연을 다니며 신사참배 강요와 전쟁으로 어려움을 겪고 있는 한국교회에 대한 도움을 호소했다.[41] 그래서 하나님이 장수의 복을 주신 것이다.

프레스톤은 한국에서 1903년부터 1940년까지 목포(1903~1909), 광주(1909~1911), 순천(1912~1940) 선교부에서 37년간 사역을 하였다. 특히 유진벨의 부인이 사망하고, 오웬 부부가 건강 악화로 일시 귀국하는 등 선교 인력의 부족으로 목포선교부가 폐쇄될 위기에서 부임해 목포선교부를 살리고 활성화시켰다. 광주에서는 신임 선교사를 모집하고 자금을 확보하는 등 기틀을 마련하여 순천선교부를 설치하는데 절대적인 공헌자였다.

순천에 와서는 코잇 등 6명의 새로운 선교사와 함께, 매산남녀학교, 알렉산더병원, 기숙사 등을 빠르게 세워 순천선교부를 출범시켰고, 순천·여수·곡성지역을 맡아 많은 교회를 개척하고 안정화시키는 역할과 함께 많은 한국인 목회자를 길러냈다. 호남의 선교역사에서 선교지도자로서 프레스톤의 헌신과 리더쉽은 결코 잊어서는 안될 것이다. 자녀들도 차남과 장녀, 차녀 모두 남장로교 선교사로 내한하여 대를 이어 선교사역을 마쳤거나 활동하고 있다.

경찰은 이날 순천역까지 배웅을 나온 12명의 목사와 3명의 장로(조사)들을 미국 첩보원이라며 체포하여 구금했다가 풀어주었다. 그러나 다시 체포

---

41 내한선교사사전(한국기독교육사연구소, 2022) 1236쪽

해서 재판에 넘겼다. 이들의 죄목은 '간첩죄'가 아닌 '불경죄'로 천황을 욕보였다는 것이었다. 이 사건이 '순천노회 수난 사건'이다.

판결문에 보면 목사 및 장로들이 "예수 재림과 말세학에 근거한 세계관", "천년왕국" 등을 설파하여 국체관념, 즉 일본천황이 통치하는 국가체제를 교란시키고 선동했다는 것이 처벌 목적이라고 주장하고 있다. 이어 천조대신을 비롯하여 800만신 역대천황은 여호와로부터 통치권을 부여받은 존재라고 했다.

신사참배에 거부했다는 내용은 한 줄도 적시되지 않았다. 그러므로 순천노회 수난 사건은 신사참배 거부 운동과는 무관한 사건임을 알 수 있다. 그런데도 박용희 목사는 1977년 건국포장에 이어 1990년 건국훈장 애국장이 추서되었다. 신사참배 찬성론자가 독립유공자로 둔갑한 셈이다.

그의 공훈록을 보면 다음과 같다.

"1929년부터 1939년까지 서울 승동교회 · 목포 중앙교회 · 순천 중앙교회의 교역자로 봉직하면서 일본의 천조대신 부인, 궁성요배 반대, 신사참배 반대 등의 운동을 전개하다가 1940년 10월에 일제 경찰에 붙잡혀 잔혹한 고문을 당하였으며, 1942년 9월 30일 광주지방법원에서 소위 치안유지법 위반으로 징역 3년형을 선고받고 옥고를 치렀다."

이 얼마나 뻔뻔한 공적인가. 광주지방법원 판결문을 한 번이라도 읽어 보았다면, 이렇게 왜곡된 공훈록 공적을 남기지는 않았을 것이다. 보훈처는 건국훈장 추서를 취소해야 마땅하다. 그는 명백한 이단이자, 친일파였고, 한국교회를 우상숭배의 늪에 빠뜨린 원흉이었다.

이 사건으로 1942년 9월 광주지방법원에서 박용희(박용의. 순천읍교회) 목사가 징역 3년을, 선재련(광양읍교회) · 김상두(나로도 신금리교회) · 오석주(도양 관리중앙교회) · 김형재(순천 별량 두고리교회) · 양용근(구례읍교회) 목사와 선춘근(고흥 도화당

오리교회)·박창규(보성 조성월평교회) 조사가 각각 징역 1년 6월을, 김형모(벌교읍교회)·나덕환(승주교회)·김정복(고흥읍교회)·김순배(여수읍교회)·강병담(순천 상삼리교회)·안덕윤(광양 광동중앙교회) 목사와 임원석(고흥 금산명천교회) 조사가 각각 징역 1년을 선고받아 옥고를 치렀다.

  이 중 독립유공자로 추서된 인물은 박용희, 오석주, 나덕환, 김순배, 박창규 등이다. 오석주, 김순배 등을 제외하고는 신사참배 찬성 또는 지지자, 순응한 회색분자들이었다. 나덕환은 영광에서 3·1운동에 참여한 공적이 있다지만, 공훈록에는 신사참배 거부로 형을 살았다고 기록하고 있는데, 이는 역사 왜곡이다.

CHAPTER · 8

하나님의 징계와 장로교의 분열

하나님의 무서운 징계와 배교자들의 비참한 말로

연희전문학교
3대 교장 원한경

하나님은 한국교회의 우상숭배에 대해 이렇게 징계하셨다. 미국 선교사 중에는 신사참배 찬성파가 있었다. 연희전문학교장 언더우드(Horace. H. Underwood, 원한경, 1890~1951, 연희전문 교수·3대 교장, 미군정청 고문)였다. 그는 "과거 장로회 총회에서 신사참배 반대를 고집함으로써 유서 깊은 여러 학교(남·북장로회가 경영하는 여러 학교)가 폐쇄되기에 이르렀다. 그러나 신사참배는 그다지 문제가 될 것이 아니다. 오늘 총회에서 신사참배가 결의된 것은 당연하다"고 발언할 정도였다.

이어서 자신의 선친 때부터 재미 친척 재벌과 함께 연희전문학교의 설립자로서 조선 내 선교사 중 가장 유력한 자임을 과시하면서 북장로교의 미순회(美殉會, 미국선교부)가 주장한 신사참배 반대 태도에 대하여 부당함을 역설하고 북장로교에서의 탈퇴도 불사하겠다는 신념을 토로함으로써 충격을 주었다.[42] 언더우드는 이렇게 하나님을 배반함으로써 무거운 철퇴를 맞았다. 일

---

42 순교목사 양용근 평전 섬진강(진병도, 쿰란출판사, 2010) 329~330쪽

본 헌병은 오히려 협조적인 그를 체포해 10일간 외국인수용소에 가둬 버렸고, 그의 부인 에델은 1947년 3월 17일 연희동 자택에서 좌익계열 학생들에게 저격당해 사망했다. 또한 그 자신은 부인의 저격으로 큰 충격을 받아 건강이 악화되었고, 오랫동안 심장질환으로 고생하다가 결국 치명적인 심장마비로 1951년 2월 20일 61세에 부산에서 급서했다. 그 후손들에게는 해가 없었지만, 자신과 부인에게는 이렇게 우상숭배의 죄과가 하나님의 섭리로 나타난 것이다. 그는 하나님의 계명에 정식으로 도전했다.

장로교에서 하나님과 민족을 배반했던 목사들에게는 과연 어떤 징계를 내리셨을까. 1938년 9월 10일 신사참배 결의를 주도한 총회장 홍택기 목사는 6·25 전쟁 당시 살해되었고, 당시 서기를 맡아 사전에 준비한 신사참배 결의안을 발표했던 곽진근 목사는 총회가 끝나고 병에 걸려 시름시름 앓다가 3개월 만에 46세의 나이로 급서했다. 하나님의 징계는 그의 자녀들까지 미쳤다. 3남 중 장남은 원인 모를 병을 얻어 20대에 죽었고, 차남은 학도병으로 참전했다가 전사했다.

광주금정교회(현 광주제일교회) 이경필 목사는 충남 금산출신으로 형 이원필 목사와 함께 목포양동교회 초기 설립교인이었다. 평양신학교를 졸업하고 1915년에 전라노회에서 목사안수를 받았다. 그러나 그도 신사참배를 피할 수 없었다. 1938년 9월 장로회 총회가 신사참배 결의안을 통과시키자, 순응하며 신사참배를 받아들였다.

당시 노회장 박연세 목사는 전남노회의 신사참배 결의를 후회하며 교회를 지키다가 불경죄로 체포되어 차가운 대구형무소에서 순교하였지만, 부노회장이던 이경필 목사와 양림교회 담임 김창국 목사도 총독부의 요구에 순응하며 배교했다. 그후 이경필 목사는 금정교회를 사임하고 육아원을 세워 고아들을 돌보다 목포에서 여생을 보냈지만, 하나님의 징계는 피할 수 없었다. 1953년 9월 자택 화장실에서 마당으로 나오다가 넘어져 낙상을 입었고, 다시는 혼수상태에서 일어나지 못하고 사망했다.

김창국 목사도 양림교회 사임 후 광주 동명교회 당회장으로 있다가 은퇴

김창국 목사 　　　나덕환 목사

나순금 사망-동아일보 1993.7.12일자

했다. 그에게도 하나님의 징계가 뒤따랐다. 6·25 전쟁 때 피난을 가지 못하고 집에 있다가 8월 11일 밤에 갑자기 뇌졸중으로 쓰러져 사망했다.

순천제일교회 나덕환 목사도 박용희 목사의 '이명동일신론설'을 받아들이면서 배교의 길로 들어섰다. 그 후 하나님의 징계는 자녀들에게로 내린 것 처럼 이해할 수 없는 사고가 이어졌다. 장녀 나순금 권사가 백주대낮에 골프를 치다가 번개에 맞아 1993년 58세로 사망했고,[43] 3남인 나기산 국방대 교수가 2002년 57세라는 이른 나이에 지병으로 갑자기 사망했다. 그는 육사를 나와 한국정책학회장을 지냈고 침례교인 산마루교회 장로를 지냈다.

박용희 목사는 77세의 일기로 사망했으나, 자녀들에 대한 연고를 찾을 수 없어 징계 여부는 확인할 수지만, 분명히 어떤 방법으로든 하나님의 징계가 미쳤을 것이다. 1938년 4월 구례읍교회에서 열린 순천노회에서 노회장으로 신사참배 결의안을 주도적으로 통과시킨 김상두 목사도 6·25전쟁 중 서울

43　동아일보 1993년 7월 12일자 31면 기사-골프치다 벼락맞은 前 장관부인 숨져
　　- 지난 10일 오후 춘천골프장에서 골프를 치다 벼락을 맞아 중화상을 입었던 李大淳 전 체신부장관의 부인 羅승금(58, 서울 영등포구 여의도동 한성아파트)가 응급치료를 받고 이날밤 서울대병원으로 옮기던중 숨졌다.

에서 교사로 있던 장남이 납북되어 실종되었다. 이도 하나님의 징계가 아닐까.

1938년 12월 12일에는 한국 교계를 대표하는 각 교단의 지도자들이 일본에까지 건너가서 여러 곳의 신사를 참배하고 왔다. 한국 기독교를 대표하는 장로교 총회장 홍태기와 부총회장 김길창, 전임 감리교 통리사 양주삼과 현직 감리교 통리사 김종우, 성결교 이사장 이명직 등은 열흘의 일정으로 신사참배의 총본산인 이세신궁과 야스쿠니신사, 메이지신궁 등 주요 신사를 방문하고 참배했다.

이날 참배대표단 일원 중 초대 감리교 통리사을 지낸 양주삼 목사는 그후 적극적인 친일행위를 저질렀고, 해방 후 반민특위에 구속되기도 하였다. 이승만정부에서 초대 대한적십자사 총재를 지냈으나, 6·25 전쟁 때 납북되어 소식이 끊겼다.

2대 감리교 통리사 김종우 목사는 일본에서 돌아온 후 '패혈증'에 걸려 고생하다가 1939년 사망했다. 원래 부흥사 출신의 존경받는 영성운동가였고, 2대 감리교 통리사로 선출될 때도 창문을 넘어온 비둘기가 그에게 내려옴으로써 성령의 계시로 인정받아 당선되었다는 말이 있을 정도였다. 많은 사람의 기대 가운데 감리교의 지도자가 된 그가 일본의 신사들을 참배하고 온 뒤 세상을 떠나자, 그의 죽음을 두고 "목사가 일본 귀신에게 절했으니 하나님 벌을 받은 거야." 하는 사람도 있었고 "일찍 돌아가신 것이 그나마 다행이지. 일제 말기 험한 꼴 당하지 않도록 하나님께서 데려가신 게야." 하는 사람도 있었다고 한다.[44]

기독교 친일의 상징이 된 정춘수는 죽어서도 하나님의 징계를 받았다. 감리교에서 민족대표 33인 중 한 명이었던 정춘수는 적극적인 친일파로 변절했다가, 해방 후 감리교단에서 목사직이 파면되고 출교당했다. 그후 가톨릭

---

44 한국 감리교회 역사에 나타난 영적 권위와 지도력 문제2-이덕주 교수 '진정한 감리교 운동연구' 심포지엄 발제문(뉴스엔조이, 2009.3.3.일자 기사)
https://www.newsnjoy.or.kr/news/articleView.html?idxno=27103

으로 개종해 영세까지 받았으나, 6·25 때 청주 오송 친척집으로 피난을 갔다가 그곳에서 지병으로 급서했다.

신사참배 반대자 처벌 요청에 밀정까지 나타나

신사참배 결의안을 통과시킨 평양 총회가 열린 지 3개월 후 총회장 명의로 전 교회에 신사참배를 반대하는 무리는 처벌해야 한다는 공고가 하달되었다. 이 공고에 따라 신사참배 반대 목회자의 청빙을 반대하기도 했고, 신사참배를 거부하는 손양원 목사의 경우에는 목사안수 집도를 거부하는 일도 있었다. 이에 따라 각 노회는 신사참배 반대 목사들과 교인들을 제명하거나 노회원 자격을 박탈하였다.

평양노회는 신사참배 거부로 투옥된 주기철 목사에게 산정현교회 목사직 사표를 강요했고, 사표를 내지 않자 임시노회를 소집해 강제로 면직시켰다. 이어 가족을 사택에서 끌어내고 사택 문에 못을 박아 봉쇄했다. 만주 봉천노회는 신사참배 반대 이유서를 대량 인쇄해 반포하는 등 만주지방 신사 불참배운동을 지원한 헌트(B.F.Hunt, 한부선, 1903~1992, 북장로회 선교사, 봉천노회 소속, 만주 신사참배 반대운동 주도, 1942년 체포되어 강제송환, 고려신학교 교수역임) 선교사를 제명하였고, 신사참배를 거부한 주남선(朱南善, 1888~1951, 일명 주남고(朱南皐), 경남 거창, 독립운동가, 경남지역 신사 불참배운동 주도, 고려신학교 창립, 건국훈장 애국장) 거창읍교회 담임목사는 경남노회로부터 목사직 해임을 통보받았다. 또한 궁성요배를 피하기 위해 예배시간에 일부러 늦게 나간 장로를 목사가 고발하기도 하였고, 북만주로 도망친 목사를 그 지역 다른 교회 목사가 일본 경찰에 고발하는 일도 있었다.

1948년 대한민국정부가 수립되면서 9월 22일 친일파 처단을 위한 '반민족행위처벌법'이 제정되었고, 실행기관인 '반민족행위특별조사위원회(반민특위)'가 조직되었다. 이때 반민특위에 검거된 교회지도자들은 양주삼, 오긍선, 정춘수 목사 등 25명이었다.

이중에 독립운동가나 신사참배 반대자를 밀고한 밀정이 여럿 있었다. 독립운동가를 밀고한 밀정으로는 안식일교에서만 강진하 목사와 고희경 목사, 김은준 목사, 이여식 목사 등이 있었고, 신사참배 반대자를 밀고한 밀정으로는 항서교회 김길창(부산경성대 설립자) 목사를 비롯해 진주교회 김영환(金英煥, 1900~1985, 창원·고성에서 목회, 농촌운동가, 기독교상이용사회 설립) 목사, 서울안동교회 오현주(1890~1989)[45] 집사 등이 있었다.

일제 말기로 접어들면서 독립 가능성이 없는 것으로 여기고 자발적으로 밀정노릇을 하는 목사까지 생겨났다. 하지만 그 피해자는 조국의 독립을 희망하는 독립운동가와 십계명을 지키려던 순종의 교인들이었다.

2009년 민족문제연구소가 발간한 『친일인명사전』에 수록된 친일행위 목사로는 장로교에서 김길창, 김종대, 유호준, 전필순, 정인과 등이 있고, 감리교에서는 갈홍기, 김수철, 박희도, 신봉조, 양주삼, 오긍선, 이동욱, 정춘수, 한석원 등이 있다. 김종대(金鍾大, 1909~1989, 기장측에서 활동하다 예장으로 복귀, 57회 총회장)는 전북 무주 출신으로 보이어 선교사가 전도했는데, 남원읍교회 담임, 서울장로회신학교 이사장까지 지냈다.[46]

해방과 식민지 청산 그리고 미군정과 갈등

1945년 8월 15일 드디어 광복의 기쁨을 맞았다. 신사참배 거부로 투옥된 손양원 목사 등 수형자들도 일제히 석방되었다. 남장로교 선교사들도 다시 입국하기 시작했다. 1946년 1월 미군비행기를 타고 윌슨이 가장 먼저 들어왔고, 이어 애양원 환자들이 걱정되었던 엉거(원가리)를 비롯해 비거(백미다, 매산여학교 교장), 보이어(보이열), 보이어 부인(매산고 교사), 밀러(민유수, 순천성경학교 교장), 크레인(구례인), 크레인 부인(구자례, 매산학교 음악교사), 크레인(구바울, 크레인 아들), 몽고메리(구바울 부인, 애양원 간호사) 등도 속속 귀국했다.

하지만 일제에 빌붙어 교단 권력을 장악했던 친일파 목사들은 전혀 참회

---

45 친일파 오긍선의 동생, 3·1운동 직후 변절하여 밀정으로 활동, 반민특위 체포 후 석방, 안동교회 권사, 1989년 병사.
46 한국기독교 흑역사(강성호, 도서출판 짓다, 2016) 72~73쪽

하지 않았다. 신사참배를 지지했던 목사들은 교회를 지키기 위해 어쩔 수 없는 선택이었다면서 오히려 출옥한 목사들을 배제했고, 결국 신사참배 결의를 반대했던 경남노회가 고려신학파로 분열되었다. 신사참배 문제가 해방 후 한국교회를 분열로 이끌었다.

1946년 12월 초 평양 장대현교회에서 북한 5도 연합회가 조직되고 남북통일이 될 때까지 총회를 대행할 수 있는 잠정적 결의기관으로 한다고 결의했다. 그리고 여기에서 신사참배의 죄과를 통회하고 교역자는 2개월간 근신할 것 등 6개항을 결의하였다.

1945년 8월 초 일본에 선전포고한 스탈린의 소련군은 만주를 휩쓸고 두만강을 넘어 38선 이북 전역을 점령하였다. 소련군은 도처에서 민간인에 대한 강탈과 폭력, 강간 등을 일삼으며 민심을 잃어갔다. 당시만 하더라도 북한 교계는 미군이 소련군을 몰아내고 올 것을 굳게 믿으며 낙망 중에도 희망을 갖고 신앙의 자유를 위해 꿋꿋이 싸울 태세를 갖추고 있었다.

당시 지식층과 기독교인 중에도 상당수의 사회주의자가 있었다. 미 예일대와 컬럼비아대학을 나온 이대위(李大爲, 1896~1982, 평북 용천, 수양동우회사건 옥고, 흥사단 이사장, 미군정청 노동부장, 건국대부총장) 목사와 숭실전문학교를 거쳐 노스웨스턴대학에서 신학을 공부한 김창준(金昌俊, 1889~1959, 평남 강서, 민족대표 33인, 남선기독교연맹위원장, 민전 상임위원, 월북, 최고인민회의 부의장) 목사, 평양신학교를 졸업한 최문식(崔文植, 1905~?, 대구노동자협의회 결성, 민전 중앙위원, 대구10월항쟁 배후조종 3년형 수감, 납북), 이재복(李在福, 1903~1949, 포항, 1939년 평양신학교 졸업(이재봉),), 배민수(裵敏洙, 1897~1968, 청주, 순국의병장 배창근 아들, 시카고 매코믹스신학교 졸업, 농민계몽운동가, 건국훈장 애국장), 이만규 목사 등이 대표적이다.

최문식, 이재복 목사는 급진적 혁명노선을 지지하는 과격파였고, 이재복 목사는 남로당 군사부 총책이었다. 또한 김일성의 외가 친척인 강양욱도 평양신학교 출신 목사였다.[47] 최문식 목사는 대구 10월 항쟁의 배후조종자로

---

47 북한교회사(강석진, 쿰란출판사, 2022) 139~141쪽

활약했고, 6·25 때 출옥해 남북통일 호소문을 발표하고 '김일성 장군 환영식'을 열었던 것으로 알려져 있다. 이재복 목사는 남로당 군사부장이었던 박정희와 여순사건 당시 마산 주둔 15연대 연대장으로 광양에 출동했다가 14연대 봉기군에게 포로가 되었던 최남근 중령을 포섭했다. 육군 정보국에 체포돼 박정희는 남로당 명부를 넘겨주고 석방되었으나, 최남근은 넘겨줄 명단도 없고 조직세포를 전혀 알지 못해 고문을 받다가 이재복과 함께 서울 수색에서 처형당했다.

이재복의 4·3 및 여순사건 지령설은 왜곡

이재복이 제주4·3 및 여순사건을 일으키도록 지령을 내렸다는 주장은 전혀 근거가 없는 왜곡된 것이다. 여순사건 자체가 남로당의 지령이라는 근거는 전혀 없고, 이승만 정부의 일방적인 주장뿐이었다. 남로당 여수군당이나 전남도당에서도 전혀 모르고 있었다.

여순사건 진압작전에 작전참모로 참여한 김점곤은 남로당 지령설을 부인한다. 그는 "남로당은 아직 전면적인 '무장투쟁' 단계로 그 노선을 설정하지 않았으며, 군에 있어서도 아직껏 '반란봉기'의 성숙기에 도달하지는 못한 시점이었다"고 당시를 평가했다. 또한 "여순반란은 남로당 극좌 모험주의자들의 이른바 '미 제국주의를 위한 간첩' 행위로서 남반부 민주역량 '파괴음모'에 의한 것이다"고 하면서 "후에 김일성으로부터 비판과 숙청 처단을 받은 이유가 되기도 했다"고 여순사건과 남로당 관계를 정리했다.

미군은 여순사건을 어떻게 보았을까? 미 임시군사고문단 정보참모였던 리드(John P. Reed)는 "남로당이 전군에서 동시에 일어나는 봉기로 정권을 타도할 계획을 갖고 있었지만, 여수봉기는 갑작스런 제주도 출동명령 때문에 시기상조로 단행된 것이다"고 보고했다. 여순사건은 남로당 지령이 없었다. '반란'의 성패는 국가를 전복하던지, 정권을 탈취하는 것이다. 서울에서 가장 멀리 떨어진 한반도 최남단에서 반란이 일어났다는 자체가 남로당 지도

부의 개입이 없었다는 것을 반증한다.[48]

이러함에도 불구하고 일부 장로교 목사들은 근거는 제시하지 못한 채 왜곡된 주장만 되풀이하고 있다. 성경의 진리를 가르치는 목사가 근거도 없이 역사를 왜곡하는 주장을 하는 것은 거짓 진리를 가르치는 이단들이나 마찬가지가 아닐까.

남북 분단과 에큐메니컬운동의 갈등

소련은 군정 실시를 위해 조만식 장로를 내세워 공산 진영과 같은 비율로 평남인민위원회를 조직하였다가, 얼마 후 조 장로를 배제시키고 김일성을 앞세워 '북조선임시인민원회'를 결성하였다. 평양에서는 기독교사회민주당 등 정당들도 속속 등장했다. 그러나, 반공을 신학적 이데올로기로 삼았던 북한의 교회와 공산주의를 표방하는 김일성 세력 간의 갈등도 갈수록 고조되었다. 강양욱(康良煜, 1903~1983, 평양, 김일성 외종조부, 부주석) 목사 등 친공산세력은 박상순(1917년 중국 산동 선교사 파송), 김익두(金益斗, 1874~1950, 황해도 안악, 재령·신천·서울 등에서 목회, 6·25 때 인민군에게 피살) 목사 등을 내세워 '조선기독교연맹'을 만들고 사회주의 노선 지지를 선언했다. 이때부터 협조하지 않는 목사나 교인에 대한 박해가 시작되었고, 교회는 통폐합되었다.[49]

공산당과 소련군이 간섭하고 해방 후 처음 맞는 3·1운동 기념행사 때 폭력행위가 노골화되자 주남선(朱南善, 1888~1951, 거창읍교회 담임, 경남노회장, 고려신학파, 건국훈장 애국장), 한상동(韓尙東, 1901~1976, 김해, 부산·마산에서 목회, 고신대 초대학장) 목사는 고향인 경남으로 내려갔다. 경남노회는 1945년 9월 18일 재건노회를 조직하고 목사, 전도사, 장로 등은 일제히 자숙할 것을 결의했지만, 노회 지도자들은 지키지 않았다. 분개한 노회원들은 1946년 7월 9일 정기노회에서 임원진의 총사퇴를 요구하고 월남한 주남선 목사를 노회장으로 선출하였다.

하지만, 오히려 일부 교권주의자들이 반발하자, 한상동 목사는 노회를 탈

---

48 불량국민들(주철희, 북랩, 2013) 93~94쪽
49 같은 책(47번항) 154~155쪽

퇴하고 고려신학교를 설립하였다. 1952년 장로교 최초의 분열인 고신파(고려신학파)가 분열한 가운데, 그 원인은 순전히 신사참배 회개 문제, 바로 식민지 역사 청산 문제였다.

이어 1957년 신사참배 지지파를 중심으로 기독교장로교(기장)가 분열되어 나갔고, 1959년에는 다시 예수교장로교 안에서 통합과 합동으로 분열되었다. 대외적으로 에큐메니컬운동에 대한 찬반이 있었지만, 내부적으로는 박형룡 목사의 장로회신학교와 관련된 교비 횡령사건으로 확전되었다.

주남선 목사

한상동 목사

한경직 목사가 세계교회협의회(WCC) 가입에 찬성하며 에큐메니컬운동(교회일치운동)에 앞장서자, 박형룡 목사를 중심으로 승동교회 측이 로마천주교가 주도한 WCC 중심의 '교회일치운동'에 반대해왔다. 특히 개혁성향의 교단들은 한국교회가 WCC를 끌어들이고 로마천주교와 손을 잡는 것은 '배교'라고 생각했다. 이 교회일치운동을 주도한 교황 요한 바오로 2세는 유대교, 이슬람교, 영국성공회, 동방정교회와 대화운동을 시작했다.

그리고 1999년 독일 아우크스부르크에서 독일 루터교 주교 크리스티안 크라우제와 바티칸을 대표한 캐시디 추기경은 '의화에 관한 공동 선언', 일명 '의화교리'에 합의하면서 500년간의 갈등을 마무리했다. 이 의화교리는 16세기 루터교 종교개혁 당시 구원론 논쟁이 붙었는데, 가톨릭은 "신앙과 함께 인간의 선행이 실천되어야 구원된다"고 하는 반면에, 루터교는 "전적으로 하나님의 은총으로만 구원이 이루어진다"는 상반된 논리를 말한다.

이 교리를 합의하면서 "참된 믿음은 선행을 반드시 수반한다"는 수준으로 합의를 이룬 것이다. 이어서 2006년 감리교와 천주교의 의화교리 합의, 천주교와 미국의 크리스천개혁협의회(CRC), 미국장로회(PCUSA) 등의 주요

기독교 교단들의 '세례협정문' 체결로 이어졌다.⁵⁰

한경직 목사는 실제 1984년 요한바오로 2세의 한국 방문 당시 기독교 환영모임을 주도했다. 당시 교황의 한국 방문은 정통성이 부족한 전두환 정권을 인정해주는 꼴이 되었고, 전두환도 이를 이용했다. 그때 교황은 광주와 소록도도 방문했다.

이후 통합교단에서는 천주교 신부들처럼 '로만칼라(roman collar)' 차림의 와이셔츠를 입는 유행이 시작되었다. 최근 10여 년 동안 천주교 중심의 종교연합운동이 무르익으면서 기독교 목사들에게 로만칼라가 더 보편화되었다. 이를 천주교 중심의 종교연합운동에 심정적으로, 적극적으로 동조하는 목사들이 늘어나면서 동시에 로만칼라가 더 유행하고 있다고 주장하는 이도 있다.

이 에큐메니컬운동에는 미국 장로교회, 브라질 오순절교회, 러시아정교회, 오스트레일리아 성공회, 케냐 감리교회, 미얀마 침례교회, 파푸아뉴기니 연합교회 등이 가입하고 로마 가톨릭교회와 남침례회 등은 가입하지 않았다. 한국에서는 통합교단을 비롯해 기독교대한감리회 · 한국기독교장로회 · 대한성공회의 4개 교단이 가입하였다.⁵¹

통합과 합동의 분열은 정통보수신학을 표방한 한경직 목사와 자유신학을 표방한 박형룡 목사의 대립, 서울 연동교회와 승동교회의 갈등에 이어, 장신대와 총신대로 갈리는 길로 갔다.

통합과 합동의 분열은 표면상으로 세계교회협의회(WCC) 가입과 관련하여 보수주의 신학과 자유주의 신학 간의 신학노선 논쟁으로 전개됐으나, 실상은 정통보수를 자처한 박형룡 목사가 장로회신학교 교장으로 재직할 당시 학교부지를 물색하는 과정에서 이사회 승인도 거치지 않은 채 교비를 횡령한 사건과 관련이 깊었다.⁵²

---

50 한경직 목사는 성자였나? 배교자였나?(바른 믿음, 2016.1.14.일자)
    http://www.good-faith.net/news/articleView.html?idxno=398
51 두산백과-세계교회협의회
52 한겨레:온(http://www.hanion.co.kr) 20203.1.23일자-신사참배를 거부한 신앙인 한상동

또한 서울 정동교회 출신(1950년 명예장로 추대)인 이승만 정부가 들어서면서 일부 정치목사들이 제헌의원으로 진출해 합류했는데 결국 반민특위 해산 등 친일파 척결도 흐지부지되고 말았다. 친일파 척결은 신사참배 문제로 불거질 수 있었으나, 그후 오랫동안 수면 아래로 가라앉으면서 참회의 기회를 가질 수 없었다. 합동교단은 1979년 다시 개혁총회로 교단이 양분되었다가 2005년 다시 합동교단으로 통합되었다.

해방 후 국내 개신교의 분열은 이 신사참배 문제에서 시작되었다. 일제에 빌붙어 교단 권력을 장악했던 친일파 목사들은 전혀 참회하지 않았다. 오히려 출옥한 목사들을 배제하기 시작하면서 교계가 분열되었다. 현재는 통합과 합동 등 예장교단만 300개가 넘는다고 한다.

친일파 척결이 되지 않은 배경에는 바로 참회하지 않은 정치목사들이 있었다. 오히려 이들이 해방 후 국내 정치판을 주도했고, 지금의 '전광훈'과 3·1절에 일장기를 내건 정신 나간 목사까지 등장하는 등 괴물(?)로 진화했다.

양측이 분열될 당시 폭력사태까지 발생하면서 분열의 골은 돌이킬 수 없을 정도로 더 깊어졌다. 1959년 9월 24일 제44회 대한예수교장로회 총회가 대전 중앙교회에서 열렸다. 그러나 경기노회 총대 선출 건과 관련한 험악한 분위기 탓에 총회 첫날 개회도 못했다. 며칠 뒤 다시 열린 총회에서는 야유와 환호가 뒤섞인 채로 회의장 의자를 뒤엎고 난투극을 벌이며 심지어 총회에 참석한 총대 목사들을 구타하는 장면까지 연출되었다. 이것은 도저히 예수를 믿는 신앙인의 모습이라고 할 수 없었다.

잇따른 고신파와 기장측의 분열

다행스럽게도 순천노회는 분열 과정에 쉽게 휩쓸리지 않았다. 1951년 고려파 분열 당시 전국 568개의 교회들이 고려파에 합류했으나, 순천노회는 여수 충무동교회와 율촌 신풍교회(손양원 목사 사모 정양순이 개척)만 이탈했다. 충무동교회는 1951년 여수제일교회 출신 양진환 장로가 개척해 세웠으나, 1952년 탈퇴해 경남노회(고신파)에 가입했다. 하지만, 2003년 다시 고신교단을 탈퇴해 합동교단으로 넘어왔고, 신풍교회도 고신교단를 탈퇴해 현재는 백영희 목사가 이끄는 한국총공회 교단 소속이다. 현재 고신총회는 여수시민교회와 순천삼일교회, 광양영주교회 등 전남동부노회에만 20여개 교회가 있는 것으로 알려졌다.

1953년 한국기독교장로회와 분열 당시에는 남장로교 선교구역에 선교사들이 피땀 흘려 설립한 교회 중에 선교사들의 총애를 받은 목사들이 은혜를 배반하고 기장에 합류를 선언했다. 전북노회에서 128개 교회(전북81, 김제 10, 군산37), 전남노회는 12개 교회, 목포노회는 115개 교회가 기장에 합류하였다. 그러나 순천노회는 이탈한 교회가 없었으니 이는 보이어(1893~1976. 보이열, 전주선교부·순천선교부 사역, 한남대 이사장 역임) 선교사와 순천지방 목사들과의 원만한 이해와 지도력에 있었다.[53]

전남 서부지역 이탈에는 목포중앙교회 담임을 두 차례나 지낸 박영희(순천중앙교회 담임 역임) 목사와 전남노회장을 지낸 이남규 목사의 영향 때문이었다. 일제의 신사참배 정책에 적극 찬성하며 이명동일신론설(異名同一神論說)을 만들어 하나님을 배반했던 박용희는 해방 후 대표적인 정치목사로 둔갑했고, 교회 분열에도 앞장서는 추악한 모습으로 변했다. 그는 1935년에 이어 1951년에도 목포중앙교회 담임으로 부임했다.

박용희가 1차 부임했을 당시 이남규는 강진읍교회 전도사로 활동하였고, 평양신학교를 졸업한 후 목포중앙교회와 연동교회 두 곳에서 청빙을 받았다. 목포중앙교회로 갔더라면 박용희에 이어 2대 담임으로 부임할 수 있었으나, 그는 이제 막 양동교회에서 분립한 변두리의 가난한 연동교회를 택했다.

1938년 부임한 그는 일제의 신사참배 정책에 순응하다가 1942년 목포지역 목사와 교인들이 대거 일제의 예비검속에 체포되었고, 일본 천황을 반대했다는 이유로 구금되어 고문을 받았다. 양동교회 박연세 목사와 연동교회 김창옥 장로는 고문으로 투옥 중 순교했으나, 이남규는 적극적으로 해명해

---

53 미국 남장로교 선교 100년사(안기창, 도서출판 진흥, 2010) 233쪽

10개월 만에 경범죄로 석방되었다.

그의 당당한 변명은 일제의 정책에 순응했다는 점을 입증시킨 것이다. 양동교회 박연세 목사와 투옥되기도 했던 그가 친일파이자 배교자 박용희와 손을 잡은 것은 그의 정치적 출세 욕망이 강하게 작용한 탓이었다.

광복 후 그는 1948년 5월 목포에서 독촉국민회 후보로 제헌의원에 당선되었다가, 이승만이 제안한 초대 전남도지사 임명을 받아들여 10월에 사임했다. 이어 1950년 제2대 총선에 나섰으나 낙선했고, 목사로 복귀한 후에는 기독교장로회에 합류해 기장 총회장을 맡았다. 그의 정치적 욕망은 끝이 없었다. 1960년 제5대 국회의원 선거에서 나서 참의원(양원제 당시 하원에 해당)에 당선되었으나, 박정희의 쿠데타로 10개월 만에 해산되어 쓸쓸히 목포로 돌아왔다.

전남 첫 선교부가 설치되고 유진벨 선교사와 변창연 조사의 땀이 배인 목포에서는 56년 만에 분열로 얼룩졌다. 1953년 기장측과 분열, 이어 7년 만인 1960년 합동측과 분열 등 부침이 심했다. 특히 1953년 8월 목포에서 기장측의 분열로 교회들은 양분되었다. 양동교회는 기장과 예장으로 양분되었고, 쫓겨난(?) 예장측은 정명여중고 강당에서 예배를 볼 정도였다. 미션스쿨은 선교부 재산이라서 움직일 수 없었으나, 양동교회 건물은 기장측으로 넘어갔다. 당시 기장측의 예배 방해로 남은 200여 명의 양동교회 교인들은 선교사 사택 정원과 목포고등성경학교 강당 등을 전전하며 예배를 드렸다. 분열로도 하나님께 부끄러운 일인데, 하나님께 드리는 상대측의 예배를 방해까지 한 것은 하나님의 진노를 사고도 남을 일이었다. 양동교회는 두 동강 나고 남부교회, 경동교회, 산정교회, 서부교회가 기장으로 갔으며, 동부교회, 성산교회, 희성교회 등은 예장에 남았다.

한때는 모두 유진벨 선교사와 변창연 조사 등과 함께 천막을 치고 시작했던 목포양동교회의 역사가 이렇게 분열로 싸운 것은 결코 우연이 아니었다. 죽음으로 지켰던 박연세 목사와 김창옥 장로의 목포 순교 역사는 이렇게 끝이 나고 말았다. 신사참배 강요에 순응했던 목포교회에 대한 하나님의 징계는 두 번씩이나 찢긴 분열의 칼날로 보인 셈이었다.

다시 통합과 합동교단의 분열

1959년 통합과 합동측의 분열 당시에는 순천제일교회 나덕환 목사가 합동측(NAE) 부총회장으로 당선됨으로 순천지방 교회들은 합동측 일색이 되었다. 그러나 남장로교 선교회의 방침과 보이어 선교사의 설득으로 나 목사가 복귀하면서 해결되었다. 나 목사는 선교사들을 배반하지 않는다는 평소의 철학이 있었다. 1960년 2월 12일 새문안교회서 분열된 총회를 다시 통합하기 위하여 모인 총회에 참석하여, 통합총회의 부총회장에 당선되자 순천노회 소속 모든 교회들이 통합으로 돌아왔다.[54]

그러나 '51인 신앙동지회'의 주역인 정규오 목사(고흥읍교회 담임), 박종삼 목사(여수제일교회 담임) 등이 끝내 돌아오지 않았다. 고흥에서는 고흥읍교회와 녹동제일교회, 소록도 4개 교회 등 20여 개 교회가, 여수에서는 여수제일교회를 중심으로 6개 교회가, 광양은 1개 교회, 순천은 2개의 농어촌교회가 합동측으로 이탈하였다. 보이어 선교사는 밤낮으로 다니며 부흥시켜왔던 전남의 장로교회가 기장의 분열에 이어 다시 통합과 합동으로 분열되는 아픔을 보면서 40년의 선교사 생활을 마치고 1965년 쓸쓸히 귀국했다. 그의 장남 케네스 보이어(Kenneth E. Boyer, 1930~2022, 보계선)는 1957년 선교사로 내한하여 목포와 광주, 제주, 대전에서 사역하다가 1980년 은퇴했고, 이어 손자 티모시 보이어(Timothy Boyer, 1962~)도 내한하여 현재 제주에 있는 한국국제학교의 고등학교 도서관 사서로 일하고 있다.

무엇보다 순천노회의 첫 교회이자, 전남 동부권 최초의 교회인 벌교 무만교회가 1960년 합동교단으로 넘어갔다. 전체 교인 100여 명 중 80여 명이 찬성해 따라갔고 20여 명은 무만마을에 따로 교회를 차려 나갔다. 무만교회 설립에 참여했던 광산김씨 집안도 합동으로 옮겼다. 그후 1980년에 교회건물

---

54 같은 책 234쪽

과 부지를 순천의 건설업자에게 팔고 벌교중앙초등학교 옆에 부지를 마련해 교회를 신축하면서 옮겼다. 1982년에는 교회 이름도 무만교회를 버리고 성산교회로 바꿨다. 그러자 노회에서 무만교회 부지를 사들여 마을에 있던 교회를 옮겼고, 2004년 100주년 기념교회를 세워 개관했다.

벌교읍내에서는 벌교읍교회(현 대광교회, 구 회정리교회), 낙성교회 등도 합동교단에 합류했고, 벌교제일교회와 영송교회가 통합교단에 남았다. 순천에서는 가곡교회, 여수에서는 여수제일교회, 광양에서는 웅동교회와 광양읍교회, 구례에서는 구례중앙교회, 고흥에서는 고흥읍교회, 주교교회, 녹동교회(현 녹동제일교회), 보성에서는 조성중앙교회, 척령교회 등이 합동교단 소속이다.

CHAPTER · 9

84년 만의 참회와 남은 과제

남한 단독선거와 주일 선거 반대

해방 후 북한 교회와 결합이 점차 가망이 없는 것으로 여겨지자, 1947년 4월 18일 대구제일교회에서 열린 제2차 남부총회는 회장에 이자익(李自益 1882~1959, 경남 남해출신, 평양신학교 8회 졸업, 김제금산교회 목사, 장로교 총회장 3회 역임, 경남 노회장, 대전신학대 설립) 목사를 선출하는 등 총회를 재구성하였다. 이어 1942년 일제의 강압으로 해체되었던 조선예수교장로회 제31회 총회를 계승하기로 하였고, 1948년 4월 20일 제34회 총회에서는 1938년 제28회 총회에서 가결한 신사참배 결의를 취소하였다. 신사참배 결의일에 해당되는 주일을 '통회자복일'로 정해 실시하고 총회 명칭도 '대한예수교장로회 총회'로 바꾸기로 결의하였다.

순천노회는 1941년부터 1946년까지 노회 총회가 열리지 못했고, 일제의 강압적인 폭압에 신음했다. 1948년에는 3월 9일 제28회 노회에서 주일날 선거에 부당함을 결의하였다. 당초 미군정이 실시할 예정인 남한 단독 선거일은 5월 9일 일요일이었다. 노회 회의록에는 "주일날 선거일자를 정한 것에 대해 한국 독립을 위하여 주일날 선거함은 부당하니 일자를 변경하여 주기를 요청하고 만일 정부에서 불응할 시는 순천노회 전 신자는 선거에 참여하지 않기로 결의하였다." 라고 기록될 정도로 반발을 샀다.

결국 순천노회뿐만 아니라, 전국 노회에서 반발하면서 그 다음날인 5월 10일 월요일에 단독선거가 치러졌다. 제헌의원 선거에서 순천읍교회 장로 황두연이 순천군 갑구 선거구에서 당선되었다.

보이어 선교사

해방 이후 선교사들도 속속 입국한 가운데, 드디어 1947년 3월 4일 벌교읍예배당에서 감격적인 제27회 노회 총회가 열렸다. 보이어(보이열) 선교사도 7년 만에 다시 입국하여 1948년 순천선교부에 배치되었고, 지역 전도와 애양원 사역에 힘을 쏟았다. 그해 여순사건이 발생하고, 이어 한국전쟁으로 잠시 일본으로 나갔다가 다시 들어와 순천노회와 시골사역에 집중했다.[55]

그는 먼저 애양원의 1,100명의 한센병 환자들을 돌보는 책임자로 일을 하게 되었고, 1948년 9월 마지막 주에 순천노회에서 그에게 순천 남서지방의 27개 교회의 책임을 맡아 달라고 하여 그 일을 허락하고 매 주일 바쁘게 복음을 전하러 다녀야 했다. 당시에 사역자들이 적어서 일주일 동안 쉬지 못하고 하루에 거의 15시간 이상 일을 해야만 했다.[56]

한경직 목사

1992년 한경직 목사가 신사참배에 대한 공개적인 참회의 길을 열었다. 종교계의 노벨상으로 불리는 템플턴상[57] 수상 감사예배에서 "일생의 짐이었는데 우상숭배의 죄를 이제야 참회한다"며 눈물로 회개했다. 이어 2006년 1월 기독교대한복음교회 초대 감독이었던 최태용 목사가 친일행각을 고백하고 반성했다. 일본의 한국 지배가 신의 뜻이라고 말했던 인

---

55 내한선교사사전(한국기독교역사연구소, 2022) 534쪽

56 Boyer, "SoonChun, Korea, Letters," (October 28. 1948).

57 미국 실업가 존막스 템플턴이 종교분야 공헌자에게 주는 상으로 1972년 창설되었고, 상금은 약 110만 달러(약 20억원)이다.

물이었다.

　템플턴상을 창설한 존 템플턴(1912~9008)은 "모든 종교에 구원이 있고, 성경은 그리스도의 말씀이 아니다"라고 주장했던 종교다원주의자이자, 이단이었다. 그래서 "예수 이외에도 구원이 있다."고 주장했던 빌리 그레함을 비롯해 테레사 수녀, 빌 브라이트 목사, 러시아 작가 알렉산더 솔제니친, 우주과학자 존 바로우 등이 수상했다. 실제 이 상을 운영하는 위원회에는 기독교를 비롯해 이슬람, 불교, 힌두교, 유대교 등 5대 종교 지도자들로 구성되어 있다.

　2007년에는 기독교대한성결교회가 3·1절을 기념해 신사참배에 대한 '죄책 고백 선언문'을 발표했고, 그해 9월 한국기독교장로회도 정기총회에서 신사참배에 대해 공식 사과했다.

　2008년 9월 24일 '제주선교 100주년 기념 장로교 연합감사예배'에서 예장통합과 합동, 합신, 기장 등 총회 총대들과 제주지역 목회자 및 교인 등 모두 5천여 명이 참석한 가운데 신사참배의 죄를 회개했다. 기독교대한감리회도 2013년 제33회 서울연회에서 '신사참배 회개 결의 건의안'을 채택하며 회개에 동참했다.[58]

　1948년 4월 20일 제34회 예장 총회에서는 1938년 제28회 총회에서 가결한 신사참배 결의를 취소하였으나, 순천노회는 1954년 6월 24일 제34회 노회 총회에서 신사불참배 순교자 유가족 구호책으로 특별헌금을 모아 보내기로 결의하였다. 그후 84년 만에 참회에 동참하였다.

　84년 전 순천노회의 신사참배 결의안 승인에 대해 2015년 여수노회가, 2022년 순천노회가 선배들의 부끄러운 결의안 승인을 취소했다.

　특히 2022년 순천노회는 취소 결의문에서 "일제강점기 때 공교회의 대표인 목사와 장로들이 성경과 진리의 신앙적 양심을 저버리고 일본 제국주의 국법에 순종해 신사참배 결의에 찬동하는 과거의 부끄러운 역사가 우리 노

58　국민일보 2018.8.9.일자 기사[신사참배 결의 80년, 이젠 회개다한경직 목사, 1992년 첫 공개적 회개 "신사참배, 일생의 짐이었는데 우상숭배의 죄를 이제야 참회"

> 주여, 우리의 죄악을 용서하소서! 주여, 우리를 새롭게 하소서! 아멘
>
> 오늘 창립 100년을 맞이한 우리 순천노회와 목사 장로들은 주님의 피 값으로 교회 앞에서 과거의 신앙과 역사적 과오를 회개하며 다음과 같이 온 총대들이 한목소리로
>
> 하나. 다시는 힘과 권력에 굴복하여 <u>신앙의 양심을 저버리지 말자</u>!!!
> 하나. 다시는 우상을 숭배하고 무릎 꿇는 <u>어리석음을 반복하지 말자</u>!!!
> 하나. 성경과 진리를 왜곡하여 잘못을 합리화하는 일을 <u>되풀이하지 말자</u>!!!
> 하나. 오직 마음을 다하고 힘을 다하고 뜻을 다하여 <u>하나님만 믿고 섬기자</u>!!!
> 하나. 순교자들의 희생과 헌신이 헛되지 않도록 <u>순교자의 신앙을 계승하자</u>!!!
>
> 이런 다짐을 담아, 84년 전에 있었던 신사참배 결의를 취소하고, 새롭게 거듭나는 것을 결의합니다.
>
> 2022년 4월 19일
>
> 대한예수교장로회 순천노회 104회기 2차 정기총회 총대 일동

2022년 순천노회 신사참배 결의취소안(전남 노컷뉴스 제공)

회 역사의 한 면으로 지울 수 없는 수치스러운 역사임을 자인한다"고 선언했다.

또한 "성경과 진리의 신앙적 양심을 고수하지 못하고 스스로 십계명의 제1계명을 위반한 우상숭배의 배교행위인 신사참배 결의는 노회 역사의 수치와 부끄러운 것임을 인정하여 깊이 반성하고 통회 자복하며 이러한 역사적 과오를 바로 잡고자 한다"고 하였다. 하지만, 당시 순천노회 소속이었던 남순천노회와 순서노회는 취소 결의안을 내지 않고 있다.

우리가 왜 조상들의 죄를 회개해야 하느냐며 반대하는 사람도 있지만, 성경에서도 느헤미야를 비롯해 예레미야와 다니엘도 조상들의 죄를 놓고 회개했다. (느헤미야 9:1~2, 예레미야 14:20, 다니엘 9:16) 100여 년 전 신사참배 결의를 부끄럽게 여겼던 합동총회 순천노회를 비롯해 여수노회와 고흥보성노회도 아직 취소 결의안을 내지 않고 있다. 아마도 신사참배의 죄악이 얼마나 큰 죄악인지 잘 모르고 있는 것은 아닐까. 구약성경에서 우상숭배에 대한 하나님의 노여움이 어떻게 나타나고 있는지 잘 보여주고 있다.

하나님은 무려 8년 동안 신당(신사)를 차려놓고 일본의 귀신들에게 경배했던 한민족을 남북분단과 동족상잔의 비극 6·25 전쟁을 통해 무섭게 징계했음에도 우리는 현대사의 한편일 뿐이라 여기고 있다. 최소한 기독교인들은 결코 망각해서는 안 될 것이다. 우리

2022년 순천노회 신사참배 결의취소안
(전남 노컷뉴스 제공)

가 망각하고 회개하지 못할 때 하나님은 반드시 또다른 징계를 보여줄 것이기 때문이다.

　1938년 4월 25일은 순천노회가 신사참배 결의안을 통과시킨 날이고, 9월 9일은 조선예수교장로회가 신사참배 결의안 통과를 위해 모인 날이다. 그런데 만 10년 후 이날 북한정권이 수립된 날이다. 조선의 예루살렘이라 불리던 평양을 공산정권의 수도로 만들었고, 다시 10년이 지난 1958년 주민 성분 조사 사업을 통해 교회 말살정책이 실시되었다. 1950년 북한 조선중앙통신사가 발행한 '조선중앙연감'에 따르면 해방직후 북한에는 20여만 명의 성도와 908명의 목회자, 2천여 개의 교회가 있었다. 이것으로 북한의 교회는 지상에서 완전히 사라지게 되었다.[59]

　이스라엘의 제1성전과 제2성전이 우상숭배로 같은 날 파괴된 것은 결코 우연이 아니다. 1907년 평양 대부흥이 일어난 장대현교회(널다리골교회)도 마침내 문을 닫았고, 그곳에 만수대 언덕에 김일성 동상과 조선혁명박물관이 세워졌다. 토마스 선교사의 순교를 통해 세워졌고, 서북지역 기독교인들의 영적 심장이었던 그곳에 1972년 북한 정권은 김일성 주석의 60회 생일을 맞아 20m 높이의 초대형 동상을 세웠다. 일제가 교회 옆에 신사를 세워 절했던 그곳에서 새로운 우상이 우뚝 세워졌다.

59　아직 끝나지 않은 문제 신사참배(오창희, 예영커뮤니케이션, 2021) 140쪽

솔로몬은 아름다운 성전을 봉헌하여 하나님이 내려주신 복을 받았지만 말기에는 그 은혜를 저버리고 우상숭배로 빠지고 말았다. 그리하여 이스라엘은 결국 북이스라엘과 남유다로 분열되는 역사가 우리에게도 나타났다고 주장하기도 한다. 일제강점기 '신사참배'라는 신당을 차려놓고 제사 지낸 그 죄악이 남과 북의 분열로 나타난 것이라는 주장에 우리는 과연 아니라고 말할 수 있겠는가. 하나님이 가장 진노하는 죄악이 바로 우상숭배라는 점을 다시금 새겨들을 필요가 있다.

1954년 안동에서 열렸던 제39회 장로교 총회에서 권연호(1898-1980, 경북 안동 출신, 기독공보사 사장, 36회 총회장) 목사는 이렇게 대표기도를 했다.

> 우리들이 저지른 저 무서운 신사참배 죄로 인하여 이 땅에 무서운 전란이 왔고, 이 민족, 내 백성들이 수없이 피와 살을 쏟고 찢기었나이다. 교회가 갈라지고 38선이 가로막히게 된 것이 이 죄인 줄 확신하옵고, 하나님 앞에 책망을 받는 것이 마땅한 줄 아나이다. 주여 한국 총회가 모일 때마다 물고 찢고 싸움하고 교직자끼리 반목한 것이 이 죄로 인하여 생긴 것입니다.[60]

2015년 1월 13일 세계한인기독교총연합회(WKCC)[61] 주최로 뉴욕성결교회에서 열린 '한반도 평화 통일을 위한 뉴욕포럼'에서 통일연구원 허문영 박사는 남북분단이 신사참배에 의한 죄악 때문이라고 진단했다.

국제정치학자의 시각으로 우리 민족의 분단은 미국과 소련의 냉전 때문이라고 볼 수 있다. 하지만 솔로몬의 우상숭배 이후 남유다와 북이스라엘로 갈라졌던 것처럼 한국교회가 우상숭배의 죄를 범한 1938년 9월 9일 평양 서문밖교회의 그 결

---

60 위의 책 141쪽/한국 교회 친일과 전통(최덕성, 본문과현장사이, 2000) 336~337쪽
61 2011년 1월 29일 성령의 불길로 민족과 세계를 복음화하자는 목표로 창립한 단체로 합동교단 중심으로 해외 한인기독교선교회 등이 차여, 통합교단과 고신, 백석, 대신 등 보수측 교단은 참여하지 않고 있음.

의를 10년 뒤 평양에 공산정권이 들어서는 원인으로 볼 수는 없겠는가.[62]

이제는 신앙적 양심 앞에 굴복하지 않았던 순교자들을 위해서라도, 서대문 차가운 감옥에서도 변절하지 않고 조국의 독립을 위해 목숨을 걸었던 순국열사들을 위해서라도 한국교회는 잘못된 역사를 바로 기록하고 세우는 일부터 제대로 해야 한다. 은혜가 안된다며 무조건 숨기고 은폐하는 것이 과연 하나님이 원하시는 것일까. 하나님은 한국교회의 진정한 회개의 기도를 기다리고 계실 것이다.

신명기 4장 15절에서 19절 말씀은 하나님이 우리에게 주신 지상명령이다.

여호와께서 호렙산 불길 중에서 너희에게 말씀하시던 날에 너희가 어떤 형상도 보지 못하였은즉 너희는 깊이 삼가라/그리하여 스스로 부패하여 자기를 위해 어떤 형상대로든지 우상을 새겨 만들지 말라 남자의 형상이든지, 여자의 형상이든지,/땅 위에 있는 어떤 짐승의 형상이든지, 하늘을 나는 날개 가진 어떤 새의 형상이든지,/땅 위에 기는 어떤 곤충의 형상이든지, 땅 아래 물 속에 있는 어떤 어족의 형상이든지 만들지 말라/또 그리하여 네가 하늘을 향하여 눈을 들어 해와 달과 별들, 하늘 위의 모든 천체 곧 너희의 하나님 여호와께서 천하 만민을 위하여 배정하신 것을 보고 미혹하여 그것에 경배하며 섬기지 말라

---

62 신사참배 때문에 10년 뒤 남북분단 (뉴스파워 2015.1.19. 일자 기사) http://www.newspower.co.kr/26474

PART
03

해방 이후 개신교 피해사
여순사건과 6·25의 참화

CHAPTER · 1

기독교와 여순사건의 관계

여순사건 현장 (순천)

여순사건 속에서 기독교는 어떤 존재였을까. 여순사건을 일으킨 14연대 봉기군이나 가담한 남로당 세력은 처음부터 기독교를 적으로 삼고 공격하지는 않았다. 손동인·동신 형제의 희생 때문에 기독교인을 적으로 삼은 것 아니냐는 오해가 있지만, 전혀 그렇지 않다.

북한에서는 김일성 지지세력에 의한 조만식 등 기독교세력 등에 대한 탄압은 있었지만, 남한에서는 여순사건 당시까지 전혀 그런 양상이 없었다. 같은 시기 제주4·3 진압과정에서는 오히려 서울영락교회 청년회 출신인 서북청년단에 의한 만행으로 제주도민들이 큰 피해를 입었다. 여순사건 진압과정에서도 그들이 진압에 일부 가담하기는 했지만, 제주도처럼 그들의 무자비한 살상은 발생하지 않았다.

종교적 보복은 없었다.

순천은 해방 직후에 한민당의 지방 조직이 전국에서 최초로 만들어질 만큼 우익진영이 강한 곳이었고, 학생조직도 순천이 동부 6군 학련의 중심지였을 만큼 우익세력이 강했다. 하지만 1948년 초반에 좌익세력의 역량이 커지면서 격렬한 좌우 대립이 발생했다.

1945년 12월 모스크바 3상 회의에서 한반도의 분단을 획책하는 신탁통치를 결정하였다. 이에 우익은 신탁통치 반대를, 좌익은 사실상 찬성인 모스크바 3상회의 지지를 선언하면서 전국에서 충돌하였다. 특히 미군정이 좌익단체와 정당의 활동을 단속하면서 서북청년회 등의 지원을 받은 우익세력들이 활개를 쳤다. 5월 10일 남한 단독선거가 실시되면서 상사면 등에서는 우익단체 인사에 대한 좌익측의 공격이 빚어졌고, 지서까지 공격을 당할 정도로 갈등은 심해졌다.

여순사건이 발생하자, 지하에 숨어 있던 남로당과 민학 등 청년단체들을 중심으로 인민위원회가 꾸려졌고, 김영군 순천군수 등 우익인사들은 대부분 도피했다.

하지만, 순천경찰서장 양계원과 감찰서장 한운경 감찰관, 광복청년회장 이정렬, 순천읍장 김성초, 동인병원장 김홍조(독촉국민회 지부장), 협신양조장 이동표(한민당 부지부장), 철도병원장 김계수(한민당 부지부장), 김희주 철도국장, 순천주조장 사장 주정희(한민당 간부), 한독당 지부장 신두식,

독촉국민회 간부 김성수, 최인택 자유신문 지국장, 한독당 간부 장형권 등이 좌익학생들에게 체포되었다. 이중 북문지서에 잡혀 있던 김성초 읍장과 김희주 철도국장만 구출되고 모두 20일 순천경찰서 담벼락에서 사살되었다.

손양원 목사의 두 아들과 고재춘의 피살에 이어 21일 새벽 해룡면 도롱리 도롱교회(현 영흥교회)에서도 김병준(1988~1948) 장로와 윤형근(1924~1948)·윤순근(1931~1948) 청년 등이 희생되었고, 송기선 장로와 서동규 장로는 하나님이 보우하사 총상을 입고도 살아남았다. 이 교회는 1915년에 설립되었는데, 이들의 희생은 같은 마을에 사는 천도교인 강모씨의 원한에서 비롯되었다. 민족주의 집안이었던 강씨는 해룡면 인민위원장으로 활동하면서 해방 이후 도롱교회가 날로 부흥하는 반면에, 천도교는 갈수록 쇠퇴하자, 질시하던 중에 보복을 한 것이었다.

이외에도 10월 22일 순천 별량교회 김용길(1896~1948, 당시 피택장로) 집사와 고흥 축두교회(현 풍양서부교회) 임인규(1899~1948) 집사가 각각 봉기군에게 희생되었다. 11월 4일에는 순천 서면 학구교회 유영채(1906~1948, 당시 피택장로, 면장 직무대리) 집사가 봉기군에게 희생되었다. 유 집사는 통행금지령이 내려 있었는데도 새벽기도회를 인도하기 위해 밤늦게 귀가하다가 봉기군에 붙잡혀 순교하였다.[1]

또한 당시 보성읍교회 황보익 목사의 형인 황재연 집사가 고흥 금산 오천교회를 섬기고 있었다. 여순사건이 발생하자 금산면에서 독촉국민회 지부장을 지냈는데, 봉기군에게 살해되었다. 독촉국민회는 자유당 이전의 대한독립촉성국민회를 말하며 2대 국회의원 선거에서 제헌의원에 당선된 동생 황두연이 순천지부장을 맡아 출마했으나, 아쉽게도 낙선했다.

이렇게 여순사건에서 기독교인들이 신앙적인 이유로 봉기군이나 좌익에 의해 희생된 사례는 아직까지 뚜렷하게 드러난 것이 없다. 모두 정치적인 이유나 개인 간의 감정에 의한 희생이 대부분이다. 그리고 무엇보다 당시

---

1 미국 남장로교 선교 100년사-순천지방을 중심으로(안기창, 도서출판진흥,2010) 189~193쪽

이승만 정부와 박정희 정권에 의해 일방적으로 왜곡된 점이 많다. 당시 학살 관련 정보도 대부분 국방부가 발표한 일방적인 정보일 뿐, 최근에는 연구자들에 의해 왜곡된 사실이 속속 밝혀지고 있다.

북한에서는 김일성이 집권하면서 지지세력인 조선그리스도연맹에 가입하지 않은 목사나, 교인들에 대한 탄압이 이어졌지만, 남한에서는 여순사건 당시까지도 그럴만한 이유가 없었다. 당시 남로당도 독자적으로 움직였고, 김일성의 직접적인 지령을 받지도 않았다.

더군다나 여순사건은 1948년 9월 9일 수립한 북한 정부의 지령을 받거나, 남로당 중앙당의 지령에 의한 반란도 아니었기에 기독교에 대한 반혁명적인 이유의 학살은 있을 수 없었다. 이 사건은 2022년 제정된 특별법에도 명시되어 있듯이 "정부수립 초기 단계에서 여수 주둔 국군 14연대 일부 군인들이 국가의 '제주4·3사건' 진압명령을 거부하고 일으킨 사건"이라고 정의하고 있다.

박찬길 집사의 억울한 학살과 사정

하지만 6·25 전쟁 중에는 상황이 완전히 달랐다. 인민군이 점령하면서 기독교에 대한 적대감이 강하게 나타났다. 인민군은 기독교인들을 '미군 첩자'라는 그릇된 인식과 남한의 친일파를 몰아내고 공산혁명정부를 세우는데 걸림돌이라는 인식을 강하게 갖고 있었다. 무엇보다 서북지역 출신들이 장악한 남한의 기독교는 반공사상으로 무장되어 있어 인민군에게는 적으로 간주되어 충돌할 수밖에 없었다. 인민군과 부역자들에 의한 기독교인의 살해와 납치가 본격적으로 이루어졌고, 1950년 9월 인천상륙작전으로 인민군이 후퇴하면서 대대적인 피의 학살이 전개되었다. 6·25 전쟁 초기 형무소 좌익 수감자나 보도연맹원을 대량 학살한 것처럼 인민군도 우익과 기독교인들을 강제 납치하거나, 대대적으로 학살하는 만행을 저질렀다.

여순사건의 원인에서 실제 심각한 갈등은 경찰과 국방경비대(국군)의 대립이었다. 미군정이 친일경찰과 공직자를 그대로 수용하면서 원성을 샀고,

물가 폭등과 강압적인 미곡 수매, 차별적인 식량 배급 등도 고스란히 여순사건으로 이어져 작용했다. 일제강점기부터 소작쟁의와 사회주의 세력이 주도했던 순천 서면은 '순천의 모스크바'라고 불릴 정도로 세력이 강했다. 당시 안경덕 서면지서장도 서북청년회 출신으로 면민들과 갈등이 심하면서 진압 후에는 민간인 학살로 이어졌다.

특히 미곡수집에 불응한 농민들을 수갑을 채운 채 경찰서로 끌고 가 투옥시켰다.[2] 이렇게 농민 등 민중의 잠재된 불만들이 14연대의 봉기가 시작되면서 휘발유에 불을 댄 것처럼 타올랐다. 그런데도 오랫동안 여수, 순천지역은 '반란의 도시'라는 오명을 안고 살아야 했고, 아까운 인재들은 죽거나, 아예 고향을 떠나야 했다.

포승줄에 묶인 박찬길 검사(상상화)
(박금만 작가 제공 – 거기에도 꽃은 피는구나! 검사 박찬길 2021)

정부는 10월 22일 계엄령을 선포하고 대대적인 진압에 나섰다. 순천은 4일 만인 10월 23일에 완전히 탈환하면서 대대적인 민간인 협력자 색출이 시작되었다. 진압군은 경찰, 우익청년간부 등과 협력해 농림중학교와 북국민학교에 대거 시민들을 집결시키고 좌익 및 부역자 색출에 나섰다. 그 현장에 승주교회(1952년 5월에 순천제일교회로 개칭했다) 나덕환 목사가 나타났다.

라이프지 칼 마이던스의 사진에는 나 목사가 좌익 색출 과정에 개입한 장면이 있다. 이에 대해 나 목사는 증언에서 당시 기독교인들을 한 명이라도 더 찾아 살리려고 했다고 주장했다. 그들은 양민이나 기독교인이 아니라, 오직 담임 중인 승주교회 교인들만 해당되었다. 나 목사는 우익활동을 한 자

---

2 한국전쟁의 기원-상(브루스 커밍스, 1986, 청사) 345쪽

기교회 교인들이 혹시라도 좌익이나 부역자로 몰려 억울하게 피해를 보는 일이 없도록 했을 뿐이었다.

오히려 부역자 색출과정에서 진압군이 목사와 기독교인들을 활용했다는 사실이 드러났다. 그래서 기독교인들은 살아남고 비기독교인들은 죽음으로 내몰렸다.

조덕삼 장로와 이자익 목사의 이야기로 유명한 전북 김제의 금산교회는 1950년 6·25 전쟁 당시 금산리 마을이 불바다가 되어 온 마을주택이 다 전소되는 사건 속에서도 교회는 불에 타지 않고 옛 모습 그대로 남았다. 이러한 일은 좌익이나 우익이 한결같이 "저 교회는 우리 교회"라는 마음을 갖고 있었기 때문이며 이자익 목사와 조덕삼 장로의 평등사상과 민주주의 정신이 교인들을 하나로 모을 수 있었기 때문이었다.

가까운 보성읍교회의 경우도 여순사건과 6·25 전쟁 중에 교인들끼리는 전혀 피해를 주지 않았고, 교회건물도 불타지 않고 멀쩡했다. 교인들끼리는 서로 좌익과 우익으로 나누어 편가르기를 하지 않고 서로를 믿고 보듬었기 때문이다. 그 이면에는 황보익 담임 목사의 역할이 컸기 때문이라고 교인들은 말하고 있다.

오히려 순천 탈환 후 군경의 진압과 부역자 색출 과정에서 기독교인들도 큰 피해를 보았다. 순천읍교회 집사였던 박찬길(1910~1948, 황해도 은율군 출신, 숭실전문·도쿄중앙대법학과 졸업, 1945년 변호사시험 합격, 서울지검 검사시보, 1947.11.7.일 순천지청 차석검사 부임) 검사는 총살당했고, 역시 독실한 신자였던 박 검사의 부친 박인서도 그날 순천경찰서에 끌려가 경찰들의 폭행으로 그날 사망했다. 유족들은 이 두 부자의 시체를 찾지 못했다. 둑실 골짜기나 수박등에서 불태워졌을 것으로 보인다.

그동안 박찬길 검사의 억울한 죽음에 대해 끈질기게 추적해온 여수 솔샘교회 정병진 목사에 의해 지난 2021년 국가기록원 자료에서 발견되었다. 1949년 8월 정부의 군검경 합동수사반의 생생한 수사기록이었다. 박찬길 검사, 방기환 순천법원 서기 등 21명이 무고하게 처형당한 배후에 최천

(1900~1967, 경남 통영 출신, 통영3·1운동 가담 등 항일운동 참여, 신간회 통영지부장, 해방 후 인천 경찰서장·제주도경찰국장·8관구(전남)경찰청 부청장 역임, 제주와 여순 무력 진압 주도, 6·25 참전, 경무관 퇴직, 4대·5대 충무시 국회의원 당선, 건국훈장 애족장 수여)의 강행 혐의가 짙었고, 순천경찰이 주도한 사실이 밝혀졌지만, 전국 경찰이 총파업으로 저항하자, 이승만은 '불문에 부치라'고 지시해 덮어버렸다.[3] 그러나 좌익들이 살해한 손동인·동신 형제와 고재춘 성도 등 승주교회 교인들의 시체는 장천동 길거리에 버려진 것을 교인들이 수습했다.

광주 양림교회에서 열린 조선예수교장로회 제25회 총회 회의록(1936년 9월 11일)을 살펴보면 학무부의 대비생(貸費生) 명단에 박찬길 검사의 이름이 나온다. 대비생은 넓게 보면 '장학생'의 일종이라 할 수 있지만, 개념은 조금 다르다. 그 자격을 보면 신앙이 독실한 세례교인으로서 총회가 인정하는 전문학교와 대학 본과에 입학한 학생, 가정 형편이 어려워 학비를 자부담하기 불가능한 자, 35세 미만의 나이 등 6가지 요건을 충족해야 한다.

총회 회의록에 의하면 "일본 중앙대 법학과에 재학 중인 박찬길에게 30원씩 지급한다"고 되어 있다. 박찬길은 황해노회장 추천과 두 명의 보증인을 세워 대비생이 되었다. 이는 그가 신앙이 돈독해 노회에서도 추천할만한 인물이었음을 알 수 있다. 그의 숭실전문학교 1년 후배이자 초대 군종감을 지낸 김형도 목사는 그의 회고록『복의 근원』(1979년 한국기독교문학연구소출판부에서 발간)에서 박 검사에 대해 독실한 기독교인이라 말하고 그가 억울하게 죽임을 당

여순사건(순천북국민학교 학살장면)

---

3 여수넷통뉴스 20201.10.9일자 기사-박찬길 검사 총살사건 수사기록 72만에 발견(정병진)
http://www.netongs.com/news/articleView.html?idxno=304117

했다며 무척 애석해한다.[4]

　당시 제헌의원이었던 순천중앙교회 황두연 장로의 회고록에는 순천농림중학교 운동장에서 어떤 일이 벌어졌는지 자세히 나와 있다. 황두연은 대한독립촉성농민총연맹 소속이었는데도 여순사건 진압과정에서 억울하게 피해를 보았다. 여순사건이 발생하기 전 5월 10일 제헌의원을 뽑는 선거에서 순천 갑구로 출마했는데, 한민당 소속의 김양수, 애국부인회 소속 박옥신과 대결해서 승리했다.

　황두연은 14,677표를 얻어 당선되었으며, 김양수는 11,508표를 얻어 차점자로 낙선의 고배를 마셨다. 황두연이 한민당 중진 김양수를 꺾고 당선된 것은 순천지역에서 반한민당 정서가 어느 정도 영향을 미쳤으며, 기독교인의 지지도 승세를 잡는데 일정한 역할을 했다. 무엇보다 알렉산더병원에서 10여 년 동안 재직하면서 지역민으로부터 신망을 쌓아 나간 점도 유리하게 작용했을 것이다.[5]

여순사건(순천농림중학교 운동장)

4　장로교 총회가 키운 한 검사의 죽음(정병진, 평화나무, 2020.10.22.일자 기사)
　http://www.logosian.com/news/articleView.html?idxno=1576
5　임송자-제헌의원 황두연의 생애와 순천지역 활동(남도문화연구35) 58-59쪽

여순사건 기독교인 피살자 현황

가해자	교회	성명	직분	비고
진압군경	순천중앙교회	박찬길	집사	순천지청 차석 검사
		박인서	교인	박찬길 검사 부친
		황인주	교인	황종권목사 부친
		황하연	교인	황종권목사 조카
		황종은	교인	황종권목사 동생
		김옥순	교인	황종권목사 모친
		최창수	집사	매산중 교사
		김옥태	집사	매산중 학생과장
		최승수	교인	매산중 학생
		최승모	교인	매산중 학생
		박이만	교인	매산중 학생
	여수읍교회	백용규	교인	형무소 학살. 미평국교 교사
		백연호	교인	실종. 서국교 교사
		백광옥	교인	여수 수산고 1학년. 형제묘 학살
		유종석	집사	행불
	황전 수평교회	장석남	집사	현 황전제일교회
	화양 나진교회	박창래	집사	독립운동가
	광동중앙교회	이상홍	교인	가족4명 희생
봉기군 등 좌익세력	순천제일교회	손동인	교인	순천사범
		손동신	교인	순천중
		고재춘	교인	순천중
	해룡 도롱교회	김병준	장로	현 연흥교회
		윤형근	교인	
		윤순근	교인	
	별량교회	김용길	집사	
	학구교회	유영채	피택장로	서면 부면장
	고흥 축두교회	임인규	집사	
	고흥 금산 오천교회	황재련	집사	황두현 장로 형

박찬길 검사는 황두연의 조카 황성수 박사와 결연 의형제를 맺은 사이였다. 그는 10월 20일 오전 14연대의 봉기 소식을 듣고 크레인 선교사 사택으로 피신했다가 23일 진압군이 탈환한 후 사태수습을 하고 있다는 북국민학교를 찾았다. 황두연이 14연대의 봉기소식을 듣고 피신하게 된 것도 박찬길 검사의 권유 때문이었다. 그만큼 두 사람은 밀접한 관계였음을 말해주고 있다.

그날 현장에서 유혈이 낭자한 박찬길 검사를 보고 최천 도경 부국장에게 항의하면서 즉각 석방할 것을 요구했으나, 조사 완료되면 방면하겠다는 약속을 믿고 나왔다. 그 자리에서 김규당 목사(매산여고 교장, 손양원 목사 동기)도 붙들려 와 있었는데, 함께 선교사 사택에서 피신 중이었다고 증언해서 즉시 석방시켰다. 그러나 박찬길 검사는 다음 날 총살당했다.

당시 매산중학교 2학년에 재학 중이었던 이성수씨(증언당시 77세, 순천 중앙동 법원 부근 거주, 학도병 참전, 육군 대공정보과장, ·주월 백마28전투여단장, 군사평론자문위원회 이사)는 학련 소속으로 순천사범학교 황용운과 서재홍이 기억나며, 양자 모두 당시 무차별적이고 무자비하게 반군 협조 혐의 민간인을 색출했다고 증언했다. 특히 순천학련 조직에는 이북 출신 학생들이 많았고 남한 출신 학생들은 불량학생이 많았다고 했다. 자기들의 마음에 들지 않으면 무조건 끌고가 구타했으며, 참고인도 학련에 끌려갔다가 구타당하고 풀려난 적이 있었다. 순천 진압 당시 무법 상황에서 학련 학생들이 죄없는 민간인들을 길거리에서 무차별적으로 연행, 법 절차와 증거 없이 사감으로 무고하여 많은 민간인들이 끌려가서 학살당하는 경우가 많았다고 증언했다.[6]

여수읍교회에서도 희생자가 많았다. 박재수 장로도 진압군에 끌려갔다가 부인회 활동을 하던 부인 김필순 권사의 도움으로 풀려났고, 교회반주자인 이윤심 집사와 유종석 집사가 봉기군에 가담해 교회를 떠났다. 또한 강경수 집사의 자녀 중 세 아들이 희생되었다. 미평국민학교 교사였던 장남 백용규 성도가 군법회의에서 무기징역형을 받아 부산형무소에서 수형생활을 하던

---

6 순천지역 여순사건 보고서(매산중학교교사 희생사건 면담보고서. 2008. 12. 5일)

중 1950년 3월 고문으로 피살되었고, 서국민학교 교사였던 차남 백연호 성도는 광주 교육청에 출장다녀오다가 순천에서 1948년 10월 21일경에 실종되었다. 또한 여수수산고 1학년인 삼남 백광옥도 경찰에 끌려가 1949년 1월 13일 여수 만성리에서 집단 학살되어 사체까지 불태워졌다. 일명 '형제묘 사건'의 피해자였다. 이 백광옥을 석방시키기 위해 당시 여수읍교회 유현덕(순교자 양용근 목사 사모) 전도사가 나섰지만 소용이 없었다. 여수중학교 2학년인 경찰서 직원 아들이 수산학교에서 해양훈련을 받으면서 백광옥에게 기합받은 것에 앙심을 품고 끝내 석방시키지 않았던 것이다.

이외에도 진압군이 빨치산 소탕 작전을 위해 산악지대 마을을 소개시키면서 교회들이 소실되는 피해를 입었다. 고흥에서는 팔영산에서 내려오는 빨치산들을 고립시키기 위해 영남면 남열리 마을 전체를 소개시키면서 교회가 불타고 주택도 절반이 전소되었다. 순천 황전면 대치교회도 1948년 11월에 마을을 소개시키면서 문을 닫고 괴목리 제재소 창고로 교회를 옮겼다가 6·25가 끝날 무렵인 1952년 3월에서야 본교회로 복귀했다.[7] 송광 낙수교회도 여순사건 이후 조계산 지역 빨치산 소탕작전 중 낙수, 고대 등 4개 마을을 소개시키면서 교회를 불태웠다가 1955년에서야 다시 교회 문을 열었다. 백운산 자락에 있던 진상면 신황리교회도 전소되었고, 구례 산동교회, 광의교회 등도 소개되면서 피해를 입었다.

---

7 황전면지(2009)

CHAPTER · 2

제헌선거 후유증과 손가락총

황두연 장로

나덕환 목사

김양수 2대 국회의원

황두연(중앙교회)과 김양수(승주교회)의 갈등

23일 순천 북국민학교 운동장에서 부역혐의자를 색출한다며 군경에 달라붙어 좌익으로 몰아세웠던 이들은 황우수, 임규홍, 김석종, 이용현 등 한민당 4인조였다. 황우수는 청년단 대장이었고, 임규홍은 김양수의 처남이었다. 이용현은 순천에서 테러 행위를 일삼는 등 무법천지로 행동하다가 구속되기도 했다.[8]

이들은 모두 한민당원으로 여순사건 진압과정에서는 물론이고, 그 후에도 지역에서 막강한 권력을 행사했다.[9] 특히 좌익색출 과정에서 황두연의 선거

---
8   동아일보 1946.7.26일자
9   임송자-여순사건과 순천지역 좌·우익 세력의 동향(역사학연구73) 178~179쪽

운동원들이 대거 좌익으로 분류되는 현장을 목격하기도 했다.

제헌 국회의원 선거에서 황두연이 김양수를 누르고 당선되면서 상대 운동원들에 대한 반감이 작용했을 가능성이 높다. 승주교회 나덕환 목사도 현장에 나와 요인들을 구출했다고 하는데, 그는 김양수를 지지했고, 저전동 목사 사택을 선거운동사무소(연락소)로 내 줄 정도로 열심히 도왔다. 그의 아들 나제민도 김양수의 선거운동원으로 활동할 정도였다. 그래서 1937년 승주교회를 신축할 때 교회에 출석하지도 않은 김양수가 저전동의 자기 땅을 기증할 정도로 두 사람은 형제처럼 가깝게 지냈다.[10]

1948년 5월 실시된 첫 총선은 순천읍의 첫 교회인 순천중앙교회와 두 번째 교회인 승주교회의 대리전이나 마찬가지였다. 황두연 장로는 출석한 순천중앙교회의 지지를 받았고, 승주교회는 나덕환 목사의 개입으로 김양수를 지지했다. 일제강점기 독립운동 경력이나 지역 인맥 등 모든 면에서 김양수가 무난히 승리할 것으로 예상되었으나, 당시 반한민당 정서가 작용해 황두연이 당선되었다. 당시 선거구인 순천갑구는 순천읍과 서면, 해룡면, 상사면 이었고, 그만큼 치열하게 선거가 치러졌다. 황두연이 독촉농민회 소속으로 서면 등 농민들의 전폭적인 지지도 있었다.

순천 토박이도 아닌 여수 출신의 황두연 장로에게 패한 김양수와 그를 지지한 선거운동원으로서 자존심에 큰 상처를 입었다. 그래서 황두연 후보를 지지한 운동원에 대해 반감을 가지고 있다가 여순사건에서 엉뚱하게 좌익으로 몰아갔던 것이다. 그들이 대거 제거된 후 치러진 1950년 제2대 국회의원 선거에서 황두연과 재대결을 펼쳐 김양수가 압도적인 표 차이로 당선되었다. 김양수는 기존 한민당과 신익희 등이 만든 대한국민당과 합당한 민주국민당 후보로 출마했고, 황두연은 이름을 '황평연'으로 바꿔 대한촉성국민회 후보로 출마했다.

---

10 아름다운 믿음의 유산(나덕환, 한국장로교출판사,2012) 322쪽

순천지역 역대 선거 결과현황(초대~3대)

대수	선거일	선거기간	선거구	선거구역	출마자	소속	득표수	득표율	순위
초대	1948. 5.10(월)	42	순천갑	순천읍 서면 해룡면 황전면	황두연	대한독촉농민회	14,677	52.88%	당선
					김양수	한국민주당	11,508	41.46%	2
					박옥신	대한부인회	1,568	5.64%	3
			순천을	월등면 쌍암면 주암면 송광면 외서면 낙안면 별량면 도사면 상사면	조옥현	대한독촉국민회	14,911	48.24%	1
					김계수	한국민주당	6,068	19.63%	2
					서정기	무소속	5,356	17.33%	3
					심의각	무소속	4,569	14.78%	4
2대	1950. 5.30(화)	49	순천시	순천시 일원	김양수	민주국민당	9,927	47.06%	당선
					황평연 (황두연)	국민회	5,568	26.39%	2
					윤형남	무소속	1,878	8.90%	3
					서정기	무소속	1,432	6.78%	4
					신순우	대한노동총연맹	1,000	4.74%	5
			승주군	승주군 일원	김정기	무소속	12,663	29.90%	당선
					장대성	무소속	9,014	21.28%	2
					조민종	무소속	5,724	13.51%	3
					조병원	무소속	3,779	8.92%	4
					김상수	대한국민당	2,860	6.75%	5
					서달호	무소속	2,552	6.02%	6
					조옥환	사회당	1,995	4.71%	7
					최상진	무소속	1,949	4.60%	8
					조옥현	대한국민당	1,805	4.26%	9
3대	1954. 5.20(목)	44	순천시	순천시 일원	윤형남	무소속	7,266	33.19%	당선
					김정기	무소속	4,448	20.31%	2
					김종하	자유당	3,722	17.00%	3
					서정록	무소속	3,573	16.32%	4
					김양수	민주국민당	2,882	13.16%	5
			승주군	승주군 일원	이형모	자유당	15,707	35.35%	당선
					조경한	무소속	7,537	16.96%	2
					김화성	국민회	7,295	16.41%	3
					남정수	무소속	5,793	13.03%	4
					김한기	무소속	4,029	9.06%	5
					박창식	농민회	3,087	6.94%	6
					서정기	무소속	980	2.20%	7

※ 중앙 선거관리위원회 역대 선거자료를 편집한 것임

위 표에서 보듯이 초대 제헌의원 선거에서 김양수, 김계수 형제가 나란히 출마해 낙선했고, 순천철도병원장이었던 김계수는 좌익세력에게 10월 21일 총살당했다. 그래서 황두연과 그 세력에 대한 감정의 골이 더 깊었던 것이다. 2년 후 치러진 2대 총선에서 김양수는 기어이 당선되었지만, 승주군에 출마한 같은 국민당 김상수 후보는 5위에 그치고 대신 무소속으로 출마한 승주교회 김정기 장로가 당선되었다.

2대 총선에서 순천시에 출마해 3위에 그친 윤형남[11] (尹亨南, 1911~2002, 변호사)은 3대에서는 무소속으로 4대와 5대 총선에서는 민주당으로 출마해 연거푸 3선을 했다. 이형모(李炯模, 1913~?)는 광주에서 주조회사 사장 등을 하던 기업인 출신으로 혜성과 같이 나타나 승주군에서 자유당 소속으로 내리 2선을 했다.

황두연과 김양수, 또는 황두연과 나덕환은 해방 이후 순천을 좌우하는 지역지도자로서 피할 수 없는 라이벌 관계였고, 그 틈바구니속에서 황두연과 가까운 순천중앙교회 교인들이 피해를 입은 것으로 보인다. 그 결과물이 바로 순천중앙교회 집사인 박찬길 검사의 억울한 희생으로 나타났고, 이북 출신으로 같은 교회 집사였던 매산중학교 김옥태 학생과장에 대한 보복으로 이어졌다고 볼 수 있다. 치열한 선거가 이렇게 엄청난 희생으로 이어진 것은 예나 지금이나 정도의 차이만 있을 뿐 마찬가지이다.

당시 순천중앙교회 담임은 김상권 목사였다. 김 목사는 경남 진주 출신으로 1937년 평양신학교를 졸업하였고, 한경직과 박형룡이 대립할 때 박형룡의 측근으로 활약해 합동총회 서울 한남노회장을 지냈다. 경기노회에서 시무하다가 내려온 김 목사는 나덕환 목사에 비해 자기 교회 교인 구출 등 아무런 소임을 하지 못했다. 김 목사는 평양신학교 30기(1937년 졸업)이고 나 목사는 32기(1939년 졸업)로 함께 신학교를 다녔다. 따라서 두 목사가 힘을 합했더라면 최소한 박찬길 검사 등 교인들의 희생은 막을 수 있었을 것이다. 그런데 이미 6개월 전의 치열한 선거에서 서로 감정의 골이 깊어져 진압

---

11 일제강점기 고등문관시험 사법과에 합격해 칠곡군수, 상주군수를 지냈고 해방 후에는 법제처 법제관, 민주당 중앙위원, 윤보선과 국민당을 창당했다. 친일인명사전에는 오르지 않았다.

과정에서는 협조가 전혀 되지 않았고, 오히려 방관했을 가능성이 높다.

황두연도 처음에는 진압군에 체포되어 끌려갔더니 자기 선거운동원들이 이구동성으로 한민당 4인조에 의해 모함을 받고 끌려와 있었다. 이들 대부분은 즉결 총살 대기 중이었다. 그러나 크레인과 보이어 선교사가 뒤늦게 소식을 듣고 달려와 송호성 사령관을 만나 알리바이를 대주고 황두연을 구출했다. 남아 있던 이들은 대부분 그날 봉화산 골짜기에서 억울하게 총살당했다.

최소한 순천에서 여순사건 학살은 좌우 이념 대결이 아니라, 선거 후유증에 따른 복수전이라고 인식할 필요가 있다. 또한 두 교회 간의 알력으로 애꿎은 교인들이 피해를 본 측면도 새롭게 조명해야 할 지점이다.

스승을 고발한 학생도 보복사살

교회 집사였던 매산중학교 수학교사 최창수, 학생과장 김옥태(이북출신)를 비롯해 학생 최승수, 최승모, 박이만 등이 연행되어 군경에게 억울하게 총살당했다. 최창수 교사는 학련 소속 학생(주암면 거주)이 흡연을 하여 체벌을 하였고, 김옥태 학생과장도 학련 학생을 많이 혼냈다고 증언하였다. 최창수 교사에게 체벌당한 학련 학생이 조사나 증거없이 무차별적으로 반군 협력 혐의자를 색출하러 다녔고, 진압군경에게 두 교사를 반군에 협력했다고 허위 고발했던 것이다.

스승을 고발한 그 학생은 결국 14연대 봉기군에게 사살당한 것으로 알려졌다. 두 교사는 진압군경에게 연행되어 서면 구랑실재에서 총살당했다. 순천 진압 후 당시 매산중학교 김형모 교장과 박영률 선생이 학생들을 모아 놓고 최창수·김옥태 교사의 억울한 희생 사실을 알려주었다. 그러나 두 교사와 제자들을 구명하는데 아무런 소임을 하지 못했다. 이렇게 중요한 희생사건인데도 2010년 매산학교 100년사를 발간하면서 한 줄도 기록하지 않았다.

나덕환 목사는 농림중학교 운동장에서 있는 모습이 라이프지 사진기자에게 찍혔다. 그 이유에 대해 장남 나제민 장로는 이렇게 회고했다.

순천농림중학교 운동장에서 가담자 색출작업을 하고 있다. 봉기협력자 색출은 북국민학교에서 처음 시작했다가 장소가 좁아 다시 농림중으로 옮겼다. 사진에서 중절모를 쓴 이가 나덕환 목사이고 경찰복장은 최천 전남도경 부국장이다.

북국민학교에서 '악질'로 판결된 사람들은 치안유지를 위해 곧 사형에 처해졌다. 저녁이 되면 도망쳤던 반란군 잔병들이 순천을 재탈환하려고 반격해 오곤 했다. 그런데 아버님이 아끼던 다섯 명의 집사님들이 북국민학교에 끌려가 오해를 받고 있다는 것을 집사님들의 부인들을 통해서 알게 되었다. 다섯 명 중 세 명은 학생들에게 인기 있는 중학교 선생님들인데, 반란군이 순천을 점령하는 동안 반란군에 동조한 좌익선생들의 투표에 의해서 본의 아니게 학교의 직책을 갖게 된 분들이다. 아버님은 북국민학교로 직행해서 이분들을 대변했다. 그리고 한 명을 제외하고는 이분들을 대변하는 데 성공했다. 한분은 '무죄'로 판정되는 줄에 끼워 넣는 데 성공했는데, 무슨 이유인지 '유죄'로 판정되는 줄에 자진해서 줄서기를 되풀이하다가 사형당하고 말았다.[12]

---

12 아름다운 믿음의 유산(나덕환, 한국장로교출판사,2012) 336쪽

그 외에도 진압군에 희생된 교인으로는 수평교회(현 황전제일교회) 장석남 집사가 면사무소에서 퇴근하다 진압군에게 붙잡혀 희생되었다. 유족인 순천중앙교회 장옥자 권사에 따르면 할머니 유일례 집사가 황전제일교회 설립 교인으로 섬겼고 아들 장 집사는 일본 유학을 다녀와 상사에서 학교를 세워 문맹자들을 가르쳤던 교육자였다. 그후 황전면사무소 면서기로 발탁되어 교회를 섬기다가 진압군에게 체포되어 둑실골짜기에서 총살되었다. 시신은 불태워져 수습도 하지 못했다. 장 집사는 어머니와 함께 독실한 신앙인으로 일본 유학을 다녀온 지식인이라는 이유 말고는 특별히 좌익으로 의심받을 이유가 없음에도 억울하게 희생되었다.

잇따른 교회의 성립과 교인 피해

여수읍교회(현 여수제일교회, 여수교회, 서정교회라고도 불렀음)는 여순사건 당시 많은 피해를 입었다. 김상두 목사도 봉기군에게 잡혀 신한공사 사무소에 끌려왔으나, 인민재판에 넘겨지지 않고 석방된 것으로 알려졌다. 김형도 목사의 기고문에 나온 내용이다.

당시 여수읍내에는 여수읍교회에서 분립한 제2교회(현 여수중앙교회), 제5교회(봉산리교회, 현 영락교회), 충무동교회 등이 있었고, 그 외에도 돌산 군내·봉양교회(현재 통합해서 돌산읍제일교회), 남면 우학리교회, 두라교회, 월호교회가 있었다. 또한 화양면에는 나진리교회와 서촌교회·산성교회, 율촌면에는 장천·애양원·광암·구곡·평촌·묘도교회, 소라면에서는 덕양교회(현 주향교회)와 현천교회 등 모두 20개 교회가 있었다. 제3교회(서부교회, 현 성광교회)와 쌍봉교회(현 여천교회) 등이 6·25 전쟁 중에 설립되었다.

당시 여수읍교회는 군자동에 있었고, 제2교회는 덕충동에 있었다. 여수읍교회 담임은 고흥출신 김상두 목사가 부임해 있었고, 제2교회는 여수읍교회 초대 교역자(조사)로 부임했던 율촌출신 조의환 목사가 막 부임한 상태였다.

여수는 1948년 10월 24일 진압군이 잉구부전투에서 패한 이후 다시 전열을 정비해 25일과 26일 계속 탈환에 나섰다. 26일에는 육해공 합동작전이

여수제일교회전경

전개되면서 시내 중심가에는 포격으로 많은 상가들이 불탔다. 특히 중앙동, 충무동 일대에서 사업을 하는 교인들의 집과 상점은 모두 불에 타버려 재산상 손해는 말할 수 없이 컸고 아울러 교회가 입은 피해도 클 수밖에 없었다. 여수읍교회에서 가장 부자인 박재수 장로의 여러 상점들도 불에 타버렸다.

또한 이윤심 집사는 오랫동안 여수읍교회의 반주자이었고 유치원의 교사로 봉직하였는데, 당시 남로당 여수지부에서 여성활동가(여성부장이라고 함)로 활동했었던 것으로 보인다. 이윤심 집사는 박 장로집을 찾아와 빨리 피신하라고 알려주어 목숨을 부지할 수가 있었다. (이용기 인민위원장의 여동생이 이윤심이다.)

여수읍교회에서는 이윤심 집사와 유종석 집사가 봉기에 가담해 교회를 떠났다. 특히 이윤심 집사는 1949년 1월 14일 여수에서 열린 고등군법회의에서 징역 1년형을 받았으나, 유종석 집사의 생사는 알려지지 않았다.

불타는 여수시내

박재수 장로는 고흥 도화면 출신으로 1944년 장로안수를 받았고, 일제강점기 창씨개명도 거부하고 신사참배를 거부해 여수경찰서에 구금되어 있다가 해방을 맞았을 정도로 강직한 분이었다. 초대 교역자였던 조의환 목사는 전주 한예정성경학교(한일장신대 전신) 출신인 순천 한약사의 딸 김필신을 박 장로에게 중매하여 부부가 교회를 열심히 섬겼다.

박 장로는 하이스기선회사 수입과장으로 있다가 독립하여 여수 중앙동에서 문방구점, 지물포, 철물점, 화학품 판매, 비누공장 등을 운영하며 많은 돈을 벌었다. 그러다가 여순사건 때 모두 전소되고 말았다. 부인 김필순 권사는 여수에서 제일가는 여성지도자로 활동하며 중앙유치원 원감도 맡고 있었다. 또 진압군이 들어왔을 때 여성단체 회원들과 함께 식사 제공 등 봉사를 주도했다.

아들 박웅래 장로(여수성광교회 은퇴)에 따르면 당시 박재수 장로도 모함을 받아 진압군에 끌려갔다. 진압군의 사형자 명단에 포함된 것을 보고 깜짝 놀란 부인 김필순 권사가 진압군 장교에게 억울함을 사정해 구출할 수 있었다. 박재수 장로는 여수YMCA 회장을 맡고 있었었는데, 석방된 후 송석하 진압군사령관을 도와 무고하게 잡혀 온 시민, 특히 교인들을 많이 구해주었고 한다.

박 장로는 독촉국민회에서도 활동했는데, 김구 선생이 여수를 방문했을 때 박 장로 집에서 묵었고, 백범일지를 선물로 받았을 정도로 특별한 관계를 맺고 있었다. 또한 박 장로는 1951년 황해도 연백군 해룡면 부토리교회 김주성 목사와 교인들이 여수로 피난을 오자, 함께 여수성광교회(구 서부교회)를 설립했다. 이들은 1951년 9월 8일 신앙의 자유를 찾아 해군LST를 타고 도착해 웅천지역에 정착했다.[13]

특히 박 장로는 등대선교회에서 활동하면서 삼일중앙교회와 거문도교회를 개척했다. 인휴 선교사가 박 장로에게 자전거를 사주며 무교회지역인 삼일면의 전도를 요청하자, 열심히 다니면서 출석교인 80명의 교회로 발전시켰다. 또한 이기풍목사추모사업회장도 맡아 후원하며 헌신하는 등 교회 일이라면 무조건 앞장서 순종했다.

제2교회(중앙교회)는 6·25 전쟁 때 보관 중이던 당회록 등 서류들이 모두 소실되어 교회사를 정리하면서 자료가 없어 애를 먹었다.

화양면 나진교회에서도 교인의 피해가 있었다. 독립운동가였던 박창래(1914~1949, 나진교회 초대설립 교인, 주일학교 교사, 해방 직후 화양면인민위원장 역임) 집사도 좌익으로 몰려 만성리에서 총살당했다. 그로 인해 그의 가족들도 연좌제 피해 등 당시 상당한 고통을 당한 것으로 전해졌다. 교인들도 박 집사의 총살로 경찰에 불려다니면서 피해를 입었는지 아직까지 함구를 하고 있고, 교회사에서도 그 흔적을 지워버렸다.

박창래는 1931년 여수수산학교 재학 당시 '독서회 사건'에 연루되어 징역 1년에 집행유예 3년형을 선고받아 2019년 독립유공자로 선정되었다. 이

---

13 여수제일교회110년사(2018) 279, 280쪽

박창래 집사

독서회는 공산주의 사회 수립과 이를 위해 마르크스주의를 연구할 것을 목적으로 하였다. 그러나 함께 체포되어 재판을 받은 백인렬의 증언에 의하면 일제경찰이 독서회 사건을 공산주의자들의 이념적 투쟁으로 격하하였다고 하였다.[14]

여순사건 당시 여수에는 20개의 교회가 있었고, 순천에는 순천중앙교회, 승주교회(현 순천제일교회), 역전교회(현 승산교회)를 비롯해 서면에는 동산교회·학구교회·압곡교회·구상교회·가곡교회, 해룡 도롱교회(현 영흥교회), 월등교회, 황전 수평교회(현 황전제일교회), 대치교회, 낙안 평촌교회(현 낙안중앙교회), 별량 대곡교회, 하대교회, 이미교회, 개령교회, 덕월교회, 송광낙수교회(현 송광중앙교회), 해룡 상삼교회, 해룡 신성교회, 상사 마륜교회 등 22곳이 있었다. 승평교회(현 동부교회), 해촌교회(현 순동교회) 등은 6·25 전에 설립되었다.

광양에는 신황리교회를 비롯하여 웅동교회, 대방리교회, 광양읍교회, 태인교회, 진월교회, 진월 오사리교회, 광동중앙교회, 금호교회, 옥곡교회, 광포리교회(현 광영교회), 진광교회, 고길교회(황금교회), 망덕교회(현 진월교회) 다압 관동리교회, 도사리교회 등 16개 교회가 있었고, 구례에는 구례제일교회, 광의교회, 신월교회, 산동교회, 토지교회, 외곡교회, 월전교회, 간문교등 8곳이 있었다.

고흥에는 고흥읍교회, 도양중앙교회, 녹동교회, 봉서교회, 남양주교리교회, 동강유둔교회, 금산 신흥교회, 금산신평교회, 금산오천교회, 금산동정교회(현 성치교회), 길두교회, 송산교회, 신금교회, 남열리교회, 도덕가야교회, 풍양한동교회, 축두교회, 오마교회, 도화내발교회(현 발포교회), 당오교회, 점암봉북교회, 화계교회, 신안교회, 과역도천교회, 화덕교회, 중산교회, 대전교회, 소록도교회, 천등교회, 남성교회 등 30곳이 있었고, 곡성에는 오곡교회,

---

14 진실화해위원회, 종합보고서 II (진실화해위원회, 2010) 71~72쪽

압록교회, 곡성읍교회, 원정자교회(목사동교회), 석곡교회, 옥과교회, 대전교회, 원촌교회 등 8곳이 있었다. 보성에는 벌교 무만교회를 비롯해 벌교읍교회, 낙성교회, 척령교회와 보성읍교회, 양동교회, 예동교회, 서부교회, 문양리교회, 영암교회, 동막교회, 노동 신천리교회, 겸백 운림교회, 겸백 수남교회, 득량교회, 조성교회, 조성동산교회, 복내장천교회, 덕산교회, 천치교회, 율포교회, 칠동교회 등 22곳이 있었다.

  이들 교회를 전수조사해보면 희생된 교인은 상당히 늘어날 것으로 보인다. 그러나 교인 중 학살에 직간접적으로 가담하거나 연루된 이들은 입을 다물고 있다. 순천 옥천동 수돗가 학살사건에 연루된 A장로는 20여년 전이나 지금이나 여전히 입을 열지 않고 있다. 그러나 아직도 여순사건 당시 피해 의식과 연좌제 피해, '빨갱이'로 몰렸던 악령에서 벗어나지 못한 채 쉬쉬하고 있다. 사건의 진실은 하나 둘 세상을 떠나는 목격자들과 함께 묻히고 있다. 죽기 전에 그날의 진실을 알려주고 가면 좋으련만 너무 안타깝기 그지없다.

CHAPTER · 3

여순사건에 미친 개신교의 영향력

여순사건(여수 서국민학교 운동장)

여순사건 당시 개신교 목사들이나 교계 지도자은 어떻게 개입했고, 영향을 미쳤을까. 먼저 당시 목사들은 14연대 봉기군 치하에서도 대부분 자유로웠고, 선교사들도 아무런 피해를 입지 않았다. 그들의 목격담을 확인해볼 필요가 있다.

목회자들의 여순사건 체험담과 진실

서울YMCA 간사로 여수에 집회 차 내려왔다가 봉기군에게 포로가 되었다 살아난 김형도(초대 군종감) 목사는 비교적 중립적으로 사실을 회고했다. 여수에서는 1948년 10월 19일 '여수·순천지방 학생연합집회'를 인도하기 위해 여수에 도착한 김 목사는 14연대 봉기군에 체포되어 경찰서 인근 창고에 구금되어 조사를 받았다. 당시 그는 함께 조사를 받던 50여 명의 경찰관들 중 일부가 처형되는 총소리도 들었다.

10월 25일경, 평상시 안면이 있던 김백일 중령이 여수 시내에서 현장 지휘하는 것을 목격한 직후, 그는 "살아남은 여러분은 남녀노소 할 것 없이 오동도로 모이시오"라는 육군 지프차의 방송을 듣고 오동도로 갔다. 가는 도중 군인들이 주민들을 국민학교로 모이게 했고, 대략 천 명의 남자들을 오동도로 이송시켰다. 이후 이중 일부를 분류하여 처형했다.[15]

한국기독교협의회 총무였던 유호준(1905~2003, 경기도 양평, 서울용산교회 담임, 58회 총회장) 목사는 정부(사회부)의 종교위문단 일원으로 김종대(1909~1989, 전북 무주, 서울은광교회 담임, 서울장신대 이사장) 목사, 조민형 장로, 불교계의 박윤민씨, 천주교의 윤을수 신부 등 7명과 함께 여순사건을 조사했다.

유호준 목사는 다음과 같이 말했다.

국군은 반란군으로부터 여수, 순천지역을 되찾으면서 공산 반란군 점령 하에서 누가 부역을 했는지 가려내기 위해 주민들을 초등학교 교정에 전부 모이게 했다. 색출 방법은 줄줄이 앉혀 놓고 눈을 감도록 하고는 공산반란군의 마수에서 벗어난 인사들로 하여금 줄 사이로 지나가며 부역자를 손가락 끝으로 지적하게 했다는 것이다. 이들의 손가락 끝도 좌익의 손가락 끝과 마찬가지로 죽음을 가리키는 것이었다. 이들의 손가락에 의해 벌교 뒷산 계곡으로 끌려가 국군에 총살된 자 또

---

15 복의 근원(김형도, 한국기독교문학연구소출판부, 1979), 150, 155쪽

한 부지기수였다. 주민들에 의해 좌익으로 몰려 죽은 사람들 중에도 실제 좌익이 아닌 사람들이 끼어 있기는 마찬가지였다.[16]

정규오 목사

광양 광동중앙교회에서 시무한 정규오(1914~2006, 나주, 서울장로회신학교 1기 졸업, 순천노회장, 합동 총회장, 광주중앙교회 시무) 목사는 손가락질로 분류된 사람들에 대해 다음과 같이 말했다.

공비들(반란군-인용자)... 식량의 약탈로 불안의 요소가 되는 것은 사실이지만, 그보다 더 무서운 것은 언제 누가 모략, 중상, 보복으로 자기들을 공산당으로 몰아서 죽일지 알 수 없다는 것이다. 그때에는 생살공비지권을 지방에 주둔하고 있는 국군부대나 일선지서의 경찰관이 가지고 있었다. 밤에 속 졸이고 아침이 되어 들리는 소식은 어젯밤 어느 부락이 털렸고 누구가 지서에 의해서 총살을 당했다는 것이다. 아무리 생각해도 총살당한 그들이 공산주의자는 아니다. ...책도 없는 농촌에서 어떻게 공산주의자가 될 수 있겠는가. 있다면 관제 혹은 감정이나 이해로 만들어진 민제 빨갱이가 있었을 뿐이다.[17]

1909년에 설립된 광동중앙교회는 김형모, 안덕윤, 서현식, 서재식, 서재화 목사 등 전남교회사에 큰 족적을 남긴 분들을 배출한 역사 깊은 곳이다. 정 목사는 조상학 목사의 뒤를 이어 1948년 4월 26살에 부임해 그해 9월에 순천노회에서 차남진, 손치호와 함께 목사 안수를 받았다.

정 목사는 문재구 목사의 맏사위이다. 문 목사의 딸이 넷인데, 모두 목사에게 시집을 보냈다. 김홍래(순천동부교회 설립, 여수제일교회 김성천 원로목사 부친) 목

---

16 역사와 교회-내가 섬긴 교회 내가 살던 역사-유호준 목사 회고록(유호준, 대한기독교서회, 1993) 199쪽, 201쪽

17 나의 나된 것은 : 정규오 목사 회고록(정규오, 한국복음문서협회, 1984) 100쪽

사, 윤남중 목사, 김인승 목사이다. 특히 윤남중 목사는 5공 때 국가조찬기 도회를 만들어 불교 신자 전두환을 참석시켰고, 백악관에서 매년 새해 열리는 국가조찬기도회에도 매번 빠지지 않고 초청을 받을 정도로 유명하다.

정규오 목사는 누구 보다 반공 강연에 앞장섰다. 정 목사의 생질인 이민호가 공산주의 이론으로 무장되어 함께 살았다. 그때 일본어로 된 자본론과 공산주의 이론서를 탐독해 기독교인으로서 공산주의 허상을 파헤치기를 원했다. 그의 생질은 6·25전쟁 때 보이어 선교사의 주선으로 부산 동래 포로수용소에 전도활동을 나갔다가 만났다. 전향할 것을 권했으나, 포로교환 당시 북한을 택한 것으로 추정되고 있다.[18]

여순사건 당시 시무하던 광동중앙교회 주변인 백운산에서도 여순사건과 6·25 전쟁의 와중에 수많은 희생자들이 생겼다. 그중에는 다른 사람의 중상모략으로 인해 '공산당'이라는 누명으로 희생당하는 사람도 없지 않았다. 공비들의 강요에 못이겨 양식을 제공하거나 가족 가운데 입산자(入山者)가 있어 그 가족이 피해를 입는 경우들이 있었다. 이른바 '관제(官製), 민제(民製) 공산당'을 구해야겠다고 결심하고 해원은 경찰서와 군부대를 방문하였다. 해원(정규오 목사의 아호)은 경찰서장 앞에서 책상을 치며 큰소리쳐도 '정 목사는 철두철미한 반공주의자' 라는 인식이 있어 어느 누구도 문제 삼지 않았다. 그렇게 하여 구출한 사람이 <u>수천 명</u>이 되었다. 그들의 이름도 얼굴도 기억하지 못하지만 한 사람이라도 억울한 죽음을 당해서는 안 되기에 목사로서 최선을 다하였다.[19]

여기서 구출한 사람이 수천 명이라는 부분은 거짓말이다. 여순사건 당시에는 입산자 전체를 합해도 5~600명에 불과하다. 이런 부정확한 내용을 서슴지 않고 정 목사의 자서전을 쓴 이는 총신대 등에서 강의했던 김남식[20] 박

---

18 아름다운 원칙주의자 해원 정규오 목사(김남식, 해원기념사업회, 2007) 173, 182쪽
19 위(15번)의 책 174쪽
20 일본 와카야마에서 출생했으며 미국에서 선교학 박사학위를 받았다. 기독신문 편집국장과 주필을

사이다. 이런 식으로 사실을 왜곡시켜 우상화(?) 시켜려는 기독교인들 때문에 한국교회가 범죄의 굴레에서 벗어나지 못하고 있다. 특히 김 박사는 역사신학을 전공하지 않았음에도 차남진·정규오·김정복 목사 등 평전을 썼는데, 올바른 역사관 정립부터 우선되어야 할 것으로 보인다.

정 목사는 아들이 입산한 교인 이상홍씨 가족을 끝까지 지키지 못하고 진압군에게 학살되었다. 이 교인이 아들과 내통하는 것을 막고 진압군으로부터 보호하기 위해 가족 4명을 교회사택으로 데려와 3개월을 살았는데, 어느 날 진압군이 정 목사 몰래 데려가 어린 자녀까지 모두 총살시켰다. 아마도 1949년 초 무렵이었을 것으로 짐작된다. 정 목사도 안타까웠을 것이지만, 이렇게 가족들이 대살되는 것을 어떻게든 막아야 했다. 목사가 이들을 지켜주지 않으면 이 세상에서 누가 지켜주겠는가.

10월 23일 저녁 순천 진압에 나섰던 12연대 군인들이 매곡동 주민 26명을 매산여고 담벼락에 세워놓고 총살했고, 옥천동 수돗가에서도 5~6명이 총살됐다. 이들도 상당수는 순천중앙교회를 다닌 교인들이었다. 이 학살현장에서 총상을 입고 살아남은 황종권(당시 6세, 남원 복흥중앙교회 시무 후 은퇴) 목사는 부모와 작은 형, 큰 형수, 조카 등을 잃었다. 또한 등대선교회를 이끌었던 안기창 목사의 사모는 당시 순천의료원 간호사로 사상자와 부상자를 처리했다.[21]

당시 지리상으로 순천중앙교회는 매곡동 등 동북부 지역 주민들이 많았고, 승주교회는 저전동, 장천동 등 남서부 주민들이 주류를 이루었다. 다음 날에는 황해도 출신 순천검찰청 검사인 박찬길 집사를 비롯해 21명이 좌익으로 몰려 북국민학교에서 집단 총살되었다. 박찬길 검사의 아버지도 며칠 후 총살되었다. 박 검사의 죽음은 정말 어처구니가 없었다. 산으로 도망간

역임했고, 손양원목사기념사업회 회장, 한국교회 역사자료 박물관 이사장을 지냈다.
21 매곡동에도 양민학살 있었다(한국기독공보 1999.11.13일자 기사)
   http://www.pckworld.com/article.php?aid=1673911209

좌익사범을 쫓다가 산림도벌꾼을 오인해 확인 사살한 경찰관에게 징역 10년을 구형한 것에 앙심을 품고 보복한 것이었다.

순천에서 2007년 진실과화해위원회에서 조사 후 밝혀진 학살 중 군경에 의한 집단학살은 10월 28일 조곡동 둑실 안골에서 72명을 비롯해, 월등 망룡계곡 70여명, 별량 서자골 10여명, 11월 25일 월등 양지맷골 25명, 주암 접치재 학살, 낙안 신전리 학살 등이 있다.

또한 12월 5일 해룡면 도롱리 추씨 집안 등 7명의 도롱교회(현 영흥교회, 19013년 장천교회에서 분립됨) 교인들 학살은 천도교 강모씨에 의한 좌익측의 보복 학살이었다.

기독교인 출신 진압군 지휘부의 영향

진압군 지휘관 중 기독교인으로는 원용덕(元容德, 1908~1968, 서울) 계엄사령관 겸 호남방면전투사령관이 있었다. 그의 아버지 원익상(元翊常, 1876~1947(?), 홍천·인제·춘천·서울에서 목회)은 감리교 목사였고, 같은 감리교인 이승만과도 가까운 관계였다. 원용덕은 세브란스의전을 거쳐 경성제대를 졸업하고 만주군 군

담배 문 이가 원용덕 사령관이고 그 옆이 박정희.

의관으로 활동했다. 특히 여순사건, 안두희 재판, 낙동강 전선 경북지역 사령관, 부산정치 파동, 반공포로 석방 등 중요사건이 발생할 때마다 중용할 정도로 이승만과 밀접한 관계였다.[22]

김점곤   김종원

여순사건에는 육군정보국 첩보과 및 SIS와 각 연대에 파견된 정보국 및 SIS 부대원이 현지에 파견되어 반군협력 민간인을 색출·조사·분류했다. 특히 특무대, 방첩대, CIC로 표현된 SIS(특별정보대)의 주요 업무는 색출 대상에 대한 규정, 민간인 반군협력자 색출 및 수사, 처형될 자에 대한 분류를 담당했다. 당시 첩보과와 SIS를 담당자는 각각 김점곤(金點坤, 1923~2014, 육군 소장 예편, 경희대부총장) 과장과 김안일(金安一, 1917~2014, 육군 준장 예편) 과장이었다. 두 사람 모두 독실한 기독교 집안 출신의 기독교인이었고, 김안일은 평양 숭실전문학교 출신이었다.

특히 김안일은 여순사건 발생 직후부터 본격화된 숙군 책임자였다. 그는 자신이 기독교인이라는 점을 내세워 여순사건 배후 인물로 지목되었던 이재복 목사를 직접 취조했다. 이재복은 평양신학교 출신 목사로 남로당 군사총책이었고, 박정희(남로당 군사부장)를 비롯해 광양 백운산에서 14연대 봉기군에게 사로잡혔던 최남근 중령을 포섭한 인물이기도 하다.

정일권·백선엽·김점곤 등과 함께 남로당 골수당원 박정희를 죽음의 사슬에서 구해낸 김안일은 박정희의 쿠데타 참여 제안을 거부하고 예편했다. 그후 신학교를 졸업해 1975년에는 대한예수교장로회 목사 안수를 받았고, 1988년 서울 평양신학교에서 신학연구원장을 맡는 등 목회자로 활동하였다.

또한 여순사건에서 '백두산 호랑이'로 악명이 높은 김종원은 경북 경산

---

22 논문-남북분단과 6·25전쟁 시기(1945-1953) 민간인집단희생과 한국기독교의 관계연구(최태육, 목원대학원, 2014) 181쪽

완전한 순교 | 197

출신인데 그도 개신교인이었다. 그는 여수 종산국민학교(현 중앙초등학교)와 돌산, 금오도 등지의 좌익 색출 과정에서 일본도를 차고 즉결처분으로 무고한 많은 민간인을 살상했다. 그의 친부모는 불교신자였으나, 그의 할머니는 독실한 신자였고, 처가도 평양에서 유명한 기독교 집안이었다. 경북도경국장 시절 대구제일교회에서 세례를 받고 전남도경국장 재임 중에는 광주동부교회 시무집사를 지냈다. 그는 여순사건 당시 주민들을 집결시켜놓고 기독교를 믿는 사람들은 모두 집으로 돌려보냈다. 김종원은 거창 민간인 학살사건으로 군복을 벗고 경찰에 투신해 경북도경국장, 전남도경국장을 거쳐 이승만에게 치안국장으로 발탁되었다가 장면 암살사건 배후로 법정 구속되면서 옷을 벗었다. 그는 당뇨로 고생하다가 41세로 사망했는데, 죽는 날까지 자기 죄를 회개하지 않았다.

14연대 의무병 출신인 곽상국(당시 22세, 돌산 봉양교회 출석. 여수제일교회 장로, 순천판교교회 개척) 목사는 14연대가 봉기한 후 고향인 돌산 봉양의 집으로 돌아갔다가 김종원과 부대원이 출동해 마을 보리밭에 주민들을 집결시켜놓고 기독교인과 비기독교인을 분리했다고 증언한 바 있다.[23]

14연대 사병이었던 그는 종산국민학교에 구금된 후 광주로 이송되어 5여단 정보처에서 고문을 받으며 조사를 받았다. 결국 혐의가 없어 임시 포로수용소에 되었다가 1948년 12월 23일 석방되어 20연대에 배치되었다. 그 후 호남지역에서 봉기군 토벌에 참가했다.

차남진 목사

차남진(車南珍, 1915~1977. 광주 방림동, 순천성경학교 교수, 순천동부교회 시무, 예장통합 미국 1호 파송선교사) 목사도 여순사건 당시 율촌 장천교회 강도사로 시무하면서 진압군으로부터 교인들을 구출했다. 당시 교회에서 가르쳤던 지한영을 조선신학교에 입학시켜 목회자로 만들려고 했으나, 인민군이 후퇴하면서 손양원

---

23 여순사건 여수지역보고서(진실과화해위원회, 2010) 곽상국(당시 22세) 목사 증언

목사와 함께 여수 미평동 과수원에서 학살해 안타깝게 희생되었다.

지한영은 장천교회 이기홍 장로의 사위이다. 이 장로의 차녀 이영심 권사와 결혼해 3남 4녀를 낳았는데, 장남 지준철과 함께 1950년 9월 28일 여수 미평동에서 순교했다. 이영심 권사의 동생 이애신은 광주YWCA 총무로 홍남순 변호사와 함께 5·18수습위원으로 활약하다 계엄군에 끌려가 6개월이나 투옥되었다.

차 목사는 1948년 9월 28일 순천노회 임시노회에서 같은 서울장로회신학교 제1회 졸업 동기인 정규오, 손치호(孫致浩, 1908~2001. 인천 옹진. 순천노회 36·37회기 노회장. 순천성심원 이사장. 여수염광중학교 이사장. 5대 옹진군 국회의원)와 함께 목사안수를 받았다. 여순사건이 터졌을 때는 율촌면 보안서장이던 유제형과 14연대 군인으로 봉기군에 가담한 함평 궁산교회 영수의 아들 강영훈을 구제해 주기도 하였다. 12연대 백인엽 부연대장이 율촌국민학교에 주민들을 모아 놓고 부역자를 색출할 때 참석해 교인들을 골라내는 역할을 맡았다.

여수서국민학교에서는 우익청년들과 기독교인들이 좌익을 색출하는 역할을 맡았고, 순천농림중학교와 북국민학교에서는 승주교회 나덕환 목사가 그 역할을 맡았다. 결국 기독교 교역자나 기독교인들에 의해 생사가 결정되었던 것이다.

기독교인들은 정부와 진압군의 진압논리와 정책에 동조하였다. 기독교인들은 진압군 사령관, 육군정보국 첩보과 및 SIS 등 핵심 지휘명령체계 안에 있으면서 반군과 이에 협력한 민간인 처리를 주도했다. 특히 이들을 수사하여 분류하거나 처형을 지시하는 역할을 담당했다. 또한 각 지역의 일부 기독교인들이 반군 협력자를 색출하는 역할을 담당했다. 당시 기독교인들은 공산주의와 이에 동조하는 세력을 사탄의 진영, 적룡, 붉은 마귀 등으로 규정하였다. 교계에 널리 퍼져있는 이러한 종교적 논리가 여순사건에 참여한 기독교 출신 진압군과 이에 동조한 기독교인들의 활동을 정당화하였고, 이

에 근거해 이들은 국가권력의 지시에 적극적으로 동조할 수 있었다.[24]

이제 여순사건과 개신교의 관계도 재고할 필요가 있다. 무엇보다, '사랑의 원자탄' 손양원 목사 때문에 한국교회는 여순사건과 특별한 관계를 맺어 왔다. 자신의 두 아들을 살해한(또는 가담한) 공산주의자를 용서하고 양자로 삼았다는 그의 이야기는 너무나 유명하며, 한국교회와 공산주의의 불편한 관계를 단적으로 보여주는 대표적인 사례다.[25]

여순사건에서 손동인·동신 형제의 피살과 관련되어 일방적으로 전개되어 과장된 주장이 공산당과 개신교는 상극이라는 논리를 양산해냈다. 그리고 여순사건에서 봉기군이나 좌익들이 무조건 기독교인을 적으로 삼아 죽였다는 왜곡된 역사를 퍼뜨려왔다는 점은 한국교회가 깊이 반성할 필요가 있다.

봉기군이 종교적인 이유로 기독교인들을 차별적으로 처형하지 않았으며, 무엇보다, 부역자 색출 과정에서 진압군이 목사들과 교인들을 적극 활용했다는 사실도 속속 드러나고 있다. 따라서 여순사건과 개신교의 관계도 객관적 사실에 근거해서 재평가해야 한다.

---

24 위(21번) 논문 188쪽
25 (사)기독교윤리실천운동 좋은나무 칼럼-여순사건을 다시 생각한다-배덕만(기독연구원 느헤미야 교회사 교수)/https://cemk.org/22593/

CHAPTER · 4

손동인 · 동신 형제의 순교와 진실

1948년 10월 19일 저녁 여수에 주둔하던 국군 14연대 일부 군인들이 제주 4·3사건 진압명령을 거부하고 봉기를 일으켰다. 순천은 다음날인 20일 오전에 남원으로 향하던 14연대 봉기군을 실은 열차가 경찰에 의해 저지당하면서 장대다리 부근에서 교전이 벌어졌다. 광주 4연대에서 진압을 위해 출동한 4연대 1대대 9중대(중대장 김영은 중위)까지 봉기군에 합류하면서 전세는 저지하려던 경찰에게 불리해졌다.

손동인(당시 24세), 손동신(당시 18세)

새벽에 달려온 벌교·고흥·광양 등 경찰들과 응원부대를 구성한 400여 명의 경찰은 최신 무기들로 무장한 14연대 봉기군의 공격에 무너지고 피신할 수밖에 없었다. 이 전투에서 경찰응원부대 다수가 희생되었다.[26] 당시 성동욱(순천사범) 순천 학련위원장은 공주열, 박동희, 김재호, 오익상, 김준갑 등이 경찰과 함께 결사

---

[26] 국가공훈록에 등재된 전사자들의 명부를 보면 순천경찰서 소속은 20일부터 23일까지 희생자가 40명이다. 다른 지역에서 동원된 이들은 벌교경찰서 20명, 고흥경찰서 6명, 광양경찰서가 13명 등 장대철교 전투에서 희생된 경찰은 60여명이다. 나머지는 순천경찰서 본서나 지서 근무자들이다. 여수경찰서 희생자들을 제외하고 순천에서 24일까지 희생된 경찰은 총 94명에 이른다.

전을 펼쳤으나, 중과부적이었다. 이날 손양원 목사의 장남 손동인과 차남 손동신은 학련 소속 학생이었으며, 이들은 여순사건이 일어나자 김준평, 이정두 등 학련생과 대동청년단 단장 황우수, 부단장 한상갑 등과 함께 반군에 맞서 싸우다 결국 민애청 계열의 학생에게 붙잡혀 경찰서 뒷마당에서 사살되었다.[27]

기독학생단체 등 우익단체와 좌익 학생들의 대립

이철승(李哲承, 1922~2016, 전국학련의장, 국회부의장(10선), 6·25 때 학도의용군 편성 주도)의 책 『전국학련』에서도 학련 소속 학생들이 '장대다리 전투'에 참전하였음을 기록하고 있다. 손동인과 동신도 참전하였는지는 단정적으로 기록하지 않고 있으나, 당시 기록사진으로 볼 때 경찰뿐만 아니라, 학련생들도 다수 희생되었다. 따라서 상당수 청년·학생들이 동원되었던 것으로 보인다.

애초 봉기군은 열차로 남원을 거쳐 지리산으로 들어가려던 것이 순천에서 경찰의 공격을 받게 되고, 학구에서 4연대에 의해 저지당하자, 봉기군 주력부대는 백운산을 거쳐 지리산으로 향했다.

순천까지 순식간에 장악한 봉기군은 10월 20일, 광주와 구례 방면으로 진출하기 위해 두 부대로 나뉘어 움직였다. 봉기군은 순천을 근거지로 하여 벌교와 광양방면으로 진출했다. 순천에서 우익인사의 살해는 남로당원이나 민주애국청년동맹(민애청)[28]단원들보다는 경찰서 유치장에서 풀려난 100명 가량의 좌익 혐의자와 민주학생동맹(민학)의 학생이 주도했다.[29] 이들 좌익혐의자와 민학 출신이 남로당에 가입한 경우가 많았다.

10월 21일 우익계 한국학생총연맹(학련)[30] 소속 학생들이 경찰서로 끌려왔

---

27 임송자-여순사건과 순천지역 좌·우익 세력의 동향(歷史學硏究73, 2019.02) 345쪽
28 1947년 조선공산주의청년동맹(공청, 1945)을 거쳐 조선민주청년동맹(민청, 1946)을 거쳐 1948년 결선된 좌익 청년단체
29 빨갱이의 탄생-여순사건과 반공국가의 형성(김득중, 선인출판사, 2009) 125쪽, 162쪽
30 1946년 7월에 좌익계 학생 단체에 대항하여 학원의 질서를 바로잡고 반공과 반탁의 학생 운동을 펼치기 위해 결성된 학생 단체. 이철승이 전국 대표였다

장대다리 전투 상상화(박금만 작가 제공 - 장대다리전투 2020)

다. 순천사범학교 기독학생회장이던 손양원 목사의 장남 동인과 순천중학생이던 차남 동신도 끌려와 경찰서 마당에서 피살되었다. 이 두 형제와 함께 승주교회에 출석하던 순천사범 고재춘(고흥출신, 동인의 친구)도 함께 피살되었다.

신사참배 반대로 손양원 목사가 수감되면서 가족은 광주를 거쳐 부산으로 갔다가 일제의 징집을 피해 만주, 하동, 남해, 고아원 등으로 각각 흩어졌고, 해방 후 다시 애양원으로 돌아왔다. 이들은 그동안 정상적인 학교교육도 받지 못했다. 해방이후 나덕환 목사의 배려로 동인은 순천사범학교에, 동신은 순천중학교에, 동희는 남국민학교 4학년으로, 동장은 남국민학교 2학년으로 입학할 수 있었다.[31]

동인과 동신 등 4남매는 장천동에 방을 얻어 자취를 했다. 이들 남매는 당시 남국민학교 앞에 있던 승주교회(현 세광교회 자리)를 출석하며 학생회, 성가대, 주일학교 등에서 열심히 봉사하고 더 나아가 순천시내 여러 교회와 연합

---

31 나의 아버지:손양원 목사(손동희, 아가페, 1999) 185~186쪽

하여 기독학생연합운동(KSCF. 장로회, 감리회, 성공회, 구세군 등 교단에서 학원선교를 위임받은 에큐메니칼 기독학생회동아리)도 활발히 전개했다.[32] 특히 동인은 당시 우익학생단체인 학련의 주요한 기반이었던 ' 순천연합기독학생회의 초대 회장을 맡고 있었다. 고재춘도 이 단체의 전도부장이었다. 승주교회 초대 학생회장을 손동인이 맡아 조직했고, 다른 교회로 확대해 연합조직을 만든 것이다.

해방 이후 순천에서는 우세하던 좌익계가 신탁통치 찬반 갈등이 시작되면서 서서히 우익에 밀리기 시작했다. 이승만이 반탁을 옹호하고 서북청년회까지 가세하면서 학련에게는 총기까지 지급되어 좌익 학생들에 대한 일방적인 테러와 폭행을 일삼았다.

순천에서 여수여관을 운영하던 김일택이 좌익이었는데, 우익의 조선민족청년단(족청)[33] 단원들이 살해해도 아무런 문제가 없을 정도였다. 순천사범 학생들도 교실에서 좌우익으로 나뉘어 원수처럼 으르렁거렸고, 좌익학생이 우익 선생을, 우익학생이 좌익 선생을 폭행하는 사건도 발생할 정도였다.[34] 손동신과 함께 순천중학교를 다니던 나제민의 증언은 당시 좌우익 학생들의 극렬했던 상황을 말해주고 있다.

> 좌익학생들과 우익학생 및 기독학생들 간의 싸움은 해방 후 줄곧 계속되었는데, 이 싸움은 드디어 대격투로 번졌다. 학생들의 싸움을 말리려고 뛰어들어 온 선생들을 향해 좌익학생들은 우익선생들을 구타하고, 우익학생들은 좌익선생들을 구타하는 난극이 벌어지고 말았다. 학생들과 선생들이 복도에서 뒤범벅이 되었고, 유도하는 학생들은 연약한 선생들을 창 밖으로 내던지는 참극이 온 학교를 뒤숭숭하게 만들었다. 교무회의에서는 좌익선생들은 우익학생들의 처벌을 요구했고, 우익선생들은 좌익학생들의 처벌을 요구했다. 이들이 단결해서 등교를 거부하여 동맹휴학을 했고, 선생들의 싸움은 학생 동맹휴학으로 이어져 갔다. 선량한 최복

---

32 애양원과 사랑의 성자 손양원(차종순, KIATS, 2008) 156쪽
33 1946년 이범석(李範奭)이 중심이 되어 조직한 우익 청년운동단체
34 나의 아버지;손양원 목사(손동희, 아가페, 1999) 215쪽, 334쪽

현 교장님은 가능한 한 학생들을 희생시키지 않고 해결하려고 노력했으나 허사로 끝났다. 이 문제가 해결되기 전 어느 날 아침 최복현 교장님은 정체불명의 괴한들에게 학교 정문 앞까지 끌리가 구타당한 후 시궁창에 내던져졌다. 간신히 생명은 구했으나 최 교장님은 사표를 내고 서울로 귀향하고 말았다.[35]

21일 14연대 봉기군들과 합세한 민학 청년학생들은 그동안 핍박해온 우익학생 간부들부터 잡으러 다녔다. 이들에게 척결대상은 나덕환 목사의 장남 제민과 손양원 목사의 장남 동인이 포함되어 있었다. 나 목사의 장남 나제민은 동신이보다 두 살 아래였다. 그러나, 학련 등 우익청년단체 간부들은 이미 잠적하고 없었다. 나덕환 목사는 광주에 출타 중이었고, 나제민은 교회 옆에 사는 친구 이용수의 집 다락방에 숨어들었다. 그리고 그 다락방에서 손동인과 동신이 구타당하며 끌려가는 장면을 목격했다고 한다.

여동생 손동희도 "좌익학생들의 명단에 처형 대상 1호로 오빠가 올랐었다"고 증언했을 정도로 대표적인 우익이자, 좌익계 학생들에게는 증오의 대상이었다. 좌익청년들은 나덕환 목사의 집을 거쳐 허탕을 치고 동인을 잡으러 왔다. 동인은 오히려 도망치다 잡히느니 떳떳하게 피하지 않고 그들을 기다리고 있었다. 장천동 자취방에서 붙잡힌 동인을 끌어내 폭행을 가했고, 동신이 말리자 함께 폭행하면서 경찰서로 끌고 갔다.

순천제일교회 50년사 (1988년 발행)에서는 좌익계 학생이 나타나 동인에게 "이제 세상이 바뀌었으니

순천농림중학교 운동장에서 심사 순서를 기다리는 순천시민들

---

35 아름다운 믿음의 유산(나덕환,한국장로교출판사,2012)-부록 나의 아버지 나덕환 목사(나제민) 334~335쪽

예수를 믿지 않겠다고 말해라, 그러면 우정을 생각해서 살려 주겠다"고 말했다. 경찰서로 끌고 가면서도 동인을 세우고 마지막 기회를 주겠다고 하자, "나는 죽으면 하늘 나라에 간다. 너희들도 회개하고 예수를 믿으라"고 대답했다는 대목이 나온다. 이 증언의 당사자가 누구인지 밝히지는 않고 있지만, 1949년 손양원 목사 생전에 발간한 안용준 목사의 『사랑의 원자탄』과 손동희의 저서 『나의 아버지 손양원 목사』 내용을 그대로 옮겨 실었다.

이 책이 나오면서 동인·동신 형제와 고재춘이 기독교인이라는 이유만으로 그들에게 총살당했다는 이야기가 기정사실화되었다. 이철승의 저서 『全國學聯(전국학련)』에는 종교적인 이유 말고도 학련 활동을 안할 것을 요구했다는 기록도 있다.

또한 안용준 목사의 글에서 좌익청년들이 미군정의 피해를 보면서 동인이 도미유학을 준비하고 있는 친미파라고 비난하는 내용이 있고, 미군들 사이에서도 '늙은 중학생'으로 소문이 났다는 것을 소개하면서 "이 늙은 중학생이 후일 친미파라는 누명을 쓰고 체포당하게 되는 첫 말이 될 줄이야"라고 썼다. 실제로 손동인의 고모인 손양원 목사의 누이동생이 하와이로 이주해 이승만이 세웠던 하와이연합감리교회를 섬기며 살고 있었고, 손양원 목사에게 수시로 재정 후원을 하고 있었다고 한다. 그래서 미국 유학을 준비했던 것 같다.

이때 손동인과 함께 희생된 배도영, 김범식 등등 여럿이 있었는데, 이들이 모두 기독교인인지 아닌 지에 대한 확인도 손동인 등의 순교문제의 복잡성을 이해하는 데에 도움이 될 것으로 본다.

스승 오경심과 손동인의 관계

형 동인은 음악적 재능이 뛰어났다. 그 재능을 알아보고 무료로 사사한 사람은 순천사범학교 음악교사이자 유명한 소프라노 오경심(1914~?, 평양출신)이었다. 오경심은 순천 매산여학교 고등과 1년을 수료하고, 광주 수피아여중으로 전학해 1932년 졸업했다. 이화여전 음악과를 거쳐 일본으로 건너가 동

오경심

경제국고등음악학교(1938년 졸업)를 다니면서 천부적인 두각을 나타냈다.

그후 서울에서 독일 유학에서 돌아온 김재훈(金載勳, 1903~1951, 함남 홍상, 바이올린연주가, 작곡가)과 이승학(李升學, 1908~?, 함북 명천, 성악가, 서라벌대 학장)이 설립한 경성고등전문학원에서 음악교수로 활동하던 중 순천 출신 박만고와 결혼해 순천사범학교 음악교사로 내려왔다. 이 학원은 한국 최초의 음악전문학원으로 가수 윤복희의 아버지 윤부길(테너)도 다녔던 곳이다. 김재훈은 6·25 때 납북되었다.

당시 미션스쿨인 매산학교와 수피아여학교, 이화여전를 다닌 것으로 볼 때 오경심은 장로교 목사의 자녀였던 것으로 보인다. 어린 나이의 딸을 멀리 떨어진 순천으로 유학을 보낼 정도라면 가까운 지인이 없으면 불가능했다. 당시 평양신학교 졸업생 중 가장 가능성이 높은 이는 오응식(吳應植, 1881~1966, 사리원 등에서 목회)목사로 1915년 평양신학교를 졸업했는데, 순천중앙교회 초대 교역자였던 유내춘 목사, 정태인 목사와 같이 신학교를 다녔다.

또한 오경심이 손동인을 무료 사사를 해줄 정도라면 승주교회에 출석했고, 찬양대를 지도했을 것으로 보인다. 동인이도 교회 찬양대원으로 활약했

오경심 순천공연안내
(동아일보 1935년 4월 12일자 기사)

오경심이 출연한 신인음악회(조선일보 1938년6월14일자 기사)

다. 그러나 2012년 나제민 장로의 증언에서는 오경심 선생에 관한 이야기는 전혀 언급하지 않고 있다. 아마도 좌익사범으로 몰려 사형선고까지 받은 사실 때문에 언급을 피한 것으로 보인다.

여순연구가 주철희 박사의 『불량 국민들』(북랩, 2013)에서 보면 공산주의자 오경심과 반공주의자 손동인의 관계가 어떠했는지 자세히 설명해주고 있다.

오경심은 동인에게 음악적으로 도움을 주면서 미국 유학을 권유했다. 그런데 오경심의 남편 박만고는 순천지역에서 알아주는 공산주의자였다. 오경심 또한 1946년 2월에 결성된 민주주의민족전선(이하 민전)의 순천지역 민주여성동맹 위원장을 맡았다. 여순사건이 진압된 이후 오경심과 박만고는 좌익혐의로 경찰에 체포되어 사형선고를 받았다. 여순사건 당시 사회부가 파견한 종교단체 대표단의 보고서에 의하면 "신자와 교회의 피해가 적었다"고 기술했다. 그럼에도 불구하고 (손동인 형제의 죽음에 대해) 너무 편파적 편향적 시각으로 기독교인을 무참히 죽인 것으로 이야기하고 있다. 순교를 너무 앞세운 기독교적 주장이라고 할 수밖에 없다.[36]

최소한 여순사건에서는 보수우익의 주장처럼 공산주의자들이 기독교인을 무조건 적대적으로 보고 살해한 것은 아니라는 것을 보여주고 있다.

지금까지 현장을 목격한 생존자로 알려진 이는 당시 13살이었던 윤순웅(1935~2022, 전남대의대 졸업, 소아과 의사, 순천시 보건소장 역임, 서울용두동감리교회 장로) 장로뿐이다. 그의 증언이 손동희 권사의 증언이 되었고, 안용준 목사의 기록이 되었다. 그도 2014년 기독교 역사학자 이만열 장로 등 복수의 기독교사 연구가를 만난 자리에서 신앙적인 문제뿐만 아니라, 신탁 찬반 문제 등 다른 의견 차이로 격렬한 다툼이 있었다고 증언했다.

또한 안재선의 형 안재용이 순천중학교를 다니다가 사범학교로 옮겼고 좌익활동에도 가담했으며, 손동인을 사망케 했다는 증언도 있다. 안재선도 "어떻게 죽였느냐"는 마지막 신문에 "네. 사격을 했는데, 다섯이 쏘았기 때

---

36 불량 국민들(주철희, 북랩, 2013) 317, 318쪽

문에 내 총에 맞았는지 안맞았는지 몰라도 쓰러진 동신에게 다시 두 번을 더 쏘아 보았습니다"라고 자신의 범행을 고백했다. 이렇게 안재선의 직접 살해 여부는 미궁에 빠지게 되었다.[37]

그동안 주장들을 종합해보면 학련 등 우익단체에 당한 좌익계 청년들의 묵은 감정이 쌓인 상태에서 종교 및 정치적 문제 등을 걸고넘어지면서 손동인을 총살하게 되었고, 형의 죽음에 격분한 동생 동신까지 총살한 것으로 보인다. 나덕환 목사도 당시 광주 회의에 참석해 진압군이 탈환한 직후 23일 순천에 들어왔기에 동인·동신 형제의 시신을 직접 수습할 수도 없었고, 정확한 피살 원인을 파악하기도 쉽지 않았다.

결국 윤순웅 장로의 증언만 존재한 셈이다. 윤 장로의 아버지는 윤원중 장로로 1955년 순천제일교회에서 장로안수를 받았는데, 어머니가 제일교회 창립 당시 참여한 김영진 장로의 딸 김세라 권사이다. 김세라 권사의 시아버지는 황해도 개성 출신 윤병호이고, 오웬이 세운 목포프렌치병원 조수를 지냈다.

윤순웅 장로의 여동생이 유신정권 최후의 만찬 주인공 차지철(車智澈, 1934~1979, 경기도 이천) 경호실장의 부인 윤보영이다. 윤보영은 매산여중 출신으로 최근까지도 재미 선데이저널에서 차지철의 숨겨둔 재산을 추적하는 기사에 등장하고 있다.[38]

하여튼 윤순웅 장로의 어머니 김세라 권사와 외조부 김영진 장로는 물론이고, 아버지 윤원중 장로와 함께 순천제일교회를 섬기고 전도 활동에 충실했던 분들이다. 비록 그들의 사위가 현대사의 비극으로 비명횡사하고 그 딸도 그 충격으로 오래 살지 못했지만, 이 집안의 복음 역사는 황해도 개성에서 시작되어 순천에서 복음의 꽃을 피운 셈이다.

---

37 산동 손양원 목사 순교 기념학술 심포지엄 〈산돌 손양원 목사와 순교〉(2013년 9월 28일 여수방주교회, 주관-한국기독교역사학회, 한국기독교역사연구소)
38 선데이저널-[단독보도] 차지철 처남 윤세웅 일가, 뉴욕 플러싱 수천억대 부동산 '떼부자 내막'(2017.11.16.일자, 안치용 시크릿 오브 코리아 편집인)

군경에 의한 기독교인들의 피해

순천시내로 진입한 진압군

22일 오후 백인엽 소령이 이끄는 12연대 병력이 농림중학교(현 순천대)까지 진출했다. 이때 순천경찰서 뒷마당에서는 감금된 우익인사 400여 명이 차례대로 총살을 당하고 있었다. 다행히 구사일생으로 도망쳐 온 서정화(순천중 학련간부)가 이 사실을 알렸다. 백 소령은 즉시 성동욱 학련위원장과 서정화에게 길 안내를 부탁했고, 기관총 사수가 탄 지프에 동승해 기관총을 난사하며 시내로 달렸다. 기관총 소리에 그만 좌익들이 혼비백산해 도망가면서 총살 직전의 김성초 읍장, 김희주 철도국장 등 300여 명을 구출해냈다. 그날 순천사범 문인호는 북문지서에 포로가 된 경찰 20여 명을 구출하기 위해 단신으로 소총을 쏘며 돌격하다가 전사했다.[39]

해방 이후 북한에서는 주일날 선거 실시와 조선그리스도연맹 가입을 두고 충돌이 일었고, 김일성 집권을 반대하던 목사와 개신교인들이 교회와 재산을 빼앗기는 등 핍박을 받고 월남했다. 그들이 서북청년단을 조직해 남로당 등 좌익을 공격하면서 이념 대립은 있었지만, 아직 기독교를 직접적인 타도의 대상으로 삼아 공격할 만큼 분노의 대상은 아니었다. 여순사건 당시 매산등에 거주하던 크레인과 보이어 선교사는 전혀 피해를 입지 않았다.

반면 오히려 중앙교회 장로인 황두연 제헌의원과 매산학교 교장 김규당 목사가 한민당 4인조에 의해 부역자로 모함을 당해 군인들에게 폭행을 당했다가 선교사들의 증언으로 풀려났고, 역시 중앙교회 집사였던 박찬길 검사

---

39 전국학련(이철승, 중앙일보, 1976) 345쪽

가 모함으로 총살을 당했다.

　순천 탈환 후 독실한 신자인 매산중학교 교사 최창수, 김옥태를 비롯해 학생 최승수, 최승모, 박이만 등이 연행되어 군경에게 억울하게 총살당했다. 교사들의 희생은 체벌을 가했던 학련 출신 제자의 모함 때문으로 알려져 있다. 이를 보더라도 당시 좌우 양측이 꼭 기독교인이라는 이유로 죽고 죽이는 것은 아니라, 개인적인 감정과 정치적 라이벌 제거용으로 이용되었던 것이다. 남한에서 좌익이나 공산당이 기독교인을 적으로 삼은 것은 6·25 전쟁에서 인민군이 점령하면서 시작되었다.

　이렇게 여순사건에서는 무조건 우익이라서, 지주라서, 기독교인이라서, 유지급 인물이라서 무차별적으로 처단한 것만은 아니라는 점이다. 월남한 기독교인으로 여순사건 당시 순천농업중학교 교사였던 김관수(아들이 순천대 임학과 교수를 지낸 김준선이다.)는 자신의 아버지(김형재 목사)가 미군정청 고문관을 지낸 목사였는데도 별 탈이 없었고, 자신의 형도 순천경찰서 보안과장, 경비과장을 지낸 사람이었는데도 무사했다고 증언했다.[40]

　그러므로 여순사건에서 14연대 봉기군이 장악했을 때는 종교적인 이유보다는 우익단체 활동 당시 갈등과 피해 여부에 따라 결정된 경우가 많았고, 반대로 진압 후에는 정치적 이유나, 개인적 감정에 따라 무차별적으로 처형했다고 볼 수 있다. 오히려 좌익 활동가들은 진압군이 군법회의에 넘겨 형무소에 들어간 경우가 많은 것으로 나타나고 있다.

40　한국정신문화연구원 편-내가 겪은 건국과 갈등(선인, 2004), 352-353쪽

CHAPTER · 5

안재선은 진짜 살해범인가?

직접 살해 증거는 없다

그렇다면 안재선은 진짜 손동인·동신 형제를 죽인 범인일까. 해룡면 신성포 출신인 안재선은 손동신과 같은 순천중학교 재학생이자, 친구였다. 기독교사학자 이만열 교수가 여수A교회에서 발표한 자료에는 당시 이들에게 총격을 가한 5명 중에는 안재선의 형이 포함되었고, 형을 살리기 위해 안재선이 대신 자수했다는 주장을 편 바 있다. 이들이 살해되고 시체는 순고오거리와 장대다리 사이의 도로가에 버려져 있었다.

장천동 일대 버려진 여순사건 우익피해자

순천제일교회 50년사에는 나덕환 목사가 담요를 준비해 시신을 수습했고, 함께 현장에 버려진 고재춘의 시체는 학교 친구인 김은수(승산교회 장로)가 수습해 남정동 남산에 매장했다가 1984년 그의 고향인 고흥군 과역면 도야리 연고지로 이장하였다고 기록하고 있다. 그러나 나 목사는 광주에 갔다가 열차가 끊기고 보성역에서 발이 묶여 순천에는 진압군이 탈환한 23일에나 입성이 가능했다. 그것도 별량지서에서 좌익들에게 구금되었다가 풀려났다.

손양원 목사의 장녀인 손동희 권사의 저서『나의 아버지 손양원 목사』[41]에서 당시 매산여중 1학년이었던 손 권사는 10월 21일 밤 아버지를 잡으러 집으로 들이닥친 좌익청년들을 통해 두 오빠가 죽었다는 소식을 듣고, 다음 날 장천동 자취방까지 50리 길을 달려갔다. 22일 저녁 무렵에 장천동 자취방에 도착해 옆방에 살던 양 집사로부터 소식을 들었다.

조금 있자 옆방에 살던 분이 대문 안으로 들어오셨다. "아이고, 동희야!" "집사님…." 더 이상 말이 나오질 않았다. "그래, 동희야. 동인이하고 동신이는…." 나는 애써 정신을 수습하고 물었다. "시신은 어찌 됐나요?" "내가 찾다가 다른 곳에 옮겨놓았다." "어서 가 봐요."
따가운 햇살이 내리쬐는 산모퉁이의 밭도랑이었다. 가마니 위에 두 오빠가 누워 있었다. 머리가 터져 온 몸은 피투성이가 되어 있었다. 이마와 가슴에는 총알 자국이 뻥 뚫려 있었다.
"하나님! 하나님은 그때 무얼 하고 계셨나요. 내 오빠들이 그렇게 무고하게 죽어갈 때 당신은 눈을 감고 계셨나요. 왜요! 한 사람만 데려가도 억울한데, 왜 두 사람이나 데려갔습니까. 하나님 두고 봅시다. 내가 예수를 믿는가 봐요. 이 총알은 누가 만들었나요. 날아오는 총알 막을 수는 없었나요?" 내 입에서는 하나님을 향한 원망의 소리가 터져 나왔다. 실성한 사람처럼 마구 외쳐댔다.[42]

위의 증언 내용에서도 두 형제의 시신은 장천동 자취방 옆방 살던 분이 수

---

41 나의 아버지 손양원 목사(손동희, 아가페, 1999)
42 국민일보 2013년 7월 3일자「역경의 열매 손동희 ⑩ 두 오빠 총살됐다는 소리에 순천까지 50리 길을…」(https://news.kmib.co.kr/article/view.asp?arcid=0007336629)

습해 다른 곳에 임시로 옮겨놓았다고 하였다. 그리고 나제민이 양 집사와 함께 인근 야산에 옮겨 가매장을 했다가 24일에 애양원 차가 와서 옮겨졌고, 27일 애양원교회에서 장례예배가 거행되었다. 이때까지도 누가 죽였는지 확인되지 않았다. 그런데 11월 3일 살해범이 잡혔다는 소식이 애양원교회로 전해졌다. 그날 손양원 목사는 다른 지역 부흥회를 위해 출발하면서 딸 손동희를 나덕환 목사에게 심부름 보냈다.

두 아들을 죽인 살해범을 석방시켜 양자로 삼고 싶다고 전하라는 것이었다. 손 목사의 부탁을 전달받은 나 목사는 그 학생이 잡혔다는 학련사무실을 찾아갔다. 학련사무실은 조선은행 옆 문구점인 대학당을 쓰고 있었다. 그곳에는 학련 청년들과 군인 한 사람이 안재선을 취조하고 있었다. 손 목사의 깊은 뜻을 전달했지만, 오히려 비웃을 정도로 그들은 완강했다.

11월 5일 나 목사의 아들 제민이 들어와 팔왕카페 앞에서 좌익청년들을 사형시킬 것이라는 소식을 전해 주었다. 나 목사는 손동희를 대동하고 달려가 진압군사령관에게 석방을 부탁했다. 그러나, 거절당했다. 결국 동생 손동희가 나서 사령관에게 아버지의 간곡한 깊은 뜻을 전했다.

'이놈을 죽일까, 살릴까, 죽일까, 살릴까.' 한 걸음 한 걸음 디딜 때마다 마음이 바뀌었다. 가슴이 터질 것 같았다. 갈피를 잡을 수 없었다. 팔왕 카페 문을 열고 들어서자 수십개의 눈이 모두 나와 목사님을 바라보았다. 대령 계급장을 단 군인이 내 이름을 묻더니 물었다. "그래, 아버지가 뭐라고 하셔서 여기까지 왔느냐."
나는 숨도 쉬지 않고 단숨에 토하듯 말을 뱉었다. "두 오빠를 죽인 자를 잡았거든 매 한 대도 때리지 말고, 죽이지도 말라고 하셨어요. 그를 구해 아들 삼겠다고요. 성경 말씀에 원수를 사랑하라 했기 때문이래요." 숨을 참아가며 겨우 말을 마쳤다. 주르륵, 눈물이 내 뺨 위로 흘러내렸다. 나는 옆에 있던 책상에 엎드려 울었다. 사방이 조용해졌다. 잠시 뒤 대령이 나직이 하는 말이 들렸다.
"위대하시다."
교실 크기 만한 방 안에 조금씩 흐느낌이 들리더니 울음소리가 점점 커졌다. 나 목사님도, 살기등등했던 우익 학생들도, 죽음을 기다리던 좌익 학생들도, 군인들도 고개를 숙인 채 흐느끼고 있었다. 아직 철부지, 신앙의 깊은 경지를 깨닫기엔 부족했던 나였지만 이 광경도 오늘까지 내 눈앞에서 잊혀지지 않는다. [43]

안재선과 손양원 목사 가족

손동인 형제에게 총을 겨누었던 5명의 좌익학생 중 어떻게 안재선이 살해범으로 지목되었는지는 알 수가 없다. 그동안 안재선은 그가 죽였음을 극구 부인했다. 손동희의 증언이나 책에서도 안재선이 오빠를 죽였다는 내용은 없고, 안용준의 『사랑의 원자탄』에도 그런 기록은 없다. 그런데 나덕환 목사와 손동희가 하는 말을 들어 보면, 두 형제를 죽였다고 한 사람은 살아날 수도 있다는 것을 직감적으로 느꼈을 것이다. 안재선은 동신을 확인 사살했다고 자백하면서, 동인과 동신을 죽인 '살해범'이 되었다. 그리고 살아났다. 나머지 사선에 섰던 4명의 학생은 끌려가 총살되었다. 두 형제를 죽였다고 거짓(?) 자백한 안재선은 살아났으며, 안 죽였다고 버틴 4명의 학생은 총살된 것이다.[44]

안재선 본인도 직접 공개적으로 자백한 적이 없고, 손양원 목사도 그를 단정적으로 직접 살해한 범인이라고 한 적도 없다. 어쩌면 "원수를 사랑하라"는 손양원 목사의 위대한 '사랑의 폭탄'의 마중물이 되었는지 모른다. 그렇게 안재선은 '쓰임 받고 거듭난' 것이지만, 한 개인의 인격은 '살인자'라는 올가미에 덧씌워져 말살되었던 것은 아닐까.

그럼에도 우리는 손동인·동신 형제가 손양원 목사의 아들이자, 신앙인으

---

43 국민일보 2013년 7월 7일자[역경의 열매] 손동희 (12) "목사님, 이 자가…."
(https://news.kmib.co.kr/article/view.asp?arcid=0007347532)
44 동포의 학살을 거부한다(주철희, 흐름, 2017) 331~332쪽

로서 끝까지 신앙의 절개를 지키려고 했음을, 손양원 목사는 '원수를 사랑하는' 복음의 원칙을 지키려고 했던 성자로서 실천자였음을 그 누구도 부인하기는 어려울 것이다.

안재선을 살려라, 사랑의 원자탄

손양원 목사

두 아들의 장례식을 치른 손양원 목사는 체포된 안재선의 석방을 주선하고 그를 '양자'로 삼겠다는 '폭탄적인' 선언을 하였다. 사람들은 이를 '사랑의 원자탄'이라 불렀다. 그때부터 안재선은 양아버지의 폭탄적 사랑의 증인으로 손 목사의 부흥회에 동행하였다. 교인들은 강단 위에서 사랑을 외치는 손 목사가 안재선을 불러일으켜 세울 때 열광적인 박수를 보냈지만, 감수성이 예민한 10대 소년 안재선은 '용서받은 죄인'으로 죄책감에 사로잡혔다. 1949년 가을 남대문교회 집회를 마치고서야 손 목사는 안재선의 심리적 상태를 파악할 수 있었고, 그때부터 놓아 주었다.[45]

손 목사는 안재선을 신앙으로 개조시키려는 마음에서 대동하고 부흥회를 다녔다고 했다. 손 목사는 양아들을 용서하고 친아들 이상으로 대했지만, 손 목사의 정양순 사모나 동희, 동장, 동연 등 남은 가족들에게는 용서가 쉽지 않은 고통이자, 고뇌였다. 실제 동희는 하나님을 원망하고 거부하는 생활로 방황하다가 다시 하나님 품으로 돌아오기도 했다고 한다.

안재선도 손 목사의 양아들로 들어가 친부모처럼 섬겼지만, 여전히 '빨갱이', '살인자'라는 주위의 따가운 시선으로부터 자유롭지는 못했다. 이를 피해 애양원 건너편 섬 늑도에서 멸치잡이를 하기도 했으나, 이러한 모습 또한 손 목사 부부에게는 아픔이었다. 이어 부산의 고려고등성경학교에 진학했지만, 학업을 마칠 수 없었고, 결국 숨어 사는 삶으로 전락할 수밖에 없었다.

---

45 예수사랑을 실천한 목포·순천 이야기(이덕주.도서출판 진흥) 176쪽

그는 신앙생활도 중단하게 되었고, 48세로 순교한 손양원 목사와 똑같은 나이인 48세에 후두암으로 사망했다. 공교롭게도 양아버지만큼 양아들도 살다 간 것이다. 안재선의 아들은 아버지가 죽고 나자, 손 목사의 유복자 손동길 목사에게 책『사랑의 원자탄』을 받고 큰 충격을 받았다. 비로소 아버지가 '살인자'라는 사실을 알고, 손 목사의 가족들과 왕래도 완전히 끊었다.

그러나, 아버지의 유언대로 신학대를 졸업하고 목사가 되어 2010년에 애양원을 찾았다. 그후 2016년 손양원 목사의 고향 경남 함양에 세워진 기념관 관장을 맡아 봉사하다가 지난 2020년 아프리카 한센인을 돌보는 선교사역을 위해 자청해 파송되었다.

그는 출국 전 애양원교회에서 열린 환송예배에서 "제가 이 사랑을 감당할 수 없지만, 손 목사님이 자신은 죽고 애양원 가족들을 향한 사랑으로 일평생을 함께했듯, 저도 그 사랑에 부끄럽지 않도록 아름답게 열매 맺을 수 있도록 남은 삶을 살아가겠다"고 고백했다.[46]

안재선의 아들로 태어난 안경선 목사도 아픈 현대사의 피해자이다. 본인의 의사와 상관없이 '살인자의 아들'이라는 주홍글씨를 안고 태어나 살아왔다. 누가 그에게 돌을 던질 수 있단 말인가. 그 가족에게 하나님의 특별한 사랑과 보살핌이 있으시길 바랄 뿐이다.

---

46 크리스천투데이-손양원 목사 양손자, 아프리카 한센인들 섬긴다(2020.10.29.)

CHAPTER · 6

6 · 25 전쟁과 기독교인 학살

인민군 행렬

인민군의 9·28 대학살 배경

6·25 전쟁 중 기독교인들의 피해는 크게 늘었다. 이때부터 인민군들은 남한의 기독교인들에 대한 구금과 집단학살을 자행했다. 1950년 6월 25일 북한군이 기습 남침을 강행하였고, 전국에서 많은 기독교 목회자와 교인들의 피해가 속출했다. 인민군이 후퇴하면서 전남에서 학살한 기독교인만 430명

이다.

　인민군이 그렇게 악랄하게 민간인을 학살한 원인은 무엇일까. 먼저 인민군이 점령하기 전 예비검속 및 여순사건 진압과정 등에서 경찰의 학살과 폭압적인 탄압, 그리고 보도연맹원의 집단학살로 남은 유족들의 보복심리가 크게 작용했을 것으로 보고 있다. 물론 이념의 갈등으로 보기도 하지만, 전혀 이념에 관계없이 죽임을 당한 경우도 많았다는 점에서 복수심이 크게 작용했을 것으로 보인다.

　두 번째는 대부분의 기독교인이 미국 선교사들과 깊은 관계를 맺고 있어 '스파이'라는 관점에서 적으로 간주할 수밖에 없었다는 점이다. 또한 공산주의 사상을 주입시키는데 있어 가장 큰 방해요소라고 보았기 때문일 것이다.

　경찰은 7월 25일 순천이 인민군 6사단에 점령을 당하기 전 국민보도연맹 회원들을 구랑실 등에서 집단 학살하는 만행을 저질렀다. 이들 중에는 좌익사상과 전혀 관계없이 경찰이 실적을 올리기 위해 가입시킨 선량한 민간인도 많았다.

　인민군이 장악하자, 지리산 등으로 피신했던 빨치산들이 내려와 인민위원회를 구성하고 인민재판을 통해 피의 보복이 이어졌다. 대부분의 경찰 가족이나 우익들은 부산이나 남해 섬으로 피난을 갔으나, 교회를 지키려고 남아 있던 기독교인들이 막대한 보복의 피해를 입었다.

　그 배경에는 해방 후 월남해 남한에서 활동했던 서북지역 기독교 청년들의 야만적인 만행이 원인이 되었다. 월남한 서북출신 기독교인들이 모여 만든 교회가 서울영락교회이다. 영락교회 청년부가 대부분 서북출신 청년들로 구성된 '서북청년회'였다. 이들이 1948년 제주도에서 공산주의자들을 말살하겠다면서 벌인 야만적인 작전과 각 지역에서 남로당 등 좌익계 및 노동계와 대립에서 벌인 폭력과 살상행위는 곧 인민군의 보복을 불러왔다.

　또한 인민군이 남하할 때 동조할 가능성이 높은 보도연맹원들을 대량 학살한 것처럼 인민군도 유엔군에게 협조할 가능성이 높은 우익계나 기독교인들을 무참히 살해한 것이다.

북한노동당은 9월 중순경 인민군 전선사령부에 후퇴 명령을 내리는 한편, 각 지방당에 다음과 같이 지시를 내렸다.

①전세가 불리하여 후퇴한다. ②당을 비합법적인 지하당으로 개편할 것. ③유엔군 상륙 때 지주(支柱)가 되는 모든 요소를 제거할 것. ④군사시설로 이용될 수 있는 것은 파괴할 것. ⑤산간지대 부락을 접수하여 식량을 비축할 것. ⑥입산경험자와 입산활동이 가능한 자는 입산시키고 기타 간부들은 남강원도까지 후퇴케 할 것.[47]

이러한 지시를 받은 각 도당위원회는 지시를 이행하는 한편, 9월 28일을 전후하여 모든 조직들을 각 도내의 산악지대로 이동시켰다.

그런데 여기서 문제가 되는 것은 "유엔군 상륙 때 지주가 되는 모든 요소를 제거할 것"이었다. '유엔군 상륙시 지주가 될 요소'가 무엇을 의미하는지는 상당히 모호하였고, 군당, 면당, 리당, 그리고 명령이 집행인인 실무선으로 내려가면서 해석에 따라 엄청난 차이가 날 수 있었다.[48]

한편, 한국전쟁비사의 저자 안용현에 의하면, 전선사령관 김책은 1950년 9월 20일 각 지역에 '유엔군과 국방군에 협력한 자'를 살해하고, '살해방법은 당에서 파견되는 지도위원과 협의하여 각급 당 책임자의 책임아래 실행하라'고 하였다고 한다. 이 명령문은 9월 28일 전북 옥구군 미면 신관리 192에 사는 인민위원장 겸 노동당 세포위원장이었던 조억연이 소지했던 것이라고 한다.[49]

이렇게 도당, 군당, 면당 등 하부조직으로 지침이 내려가면서 학살 방법까지 구체화되었다.

옥구군 미면당에서 각 리(동)에 내린 지시는 "①학살 대상자 문제에 대하여서는 각 리별로 책임구역을 담당, 책임자 재량대로 반동가족을 일제히 학

---

47 남로당 연구(김남식, 1984, 돌베개) 455쪽
48 통일뉴스-좌익에 의한 민간인 학살사건(4)-인민군의 퇴각과 민간인 학살
 〈연재〉임영태의 한국현대사, 망각과의 투쟁(32)(2017.1.31. 일자)
 http://www.tongilnews.com/news/articleView.html?idxno=119609
49 한국전쟁비사2(안용현, 1992, 경인문화사) 357~358쪽

살할 것. ②학살 장소에 대하여서는 일제시 일본군이 구축한 반공호를 사용하여 책임자 재량에 일임할 것. ③학살 장소별로 인민군 2명씩을 배치할 것. ④살해방법은 총살 및 타살로 하나 죽창, 농기구를 사용할 것. ⑤각 리 책임자는 각 리에 도착 즉시 통행금지를 단행할 것. ⑥학살 완료 후 명부를 면당에 보고할 것" 등이었다.

면당의 지시와 결정은 학살대상자가 "반동가족 일체"로 확대되었으며, 학살 방법에서도 방공호 사용 등 집단적 학살을 구체화하고 있다. 이곳 미면의 경우, 9월 27~29일 사이에 '반동분자 및 그 가족' 574명이 학살되었다.[50]

순천 노회 목사들의 부산 피난 생활

서울 점령 후 대전을 거쳐 호남으로 인민군이 진격하자, 미 선교사들은 대

피난행렬

---

50 대검찰청 〈좌익사건실록 11권〉(1975) 50~64쪽

부분 부산을 거처 일본으로 철수했고, 일부는 부산에 남았다. 순천 등 상당수 목사들은 미 선교사들과 함께 부산으로 피난을 떠났으나, 남아 있던 목사들은 대부분 총살 등 피해를 입었다.

광양 섬거교회를 지키던 정규오 목사는 가족들을 먼저 하동 쪽으로 피난을 보내고 교회에 남았다. 장인 문재구 목사는 하동까지 선교사의 지프를 타고 피난을 갔다가 소식을 듣고 다시 되돌아와서 정 목사를 태워갔다. 정 목사는 고려고등성경학교 기숙사 한칸을 얻어 생활했고, 전국에서 모여든 피난 교역자들과 성도들은 부산중앙교회와 초량교회를 장소로 정해 날마다 조국의 평화를 위해 기도회를 가졌다.

차남진 목사는 율촌 장천교회 강도사를 거쳐 순천노회에서 목사안수를 받고 1950년 3월에 순천성경학교 교수로 부임해 있었다. 그리고 승평교회(순천 동부교회) 담임을 맡고 있었고, 동외동에서 살고 있었다.

순천성경학교는 6·25 전쟁이 일어나자 여름방학 겸 임시 휴교를 하여 학생들은 모두 집으로 돌아갔다. 성경학교는 잠시 광주·전주에서 내려온 교역자들의 피난민 수용소가 되었고, 차남진 목사와 학교 직원들은 순천 시내 교회를 돌며 쌀, 보리, 된장, 간장을 구해 피난민들에게 공급하였다. 이때 그는 가족들을 먼저 신풍에 사는 처제에게 보냈다.

"여수에서 미군의 상륙이 있을 터이니 순천 시민은 동요하지 말라"는 방송이 계속 나왔으나 믿을 수가 없었다. 그는 7월 23일경 성경학생 2명, 신학생 2명과 함께 5명이 일행이 되어 광양으로 출발했다. 일행은 단신으로 가진 것이 없었고 차남진 목사만 겨우 15,000원을 가지고 있었다. 그리고 배낭에 쌀 소두 한 말, 선교사들이 버리고 간 깡통 12개뿐이었다.[51]

차남진 목사의 사모 오마르다 권사는 아이들을 데리고 부산으로 가려고 애양원교회 교인들과 함께 인근 해안가에서 작은 목선을 타고 3일을 기다렸다. 손양원 목사를 기다렸으나, 그는 애양원 환자들을 포기할 수 없다면서

---

51 사형수의 전도자 차남진 박사(김남식, 총신대학교출판부, 2009) 132~133쪽

끝내 오지 않았다. 그리고 목선은 경찰에게 압수당했다. 차남진 목사는 부산에서 미군부대 통역을 지내다가 맥아더 장군이 인천상륙작전에 성공했다는 소식을 듣고 배를 구해 여수를 거쳐 신풍 처제집을 찾아 3개월 만에 가족을 만났다.

순천으로 돌아왔지만, 밤에는 인민군 잔당들의 습격이 계속되었다. 1951년 3월에는 순천읍내까지 습격하여 도립병원을 전소시켰다. 병원이 타는 불길은 사방을 대낮같이 밝게 하였다. 빨치산들이 방화 후에 산으로 도망가면서 서로 주고받는 말을 차남진 목사는 들었다.

"오늘밤 목사가 우리를 욕했으면 성경학교와 교회당을 불 질러 버렸을 것이다. 목사와 여자들을 생포하여 산으로 끌고 갔을 것이다. 그런데 목사는 우리를 욕하지 않고 교회가 잘못한 것을 지적하였다. 우리가 설교를 몰래 들은 것을 교회 사람들은 몰랐을 것이다"

차남진 목사는 그날 밤 이렇게 설교하였다.

"빨치산을 만든 것은 교회가 교회 구실을 못한 탓이요, 현대 교인들이 예수 그리스도의 발자취를 따라가지 못하고 사회의 손가락질을 당하고 있기 때문이다. 그들이 비록 산에 있으나 우리 민족이요, 우리의 골육이다. 산에 있는 형제들 중에는 과거에 교회에 출석했던 사람도 있을 것이다. 우리가 세상의 빛과 소금이 되어 그리스도의 산증인이 되어야 한다."

빨치산 스파이 5, 6명이 교회당에 몰래 들어와 이 설교를 듣게 되었고, 간부회의에서 성경학교와 교회당에는 손대지 않기로 하였다고 훗날 들었다.[52]
광복 이후 월남한 목사들은 이미 공산세력의 호전성을 경험했기 때문에

---

52 같은 책 138쪽

가족들을 데리고 모두 피난길에 올랐지만, 한번도 경험하지 못한 남한 출신 목사들은 상당수가 교회를 지키기 위해 남았다가 큰 희생을 치렀다.

피할 수 없었던 순교자의 길

여수 미평동 손양원 목사 6·25 순교기념비

순천에서는 대부분 부산으로 피난을 떠나 수복하기까지 인민군에게 피해를 입은 목회자나 기독교인들은 없으나, 여수, 구례, 고흥 등에서는 남아 있던 목회자와 교인들이 피해를 입었다.

특히 여수에서는 1950년 9월 28일 애양원 원생들을 지키기 위해 남았던 손양원 목사를 비롯하여 덕양교회 조상학(1877~1950, 평양신학교 졸업, 순천·여수 등지에서 사역) 목사, 율촌 장천교회 지한영(1906~1950, 조선신학교 졸업, 여흥중학교 교사, 덕충교회·순천제일교회 전도사) 강도사와 장남 지준철(1930~1950, 여수수산학교 졸업, 율촌국교 교사, 주일학교 교사), 지홍선 성도(1917~1950, 장천교회 지재한 장로 4남), 여수제일교회 윤형숙(1898~1950, 화양면 창무리 출신, 광주수피아 재학 때 3·1운동 참가, 봉산학원(영락교회) 교사) 전도사, 돌산읍제일교회 허상용(1906~1950, 돌산면 군내리 출신, 돌산읍교회 개척, 돌산면 부면장) 집사, 우학리교회 황도백(1906~1950) 집사와 교인 곽은진·안경수·백인수 등 기독교인 및 우익인사 150여 명이 후퇴하는 인민군에 의해 미평과수원과 둔덕재 등에서 학살되었다. 지홍선 성도는 형집 머슴이 고발해 끌려가 손양원 목사는 5호 감방, 자기는 8호 감방에서 감금되어 있었다. 해룡 도롱교회(영흥교회) 서동실(徐東實) 성도가 1950년 8월 15일 끌려가 피살되었고, 서천규 성도가 9월에 피살되었다.

여수에 주둔하던 노동당원, 내무서원과 인민위원장 등[53]은 내무서장실에서 처치 문제를 논의한 다음, "전원 총살하기로 결의"하였다. 그리고 수감자 197명 중 일부를 석방하고 150여 명은 순천으로 호송하여 "재심 석방"한다는 구실로 포박한 다음, 도보로 미평에 이르렀을 때 과수원과 그 일대의 둔덕재, 둔덕재 아래 연와공장 주변에서 총살하였다.[54] 순천에서도 역시 9월 28일 순천내무서에 수감되어 있던 사람들이 내무서 뒤뜰에서 총살당하는 사건이 발생하였다.

윤형숙 전도사는 3·1운동 때 광주 수피아여학교 재학 중 만세 시위에 앞장섰다가 일본 헌병에게 왼손이 칼에 잘리고, 오른쪽 눈이 실명되어 '남도의 유관순'이라 불린다. 그는 순천성경학교를 거쳐 수피아여학교를 다니면서 일제에 항거하는 데 앞장섰던 인물이다. 아래는 윤형숙 전도사의 묘비석에 새겨진 글귀다.

"왜적에게 빼앗긴 나라 되찾기 위하여 왼팔과 오른쪽 눈도 잃었노라. 일본은 망하고 해방되었으나 남북·좌우익으로 갈려 인민군의 총에 간다마는 나의 조국 대한민국이여 영원하라."

또한 여수제일교회 김은기 집사(여수YMCA회장, 여수고 교감)가 1950년 8월에 인민군에게 처형되었는데 그의 누님은 구례읍교회 집사이자, 자유당 국회의원 이판열(李判烈, 1908~1950, 일본주오대 법학과 졸업, 제2대 국회의원, 초대는 김종선에게 낙선)집사의 아내였다. 그해 12월 9일 여수제일교회에서 김은기 집사를 비롯한 희생자 추도식에는 구례읍교회 이선용(1908~1950, 평남 개천 출신, 서울조선신학교 1회

---

53 이 회의에는 유목윤을 수반으로 한 조선노동당 여수시당위원회, 이창수를 수반으로 한 여천군당위원회, 김병완을 수반으로 한 여수내무서, 최봉성·유목윤 등을 중심으로 한 정치보위국 여수위원회, 김수평·마인석 등을 중심으로 한 여수시 인민위원회, 이창수를 수반으로 한 여천군인민위원회 관계자들이 참석했다.(미군전쟁범죄조사단보고서[KWC]#27; 진실화해위원회, 「순천·여수지역 적대세력에 의한 피해사건」 /『2010년 상반기 조사보고서』 02, 173쪽, 195쪽)

54 미전쟁범죄조사단보고서(KWC#27)/진실화해위원회, 「순천·여수지역 적대세력에 의한 피해사건」, 『2010년 상반기 조사보고서』 02, 173쪽, 195쪽

졸업, 1947년 월남) 목사와 구례월전교회 정관백 전도사, 이판열 의원 내외 등이 참석했다. 김은기 집사는 평양숭실전문학교 출신으로 주일학교 교사를 지냈고, 폐병에 걸려 피난길에 오르지 못했다가 처형당했다.

추모예배를 마치고 구례로 향하던 중 타고 간 트럭이 순천 서면 송치재를 넘어가다가 일행 6명이 빨치산에 희생되고 말았다. 이선용 목사의 부친은 평남 덕천출신 이성국(1885~1966, 평양신학교 졸업, 평남·간도·함북·서울·진주에서 시무) 목사이고, 이선용 목사의 아들 이영찬(1924~2002, 한신대 졸업, 1984년 기장 총회장, 서울 성암교회 시무) 목사는 순교한 아버지 대신 평생 조부를 모시고 살았다. 이영찬목사의 아들 이원일도 가톨릭의대 재활의학과 교수를 하면서 신학을 전공해 대를 이어 해외 의료선교 사역을 준비하고 있는 등 할아버지의 순교의 뜻을 이어가고 있다. 특히 구례군 8개 교회의 경우 이선용 목사의 희생 이후 한 명의 목회자도 없는 해골 골짜기가 되고 말았다.

김정복 목사

고흥에서는 소록도 한센인들을 지키기 위해 남았던 소록도교회 김정복(1882~1950, 충남 서천 출신, 평양신학교 졸업, 순천노회장, 소록도교회·고흥읍교회 담임) 목사와 우익청년 김길용, 김윤길, 유계삼, 이치하·태하 형제 등 30여 명이 후퇴하는 인민군에게 9월 27일 고흥읍 주월산에서 살해되었다. 순천 해룡 도롱교회 성도 서동실은 8월 15일에, 서천규는 9월 15일 인민군에게 살해되었다.

1982년 매곡동 순천노회 회관 앞마당에는 손양원, 손동인, 손동신, 고재춘, 김정복, 양용환(양용근), 이선용, 조상학, 허상용, 김병준, 서천규, 윤형근, 윤순근, 김용길, 임인규 등 15명을 기리는 순교비를 세웠다.

광양 출신 안덕윤 목사(1897~1950, 평양신학교 졸업, 광양·곡성·김제에서 시무)도 전북 김제군 죽산면 대창리교회 담임목사로 있다가 후퇴하는 인민군에게 교회 앞 들판에서 쇠창으로 죽임을 당했다. 광양에서 교회목사나 교인 인명 피해는 드러난 것이 없으나, 신황교회 예배당이 인민군에 의해 전소된 것으로 알려졌다.

당시 순천노회는 구례지역 이선용 목사와 정관백 전도사의 희생 후 임시 노회를 열고 수습방안을 논의했다. 구례군에 파송할 교역자가 시급했으나, 선뜻 나서는 지원자가 없었다. 당시 구례에서는 구례읍교회를 비롯해 광의교회(구 대전교회), 신월교회, 산동교회, 토지교회(구 파도교회), 외곡교회, 월전교회 등 8개 교회가 있었다.

당시 노회 목사 중 가장 젊은 26살의 여수읍교회 조동진(1924~2021, 평북 용천, 광주숭일학교·서울장로회신학교 졸업) 부목사가 나섰다. 그는 여수읍교회에서 전도사로 시작해 순천노회에서 목사안수를 받았고, 무교회 지역인 쌍봉면 전도활동에 한참이었다. 조 목사는 한국선교의 개척자로 일컬어질 정도로 선교라는 단어를 한국교회에 도입한 인물이다. 55세에 조기은퇴하고 선교사로 헌신했는데, 제3세계선교회협의회(TWMA) 창립과 창립회장으로 섬겼다.

1989년 1월에는 고향을 떠난 지 43년 만에 북한을 방문한 후 20회 이상 방문해 김일성 주석과 단독회담을 가졌고, 김일성종합대학교 종교학과 초빙교수와 평양신학원 초빙교수도 지냈다. 특히 빌리그레이엄 목사와 지미 카터 대통령의 북한 초청을 주선하기도 했다.

피로 물든 전남과 9·28 기독교인 대학살

전남 동부는 영암, 영광 등 서부지역에 비해 교회의 집단학살은 없었다. 하지만 전남은 곳곳에서 많은 순교자를 냈다. 진도중앙교회 김수현 목사, 광주양림교회 박석현 목사, 강진읍교회 배영석 목사, 법성포교회 김종인 목사, 영광읍교회 원창권 목사, 무안몽탄교회 정인태 목사, 목포연동교회 최명길 목사, 해남 구림리교회 노홍균 전도사가 살해되었고, 영광 염산교회 김방호 목사와 77명의 교인들, 영암 상월교회 신덕철 전도사와 35명의 교인들, 영광 백수교회 김진원 장로와 가족들, 신안 임자도 진리교회 이판일 장로와 35명의 교인들이 인민군에게 집단으로 학살되었다. 인민군이 1950년 9월부터 10월까지 약 한 달 동안 퇴각하면서 학살한 전국 종교인이 1,145명으로 개

신교인은 1,026명, 천주교인은 119명인 것으로 드러났다.[55]

9월 28일 인천상륙작전으로 인민군이 후퇴하면서 많은 기독교인들을 학살하거나 우익인사들을 납치했다. 한국전쟁 납북사건자료원 통계를 보면 순천 190명, 여수 73명, 광양 48명, 구례 99명, 곡성 91명, 고흥 17명, 보성 38명이 각각 북으로 끌려갔다. 전국에서 북으로 납치된 목사만 157명이고, 전도사가 12명, 장로 및 집사가 26명이다.

인민군이 후퇴하면서 다시 경찰이 복귀해 지역마다 부역자 색출에 나섰다. 국군 11사단이 대구에서 창설되어 아직 인민군 잔당이 장악하고 있던 미수복지역 탈환에 나서면서 많은 양민들이 부역자라는 이유로 학살을 당했다.

한국전쟁 시기 인민군과 지방좌익 등에 의해 학살된 전체 민간인 규모는 어느 정도일까? 이에 대한 정확한 자료는 없다. 다만 공무원과 민간인 등의 피살 실태를 파악하기 위해 1952년 3월 31일 공보처 통계국에서 발간한 『6·25사변 피살자명부』에는 5만 9,964명의 피살자 명단이 실려 있다.

이 자료는 범례에서 "6·25 사변 중 공무원 및 일반인이 잔인무도한 괴뢰도당에 피살당한 상황을 조사 편찬하였다"면서, 대상을 "군경을 제외한 비(非)전투자에 한하였다"고 밝히고 있다. 따라서 이 자료는 인민군 등 좌익에 의해 피살된 민간인의 명단만 실려 있음을 알 수 있다.[56] 이 자료에 의하면, 59,964명의 피살자 가운데 전남지역 피살자가 43,511명으로 전체의 72.6%를 차지했다.

이 명부에 의하면, 전남지역 피살자 43,511명 중 절반에 가까운 21,225명이 영광군에서 피살된 것으로 나타났다. 영광지역 여성 피살자는 전국 여성 피살자의 절반 가까운 7,914명이다. 이러한 내용은 이 자료의 신뢰성에 약간의 의문이 제기될 수 있게 하는 부분이기도 하다. 숫자의 정확성과 상관

---

55 진실화해를위한과거사정리위원회가 서울신학대 박병수 교수팀에 용역을 의뢰한 '6·25전쟁 직후 기독교 탄압 학살연구' 결과이다(2022.2.21.)

56 김성동, "6·25때 좌익이 학살한 5만9964명 명부 발견", 〈월간조선〉, 2002년 4월호

없이 전남지역에서 좌익에 의한 피살자 비중이 이처럼 높은 것은 이 지역에서 빨치산 활동이 활발했기에 좌우에 의해 상호 학살이 상승효과를 일으켰던 것과 관련이 있을 것으로 추정할 수 있다.

전남지역 6 · 25 순교자 현황

소속 노회	지역	소속교회	희생자	희생 장소
순천	여수	애양원교회	손양원 목사	여수
		덕양교회	조상학 목사	여수
		장천교회	지한영 강도사, 지준철 · 지홍선 교인	여수
		여수제일교회	윤형숙 전도사, 김은기 집사	여수
		돌산읍교회	허상용 집사	여수
		우학리교회	황도백 집사 등 4명	여수
	구례	구례읍교회	이선용 목사, 이판열 집사	순천
		월전교회	정관백 전도사	구례
	고흥	소록도교회	김정복 목사	고흥
	순천	도롱교회	서동실 · 서천규 교인	해룡
전남	영암	영암읍교회	교인 24명	영암
		구림교회	교인 20명	영암
	강진	도암교회	교인 30인	강진
		강진읍교회	배영석 목사	강진
	영광	야월교회	교인 65명	영광
		백수교회	교인 53명	영광
		영광읍교회	원창권 목사, 교인 32명	영광
		염산교회	김방호 목사, 허상 장로, 노병재 집사 등 교인 77명	영광
		묘량교회	김평국 장로, 교인 26명	영광
		법성포교회	김종인 목사, 교인 24명	영광
	완도	관산리교회	(약산제일교회) 최병호 장로	완도
	목포	연동교회	최명길 목사	목포
	신안	임자교회	교인 43명	신안
	무안	복길교회	교인 40명	무안
광주	광주	양림교회	박석현 목사	영암

그러나 만일 전남지역에서 좌익에 의한 피살자 숫자가 이처럼 많은 것이 빨치산 활동과 관련이 있다면, '학살의 84.6%가 9월 26일부터 9월 30일에 일어났다'는 '미 전쟁범죄조사단 보고서' 내용과는 모순된다. 빨치산 활동은 주로 인민군이 퇴각한 이후인 1950년 10월부터 1955년까지 계속되었기 때문이다.[57] 결국 영광군의 6·25전쟁 피학살자는 빨치산이나 좌익이 아닌 인민군이 퇴각하면서 학살한 것이다.

민간인 집단학살은 북한도 마찬가지였다. 집단학살은 해방 이후 계속된 각 지역의 이념적·개인적 충돌이 전쟁이라는 상황 속에서 폭발했기 때문에 벌어졌다. 기독교인 가운데 반공 활동을 한 사람이 많았기에 희생도 컸다. 기독교인들이 가해자이기도 했다.

황해도 신천에서는 1950년 가을 이후의 전세 변화에 따라 개신교인을 포함한 반공주의자와 공산주의자들이 서로 죽고 죽이는 살육전을 벌였다. 신천에서 월남한 사람들은 이후 이산가족상봉도 신청하지 않을 정도로 회복하기 어려운 상처를 주고받았다.

1950년 10월 국군과 유엔군이 38선을 넘어 북진하기에 앞서 신천의 공산주의자들이 우익인사를 대량으로 학살하는 사건이 발생했다. 이에 맞서 기독교도를 중심으로 한 우익 진영이 봉기를 일으켰고, 이 과정에서 상호 살육전이 벌어졌다. 좌·우익의 충돌로 약 3만5천 명의 주민이 사망한 비극적인 사건이었다.

파블로 피카소(1881~1973, 스페인 태생, 프랑스 입체파 화가, 20세기 최고의 거장, 프랑스 공산당 입당, 6·25를 소재로 한 한국에서의 학살(1951)·전쟁과 평화(1952) 등 대작 제작)의 1951년 작품 『한국에서의 학살』은 이 신천학살을 소재로 삼았다. 북한은 사건 직후부터 미군에 의해 저질러진 학살이라는 거짓 프레임을 씌워서 국내외에 알렸다. 부수상 겸 외무상인 박헌영이 허위 선동을 주도했다. 프랑스 공산당은 이 사건 이후 당원인 피카소에게 반미 선전을 위한 작품을 의뢰했다. 프

---

57 〈통일뉴스〉좌익에 의한 민간인 학살사건(4)-인민군의 퇴각과 민간인 학살-〈연재〉임영태의 한국현대사, 망각과의 투쟁(32)(2017.1.31.일자)

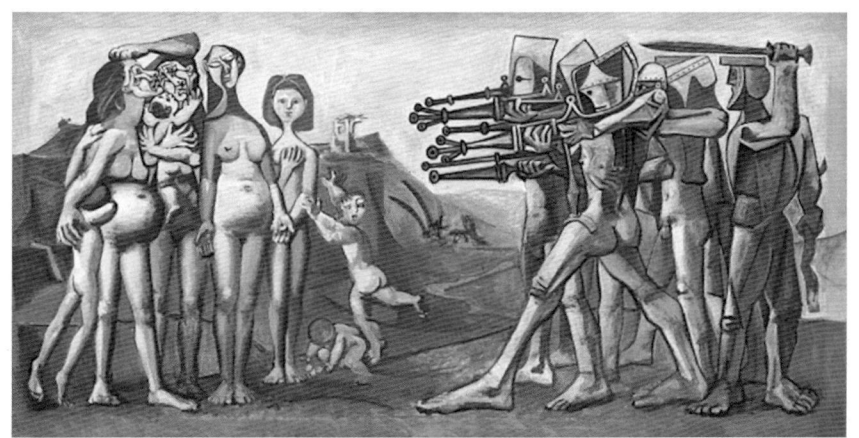

피카소 1951년 작품 '한국에서의 학살'

랑스 공산당원인 세계적 철학자 장 폴 사르트르(1905~1980, 실존주의 철학자이자 소설가, 극작가, 피카소·존 레논·조지 오웰·알베르 카뮈 등과 함께 20세기 대표적 좌파예술가, 북한의 북침설 공개지지 선언, 베트남 전쟁 반대 선언, 노벨문학상 수상 거부)는 6·25를 "미국의 사주를 받은 남한의 북침"이라고 허위 주장한 당시의 대표 인물이었다. 피카소는 공산당 선전을 믿고 이 작품을 제작했다.[58]

신천 학살 사건을 배경으로 하는 소설 『손님』(2001)을 발표한 황석영(黃晳暎, 1943~ , 길림성 장춘 출생, 본명 황수영, 동국대 인도철학과 중퇴, 1989년 문익환 목사와 방북, 1993년 국가보안법 투옥, 소설 무기의 그늘·장길산·오래된 정원·손님·희곡 장산곶매·소설 삼국지 등 발표)작가는 "기독교 우파와 마르크스주의 좌파 간 사상대립이 폭력화 된 결과물"로 해석했다. 또한 "그 끔찍한 학살은 우리들끼리 저질렀다는 게 진실"이라며 "배경은 계급적 유산이 약한 북한에서 기독교와 마르크스주의 두 가지 관념 모두를 개화로 받아들였던 탓"이라고 했다.[59] 즉, 북한의 미군에 의한 학살 주장은 아니고 우익치안대에 의한 학살이라는 것이다. 미국이

---

58 조선일보 2021년 6월 1일자 기사-피카소 그림 '한국에서의 학살'은 6·25전쟁 허위 선전물이다/ https://n.news.naver.com/article/023/0003617369

59 전북일보 2021년 6월 22일자 기사 "피카소 '한국에서의 학살' 제작동기…신천학살 아니야" / http://www.jjan.kr/2111078

라는 외세의 개입이 아니고 기독교와 공산당으로 분열된 민족 내부의 학살극이었던 것이다.

　미 공군은 북한지역에 대한 초토화작전에 따라 총 63만5천톤의 폭탄을 북한에 투하했다. 북한은 완전히 폐허로 변했다. 이때 교회시설도 모두 파괴되었고, 수많은 교인이 희생되었다. 반공적 교인과 교역자들이 대대적으로 월남하여 그렇지 않아도 교회가 정상적으로 운영되기 힘든 상황에서, 기독교 국가라고 믿었던 미국이 교회시설마저 파괴하자 북한교회는 항구적인 정신적·물질적 피해를 입었다.[60]

　이 3년의 전쟁을 통해 한반도에서만 사상자가 254만여 명이나 된다. 이재민이 1천여만 명이고, 10만여 명이 넘는 전쟁고아와 이산가족이 발생하였으며, 전 국토의 80%가 파괴되었다. 전쟁의 결과는 이렇게 서로를 가리지 않고 막대한 손실을 가져왔고, 복구하는데 10년 이상 걸렸다.

　6·25전쟁이라는 참화를 겪으면서 민심이 흉흉해지자, 신흥종교도 우후죽순처럼 생겨났다. 이것은 혼란스럽고 불안한 사회 환경을 반영하는 현상이었다. 그 가운데서 큰 세력을 이룬 것이 박태선의 전도관, 문선명의 통일교, 나운몽의 용문산 기도원 등이었다. 이들은 미혹하는 큰 세력을 이루어 한국교회에 큰 혼란과 손해를 안겨 주었다.[61]

60　한권으로 읽는 한국 기독교의 역사(류대영, 한국기독교역사연구소, 2018) 289~290쪽
61　한국교회사(김영재, 협신대학원출판부, 2009) 315쪽

CHAPTER · 7

손양원 목사의 순교와 또다른 우상화

손양원 목사

손양원 목사는 한국 기독교 순교사에서 큰 보배이다. 두 아들의 순교에 대한 논란에도 불구하고 손 목사의 '안재선 구하기'와 6·25 전쟁 중 인민군에 의한 순교정신은 한국교회는 물론이고 모든 기독교(천주교 포함)인들에게 표상이 되고 있다.

손양원 목사 기념관은 애양원이 있는 여수 율촌과 그의 고향 경남 함안군 칠원 등 2곳에 들어서 있다. 여수시 율촌면 신풍리 도성마을에는 손양원 목사 및 두 아들의 묘지와 함께 그 옆에 들어선 손양원 목사 순교기념관이 지난 1993년 개관한 이후, 연중 꾸준히 목회자와 성도들이 찾고 있다.

주기철 목사의 제자 손양원의 순교정신

손양원 목사는 1902년 경남 함안군 칠원읍 구성리에서 태어났다. 본명은 손연준이다. 일찍이 아버지 손종일 장로의 영향으로 6살에 세례를 받았고, 칠원 구성교회에 출석하게 되었다. 칠원공립보통학교를 졸업하고 1919년 상경해 중동학교를 다니다가 아버지가 3·1운동에 가담한 혐의로 투옥되자, 학교를 중퇴했다.

1923년 부모의 권유로 정양순(본명 정쾌조)과 결혼한 후 경남성경학원에 입학했다. 이곳에서 신사참배 거부로 순교한 최상림과 주기철을 스승으로 만났다. 모두 죽음으로 순교의 길을 간 선배였다. 1925년 졸업과 동시에 부산 감만동 한센인 보호시설 상애원에서 메켄지(James Noble Mackenzie, 매견시, 1865~1956, 호주장로회 선교사, 상애원교회 설립, 한센인보호 사역) 선교사의 조사로 일하면서 울산 방어진교회, 양산읍교회 등의 순회전도사로 시무했다. 특히 부산 한센인보호시설인 상애원에서의 경험이 나중에 애양원에서 사역하게 만드는 계기가 되었다.

현재의 부산외국어대학 감만동 캠퍼스 부지에 세워진 한국 최초의 한센병원이었던 상애원은 미국 북장로교 선교사 어빈[62](Charles H.Irvin, 어을빈, 1869~1933, 한국구라선교의 개척자)에 의해 1909년 설립됐다. 경영난 등으로 운영권이 대영구라회로 넘어간 뒤 1912년 5월 메켄지가 원장으로 취임하면서 새로운 전기를 맞았고, 30년 가까이 나환자에 쏟은 헌신과 노력으로 메켄지는 국내 나병환자의 아버지이자 성자로 추앙받고 있다. 일제가 일대를 병참화하기 위해 1941년 강제 폐쇄하기까지 국내 최대의 나환자촌이었다.[63]

그는 1938년 평양신학교를 졸업했다. 매산중학교 6대 교장을 지낸 김형모를 비롯해 7대 교장을 지낸 김규당, 그리고 강신명(1909~1985, 경북 영주, 새문안교회 담임, 예장통합 총회장, 숭실대 총장), 강순명 (1898~1959, 광주, 최홍종 목사 사위, 독신전도단 창설, 천혜경로원 설립, 이현필의 스승) 목사 등이 졸업 동기들로 한국교회를 빛낸 분들이다. 양용근 목사와도 입학 동기였으나, 양 목사는 1년 늦게 졸업했다.

손양원이 졸업한 그해에는 '신사참배 강요' 라는 일제의 강력한 압박으로 전국 교회가 큰 소용돌이로 빠져드는 시기였다. 장로교는 1938년 9월 10일

---

62 1911년 부산지역이 호주장로회 선교지역으로 확정된 것에 불만을 품고 선교사를 관두었다. 그후 어을빈병원을 개업했고 '만병수(萬病水)' 라는 약을 제조해 제약회사를 설립했다.

63 부산시 남구청 홈페이지-구정소식-나병환자 600명과 30년 동고동락 인간 사랑의 극치 보여준 '한국판 쉰들러 리스트'
https://www.bsnamgu.go.kr/board/view.namgu?boardId=BBS_0000088&menuCd=DOM_000000114001000000&dataSid=77857

결의를 통하여 신사참배를 합법적으로 만들어 주었고, 감리교 역시 같은 해 10월 7일 이른바 양주삼 총리사를 비롯한 참석자 전원이 '애국일' 행사를 치루며 '황국신민서사'를 제창한 후, 남산의 조선신궁에 가서 신사참배를 하였다. 이것도 모자라 1938년 12월 12일에는 한국 교계를 대표하는 각 교단의 지도자들이 일본까지 건너가 여러 곳의 신사를 참배하고 왔다.[64]

손양원은 1939년 7월 15일 김응규 목사의 뒤를 이어 애양원교회 교역자(강도사)로 부임했다. 양용근 목사는 부교역자(조사)로 있다가 목사안수를 받고 4월 1일 고흥 길두교회로 부임했다. 그는 이미 오기 전부터 경남 지역에서 순회전도사로 활동하면서 신사참배 거부로 경찰의 주요 감시대상이었다. 당시 애양원교회는 애양원과 함께 광주선교부 직할 체제이었다.

애양원에 바친 선교사들의 헌신과 손양원의 청빙

포사이드 선교사

애양원의 시작은 의료선교사 포사이드(Wylie H. Eorsythe, 1873~1918, 보위렴, 군산·목포·광주선교부 활동)였다. 오웬이 사경을 헤맨다는 소식을 듣고 목포에서 광주로 말을 타고 달려가던 중에 길가에 쓰러져 죽어가는 한센병 환자를 발견하고 말에 태워 광주에 가서 치료를 받도록 한 것이 시초였다. 이후 1911년 4월 25일 광주 봉선리에 나병원을 세워 시작했으나, 주민들의 반대로 1927년~1928년 여수 신풍리로 옮긴 것이 지금의 애양병원이다.

신풍리로 이전할 때 부지 매입에 앞장선 이는 장천교회 설립 교인인 이기홍 장로였다. 그는 윌슨 선교사의 부탁으로 주변에 민가가 없어 반대가 없을 만한 부지를 물색하다가 해안가인 현재의 신풍리를 추천했다. 그의 3남 이은태(李恩泰, 1919~2004)는 매산중학교와 일본 메이지대 법학부를 졸업해 조

---

64 아직 끝나지 않은 문제 신사참배(오창희, 예영커뮤니케이션, 2021) 131쪽

선대 법정대학장을 역임하였고, 전남도의원을 거쳐 1958년 4대 국회의원선 거(자유당 소속, 여천군 선거구)에서 당선되기도 했다.

애양원교회도 1909년 윌슨이 나병환자 20여 명을 집단 격리해 치료할 때 광주제중원(현 광주기독병원) 직원 최흥종과 이만준 등이 3년간 전도하여 1912년 설립한 봉선리교회로부터 시작되었다. 그 후 여수로 이전하면서 1928년부터는 신풍교회로, 1935년부터는 애양원교회로 부르다가, 1982년부터 성산교회로 바꾸었다. 그리고 2016년부터는 다시 애양원교회로 이름을 바꾸어 오늘에 이르고 있다. 손양원 목사가 시무했던 11년간의 교회 이름은 애양원교회였다.

손양원을 애양원교회로 불러들인 사람은 그의 신학교 동기 김형모 목사였다. 애양원교회는 나환자들로 이루어진 교회여서 특별한 사명감을 가진 사람이 아니고서는 감히 생각도 할 수 없는 목회지였다. 1939년 5월 벌교읍교회에서 시무하던 김형모는 손양원에게 사정을 말하고 제발 와 달라는 간청의 편지를 써 보냈다. 그리고 엉거 선교사에게도 편지를 보내 손양원을 추천했다. 그는 김 목사의 권면을 하나님의 부르심으로 받고 초청하면 응하겠다고 대답했다. 6월에 그는 애양원교회의 책임자인 엉거 선교사의 초빙을 받아 부임했다.

신학교 재학 중인 1937년 7월에 애양원교회에서 집회를 인도한 적이 있어 손양원은 기꺼이 거부하지 않고 달려왔다. 그때 애양원교회 교인들과 장갑도 끼지 않고 악수하고 식사도 함께 하는 등 적극적이어서 교인들로부터 많은 신뢰를 받았다. 단지 한센병이라는 이유만으로 학대받고 가족과 떨어져 고통받은 이들을 위해 위로의 복음과 하늘의 소망을 전하는 은혜의 전령이기를 원했다.

손양원의 진짜 헌신과 왜곡된 헌신의 차이

그의 장녀 손동희 권사의 『나의 아버지 손양원 목사』 67쪽에서 "나병의 환부에는 사람의 침이 좋은 약이 된다며 입으로 피고름을 빨아내는 일도 마다하지 않으셨다"라고 하였다. 그러나 이는 의학적으로도 불가능한 일이고 거짓이다. 우선 의학적으로 한센병 환자의 피고름을 입으로 빨게 되면 입 안에 세균이 남아 있을 수밖에 없는데, 손양원 목사는 한 번도 한센병에 걸린 적이 없었다.

윌슨 선교사에 따르면 당시 애양원은 일반인 구역과 환우들 구역이 구분되어 있어 환우 구역에는 쉽게 접근할 수 없었고, 환우들도 밖으로 나올 수 없었다. 환우 스스로 자치에 의하여 자신들의 삶을 운영하도록 하였다. 이러한 자치적 삶을 위해 실행위원회를 구성했는데, 그는 각 부서에서 두명씩 선발하여 총 22명의 환우를 중심으로 민주적이며 자발적인 위원회를 구성해 전체 환우들의 지지를 얻었다. 이들은 800명의 환우들을 전체적으로 돌보고 관리하는 일을 수행하였다.[65]

애양원은 병원과 교회, 그리고 환우들이 거주하는 애양원으로 나뉘는데, 손양원이 드나들며 만날 수 있는 곳은 환우들이 거주하는 마을이나 애양원, 병원에도 일반병동으로 제한되어 있었다. 중환자실에는 의료진 외에는 쉽게 접근하기 힘들고 죽음을 앞둔 환자의 위로 심방이나 가능했다. 병원에서 환자의 피고름을 그냥 방치할 리도 없었고, 환자의 환부를 비의료진이 만지는 행위도 의료기관에서는 그때나 지금이나 결코 용납될 수 없는 것이었다.

이런 내용은 안용준 목사의 『사랑의 원자탄』이나 차종순 박사의 『애양원과 사랑의 성자 손양원』를 비롯해 손양원 목사 설교자료 등 그 어디에도 언급된 바가 없다. 이는 이 불가능한 행위에 대해 상식적으로 받아들일 수 없었기 때문일 것이다.

이는 딸 손동희 권사가 안타깝게 희생되신 아버지를 너무 받들고 싶은 나머지 희생과 헌신적인 모습을 알리고 싶어 애틋한 마음에서 과장한 내용인데, 검증도 없이 털컥 기념관에 밀랍 인형으로까지 재현했다가 현재는 철거한 상태이다. 한국교회에서 자식들의 이런 선을 넘은 지나친 효행심으로 우

---

65 애양원과 사랑의 성자 손양원(차종순, KIATS, 2008) 109쪽

상승배에 가까운 탈선행위들이 종종 나타나 이단 시비에 휘말리기도 한다. 이는 명백한 또다른 우상화이고 우리가 경계해야 할 지점이다.

손양원은 부임하자마자 설교에서 신사참배를 해서는 안된다고 전파했다. 그후 1940년 9월 25일 여수경찰서 고등계 형사들이 체포해 끌고 갔고 광주지방법원에서 1년 6개월형이 선고되어 광주형무소를 거쳐 청주형무소에서 수형생활을 했다.

그가 구금되자, 애양원교회는 잉거가 잠시 맡았다가 잉거와 윌슨마저 본국으로 소환되어 떠나면서 크레인이 담임목사직을 맡았고, 애양원은 최경동 의사가 맡았다. 크레인도 1941년 9월에 떠나자, 광주선교부의 탤미지와 도슨이 총무와 재무를 맡아 수시로 오가면서 운영을 했다.

남아 있던 남장로교 선교사들에게도 1941년 10월 본국으로 철수명령이 내려졌다. 철수를 위한 선박을 보낼 때 떠나지 않으면 본인 책임이라는 미국 영사의 최후통첩도 받았다. 남장로교 선교본부도 즉시 귀국을 허락했다.

1942년 3월에는 애양원과 애양병원이 일제의 관할로 넘어갔다. 형무소에서도 손양원은 순교의 의지를 다졌고, 가족들에게 보낸 편지를 통해 선교사들에게까지 그 의지가 전달되었다. 1942년 애양원 마저 운영권이 총독부로 넘어가면서 일본인 '안도(安藤)' 라는 원장이 부임했다. 그가 부임하자마자 남은 가족들은 교회 사택에서도 쫓겨났다.

우리 가족은 애양원을 떠나 우선 광주로 갔다. 광주로 떠날 때, 애양원의 교우들이 안또 원장 몰래 당회를 열어 7백 원의 돈을 우리 가족에게 건네주었다. 광주형무소에 아버지가 수감되어 계셨고, 한 달에 한 번씩 면회를 할 수 있었으므로 아버지 곁으로 이주를 결심한 것이다. 그러나 그 한 번의 면회조차도 우리 가족에게는 사치였다.[66]

---

66 나의 아버지 손양원 목사(손동희, 아가페, 1994) 104쪽

당시 700원은 오늘의 가치로 보면 350만원 정도 된다. 손양원이 청주형무소로 이감되면서 가족들은 다시 부산 범내골 판자촌으로 이사했다. 장남 동신과 차남 동인은 주기철 목사의 아들 주영해(4남, 서울신성북교회 장로)가 소개해준, 박신출 집사(삼각산제일기도원장)가 운영하는 나무통 공장에 들어갔다. 한달에 23원을 받아 20원은 집에 보냈다.

신사참배를 강요하는 애양원에서 뛰쳐나온 원생들이 진주 남강다리 밑에서 구걸하며 생활했는데, 그들이 어렵게 살고 있다는 손 목사 가족의 소식을 듣고 쌀을 갖다주기도 하고, 애양원 가족들이 십시일반으로 쌀을 모아 보내주기도 했다. 모두가 어렵게 연명하던 시절이었지만, 따뜻한 마음은 변함이 없었다.

이런 어려움 속에서도 손양원 목사의 부인 정양순 사모는 부산 사상교회 민영석 집사가 신사참배 거부로 투옥되었다는 소식을 듣고 그 집에 쌀을 갖다주는 등 사랑을 베풀었다.[67]

손양원 목사는 1943년 5월 17일이 만기 출소일이었다. 그러나 일제는 종신형을 내려 그의 석방을 막았다. 이제 가족들도 일제의 탄압을 대비해 뿔뿔이 흩어졌다. 손양원 목사의 아버지는 만주 하얼빈의 작은 아들 손문준 목사 댁으로, 정양순 사모와 당시 막내 동연은 부산 기장으로, 동신은 애양원 가족들이 사는 하동 옥종면 북방리 움막으로, 장남 동인은 징용을 피해 남해군 깊은 산골로, 장녀 동희와 삼남 동장은 부산 구포의 고아원으로 흩어졌다.

해방과 석방, 그리고 6 · 25 전쟁의 고난

간악한 일본은 결국 손을 들었다. 드디어 해방이 된 것이다. 1945년 8월 17일 손양원 목사는 청주형무소에서 석방되어 가족들 품에 안겼다. 뿔뿔이 흩어진 가족들도 함께 모일 수 있게 되었고, 다시 애양원교회로 돌아왔다.

---

67 코람데오닷컴 - 손양원 목사의 삶과 신앙(이상규, 2016)

애양원 식구들은 "우리들의 목자가 환난을 이기고 돌아오신다"며 눈물로 반겼다. 애양원을 떠난 지 5년 만에 돌아온 것이다.

목사안수를 받지 못한 상태에서 '목사'로 불리면서 애양원교회를 이끌어 온 손양원은 1946년 3월 뒤늦게 경남노회에서 정식으로 목사안수를 받았다. 그의 목사안수가 늦은 것은 당시 그의 소속인 경남노회에서 신사참배 거부 발언으로 일부 교회 목사들이 안수 기회를 계속 연기했기 때문이었다.

해방의 기쁨도 잠시 여기저기서 혼란이 시작되었고, 결국 여순사건을 맞아 두 아들을 잃었다. 그리고 안재선을 양아들로 맞게 되었다. 아버지로서 건장한 두 아들을 잃게 된 것은 엄청난 아픔이었을 것이지만, 손양원 목사는 그 아픔마저도 가슴으로 품었다.

1950년 6월 25일 북한의 남침으로 인민군 6사단이 호남으로 물밀듯이 내려왔다. 광주가 인민군 수중으로 넘어가면서 선교사들은 부산을 거쳐 일본으로 피난을 갔고, 순천에 있던 목사와 장로들도 모두 부산으로 피난을 떠났다. 당시 전남 동부에는 강병담, 고평곤, 김규당, 김상권, 김상두, 김정복, 김형모, 나덕환, 문재구, 선재련, 손두환, 손치호, 신성모, 이선용, 정규오, 조동진, 조상학, 조의환, 조종숙, 차남진, 황보익 목사 등이 시무하고 있었다.

이 중에 이북 출신은 구례읍교회 담임 이선용 목사를 비롯해 강병담(평북 대동), 조동진(평북 용천), 김규당(평안도), 손치호(황해도 장연) 목사 등 5명이었다.

이선용 목사는 해방 후 고향 평안남도 개천에서 목회와 농촌운동을 하던 중 간첩으로 몰려 모진 고문까지 당해 1947년 월남했다. 인민군이 내려오자, 부산으로 피난을 갔다가 9·28 수복 후 돌아왔다. 그해 12월 여수에 교인 가족의 추모식에 다녀오다가 순천 송치재에서 인민군 잔당에 변을 당했다.

선재련 목사는 여순사건이 진압되자 1949년 광양읍교회를 사임하고 벌교읍교회로 옮겼고 6·25 때 피난을 가지 않고 교회를 지키다가 인민군에 체포되고 말았다. 인민재판에 회부되었는데, 벌교여성동맹위원장과 가까운 성도가 나타나 강력하게 반대해 위기에서 벗어날 수 있었다. 그러나 교회에 감금되었고, 교인들은 선 목사를 밤중에 몰래 배를 구해 탈출시켰다. 하지만 인근 포구에서 배를 타려는 순간 내무서원들에게 잡히고 말았다.

선 목사가 당당하게 신분을 밝히자, 다른 포로 3명과 함께 갯벌로 끌려 갔다. 하지만 죽음이 임박한 순간에 포로 한명이 포승줄을 풀고 도망치자, 내무서원들은 선 목사를 황급히 대창으로 찌르고 도망친 포로를 잡으려고 뛰어갔다. 다행히 크게 다치지는 않고 통영까지 가서 치료를 받고 부산으로 피난을 갈 수 있었다. 선재련 목사는 세 번이나 죽음의 위기에서 하나님이 살려주셨다. 순천노회 교역자 수난사건으로 옥살이를 했던 그는 생전에 자식들이 독립유공자 신청을 하려고 할 때마다 "목사로서 할 일을 한 것뿐이다"며 신청을 만류했다. 이 얼마나 겸손한 목자의 모습인가.

여수읍교회를 시무하던 김상두 목사는 피난을 떠나 화를 피했지만, 서울 중앙고등학교 교사로 재직하던 장남 수현이 납북되어 소식이 끊겼고, 차남 재현은 일제 학병으로 징용되었다가 미 극동사령부 통역관으로 근무했다. 셋째 석현은 여순사건 때 여수지역 학련위원장이었고, 군목으로 입대해 중령으로 예편했다. 넷째 승현은 여수중 6학년 재학 중 학도병에 지원해 하동 전투를 거쳐 정규병으로 자원해 평양까지 진출했으며, 1966년 대위로 예편했다.

동강유둔교회를 시무하던 선춘근 전도사는 인민군에 체포되어 일제 강점기 때 순천노회 교역자 수난사건으로 수감되었던 광주형무소에 다시 수감되고 말았다. 다행히 광주가 수복되면서 형무소를 지키던 인민군들이 그대로 도망치는 바람에 살아났다.[68]

이렇게 6·25 전쟁 초기 손양원과 김정복 목사를 비롯해 선재련 목사, 선춘근 전도사 등은 피난을 가지 않고 교회를 지키기 위해 남았다가 화를 입었다. 특히 손양원, 김정복 목사는 주위의 피난 권유에도 불구하고 교회와 한센병 환자들을 지키기 위해 남았다가 희생을 당했다.

---

68 순천노회 수난사건을 중심으로 일제의 종교탄압과 한국교회의 저항(김수진·주명준, 쿰란출판사, 1996) 92~141쪽

나덕환 목사는 예배시간에 승주교회 전 교인에게 피난 갈 것을 권면하고 일단 장로들과 함께 애양원교회 손 목사 사택으로 피신했다. 그리고 손 목사에게 같이 피난 갈 것을 하루 종일 권면했지만, 요지부동이었다. 대신 애양원이 운영하던 배 한 척을 빌려주었고, 부산에 가서는 손 목사의 동생 손의준 목사가 시무하는 영주교회(거성교회)에서 피난생활을 했다.[69]

하지만, 북한군의 잔인함을 경험해보지 못한 남쪽 출신 교역자들은 상당수가 같은 민족인데 설마 죽이기까지 하겠느냐는 생각이 많았다. 그러나 그 예상은 철저히 빗나갔다. 해안지역으로 피난을 왔다가 붙잡힌 목사들도 있었고, 교회를 지키다가 체포된 교회지도자도 있었다.

7월 25일 순천이 인민군에게 함락되었고 여수항은 다음날인 26일 인민군 수중에 떨어져 1개 대대가 주둔했다. 그들은 진지를 구축하고 국군이나 연합군의 기습공격에 대비했다.

인민군은 각 지역에 내무서를 세우고 우익인사들을 색출해 교화대상으로 보고 학습시켰다. 그리고 보도연맹 피해자 가족들은 국군과 경찰가족들에게 보복하는 사태가 발생하였다. 이 부분을 당시 장천교회 강도사로 재직하던 차남진 목사(당시 강도사)의 부인 오마르다 권사는 이렇게 회고했다.

특히 여순사건 때 닭머리(율촌면 조화리 옆 해안가 당두마을) 사람들이 많이 잡혀갔다. 이 마을은 원래 최씨 일촌(一村)이었는데, 공산 사상을 가진 자가 많았다. 다시 말해 보도연맹 사건으로 인하여 이승만 정권 때 여순사건 이후 이 동네 남자들을 대거 사살함으로써 동네에 남자들이 없고 여자들만 남았다. 여순사건 때 잡혀갔던 닭머리 지역 등의 공산세력들이 6·25사변으로 크게 들고 일어났다. 손양원 목사는 나에게 순교하자 순교하자 하면서 애양원으로 올 것을 권하였다.[70]

---

69 아름다운 믿음의 유산(나덕환, 한국장로교출판사,2012) 340쪽
70 애양원과 사랑의 성자 손양원(차종순, KAITS, 2008) 176쪽/오마르다 권사, 오은자 권사와의 대담 (2003년 3월 11일)

여수지역사회연구소에 따르면 실제 율촌면 소재지에서는 장천교회를 중심으로 기독교인들이 많이 사는 여홍리와 비기독교인들이 많이 사는 조화리 간의 갈등이 심했다. 경전선 율촌역이 여홍리에 들어선 것도 장천교회의 영향(설립교인 이기홍 장로가 일본인과 사설철도 건설업에 뛰어들었다)이었다. 조화리는 달성 서씨 집성촌이었는데, 여순사건에서 20여 명이 여홍리주민의 고발로 좌익으로 몰려 진압군에 의해 희생되었다고 한다.

인민군에 체포된 손양원 목사는 여수경찰서 유치장에 구금되어 있었다. 유엔군이 9월 15일 인천상륙작전에 성공한 지 13일 만에 서울에 입성했다. 정동방송국은 파괴되었고 당인리(마포구 당인동) 연희송신소는 무사해서 9월 28일 일몰 직전에 위진록(1928~ , 황해도 재령, 평양사범 중퇴, 김구 장례식 등 중계) 아나운서를 통해 서울 수복을 알렸다.

"여기는 서울중앙방송국입니다. 여기는 서울중앙방송국입니다. 대한민국 국민 여러분, 그리고 서울시민 여러분, 오늘 새벽 유엔군과 대한민국 국군은 대한민국 수도 서울을 완전히 탈환하고 패주하는 공산군을 추격하며 북진을 계속하고 있습니다. 우리는 이제 자유를 되찾았습니다…."[71]

이미 인민군들은 이 방송이 나오기 전부터 철수 준비를 하고 있었다. 이날 남한 전역에서 후퇴하는 인민군에 의한 대대적인 학살이 자행되었다. 대상은 구금된 군경 가족과 우익단체 관계자, 기독교인들이었다. 대한민국 군경이 보도연맹원을 무참히 집단학살한 것처럼 인민군도 대대적인 학살에 나선 것이다. 서로 죽고 죽이는 민족의 비극이었다.

순교자의 길로 간 성자 손양원 목사

1950년 9월 28일(음력 8월 17일) 저녁 손 목사를 비롯해 덕양교회 조상학

---

[71] "난 자유의 편… 北의 스카우트 제안 거절"(SENIOR조선, 2017. 6. 23. 일자 기사)
http://senior.chosun.com/site/data/html_dir/2017/06/23/2017062300847.html

목사 등 여수경찰서에 구금된 150여명이 10명씩 꽁꽁 묶인 채 끌려갔다. 그곳에는 최천열(당시 60세) 여수중학교 교장과 여관을 경영하던 우익 최본수(당시 60세), 한청단원 이봉래(당시 36세)도 포함되어 있었다.[72] 손양원 목사는 끌려가면서 죽음이 임박했음을 알았다. 그는 최후의 순간이 다가옴을 알고 인민군들에게 예수 믿을 것을 권유했다. 그러자, 그들은 손 목사의 입을 개머리판으로 내리쳤다. 그리고 미평과수원과 둔덕재에서 학살했다.

당시 여수경찰서 유치장에서 손 목사는 동신의 친구 김성수(1933~?, 지한영 강도사 조카, 순천중 졸업, 손동인·나제민과 학련 활동, 여순사건 진압 당시 군경과 협력, 6·25 초기 학도병 참전 주도, 부산해양대 졸업 후 외국선사 수속 대행업 종사, 협성해운 경영)를 만났다. 그는 독실한 기독교인으로 장천교회 김동혁 장로의 아들이었다. 그날 10명씩 묶어 총살했는데, 청년 김성수가 총소리에 놀라 시체더미 속에 숨어 있다가 그들이 물러가자, 그곳에서 탈출하여 손 목사의 가족에게 순교사실을 전달하였다.

그날 아침 손 목사의 막내 손동길이 태어났다.(본인은 유복자라고 주장하지만, 손 목사가 죽기 전에 태어났으니 유복자는 아니다) 애양원교회로 모신 손 목사의 유해는 일단 가매장했다가 15일 만에 다시 파내어 10월 13일 영결식을 올렸다. 당시 대부분의 목회자들이 부산으로 피난을 가서 영결식을 주관할 목사들이 없었다. 부산으로 급파된 애양원 식구들에 의해 연락이 되어 가까운 목사들을 모셨다.

장례예배는 오종덕(1891~1976, 황해도 곡산, 성경학자, 고려성경학교 교장, 고신교단 시무) 목사의 사회로 박윤선(1905~1988, 평북 철산, 1세대 킹뱅주의 신학자, 고려신학교 교장·총신대대학원장·합동신학원 초대원장) 목사가 '순교에 대하여'라는 제목으로 설교하였다. 조사는 애양원을 대표해 김현철 집사가, 노회 대표로 순천제일교회 나덕환 목사가, 기독신문사 대표로 김봉서씨가 했다. 손양원 목사는 애양원교회에서 1939년 7월부터 1950년 9월까지 약 11년 동안 시무하였다. 신사참배 거부로 5년간 수감생활한 기간을 제외하면 사실상 6년 정도 시무한 셈이다.

---

72 이들은 2010년 여수·순천지역 적대세력에 의한 피해사건 희생자로 규명되었다.

보이어 선교사의 회고록에 따르면 당시 애양원에는 1,123명의 환자가 있었고, 797명이 교인이었다.

손양원 목사 장례식이 끝나고 정양순 사모는 사택을 떠나 현 여수공항 입구 신풍리에 신풍교회를 세웠다. 처음에는 경남노회 소속이었다가 고신파로 넘어갔고, 현재는 백영희(부산서부교회 강도사로 시무하는 중에 예배당 소송, 유엔군 철수 반대 등 몇 가지를 비판하다가 1959년 고신총회로부터 제명당했다) 목사가 세운 한국총공회 소속으로 있다. 손양원 목사 사후 애양원교회가 가족들을 지원하려고 했으나, 교인들을 몰고 나가면서 불편한 관계가 되었다. 당시 6·25전쟁 직후라서 교회 형편상 충분하게 유가족들을 지원하지 못한 점도 있었는데 대우에 불만을 가지고 있었던 것으로 보인다. 무엇보다 1952년 고신파의 분립으로 껄끄러운 관계가 되어 금전적 지원도 끊어졌던 것이다. 그렇게 신풍교회를 개척해 머물다가 1959년 부산으로 이주했다. 정양순 사모도 1977년 부산 청십자병원에서 69세로 생을 마쳤다.

손동희 권사는 정양순 사모가 인근 여수성암교회(통합교단) 건축에도 도움을 주었다고 했지만, 1924년 설립된 성암교회 사료에는 그런 기록이 전혀 없다. 아마 신풍교회를 착각했던 것으로 보인다. 신풍교회 이영인 목사는 현재 교회 내에 백영희연구소를 두고 있고, 성암교회 뒤편으로 3~40가구가 '신앙촌'처럼 집단으로 거주하며 아동센터운영 등으로 생활을 하고 있다.

장녀 손동희 권사는 서울 이화여중에서 아버지 장례 후 매산여중으로 전학해 졸업했다. 그후 신학교를 중퇴하고 선교사의 도움으로 피아노를 전공해 평생 교회 반주자로 봉사했다. 그녀에 이어 차녀 동림, 삼녀 동연도 대학에서 피아노를 전공해 교회 반주 봉사와 대학 강사로 학생들을 가르쳤다. 삼남 동장은 두 형의 죽음과 안재선의 입양으로 극심한 정신적 후유증을 겪었다. 그는 유일하게 하나님을 원망하며 일생을 보냈다. 현재 애양원교회와 갈등을 일으키고 있는 손동길 목사는 안양대학교의 전신인 대한신학교를 나와 성남에서 산돌교회를 개척해 시무하다가 은퇴했다. 안양대학교는 대신교단 소속이다.

손양원목사순교기념관을 둘러싼 위험한 암투

손양원목사순교기념관

　경남 함안군 칠원읍 구성리에 위치한 산돌 손양원 목사 기념관은 2015년 개관했다.(함안군이 보훈청의 지원을 받아 건립한 보훈시설이다) 특히 이 기념관이 손 목사의 모교회인 칠원교회에 들어서면서 순교자 기념교회의 역할을 하고 있다. 여수 율촌 기념관은 애양원교회에서 관리하고 있는데, 2016년부터 손 목사의 4남 손동길 목사가 퇴직 후 와서 방문객의 안내와 해설을 맡겠다고 나서면서 갈등이 끊어지지 않고 있다.

　손동길 목사는 그동안 경남 함안군과 애양원교회를 상대로 사사건건 시비를 걸면서 고소 고발을 남발(?)해온 것으로 알려졌다. 자기 아버지를 왜곡시켜왔다는 것이 주된 이유였으나, 속내는 알 길이 없다. 심지어 부모와 두 형의 묘를 고향 함안으로 옮기겠다고 하더니 이제는 고향 선산이 고속도로 개발로 힘들어지자, 딴소리를 하고 있다. 목사인 자기 아버지가 선견지명이 있어 도성마을에 묘지를 선택한 것이라고 자화자찬을 하고 있다.

　정작 왜곡시켜 놓은 부분은 자기 가족인 누나 손동희 권사인데 누워서 침을 뱉고 있는 모습에 씁쓸하기 짝이 없다. 지금 신풍 기념관에는 2개의 헌금함이 놓여 있다. 손 목사가 유족들을 돕겠다면서 추가로 만들어 놓았다.

이곳을 다녀온 주변 교인들은 하나같이 아버지의 명예를 팔아(?) 돈을 벌겠다는 꿍꿍이 속이라며 수군거릴 정도이다. 그 뒤에는 한국총공회 소속 신풍교회가 있다는 얘기도 들려온다. 과연 이 모습을 손양원 목사는 어떻게 생각하실까.

손양원 목사는 1995년 건국훈장 애족장을 수여 받았다. 보훈연금 등 국가 혜택은 장자 원칙에 따라 장녀 손동희 권사가 받고 있다. 대부분의 독립유공자 유족은 이 원칙 때문에 동생들은 아무런 혜택을 받을 수 없어 불만을 갖고 있다.

그동안 손양원 목사 선양사업은 최연장자인 손동희 권사가 주도해왔다. 그 과정에서 일부 왜곡되거나 과장된 내용이 있었던 것도 사실이다. 손양원 목사 내외와 동인·동신 형제 묘지도 왕릉(?)처럼 지나치게 호화롭다는 비난도 받고 있다.

손양원목사순교기념관은 1990년 애양원교회에서 이광일 목사가 주도한 가운데, 건축위원회를 구성하여 4년 만에 어렵게 결실을 보게 되었다. 앞서 손양원 목사의 전기『사랑의 원자탄』저자인 안용준 목사가 1989년 소장하고 있던 손 목사의 유품 150여 점을 보내준 것이 기념관 건립을 추진하게 된 계기가 되었다.

애양원교회의 기념관 건립 의지에 여수노회도 나섰다. 여수노회에서는 총회에 모금 허락을 받아 1992년 당시 여수 노회장인 정선균 목사와 함께 통합총회 산하 52개 노회를 방문해 모금을 시작했다. 애양원교회 교인들은 특별헌금과 찬양 테이프를 팔아 보탰고, 서울영락교회와 새문안교회 등 전국에서 교회와 신학생, 각종 교회기관 단체 및 사회단체, 뜻있는 국민들까지 건축비를 헌금해 10억 원 가까운 기금이 모였다.

나덕환 목사의 셋째 사위 송건(공학박사, 광주 대호건축사무소장, 광주제일교회 장로) 장로가 자비로 설계해 나 목사의 이름으로 희사했고, 부산대 미대 김영길 교수는 현 기념관 건물 입체 모양을 스케치해 설계에 반영될 수 있도록 했다.

그뿐만 아니라, 개관 후 3년간 자신이 그린 성화를 전시해 기념관을 찾는 방문객들에게 감동을 선사했다. 또한 김철성 집사는 기념관 내의 전기 시설 전체를 맡아 봉사해 주었다.

1994년 3월 37일 현재의 위치에 대지 775평, 연건평 300평의 기념관을 준공하였다. 그러나, 준공 후에도 1억4천만 원의 부채가 남아 1994년 말까지 애양원교회에서 교인들의 정성 어린 헌금으로 완전히 청산했다.

중앙에 우뚝 세워진 십자가는 손양원 목사와 두 아들의 순교와 승리를 상징하고 있다. 손동길 목사는 기념관 지붕 위 십자가 모양도 천주교의 십자가와 같은 모양으로 기념관이 천주교의 성지처럼 되었다고 지적하기도 했다.

특히 기념관 앞에 세우려던 손양원 목사 동상은 우상화 논란의 시발이 되었다. 이 황금빛 동상의 출현은 기념관 일부 전시내용 논란과 더불어 신사참배 반대로 고초를 겪었던 손양원 목사의 또다른 우상화로 비칠 수 있는 우려를 낳았다. 결국 일부 교계의 우려로 다른 조형물로 대체되고 대신 애양병원 주차장 옆에 설치되어 있다.

하나님은 동상 설치라는 우상숭배에 대해 분명하게 징계를 해왔다. 동상 설치는 언제든지 시비거리가 될 수 있다. 연세대 언더우드관 앞에는 1928년 언더우드(원두우) 선교사의 추모 10주기를 기념하여 교직원들의 성금으로 청동 동상을 세웠다. 그 동상은 1942년 태평양전쟁이 극에 달할 때 전쟁물자 부족으로 총독부가 철거해 전쟁 무기를 만드는 데 사용했다. 이는 하나님이 그 동상을 원하지 않았기 때문이다.

애양병원 잔디밭의 손양원 목사 동상

연세대 언더우드 동상

해방 후 미군정장관 비서였던 이묘묵 연희동문회장이 윤호중 조각가에게 의뢰해 두 번째 동상을 세웠다. 이 동상 제막식에는 이승만 대통령을 비롯해 김구 선생, 김규식 박사도 참여했다.

하지만, 이 동상도 6·25전쟁 때 두 번째 징계를 받았다. 북한군이 서울을 점령한 후 좌익계열 학생자치회가 동상의 목에 밧줄을 걸고 뽑아냈다. 그후 1955년 4월 22일 세 번째 동상이 세워져 오늘에 이르고 있다. 이 동상도 2020년 세 번째 징계(?)를 받았다. 누군가 '핼러윈 분장'으로 훼손했는데, 인터넷게임 캐릭터인 데드풀 가면을 씌우고 토르 망치를 들게 한 것이다. 핼러윈은 악마와 악령을 숭배하는 축제라고 비판을 받고 있지만, 과연 우상숭배의 상징인 동상에 악령의 상징을 씌운 것에 대해 어떻게 비난할 수 있겠는가.

브라질 리우의 거대한 예수 석상은 높이가 710m이다. 가톨릭국가인 브라질이 1931년 포르투갈로부터 독립 100주년을 기념해 세운 것이다. 우상을 세웠던 브라질의 현재 실상은 어떠한가. 축구를 제외하고 심각한 빈부격차에 시달리며 마약 소굴로 변해가고 있다.

2022년 12월 5일 한국기독교연합회관에서 예수님 동상 착공 감사예배가 있었다. 천안기독교기념관에 1조원을 들여 137m 높이의 예수상을 건립하겠다는 것이었다. 한국교회가 이렇게 우상숭배에 깊이 빠져들고 있지는 않은지 되새겨 봐야 한다.

손양원 목사 연대표

1902년 6월 3일	경남 함안군 칠원읍 구성리에서 아버지 칠원교회 손종일 장로와 어머니 김은수 집사 사이에서 3남1녀 중 장남으로 태어났다. 본명은 손연준이다. 가족 중 차남은 손문준 목사와 삼남 손의원 목사 모두 평양신학교를 졸업해 만주와 평양, 부산, 경남 등지에서 목회를 하였다. 외동딸은 하와이한인감리회교회를 섬겼다.
1908년(7세)	부모를 따라 칠원교회를 나갔다.
1919년(19세)	서울중동학교 입학
1920년(20세)	부친 손종일 장로의 3·1운동 참여로 구속되어 중동학교 자퇴
1923년(23세)	일본 동경 스가모중학교 졸업, 정양순(본명 정쾌조)과 결혼, 슬하에 동인, 동신, 동희, 동장, 동림, 동연, 동길 등 4남 3녀를 낳았다.
1925년(25세)	11월 6일 장남 동인 출생
1926년(26세)	경남성경학교 입학, 부산 감만동 한센인보호시설 상애원에서 메켄지 선교사의 조사로 활동하며 울산 방어진교회, 양산읍교회 등 순회전도사 봉사
1929년(27세)	경남성경학교 졸업
1930년(28세) 9월 18	차남 동신 출생
1932년(30세)	감만동교회 사임(밀양 수산교회 등 개척), 부산 남부민교회 부임
1935년(33세) 4월 5일	평양신학교 입학, 평양능라도교회 조사 부임
1937년(35세) 7월	애양원교회에서 부흥집회 인도
1938년(36세) 3월 16일	평양신학교 졸업, 양산, 김해, 함안 등 교회 순회전도 활동(신사참배 반대운동 전개)
1939년(37세) 7월 15일	여수 애양원교회 교역자(강도사) 부임
1940년(38세) 9월 25일	여수경찰에 체포 구금
1941년(39세) 11월 4일	광주지방법원에서 보안법 위반 및 불경죄로 징역 1년6월 선고
1942년(40세) 3월	애양원 운영권 조선총독부로 이관, 가족들 사택에서 쫓겨남
1943년(41세) 5월 17일	만기 출소 예정이었으나, 종신형으로 계속 구금
1945년(43세) 8월 17일	청주형무소에서 석방, 애양원으로 복귀함
1946년(44세) 3월	경남노회에서 정식 목사 안수받음.
1948년(46세) 10월 21일	여순사건에서 두 아들 동인, 동신 형제 피살
1950년(48세) 9월 13일	여수 주둔 인민군에 의해 체포
9월 28일	오전 7시경 막내 동길 출생

	저녁 9시경 여수 미평과수원 근처에서 인민군에 의한 총살
1950년 10월 13일	영결식(묘지는 도성마을에 두 아들과 함께 안장)
1951년 11월 14일	애양원교회 서현식 목사 부임
1951년	정양순 사모, 인근에 신풍교회 개척
1959년	정양순 사모 및 가족들 부산으로 이주
1977년	정양순 사모 부산 청십자병원에서 향년 69세로 소천
1979년	양자 안재선 사망
1989년	안용준 목사 유품 150여 점 애양원교회에 기증
1990년	애양원교회 이광일 목사 주도로 순교기념관 건립 추진
1992년	총회 모금 승인 받아 여수노회에서 모금운동 전개(10여 억원 모금)
1993년 4월 27일	여수 도성마을에 교계 성금으로 손양원목사순교기념관 건립 및 개관
1995년 8월 15일	건국훈장 애족장 수여
1999년 11월	손양원목사순교기념선교회 창립(초대회장 박병식 목사)
2000년	손양원 목사 순교기념교회 '순천산돌교회' 개척
2002년 2월	손양원목사순교기념선교회 북한 방문
2012년	손양원 목사 테마 기념공원 조성, 기념관 리모델링
2014년 2월 6일	서울 중동고등학교 명예졸업장 수여
2015년 9월 20일	경남 함안 칠성교회에서 '애국지사 산돌 손양원 목사 기념관' 개관
2016년	손동길 목사 여수 순교기념관 출입 시작, 각종 소송 등 민원 전개, 안내해설 자청, 유족 돕기 헌금함 설치

PART
04

순교와 배교의 회고사
스데반의 순교를 따르라

CHAPTER · 1

완전한 순교자가 되는 길

순교자들의 기도(프랑스 장 레옹 작품)

순교(殉敎, martyrium)는 자기가 믿는 신앙 때문에 박해를 받아 목숨까지 잃게 되는 것을 말한다. 넓은 뜻으로는 주의·사상·이념을 위해서 죽는 경우도 해당되지만, 기독교(천주교 포함)와 이슬람교 등 유일신을 믿는 종교에 주로 사용하는 용어이다.

순교자는 기독교가 박해를 받으면서 시작되었는데, 처음에는 신앙 때문에 고난을 겪는 사람들로 칭하다가 죽임을 당하게 된 사람들에게만 국한해서 부르게 되었다. 초기 기독교인들은 순교자들을 하나님과 사람들 사이의 강력한 중재자들이라 보고 존중하였을 뿐 아니라, 성령의 영감을 받아 이루어진 것이라 하여 귀중하게 여겼다.

순교자가 되는 조건과 차별받는 순교자

천주교에서는 신앙을 증언하려고 목숨을 바치는 일이라고 하면서 순교자의 조건으로 ①실제로 죽임을 당해야 하고, ②그 죽음이 그리스도교의 신앙과 진리를 증오하는 자에게서 초래되어야 하며, ③죽음을 그리스도교의 신앙과 진리를 옹호하기 위해 스스로 받아들여야 한다고 규정하고 있다.

개신교에서도 순교자의 의미나 조건은 천주교와 별반 다르지 않다. 불교나 유교에서는 '순교'라는 말 자체를 사용하지 않는다. 불교나 유교는 순교적 죽음을 찾아보기도 힘들고, 죽음이 윤회사상 등으로 승화되기 때문에 굳이 '순교'의 길을 택하지 않는다고 해야 할 것이다.

그리스도교 중에서도 순교(martyr-dom)를 뛰어난 덕행으로 본 것은 가톨릭교회이며, 특히 그리스도 교도 박해의 시대에 신앙을 지키기 위해서 죽음을 선택한 자를 순교자(martyr)라고 칭송했다. 특히 예루살렘에는 순교자를 장사지낸 묘 위에는 교회당이나 기념관이 세워졌다. 성경에서 로마제국 시대에는 바울 사도와 베드로 사도, 스테반 집사 등 많은 순교자가 나왔다.

국내에는 정이숙 권사가 경기도 용인시 양지면 추계리 11만평의 부지를 기증하면서 건평 336평의 한국기독교순교자기념관이 1989년 개관하였다. 개신교의 순교자는 토마스 선교사, 주기철 목사를 비롯하여 2,600여 명에 달하는 것으로 추산되며, 이중 600여 명의 순교자 명단이 이 기념관에 헌정되어 있고, 250여 명의 영정이 있다.

이곳에는 전남 동부지역 순교자로 양용근 목사를 비롯해 이기풍 목사, 손양원 목사, 조상학 목사, 김정복 목사, 이선용 목사, 안덕윤 목사 등이 헌정되어 있고, 지한영 강도사나 윤형숙 전도사 등 평신도는 이름이 올라 있지 않다.

  1982년 6월 29일 순천노회는 제64회 1차 임시회(노회장 정병섭 목사)에서 순교자 심사규정과 순교자 명단을 다음과 같이 결정하였다.

순천노회 순교비

● 순교자 심사규정

(1) 공산당에게 그리스도를 위해서 죽은 자와 일제치하에서도 순교한 자
(2) 가족 외 2인 이상의 증인이 있는 자와 역사적인 기록이 있는 자
(3) 순교 때의 상황이 신앙에 어긋나지 않는 자

● 순교자 명단

각 시찰회와 여수·순서노회에서 많은 분들의 접수가 있었으나 위와 같은 심사규정에 의하여 17인을 아래와 같이 확정하였다.

목사 : 김정복 손양원 양용환 이선용 조상학

강도사 : 지한영

장로 : 김병준

집사 : 김용길 임인규 허상용

성도 : 고재춘 서천규 손동인 손동신 윤형근 윤순근 지준철

앞서 1982년 6월 14일에는 매곡동 순천노회 회관 화단에 순교비를 세웠다. 이 순교자 명단이 심사 시점 기준이기는 하지만, 합동교단 여수제일교회와 우학리교회 소속 순교자들이 빠진 것은 정말 이해하기 어렵다. 순교 당시 시점으로 보자면 당연히 같은 순천노회 소속으로서 포함되어야 마땅하지 않은가. 한국교회가, 통합교단이 이렇게 속 좁은(?) 모습을 보이면서 어떻게 세상사람들에게 '자비로운 예수를 믿으라'고 당당하게 말할 수 있겠는가. 그렇다면 당시 경남노회(고신파) 소속이었던 손양원 목사도 제외되어야 하지 않는가.

'남도의 유관순 열사'로 불리는 여수제일교회 윤형숙 전도사와 우학리교회 황도백 집사, 곽은진 집사, 안경수 성도는 왜 여수 미평동 순교자기념비에는 제외하지 않고 이름을 새겼는지 알 수가 없다. 구례읍교회 이선용 목사와 같은 날 같은 장소에서 순교한 구례 월전교회 정관백 전도사와 구례읍교회 이관열 집사 부부는 왜 순교자 명단에서 빠졌는지도 이해할 수가 없다. 순교자 선정기준마저도 이렇게 목회자와 평신도를 차별하면 안된다.

성경에서도 하나님을 배신하는 배교와 순교의 역사가 반복되는 것처럼 우

리나라에도 기독교(천주교 전래 당시부터 해당됨)가 전래되면서 배교와 순교의 역사가 반복되었다. 천주교를 받아들였던 다산 정약용이 결국 가족들을 고발하면서 살아남았고, 한경직 목사도 일제강점기 신사참배에 가장 앞장섰던 배교의 길에 섰다. 가깝게는 전남 동부지역에서도 일제강점기 박용희, 나덕환 목사 등이 신사참배 지지라는 배교의 길을 선택했다. 언더우드(원두우)의 외동아들 원한경도 신사참배 찬성으로 배교를 선택해 언더우드 가문에 먹칠을 했다.

다산은 신유박해로 귀향 가면서 목숨을 부지하기 위해 형 정약전과 함께 배교를 택했지만, 유배에서 풀려나 경기도 광주 고향 집에 돌아와서는 벼슬길에 나가지 않고 배교를 후회하며 다시 독실한 신앙생활을 했다고 한다. 그래서 한국 천주교에서는 다산을 '복자(福者)'로 지정했고, 교황청에 '성인품(聖人品)'으로 청원했다. 그런데 강진 다산초당에서는 매년 천주교 추모미사는 열리지 않고 향교에서 나와 유교식 제사를 집전하고 있다.

다산의 가족과 5촌 내에서 9명의 순교자가 나왔다. 아버지는 본처와 사이에 큰형 정약현을 낳았고, 약현은 천주교를 믿지 않고 집안 전통을 지켰으나, 사위 황사영(1771~1801)이 천주교를 믿어 백서사건[1]으로 순교했다. 다산의 어머니는 둘째 부인이었는데, 3남 2녀를 두었다. 다산의 큰 누이는 다산의 후원자 채제공(영조~정조 때 문신, 영의정, 가톨릭 온건정책 펼침)의 서자 채홍근과 혼인했고, 작은 누이는 최초의 영세자 이승훈(1766~1801)과 혼인했다. 매형 이승훈도 1801년 신유박해 때 순교했다. 형 약전은 신유박해 때 흑산도로 유배 가서 『자산어보』을 남겼는데, 며느리 홍교만이 순교했다. 동생 약종과 그의 장남 정철상도 중국인 신부 주문모와 함께 순교했고, 외사촌 윤지충도 전주에서 신해박해 때 참수당했다. 약용의 이종사촌 권상연과 또다른 이종사촌 유항검의 아들 유중철 부부도 순교했다.

---

1 1801년 황사영이 북경의 프랑스 선교사에게 보낸 편지에 신유박해 탄압의 실태와 그 대책을 적은 청원서가 발각되어 능지처참형으로 죽임을 당했다.

첫 순교자 친일파 관료에게 희생되다

우리나라 최초의 개신교 순교자는 백홍준(1848~1893) 장로이다. 1848년 평안북도 의주에서 출생한 백홍준은 1874년 만주에 들어갔다가 로스와 맥킨타이어 선교사를 만나 그들에게 조선말을 가르쳤고, 친구 이응찬 등과 함께 로스에게 세례를 받은 최초의 개신교인이다.

1883년 권서인으로 임명되어 고향 의주에서 쪽복음서 등을 팔았고, 서울 새문안교회에서 서상윤과 함께 조선 최초의 장로 임직을 받았다. 언더우드 밑에서 신학공부를 마치고 서상윤 등과 함께 조선 최초의 유급 교역자인 조사로 임명되어 평안북도 일대에서 전도활동을 하였다.

하지만 그를 싫어한 평안감사 민병석(閔丙奭, 1858~1940, 충남 회덕, 경술국적, 친일반민족행위자)의 지시로 체포되어 옥중에서 순교했다. 결국 민병석은 을사늑약 서명에 참여하고 이토 히로부미에게 충성을 다했던 친일 앞잡이로 살다가 암에 걸려 고통 속에 죽었다. 백홍준 장로를 순교에 이르게 한 죄의 댓가로 고통과 만고의 역적이라는 오명을 쓰고 역사에 기록되었다.

전남 동부지역에서는 최초의 순교자가 일제강점기 신사참배를 거부했던 양용근 목사이다. 당시 순천노회가 신사참배를 결의하자, 신사참배가 우상숭배임을 설파하다가 광주형무소에서 순교했다. 그 외에도 이기풍 목사가 신사참배 거부로 고문을 받다가 석방되어 교회사택에서 순교했고, 손양원 목사와 조상학 목사도 인민군에게 총살을 당해 순교했다. 모두 순교자의 세 가지 조건을 갖추고 있다. 완벽한 순교자는 최소한 순교자의 세가지 조건에 부합할 때 인정할 수 있을 것이다. 감리교 선교사 아펜젤러는 1902년 6월 11일 성서번역위원회 회의 참석차 목포로 가던 중 군산 앞바다에서 선박충돌 사고로 침몰해 희생되었다. 그는 세 가지 순교자의 조건 중 그리스도교의 신앙과 진리를 증오하는 자에게 희생되지는 않았으므로 순교자라고 할 수 있을까. 그럼에도 감리교에서는 감리교 최초의 순교자라고 부르고 있다. 조선인 최초의 성경번역자 이수정은 어떤가. 그가 그리스도교의 신앙과 진리를 증오하는 자에게 희생당했다는 확실한 근거가 있는가.

완전한 순교자를 찾아라

'순교는 그리스도의 제자로서의 첫걸음'이며, '마귀의 괴롭힘' 속에서도 참된 신앙의 진리를 지키는 인내이자 영적인 씨름이다. 순교는 참된 진리와 참 하나님, 예수 그리스도에 대한 신앙과 인간의 의무를 지키려는 모든 신자들에게 적용되는 단어다. 이는 인위적인 것이 아니라 하나님의 뜻에 부합하는 것이며, 하나님의 섭리에 관한 것으로, 교회사의 가장 중요한 주제 가운데 하나라고 말할 수 있다.[2]

하지만, 순교에 대한 의미를 조금 확대해 해석할 수도 있다. 바로 아펜젤러의 죽음이 그렇다. 실제로 신앙을 부정하는 자들에게 순교를 당하지 않았지만 복음적인 삶을 살기위해 고난을 당한 사람들까지도 순교자로 간주해야 한다는 주장이 있다.

엄격한 의미에서 순교자는 "항상 두 가지 요건, 곧 그리스도의 복음에 대한 공적인 증거와 그 증거로 인한 불가피한 죽음이라는 조건을 인정받아야 했다"라고 한 것처럼 엄밀한 의미에서 순교라고 볼 수는 없다. 반대의 의미에서 피 흘림의 죽임을 당하였으나 복음 증거가 아닌 사회적 부조리나 자신의 신념을 위해서 투쟁하다가 죽임을 당한 사람들도 넓은 의미에서 순교자라고 할 수 있다.[3]

하지만, 이수정의 죽음은 수구파의 정적 제거용이었다는 주장이 설득력을 얻고 있어 순교자로 단정짓기에는 어려움이 많다. 그의 죽음에 대한 연구가 아직 부족하다. 여순사건 때 죽임을 당한 손동인·동신 형제의 죽음에 대해서도 의혹이 많다. 죽음에 가담한 자들이 이념적 갈등에서 비롯된 것인지, 종교적 문제인지는 아직도 확실한 근거가 부족한 실정이다. 또한 현장을 직접 목격하지 않은 유족에 의한 일방통행식 '순교' 주장은 매우 위험한 것이다.

그들의 죽음이 그리스도교의 신앙과 진리를 증오하는 자에게서 초래되었

---

2 예수 나를 오라 하네(양향모, 쿰란출판사, 2018) 51쪽
3 위의 책 52쪽

는지도 확실하지 않다. 즉 가담한 자들이 기독교를 증오하는 자들인지, 아니면 이들의 우익 청년단체의 일원으로 한 행위를 증오했는지는 확실하지 않다는 점이다. 또한 기독교의 신앙과 진리를 지키기 위해 배교하라는 협박을 실제 받았는지도 근거가 부족한 실정이다. 그동안 현장을 목격하지 않은 사람들의 이야기가 우세를 이루다 보니 이 형제의 '완벽한 순교'의 의미를 오히려 퇴색시켜 왔다고 볼 수 있다.

이렇게 지금까지 근거가 부족한 불확실한 설이 계속 제기되었음에도 한국교회는 완벽한(?) 순교자 손양원 목사의 아들이라는 이유만으로 그 두 아들을 '순교'로 단정 짓고 성역으로 여겨 왔다. 이제는 논란을 잠재우기 위해서라도 치열한 논쟁을 시작해야 한다. 두 형제의 죽음에 대해 더 확실한 근거가 제시되고 사회적 합의, 또는 종교적 합의가 이루어져야 한다. 그냥 맹목적인 인정은 이 두 형제와 유족들에게도 결코 바람직한 길이 아니다.

김익두(1875~1920, 황해도 안악, 평양신학교 3회 졸업, 승동교회·남대문교회·신천서부교회 시무) 목사의 죽음도 순교로 보기에는 무리라는 것이 대체적인 결론이다. 제9회 총회장을 역임하고 부흥강사로 1920년대에 뜨거운 복음의 열기를 심어 준 분이다. 당시 한국교회에 가장 크게 영향력을 끼친 부흥강사로 칭송받고 있기도 하다.

김익두 목사

특히 이기풍 목사와 가까운 사이였던 김익두 목사는 이 목사가 시무 중이던 광주 북문안교회와 고흥읍교회, 제주도에 초청되어 열띤 설교로 가는 곳마다 부흥의 기틀을 닦았다. 1920년 6월 평양 연합부흥집회에는 3천명을 수용하는 장대현교회당이 좁을 정도로 몰려들었고, 그 해 10월 서울 승동교회 연합집회에는 1만여 명이 참석했다. 특히 집회에서 병을 고치는 이적으로 사람들을 끌어모았다가 이적 시비에 휘말려 중단하기도 했다.

1943년에는 신의주에서 일본경찰이 강제로 연행해 신사참배를 시키고 선전에 이용했다. 해방 후에는 김일성의 외종조부 강양욱 목사의 꾀임에 빠져 어용기구인 기독교도연맹 총회장을 맡기도 했다. 6·25 전쟁 중에 인천상륙작전 성공으로 연합군이 북진해오자, 신천서부교회에 시무하던 중 1950년 10월 13일 신천 반공의거에 동참했다. 그동안 친공산주의 목사로 여겼던 인민군들이 북쪽으로 도주하기 전에 새벽기도 중이던 김익두 목사를 사살했다. 이때 그의 나이 78세였다. 우리는 김익두 목사를 완전한 순교자로 말할 수 있겠는가.

6·25전쟁 중에 전남에서도 많은 기독교인들이 희생되었다. 순교자의 세 가지 조건 중 죽임을 당했고, 그 죽음이 기독교의 신앙과 진리를 증오하는 인민군들에 의해 저질러졌다는 조건은 충족시키고 있지만, 그 죽음을 기독교의 신앙과 진리를 지키기 위해 희생된 것인지는 확인할 길이 없다. 아니 확인하려는 노력을 기울이지 않았고, 그냥 덮으려 해왔다.

마치 '판도라의 상자' 처럼 누구도 열려고 하지 않고 그 문제를 거론하는 것을 불경스럽게 여기는 것은 아닌지 묻고 싶다. 의로운 죽음은 널리 알리되, 기념비석을 세워 두리뭉실 덮으려 하지 말고 자료를 찾아 기록하고 확인하는 작업이 있어야 할 것이다.

완벽한 순교자는 완벽한 자료와 근거로 인정받을 수 있다. 사실과 다름에도 그냥 넘어가는 태도는 하나님의 영광을 흐리게 할 뿐 아니라, 또 다른 우상숭배이고 큰 죄를 짓는 것이다. 순교자 스데반 집사처럼 거룩한 존재 이기에 더 확실한 검증이 필요하고 회피해서도 안된다. 그리고 무엇보다 완전한 순교자는 하나님이 다 알고 계시다는 점에서 거짓으로 왜곡하고 섬기려 해서는 안되는 것이다.

CHAPTER · 2

이수정은 순교자인가, 아닌가

조선 최초의 세례자 이수정

이수정(李樹廷, 1842~1986)은 최초의 한글성경 번역자이자, 조선인 최초의 세례신자이다. 이수정이란 인물에 대해 한국교회는 제대로 조명하고 있는가. 이수정이 없었다면 미국 선교사가 그렇게 빨리 한반도로 올 수 없었다. 그가 없었다면 미국 교회가 조선을, 아니 한국인에 대한 관심을 가질 수 있었을까. 그의 역할에 대해 한국 기독교가 재평가하고 기억해야 할 것이다.

그의 최후에 대해 여러 가지 설이 있다. 순교인지 아닌지를 따지기 전에 그가 우리 기독교 역사에서 차지하는 공적에 대해 분명하게 짚고 넘어가야 하지 않을까. 그런데 우리는 아직 제대로 된 기념관조차 세우지 못하고 있다. 아마 특정 교단에 속하지 않는 인물이어서 그런 것 아닐까.

최초의 세례자 이수정이 요청한 미국 선교사 파송

이수정은 전남 곡성군 옥과면 출신으로, 큰아버지가 천주교의 탄압으로 순교하였다. 전주이씨 왕족 집안 출신이라고도 한다. 아버지는 이병규(李秉

조선의 선교를 호소하는 이수정의 기고가 실린 잡지

逵)로 전주이씨 왕족의 먼 친족으로 전해지나, 일설에는 평창이씨(平昌李氏)인 천주교도 이승훈(李承薰)의 후손으로 알려지기도 했다.

그는 고종의 등극 후 민영익(閔泳翊, 1860~1914, 민태호의 아들, 명성황후 조카)과 교분을 맺었고, 1882년 임오군란 때 명성왕후를 구출해 충주로 피신시키는데 공을 세워 종4품까지 올랐다. 그 공로로 제2차 신사유람단의 일원으로 박영효, 김옥균과 함께 일본에 건너가 일본의 대표적인 농학자이자, 기독교인이었던 쓰다센(津田仙) 박사를 만났다. 1881년 제1차 신사유람단의 일원으로 일본을 다녀온 농학자 안종수(安宗洙, 1859~1896, 개화파, 나주참서관 근무 중 의병에게 피살, 농정신편 편찬)는 이수정의 친구였다.

안종수는 이때 쓰다센 박사로부터 농서를 구입해 우리나라에 서양의 근대 농법을 소개했고, 쓰다센 연구실에 있던 '산상수훈' 족자의 글을 이수정에 소개했다. 이수정을 감명시킨 것은 '산상수훈' 한문족자 글[4]이었다. 그후 쓰다센이 준 한문성경을 탐독한 후 기독교에 입문하기로 결심했다고 한다.

1882년 12월 성탄절날 쓰다센의 안내로 예배에 처음 참석한 후 1883년 4월 29일 동경 노월정교회(露月町敎會)에서 일본주재 미국 장로교회 선교사 녹

---

[4] 虛心者福矣 以天國乃其國也 哀慟者福矣 以其將受慰也 溫柔者福矣 以其將得土也 飢渴慕義者福矣 以其將得飽也 矜恤者福矣以其 將見矜恤也 淸心者福矣 以其將見上帝也 和平者福矣 以其將稱爲上帝子也 爲義而見窘逐者福矣 以天國乃其國也.

스(Knox, G.W.)의 입회하에 야스가와(安川亨)목사의 집례로 세례를 받았다. 이로써 일본에서 세례를 받은 최초의 한국인 개신교 신자가 되었다. 그후 이수정은 일본 주재 미국 성서공회 총무 루미스(Henry Loomis: 1839~1920)와 손잡고 성경 번역에 나서 1984년 한문성경에 한글로 토를 단 『현토 신약성서 마가전(懸吐新約聖書馬可傳)』을 펴냈고, 1885년에 우리말 마가복음서인 『신약 마가복음서 언해(新約馬可福音書諺解)』를 발간했다.

무엇보다 미국 교회가 조선에 선교사를 보내 줄 것을 호소하는 그의 글이 미국 선교잡지 〈Missionary Review of the World(세계선교평론)〉에 1883년 12월 13일부터 실린 후 '조선의 마케도니아인'으로 불리게 되었다.

이수정의 간곡한 청원으로 미국 북장로교 선교부는 조선의 선교를 결정하고 선교기금을 모집하기 시작했는데, 1884년 초까지 7천 달러의 선교기금이 모금되었다. 미국 감리교회에서도 미국에 사절로 온 민영익을 만나 실정을 알게 된 가우처(John H.Goucher) 목사가 기증한 2천 달러의 선교기금을 기초로 한국선교를 결정하였다.

한국 개신교의 역사에서 이수정은 초기의 일본에 진출한 미국 선교사들에게 한국선교 동기를 북돋아주는 역할을 하였고, 메클레이 선교사와 김옥균을 연결시켜 고종을 만나 교육과 의료선교의 길을 트는 큰 조력자 역할을 하였다.

그밖에도 윤치호 등 일본 유학생들을 지도 감독하는 자리에 있으면서 이들에게 전도하여, 1885년 7명이 모이는 예배집회를 시작함으로 이후 도쿄 한인유학생교회의 모체를 이루기도 했다. 1882년 김옥균이 데리고 온 30여 명의 유학생들이 그 대상이었다. 전도의 첫 열매는 당시 동경 외국어학교 교사로 있던 손붕구였다. 손붕구는 전에 불교승려였다는 점에서 이동인이라는 주장도 있다.[5]

손붕구는 이수정으로부터 성경과 교리를 배웠고, 세례를 받을 때 "이수정이 그의 기독교 때문에 사형에 처한다면, 나도 또한 죽을 각오가 있다"라고 고백을 하고 세례를 받았다. 이수정은 예수를 믿으면서 순교를 각오하고 있

---

5 이덕주, "초기 한글성서 번역에 관한 연구," 한글성서와 겨레문화 (기독교문사, 1985)

었다. 그 이유는 이수정의 백부가 천주교 신자로 사형을 당했었기 때문이다.

이수정의 전도는 여러 사람의 유학생들을 기독교 신앙으로 이끌었고 세례까지 받게 했다. 1883년 6월 24일에는 한문 교리문답서를 교재로 하는 주일학교를 개설했다. 일주일 후인 7월 1일에는 이경필을 비롯한 3명의 한국 청년이 추가로 세례를 받았다. 이즈음 이수정에게는 12명의 구도자들이 있었고 번역일과 전도일을 하고 있었다.[6]

그해 8월부터 손붕구의 후임으로 동경외국어학교에서 한국어를 가르치게 되었고 전도하는 일과 성경번역 작업을 계속했다. 1883년 9월에 세 번째로 일본에 왔던 김옥균은 많은 유학생들이 기독교와 관련을 맺은 것에 대해 놀라고 그것을 막으려고 했지만, 뒷날 그가 기독교계 인사들을 만남에 따라 그의 기독교관도 변하게 되었다. 이렇게 기독교에 관심을 갖는 조선인들이 늘어남에 따라 1883년 연말에는 동경에 6명 이상의 조선인 수세자(자신의 죄를 고백하고 예수 그리스도를 구주로 영접함으로써 세례를 받는 사람)가 있게 되었고, 이들을 중심으로 차차 조선인 유학생만의 신앙공동체를 형성해 갔다. 이것이 유학생들을 중심으로 성립된 동경한인교회다.[7]

이수정은 동경에서 전도하면서 동경한인교회를 이끌며 성경번역에 힘쓰는 한편 미국 교회를 향해 조선에 선교사를 직접 파견하도록 호소했다. 그는 바울의 꿈에 나타난 마케도니아 사람(행 16:9)처럼, 미국 교회를 향해 조선에 선교사를 직접 파견하도록 호소했다.

그는 또 개화당의 주요인물이었던 김옥균, 박영효, 홍영식, 서재필, 서광범 등에게도 복음을 전했으며 조선에 부임하기 전에 일본에 들렀던 선교사 언더우드, 아펜젤러 등에게 한국어를 가르쳤다. 그러나 아쉽게도 이수정의 꿈은 갑신정변 이후 깨졌다. 고종은 일본에 망명한 개화파들의 영향을 차단하기 위해 일본 유학생들의 귀국을 종용했고, 1886년 종교활동을 접고 귀국했다가 처형당했다.

---

6 H. Loomis가 Dr. Gilman에게 보낸 편지, 1883년 7월 5일.
7 이수정의 성경번역과 한국교회사의 의미(이만열)-한국 기독교와 역사 제43호(2015.9)

이수정의 처형설에 대한 의문 몇가지

그의 안타까운 죽음에 대해 2가지 설이 있다. 첫째는 당시 권력을 잡고 있던 수구파에 의해 처형당했다는 것이고 두 번째는 자객의 칼에 찔린 후유증으로 죽었다는 것이다.

한국 개신교 선교의 선구적 역할을 담당했던 이수정은 갑신정변의 실패 이후 정치적인 불우한 환경으로 조선 정부의 노여움을 샀고, 심지어 교분이 두터웠던 김옥균과도 사이가 나빠져 그가 보낸 자객에 의해 몇 차례 죽을 고비를 넘기기도 했다. 결국은 이수정의 애국충정이 오해된 가운데 1886년 귀국 즉시 울산에서 처형되었다는 것이다.

처형설에 대해서는 몇 가지 의문점이 있다. 그가 귀국한 1886년에 조불수호통상조약이 체결되면서 천주교의 포교활동이 허용되었고, 미국 의료선교사 알렌이 서울에 도착해 제중원을 설립한 시기라서 개신교에 대한 고종이나 조선 조정의 반감은 그렇게 크지 않았다.

다만, 일본에서 조선 정부의 관리로서 개신교를 믿고 귀국을 종용할 때 1차 거부했던 적이 있어 조정에 밉보였을 가능성은 충분히 있다. 또한 김옥균이 실각하고 일본으로 망명한 상태이므로 당시 조선 정부로서는 '역적 김옥균'과 관계된 관리들은 모두 '역적 일당'으로 몰아 제거하려고 했을 것이다. 그러나 즉시 참살할 정도로 이수정을 중죄인이라고 보기는 어렵다. 그가 울산에서 죽은 것으로 볼 때는 조정은 처형하지 않고 울산으로 귀향 보냈을 가능성이 있다. 갑신정변 주동자들은 대부분 투항하거나, 청군에게 죽었고, 김옥균과 교분이 있었던 관리들은 대부분 귀향 가서 위리안치의 형벌을 받았다.

온건개화파인 신기선(申基善,1851~1909)은 전통적인 제도와 사상을 지키되 근대 서구적인 기술을 받아들이자는 동도서기론(東道西器論)을 주창했고, 김옥균과 같은 개화파로 고흥 여도(점암면 여호리)로 유배를 왔다가 9년 후 풀려나 다시 관직을 받았다.

유배를 왔다가 자객의 칼에 찔렸다면 그만큼 원한을 가질 만한 인물은 김

김옥균

옥균뿐이다. 이수정이 귀국할 당시 김옥균은 일본 정부에서 사실상 연금시킨 상태였다. 그후 김옥균은 1894년 청나라 이홍장과 담판을 짓기 위해 북경으로 갔다가 조선이 보낸 자객 홍종우에게 암살되었다.

일단은 그가 개신교로 개종해서 처형했다는 주장은 설득력이 떨어지고, 개화파의 일원으로 처벌을 받았다는 설이 가장 합리적인 주장으로 보인다. 그가 기독교 신앙에 대한 증오를 가진 이에게 희생되었는지도 알 수가 없고, 그 신앙을 지키기 위해 죽음을 불사했는지도 명확하지 않다. 그래서 최초의 조선인 순교자라는 주장은 근거가 부족한 것이다.

고종실록이나 승정원일기에서도 '이수정'이란 인물을 찾을 수가 없다. 아마도 당시 다른 이름을 사용했을 가능성이 높다. 명성왕후를 위기에서 구출했는데, 기록이 없다는 것은 이해하기 어렵다.

하지만, 이수정이 뿌린 씨앗은 북장로교 선교부를 움직였고, 그의 한글 번역 성경은 조선 땅을 처음 밟은 선교사들의 손을 거쳐 어둠 속의 조선 백성에게 빛이 되었다. 동학농민항쟁을 배경으로 한 유현종의 소설 『들불』에서는 부산에서 전도활동을 하던 이수정이 전도한 매서인들이 동학농민항쟁에도 영향을 끼친 것으로 묘사하고 있다. 이 소설은 당시 투옥 중이던 김대중 대통령이 옥중서신에서 읽으면서 감동한 책이라고 해서 재야에서 베스트셀러가 된 바 있다.

CHAPTER · 3

호남 최초의 순교자 양용근 목사

호남에서 최초의 순교자는 양용근 목사이다. 이수정은 아직 완전한 순교자라고 판단할 수 없기 때문이다. 전라도의 순교 역사는 양용근 목사의 치열한 삶과 모범적인 그리스도인의 자세에서 시작되어 손양원, 조상학 등으로 이어졌다.

전남 동부지역 출신 최초의 목사는 벌교 무만리 출신 정태인이다. 1917년 평양신학교를 10기로 졸업하였다. 그 후 순천 출신 곽우영(목포양동교회, 1922년 졸업)과 여수 율촌 출신 조의환(장천교회, 1922년 졸업), 이어 순천 송광출신 조상학(광주양림교회, 1923년 졸업), 고흥 금산 출신 오석주(금산 신흥리교회, 1924년 졸업), 고흥읍출신 김상두(고흥읍교회, 1929년 졸업), 여수 우학리 출신 황보익(벌교읍교회, 1930년 졸업), 여수 출신 김순배(여수읍교회, 1932년 졸업), 광양 출신 선재련(1936년 졸업)과 김형모(광양 우황리교회, 1938년 졸업), 양용근(광양오사교회, 1939년 졸업)과 안덕윤(1939년 졸업) 순으로 이어진다.

이 중에서 순교자가 세 분이나 나왔으니, 양용근과 조상학, 안덕윤 목사이다. 특히 신사참배 거부로 순교의 길을 선택한 양용근 목사의 순교 정신은 평양신학교 동기인 손양원 목사에게도 큰 영향을 미쳤다. 하지만, 손양원 목사의 순교에 비해서 결코 부족하지 않음에도 기독교사에서 평가절하(平價切下)를 받고 있는 느낌이다. 그의 의로운 죽음과 순종하며 계명을 지킨 믿음은 손 목사 보다 더 고귀하고 더 높이 추앙해야 마땅하다.

민족을 깨우치는 교육자 양용근의 신앙

양용근 목사

양용근은 1905년 10월 14일(호적 1905년 3월 14일) 광양군 진월면 오사리 94번지에서 부친 양재훈(梁宰勛)과 모친 정정랑(鄭丁浪)의 5남 1녀 중 4남으로 태어났다. 호적에 기록된 본명은 양용환(梁用恒)이었으나, 양용근(梁龍根, 일본대, 평양신학교 졸업장의 이름), 양복근(梁馥根, 양천정일(梁川正一), 광주지방법원 판결문 개재된 이름) 등으로 이름을 바꾸어서 사용하였다. 현재도 호적명은 양용환으로 독립유공자(애국지사)에 등록되어 있으며 교계에서는 그의 신학교 졸업장의 이름과 목사 안수 때 이름을 따라 '양용근'으로 칭하고 있다.[8] 집에서는 '용군'으로 불리기도 했다.

양용근은 남원 양씨이고, 광양시 진월면 오사리 오추마을이 고향이다. 이 마을에 남원 양씨 입촌 시기는 지금으로부터 약 330년 전으로 알려져 있다. 오추마을의 옛 이름은 '오정소(烏頂所)'인데 마을 입구 산 형국이 까마귀 머리에 해당된다고 해서 붙인 곳이다. 이 마을 설화에는 '양부자'가 등장한다. 토지 개혁 전에 양정소(서울 양정고 재단) 등의 명의로 된 논이 양부자 토지라고 전해오고 있다. 하지만, 일제가 토지정리를 하면서 마을사람들이 일군 개간지를 모두 국유화시켜 소작농으로 전락하게 되었다.

또한 동학농민항쟁 당시 이 마을 출신 양주환이 가담하면서 이 마을 100여 호가 일본군과 관군에게 불태워지는 참변이 있었다. 이 사건으로 양씨 성을 가진 주민들이 뿔뿔이 흩어지게 되었고, 일본에 대한 원한이 구체적으로 누적되어 양용근의 성장에도 많은 영향을 끼치게 되었다.[9]

---

8 전남 동부지역 기독교 인물과 선교활동(순천대, 선인)-일제 신사참배 강요와 양용근 목사의 순교사에 관한 고찰(양향모) 233쪽
9 순교목사 양용근 평전 『섬진강』(진병도, 쿰란출판사, 2010) 40쪽

1894년 12월 10일 다압면과 월포면(지금의 진월면)에서 동학농민군을 크게 격퇴시킨 일본군과 관군인 전라좌수영군은 오후 4시 광양 섬거역에 집결해 있던 동학농민군을 공격하였다. 섬거역은 동학농민혁명 당시 대장이 살던 곳이었고 모든 마을사람들이 그를 따르던 곳이었다. 이곳에서의 전투가 광양지역 마지막 전투였다. 이날 체포돼 효수 내지 총살된 자는 도접주 김갑이와 도집강 정홍섭을 비롯 27명이었다.[10]

전국으로 흩어졌다가 다시 돌아왔거나, 살아남은 양씨 집안은 아직까지 이 오추마을에서 그 맥을 이어가고 있다. 이 마을 출신 인물 중에 양씨 집안에서는 양용근 목사를 비롯해 봉강·태인초등학교 교장을 지낸 양순석, 양재석(법무부 사무관), 양승표(서울서부관찰보호소장), 양성석(해군대령) 등이 있고, 경북대 영남문화연구원장을 지낸 이영호 교수가 이 마을 출신이다.

이 마을은 일찍이 동학을 수용했듯이 양용근 집안을 통해 기독교가 전래되고 교회를 통해 신학문을 배울 수 있는 육영학당이 세워지는 등 상당히 앞서가던 마을이었다. 또한 면사무소(옛 월포면사무소)가 송금리로 이거하기 전 1898년까지 이 마을(오사리 694번지)에 있었다.

양용근의 신앙입문은 그의 맏형인 양용이(梁用伊, 1895~1942)의 전도에 의한 것으로 보인다. 양용이는 동생 용근보다 열 살 위였고, 씨족을 이루고 있던 고향 진월면 오사리 마을 전체를 관할하는 보수적인 가문의 전통에 투철하고 유복한 재산가였던 집안의 종손 신분으로 태어났다. 조상 제례문화를 따르는 유교적 전통을 가진 집안에 제사를 책임지는 종손이었다. 그는 일찍이 외지를 출입하면서 미국 선교사들이 세운 순천 매산학교에서 수학하였다.[11] 1920년 매산학교에서 복음을 듣고 기독교 신자가 되어서 고향인 오사리에 교회를 세웠다. 이 교회가 현재 '재건오사교회'로 그 역사와 신앙을 이어오고 있다.

양용근 역시 형의 영향으로 진상보통학교 보습과를 거쳐 광양서보통학교

---

10 남도문화연구 제26집-지리산권 동남부지역 동학농민혁명의 전개와 특징(김양식, 충남발전연구원) 50쪽
11 위의 같은 논문 자료 233쪽

재건오사교회 전경

를 졸업하고 1922년 매산학교 고등과를 수료하였다. 매산학교는 1916년 조선총독부가 성경과목 교육을 금지시키면서 스스로 문을 닫았다가 1921년 일제의 정책이 완화되어 다시 문을 열었다. 당시 4년제 보통과와 2년제 고등과로 되어 있었는데, 고등과를 졸업해도 대학입학 자격이 주어지지 않았다. 그는 대학 진학을 위해 일본으로 건너가 독학으로 대학 입학시험을 준비하다가 관동 대지진을 만났다. 그곳에서 구사일생으로 살아남아 니혼대학(일본대학) 법학과에 입학해 1930년 고학으로 졸업하였다.

그는 출세의 길로 나가지 않고 고향으로 돌아와 형이 세운 오사교회에 육영학당을 세워 대부분 학교 교육을 받지 못한 고향사람들을 위해 야학을 열기로 했다. 소설 상록수의 주인공 '채영신'처럼 농촌 계몽운동이 곧 민족의 자립을 넘어 독립의 길로 나아가게 될 것이라고 믿었다.

하지만 그를 가만 놓아두지 않았다. 법학을 전공했으니 고등문관시험에 합격하면 출셋길이 열려 있었으나, 일제의 앞잡이가 될 수 없어서 포기하고 고향사람들의 문맹을 떨치기 위한 야학을 하기로 작정하였다. 그러나 관리 당국은 쉽게 허가를 내주지 않다가 양용근이 면서기가 되는 조건으로 야학을 허용했다.

일본에서 양용근은 두 번이나 죽을 고비를 넘기고 살아남았다. 관동 대지진 당시에는 조선인 대학살이 시작될 때 경찰서 유치장에 있다가 국제적십자사 조사단의 방문으로 학살이 중단되어 살아남았다.

또 한번은 대학에 다닐 때 친구들과 낚싯배를 탔다가 파도에 전복되어 죽을 고비를 넘기고 겨우 살아난 적이 있었다. 그의 생환은 하나님이 살려주신 기적이었다. 요나가 바다에 빠졌을 때 큰 물고기가 요나를 입으로 받아서 육지에 토해내신 것처럼 파도에 밀려 육지로 가까이 실려와 구조를 받아 살아남았다. 그는 두 번 모두 하나님이 살려주신 것임을 믿었다.

그 후 그는 1927년 순천매산학교를 거쳐 평양숭실전문학교를 졸업한 경남 진주 출신 정복향과 결혼하였다. 부부가 야학교사로 활동하면서 육영학당을 꾸려 나갔다. 이곳에서는 조선어와 보통학교 정규과정 및 성경을 위주로 가르쳤다.

평양신학교를 1년 먼저 졸업한 김형모 목사도 양용근 목사와 같은 진상보통학교 보습과를 거쳐 광양서보통학교, 매산학교 보통과와 고등과를 졸업했고, 손양원 목사와 함께 평양신학교도 같이 다닌 기도의 동지였다. 양 목사 보다는 두 살 아래이고, 매산학교도 2년 후배지만, 평양신학교에서는 입학동기였다. 하지만 졸업은 김형모가 1년 먼저 했다.

양용근의 형이 세운 오사교회는 재건파로 넘어가 재건오사교회로 현재까지 남아 있다. 해방 후 일제강점기에 신사참배에 순응했던 사람들과 거부했던 사람들 사이에 갈등이 심해지면서 교회 분열로 이어졌다. 북한에서는 김린희, 남한에서는 최덕지가 중심이 되어 재건교회가 조직되었다. 그러나 재건교회 안에서도 인맥과 기존 교회와의 관계를 둘러싸고 여러 차례 분열되어 결국 일부는 기성교회로 편입되고, 일부는 1974년 대한예수교장로회 재건교회로 통합되었다. 통합 당시의 교세는 노회 2개(서울, 부산)로 교인 수가 1만2천여 명이었고, 90년대 초에는 교회 113개에 2만3천여 명으로 늘었다.[12]

이 재건오사교회는 1972년 6월 광양 진월중앙국민학교에 다닌 학생 50여 명이 국기에 대한 경례를 집단으로 거부한 사건으로 유명하다. 당시 재건오사교회 홍순경 목사가 십계명의 1·2항의 우상숭배를 말라는 교리에 따라 국민의례도 하지 말라고 설교해 7월부터 학생 50여 명이 국민의례를 거부하고 나선 것이다.

당시 학교 측은 교회에 학생들의 국기경례를 요청했지만, 교회측은 "아무리 어린이라고 하더라도 아이들 개개인의 양심과 신앙의 자유가 있으니 경

---

12 한국민족대백과사전-재건교회 편

국기경례거부사건-오사교회

례를 하라고 할 수는 없다"고 반박했다. 결국 교회의 양영기 장로가 이 문제를 전라남도 교육위원회에 문의하자, 도교육위원회는 크게 놀라 전라남도 전체의 문제로 확산되었다.

　도교육위원회는 아이들의 경례 거부 행위를 '중대한 반국가적 행동'으로 규정하고 경찰에 조사를 의뢰했다. 경찰은 학교에서 어린이들을 일일이 심문했으며, 체벌과 추궁에 시달려야 했다. 결국 이 교회 주일학교 양영례(당시 27세) 교사가 국기·국장을 비방한 혐의(형법 106조 위반)로 구속되었다. 그는 사상범 취급을 받아 면회도 안 되고 독방을 썼다. 그리고 재판부는 양씨에게 징역 8개월, 집행유예 1년 6개월을 선고했다. 양씨는 '국기에 대한 맹세'를 쓰고 외우는 것을 전제로 보석으로 석방되어 재판을 받았다. 이 사건은 1970년대 접어들면서 유신정권의 더 강고한 전체주의, 국가주의적 정책의 반작용으로 처음 드러난 종교적 국기 경례 거부사건이었다.

광양읍교회에서 애양원교회까지 섬기는 삶으로

1923년 일본에서 양용근은 대학진학을 위한 검정고시를 공부하던 중 관동 대지진을 만났다. 당시 일본은 조선인들을 반역죄로 몰아 대대적으로 학살을 자행했다. 양용근도 그의 학업을 돕기 위해 함께 온 형과 함께 붙잡혀 처형당할 위기에서 기적적으로 살아났다.

양용근이 일본대학 법률학과를 졸업하고 고향에 돌아온 것은 1927년 9월이었다. 그는 고향으로 돌아와 아내와 함께 오사육영학원을 설립하고 보통학교 정규과정과 성경교육을 실시했다. 아내는 순천에서 풍금을 구해와 음악도 가르쳤다.

그는 이때 신학교를 진학하기 위해 총회 종교교육부의 성경통신과에 입학했다. 이 통신과정을 모두 마치고 1935년 3월 평양신학교 3년제 과정에 등록했다. 3년제 과정은 학교 기숙사에 들어가 수업을 받는 것이었다. 1학년 과정을 마치고 방학을 맞아 고향에 돌아오자 광양읍교회에서 정식 조사로 청빙했다. 당시 4대 교역자인 강병담(1879~1962, 평북 대동, 평양숭실전문학교·평양신학교(1924년) 졸업, 제주도 조사(3년), 우학리교회 조사, 광양·순천·여수 등 시무) 목사가 1935년 사임한 후 후임 교역자가 공석이었다. 그는 고심 끝에 1년을 휴학하기로 하고 1936년 1월부터 광양읍교회 정식 교역자로 부임했다.

그가 부임하면서 열심히 전도활동에 나서 새 신자도 늘어나기 시작하였고 부임한 지 6개월 만에 읍내에 장티푸스가 유행하면서 정복향 사모까지 감염되고 말았다. 양용근 조사 부부는 그동안 병든 가정도 놓치지 않고 심방하고 위로했다. 그러나 어느 정도 회복이 되었다던 정 사모가 다시 재발하면서 열이 나고 구토와 설사에 시달리다가 결국 하나님의 부르심을 받았다. 당시 아들이 둘이었는데, 둘째는 젖도 떼지 않을 때였다. 가까이 지내며 정이 깊었던 찬양대와 여전도회 회원들, 그리고 반사(교사) 선생들의 슬픔은 이루 말할 수 없이 컸다. 두 아들은 오사리 부모님 댁으로 보내졌으나, 혼자 생활은 여러 가지로 불편했다.

그는 홀몸으로 교회를 전담하기에는 힘들고 교인들을 제대로 살피기도 어려운 점이 있어 사임하고 애양원교회 부교역자로 옮기기로 했다. 신학교 수학을 위해서도 부교역자로 시무하는 것이 더 유리했다. 1937년 3월 2일 주일 대예배 시간에 이임인사를 하였다.

평양신학교에서 계속 수학하기 위해서 교회의 일을 전담하지 않고 부교역자로 시무할 수 있는 교회로 부득이 옮겨 갈 수밖에 없다는 사유를 설명하였다. 그리고 특별히 나환자 수용소인 애양원교회로 가게 된 것을 희망했던 이유 가운데 비중이 가장 컸던 것은 나환자의 운명과 자신의 처지가 유사하기 때문이라고 하였다.[13] 애양원교회 담임은 김응규 목사였다.

1937년 복학 후 동기인 박동환(1905~1990, 본명은 박팽동, 담양, 항일운동가, 순담성경학원 졸업, 순창 양지교회 등 개척) 조사의 처형을 소개받았다. 마침 평양여자고등성경학교(평양여자신학원 전신)에서 신학을 공부하고 있었다. 그녀는 전북 순창 출신 유애덕이었다. 처음에는 애가 둘이나 딸린 홀아비를 쳐다보지도 않았지만, 운명처럼 만나 결혼을 하게 되었다. 장인은 순창읍교회 초대목사로 1930년 평양신학교를 졸업한 유기섭[14] 목사였다. 유애덕 사모는 남겨진 어린 두 아들들과 함께 딸 둘을 더 낳았고, 양 목사의 순교 이후 가난과 어려움 속에서도 자식들을 훌륭히 키워냈다.

1938년 평양신학교가 일제의 신사참배 강요로 폐쇄하면서 마지막 3학년은 통신수업으로 대체하고 1939년 3월 3일자로 졸업장을 받았다. 평양신학

---

13 위의 책(9번) 234쪽

14 순창읍교회에서 신사참배를 반대하는 박삼수 장로와 갈등을 겪은 것으로 볼 때 사위와는 다르게 신사참배 강요에 굴복한 것으로 보인다. 담양, 순창, 장성 등에서 시무하였다.

교 입학 동기는 고향 후배 김형모와 손양원이었다. 그러나 양용근은 1년 늦게 졸업해 1939년 졸업 후 목사안수를 받았다. 1938년 9월 10일 평양 서문밖교회에서 열린 조선예수교장로회 27회 총회에서는 일경의 압박과 감시 속에 신사참배 결의안을 통과시켰다. 그 총회장에는 양용근을 비롯해 동기들인 손양원, 김형모, 한상돈도 있었다. 그들은 참담한 현장을 목격한 후 평양신학교 예배당으로 돌아온 그날 오후부터 그 이튿날 아침까지 통성으로, 침묵으로, 그리고 딩굴기도 하면서 통한의 기도로 밤을 지새웠다.

총회를 마치고 양용근 조사는 여수 애양원교회로, 손양원 조사는 부산 감만동교회로, 김형모 조사는 순천으로, 한상돈 조사는 여수로 돌아가서 새롭고 패기에 찬 목회를 시작하였다.[15]

양용근은 총회를 마치고 돌아와 반사선생 교육과 수요예배를 인도하면서 평양 총회의 침통한 현장을 목격한 대로 보고했고 신사참배는 계속 반대해야 한다고 가르쳤다. 애양원교회는 1938년 4월 순천노회의 신사참배 결의로 혼란에 빠졌다. 김응규 목사가 노회에서 찬성 발언을 한 사실이 알려지면서 교인들의 분노를 샀다. 결국 당회는 6월 18일 김 목사의 사임을 의결했으나, 버티다가 10월에야 사퇴했다. 양용근 조사도 고흥 길두교회의 청빙을 받고 고민했다. 담임목사도 공석인데 당장 길두교회로 갈 수 없어 이듬해 4월에 부임했다. 길두교회 당회장은 김정복 목사였다.

당제사 거부와 무당 퇴치로 시작한 길두교회 시무

교인들은 전에 부흥회를 통해 친구로 소개했던 손양원 목사라도 모셔 올 수 있도록 해달라고 요청했다. 신학교 동기인 순천의 김형모 목사도 엉거 선교사에게 편지를 보내 손양원을 추천했다. 그 제안을 엉거가 받아들여 1939년 7월 15일 애양원교회 담임으로 부임했다. 양용근 목사는 비록 애양원교회 담임은 못했지만, 2년 동안 정도 들었다. 잉거 선교사를 비롯해 장로

---

15 순교목사 양용근 평전 『섬진강』 (진병도, 쿰란출판사, 2010) 344쪽

90년대 길두교회 모습   현 길두교회 전경

들이 다른 교회로 떠나게 된 것을 매우 섭섭하게 생각했다. 1939년 4월 1일 목사안수를 받고 길두교회 담임으로 부임했다.

길두교회는 1915년 2월 15일 고흥읍교회에 출석하던 전영집, 유천석, 신명휴, 박기욱 등의 성도들이 고흥군 포두면 길두리 전동마을 전영집 성도의 두칸 초가집에 예배처소를 만들면서 시작된 교회이다. 양용근 목사가 부임하기 전에도 이기풍 목사와 김정복 목사가 당회장을 맡아 치리할 정도로 20년이 넘은 교회였다.

길두교회에서는 워낙 일경의 감시가 심해 설교시간에는 신사참배 반대를 전파할 수 없었지만, 주로 미신행위 등 우상숭배에서 벗어나도록 설교하고 가르쳤다. 양 목사는 우리나라가 살 길은 오래된 미신숭배를 타파하여 오직 하나님만 섬기는 나라가 되어야 한다고 생각했다.

길두교회가 있는 고흥지방은 바다가 가까운 곳이어서 어업과 농업을 함께하는 지방이었고 미신에 사로잡혀서 당산제나 무당굿이 성행하는 곳이었다. 그런 곳에 부임한 양 목사는 처음부터 당산제를 지내지 못하게 하고 금줄을 철거하게하고 봉안전 참배를 거부하게 하였다.[16]

그는 전통적으로 전해오던 미신 행위부터 타파하고 굴복시키는 것이 간접적으로라도 일제의 신사참배를 거부할 수 있는 명분이 서는 것이라고 생각했다. 신사참배나 제사나 모두 우상숭배라서 일제와 맞서지 않으면서도 거

---

16 전남 동부지역 기독교 인물과 선교 활동-양향모의 일제 신사참배 강요와 양용근 목사의 순교사에 대한 고찰(순천대 인문학술원, 도서출판 선인, 2021) 238쪽

부하도록 설득시킬 수 있는 방법이기도 했다. 그는 서슴없었다. 마을 당산제 제사상을 엎어버리는가 하면, 무당을 굴복시켜 집으로 돌려보내기도 하였다. 또한 일본 본토 출신 포두주재소장 부부를 끝내 굴복시켜 전도하는 등 목숨 걸고 전도에 나섰다.

1940년 2월 송산교회에서 고흥연합사경회가 열렸다. 그는 예수 재림 때 우상을 숭배한 자에게는 십계명 위배로 벌을 받을 것이라는 요지로 일제의 신사참배 요구를 적극 거부할 것을 권유했다. 이 사경회에 참석했던 포두주재소장이 고흥경찰서에 소환되어 조사를 받은 후 양 목사도 소환할 것이라는 소문이 돌았다.

노회에서는 양 목사를 구례읍교회로 보내기로 하였다. 마침 시무하던 김상두 목사가 섬지역 순회교역자로 파송되면서 부임할 수 있었다. 지금처럼 통신이나 경찰 정보망이 신속하게 공유되던 시대가 아니라서 이름도 양복근이라는 가명을 써서 부임했으나, 금방 신분이 드러났.

신사참배에 대한 일제의 강요와 협박, 감시는 갈수록 집요해졌다. 1938년 9월 조선예수교장로회 총회가 신사참배를 가결하기 이전에 이미 55%의 교회가 신사참배에 동참했으며 동방요배는 96%가 이미 참가하고 있었다. 총회는 총회 시작 전에 국가 의식으로 동방요배를 하였고 신사에 가서 참배 후 총회를 개회하기도 했다. 이제 신사참배에 항거하는 사람들은 소수에 불과했고 그나마 전국에 수배령을 내리고 검거하기 시작한 때였다. 이런 시기에 할 수 있는 것은 교회 문을 닫는 것뿐이었다.

순교자로 가는 길은 최후의 선택

그는 더 이상 버틸 수 없음을 느끼고 최후를 준비하고 있었다. 그는 창씨개명도 거부했다. 큰 아들 양영욱도 창씨 개명을 거부해 중학교에 진학하지 못했다.

결국 구례경찰서에서 그를 체포했다. 일제는 1940년 9월 신사참배 반대를 주도하는 전국의 주요 위험인물들에 대해 체포를 단행했다. 선교사의 환송

옛 구례제일교회 전경(양준식 장로 제공)

을 위해 순천역 배웅에 나선 목사와 장로들을 대상으로 간첩혐의로 체포했으나, 내용은 신사참배 반대를 막기 위한 목적이었다. 두 달간의 조사를 거쳐 1940년 11월 15일 구속되었으나, 병보석으로 석방되었다. 2년 정도 교회로 돌아와 목회를 했으나, 경찰서 형사의 감시는 24시간 계속되었다.

함께 구속되었던 순천노회원들과 같이 재판을 위해 1942년 9월 다시 구속되었고, 다시는 교회로 돌아오지 못했다. 양 목사의 구례읍교회 시무기간은 4년 정도이지만, 실제 시무한 시간은 채 2년도 되지 않았다. 양 목사는 검사에게 신사참배 반대는 물론이고 송산교회 사경회에서 행한 말세론과 천년왕국 설교에 대한 심문을 받았고 징역 1년 6개월 형을 선고받았다.

일제의 입장에서는 함께 구속되어 재판을 받는 15명의 목사와 장로들 중 가장 혐의가 큰 사람은 양용근 목사였다. 가장 강력히 신사참배를 반대한 인물이기 때문이었다. 그런데 가장 무거운 처벌은 3년 형을 받은 순천중앙교회 박용희 목사였다. 그 이유는 일제에 가장 협조적이었던 박 목사였지만, 자기 교회 청년들이 주도한 원탁회 사건을 사전에 막지 못하고 방치한 책임까지 형량에 보태지면서 그 책임을 강하게 물은 것으로 보인다. 아니면 하나님의 징계가 작동했을 수도 있다.

양 목사는 감옥에서도 동방요배를 거부했다. 일본 천왕이 있는 동쪽을 향해 매일 절을 올리는 것인데, 이는 우상숭배 차원이 아니라 한국인으로서 거부한 것이다. 그는 감방에서도 죄수들이나 간수들에게 복음을 전했다.

특히 신사참배는 가장 큰 죄악이라고 가르쳤다. 같은 감방 안에서 감옥에 수감 중인 죄수들이나 그들을 감독하는 간수들도 이미 양용근 목사에 대해서 소상히 알고 있었기 때문에 그의 말에 다들 귀를 기울였다. 같은 방에 수감되어 있던 다섯 명의 수감자들은 다 양 목사의 전도에 감화되어 예수를 믿게 되었고 감방 안에서 학습을 받고 세례를 받았다.

양용근 목사가 감옥에서 죽음을 맞이하게 된 직접적인 원인은 그가 전도한 사람들과 함께 동방요배를 거부했기 때문이다. 1943년 11월 8일은 일제가 매월 8일을 대조봉대일(大詔奉戴日, 진주만 공습 기념일)로 감옥 안에서도 특별 행사를 실시했다. 그 날 양 목사와 감방에 있던 죄수들이 동방요배 등 국민의례를 거부하자 간수들의 폭행이 시작되었고, 양 목사는 머리가 깨지고 갈빗대가 부러질 정도로 심한 중상을 입었다.

각각 30일간 독방 수용 명령이 떨어졌고, 그 추운 11월의 날씨와 열악한 독방의 고통에서 상처 치료조차 제대로 받지 못한 채 방치되었다. 결국 1943년 12월 5일 새벽 차가운 독방에서 숨을 거두었다. 그래도 감방에서 일본인 의무과장은 양 목사의 굳은 의지에 감동해 어떻게든 치료를 해서 살리려고 했으나, 형무소 소장의 반대로 뜻을 이루지 못했다.

양 목사의 사망 소식은 의무과장을 통해 구례군 김완식 공의에게 전달되어 비보가 유현덕 사모에게 알려졌다. 유현덕 사모는 여동생 유애리, 김완식 공의와 그의 동생 김완수(나중에 유애리와 결혼했다) 등과 함께 광주로 올라와 저녁에 형무소 정문에 도착했다. 정문에서는 사망 사실 조차 부정했다. 다음 날도 대답은 마찬가지였으나, 양심적인 일본인 의무과장의 배려로 가족에게 사체가 인도되었다.

유현덕 사모는 장례를 치른 후 자녀 넷을 데리고 여수로 이사했다. 동생이 구례군 공의이자, 구례의원 원장인 김완식의 동생 김완수와 결혼했다. 김완수는 여수 시내에 약방을 차렸고, 동생은 여수제일교회 피아노 반주자로 섬겼다. 동생은 자기 집에 뒤에 따로 집을 지어 언니네가 살도록 했다. 동생의 아들 즉, 조카가 국가대표 탁구선수로 아시안게임 금메달리스트인 김완 부천시청 탁구감독이다. 동생 부부는 경제적으로 넉넉하고 믿음도 강해서 교회에 종을 헌물하기도 하였다. 1949년에는 자매가 나란히 여수제일교회 시무집사로 선출되었다.

당시 담임이었던 김상두 목사는 1938년 4월 구례읍교회에서 열린 순천노회에서 신사참배 결의안을 주도적으로 통과시킨 죄(?)가 있었으니 유족인 유현덕 사모에게 미안한 마음을 갖고 있었던지 1953년 사임하기 전에 유 사모를 교회 전도사로 당회에 추천했다. 유 사모는 평양여자고등성경학교 출신이었다. 그러나 정식 전도사 청빙은 1957년에서야 겨우 이뤄져 서울로 이사 가기 전인 1962년까지 4년 정도 시무했다.

유현덕 전도사에게 주는 교회의 월급이 당시에는 워낙 적었기 때문에 2남 2녀는 매우 가난하게 살았다. 그래서 네 형제 자매들은 여수에서 살았던 어린 시절이 힘들었기 때문인지 그들은 한사코 여수 시절을 떠올리려고 하지도 않고 있다. 그래도 하나님의 축복으로 교수가 되고 목사 사모가 되어 미국에서 슈퍼마켓을 두 개나 운영하고 있고, 약사가 되어 대한민국의 제일 큰 약국을 서울 종로 복판에서 운영하며 제약도매회사를 경영하고 있다. 유현덕 전도사의 큰아들인 양영욱 교수는 "나는 한경직 목사의 은혜로 오늘날 이렇게 성공하였다."라고 말하고 있다. 여수읍교회에서는 순교자의 가정을 돌보기 위해 유현덕 전도사를 모시고 교회를 돕는 한편, 자녀들을 교육시키며 살아가게 해주었지만, 그 자녀들은 여수제일교회에 대하여 감사할 줄을 모르는 사실이 못내 안타깝다.[17]

유현덕 사모의 친정도 담양과 순창 등에서는 알아주는 명문가였고, 여동생도 여수에서는 꽤 잘사는 편이어서 그렇게 가난하게 살았다고 보기는 어렵다. 또한 순교자의 가족이고 전도사의 가정이라서 교인들도 따로 섬기는 경우가 많았다. 그래서인지 모르지만 자녀들은 모두 하나님의 보살핌 속에 잘 성장할 수 있었다.

장남 양영욱은 순천 매산중고등학교를 졸업했다. 여순사건 당시에는 죽을 고비를 넘기고 6·25 전쟁에는 학도병으로 참가했다. 서울 숭실대 영문학과를 졸업해 경신고·중동중고 교사를 거처 숭실대 교수로 있다가 퇴직했다. 차남 영철은 여수상고를 졸업해 서독대사관 최초의 한국인 직원으로

---

17 여수제일교회110년사(여수제일교회, 2018) 286쪽

채용되었다가 서독으로 이주했다. 70년대 초 파독 광부 및 간호사 초빙에 큰 공을 세웠다.

애양원에서 태어난 장녀 영숙은 수피아여고, 조선대 약대를 졸업해 남편과 함께 종로에서 기영약국 등을 경영하다가 의약품 도매업에 뛰어들어 연매출 1500억 원대에 이르는 회사로 성장했다. 차녀 영자는 여수여자고등학교를 거쳐 숙명여대 기악과를 졸업해 수피아여고 음악교사로 있다가 재미교포와 결혼했는데, 남편이 장인의 순교정신을 계승하겠다면서 신학교를 졸업해 목사가 되었다.

하지만 해방 후 전남 최초의 순교자 양용근 목사에 대한 한국교회와 전남 동부 교회의 대우는 너무 인색했다. 당시 교계를 장악한 목사들 대부분이 신사참배, 동방요배라는 죄악을 저지른 입장에서 이를 거부한 순교자의 탄생은 달갑지 않았던 것이다. 대신 같은 신사참배 반대자이기는 하지만, 6·25 전쟁에서 인민군에게 희생당한 손양원 목사를 우상처럼 앞세워 추앙했다. 그래야 자기들의 치부가 숨겨질 수 있다고 믿었다.

양용근, 이선용 목사 순교비

따라서 양용근 목사의 자녀들은 어린 시절 가난했던 삶에 대해서 교회가 도와주지 않은 점에 섭섭함을 토로할 것이 아니라, 한국교회가 아버지 양용근 목사의 순교정신을 드높이지 않는 점에 대해 지적을 해야 옳을 것이다. 당시 더 어렵게 살았던 여수읍교회 교인들도 많았고, 여순사건으로 얼마나 힘들었을지 생각이나 해보았을까.

양용근 목사는 1977년 전남 구례군이 구례 출신이라면서 독립유공자 신청을 했다. 이것부터 바로 잡아야 할 책임이 양용근 목사의 자녀들에게 있다. 정부에서는 그의 공훈을 인정하여 1977년 건국훈장 대통령표창을 추서했고, 1990년에는 다시 건국훈장 애족장을 추서하였다.

그렇다고 구례군이 양용근 목사 기념사업을 한다는 소식은 아직 없고, 구례읍 원당리에 이선용 목사와 함께 순교기념탑만 세웠을 뿐이었다. 광양시도 자기 고장 출신이면서도 양 목사에 대해 전혀 알지 못한 채 방기(放棄)해 왔다. 애국자이자, 순국열사인 양용근 목사는 어디에서도 추앙받지 못하고 있으니 참으로 부끄러운 일이 아닐 수 없다.

양용근 목사 연대표

1905년 10월 14일	광양군 진월면 오사리 94번지에서 양재훈과 정정랑의 5남 1녀 중 4남으로 출생
1920년(16세) 2월	광양서보통학교 졸업
1922년(18세) 12월	매산학교 고등과 수료, 도일
1923년(19세) 9월	관동대지진 조선인대학살사건에서 구사일생.
1925년(21세) 3월	일본(니혼)대학 법학과 입학
1927년(23세)	경남 진주출신 정복향과 중매 결혼
1930년(26세) 3월	일본대학 졸업
1930년(26세) 4월	귀국, 오사육영학원 설립
1930년 11월 27일	진월면사무소 서기 임명
1931년(27세) 3월 14일	면사무소 사직
1935년(31세) 3월	총회 성경통신과 수료, 평양신학교 입학
1935년(31세) 9월	광양읍교회 강병담 목사 사임

1936년(32세) 1월		신학교 1학년 수료 후 휴학, 광양읍교회 교역자(조사) 부임
1936년(32세) 7월		정복향 사모 장티푸스로 사망(아들 2명)
1937년(33세) 3월		광양읍교회 사임, 신학교 2학년 복학, 애양원교회 부교역자(조사)로 부임(김응규 목사 담임)
1937년 4월 10일		구곡교회(성암교회) 초대 교역자 부임
1937년(33세) 7월		유애덕과 재혼
1938년(34세) 3월		평양신학교 임시 폐교, 통신으로 3학년 과정 수업 마침
1938년 9월		총회 신사참배 결의
1938년 10월		애양원교회 김응규 목사 정식 사임
1938년 12월		고흥 길두교회 청빙 받음
1939년(35세) 3월 3일		평양신학교 졸업장 받음
1939년 3월 31일		애양원교회 부역자, 구곡교회 교역자 사임
1939년 4월 1일		고흥 길두교회 부임
1939년 5월		순천노회 목사 안수
1939년 7월 15일		손양원 강도사 애양원교회 부임
1940년(36세) 2월		고흥 송산교회 연합사경회 개최
1940년 3월 31일		길두교회 사임 및 구례읍교회 부임
1940년 9월 15일		구례경찰서 체포
1940년 11월 15일		구속 병보석 석방
1942년(38세) 9월		재구속, 징역 1년 6개월형 선고
1943년(39세) 12월 5일		광주형무소에서 순교
1944년(40세) 1월		가족 여수로 이사, 여수제일교회 출석 및 집사로 선출됨
1957년		유애덕 전도사 부임(여수제일교회)
1962년		전도사 사임 및 서울로 이사
1977년		건국훈장 대통령표창 수여
1990년		건국훈장 애족장 추서

CHAPTER · 4

전라도를 사랑한
조선의 바울 사도 이기풍

이기풍 목사

한국교회의 보수적인 행태는 어쩔 수 없지만, 순교자를 대하는 이중적인 태도는 비판받아야 한다. 특히 통합교단에는 서북지역 출신 목회자들이 주도하면서 인민군이나 빨치산에 의한 순교자는 왜곡(?)까지 해가면서 우상화하려는 경향이 강했던 반면에, 일제강점기의 순교자에 대해서는 굉장히 인색한 면을 보여왔다. 그래서 한국교회가 우경화 또는 극우적으로 퇴행하고 있다는 비판을 받고 있는 것 아닐까.

또한 일제강점기 일제에 협력했거나, 신사참배 강요에 굴복했던 목사들은 자기들의 치부가 드러나는 것을 원치 않았기에 이기풍 목사나 양용근 목사 등 순교자가 추앙받는 것에 대해 속으로 꺼려왔던 것이다. 그래서 이들은 자기들의 허물을 덮기 위해 3·1운동의 행적을 끌어들여서 유신정권에서 집중적으로 독립유공자 포상에 매달렸다. 신사참배의 죄악은 감추고 반대에 투쟁했다고 포장하는 파렴치한 짓까지 저질렀다.

이기풍 목사는 기독교인이 아니더라도 아는 사람들이 많다. 그가 한국인 최초의 목사 중 한 명이며 제주도 선교의 개척자라는 것도 잘 알려졌지만, 그의 목회생활 대부분을 전남에서 보냈다는 점은 상대적으로 가려져 있다.

그의 최후도 전남이었고, 현재 묘지는 화순군 동면 제일동산에 있다. 또한 그의 후손들도 대부분 전라도에 정착해 살았다. 어쩌면 전라도와 전라도 사람을 사랑한 최초의 이북 출신이라고 해도 과언은 아닐 것이다. 그가 전라도를 위해 바쳤던 자비와 사랑은 우리가 잊지 않기 위해서라도 높이 받들 필요가 있다.

이기풍 목사는 원칙주의자였고 민주주의자였다. 물론 가난한 이들을 먼저 살피고 약자를 배려했던 따뜻한 지도자였다. 특히 교회 행정가로서 남긴 꼼꼼한 기록들은 한국교회사의 중요한 이정표가 되고 있다. 그의 삶을 쫓다보면 그런 진면목을 하나씩 발견할 수 있다.

스왈른 선교사는 이기풍의 첫 스승이었다.

스왈른 선교사 부부

이기풍(李基豊)은 1865년 12월 23일 평양에서 출생했다. 그는 여섯 살에 사서오경을 줄줄 외우고 열두살에 백일장에 나가 장원으로 뽑힐 정도로 출중했다. 하지만, 성장하면서 평양 시내에서 박치기의 선수요 투석전의 명수로 악명을 날렸다. 그의 폭력적 행동은 때때로 의협심과 궤도를 같이했다. 그중 1894년 초에 있었던 마펫(Samuel A. Moffett, 마포삼열, 1864~1939) 선교사에 대한 투석사건은 유명하다. 반외세 감정을 억제할 수 없었던 이기풍은 먼저 한달 전에 한참 건축 중이던 널다리골교회에 돌을 던져 아수라장을 만들었고, 마침 장터에서 전도하고 있던 마펫 선교사에게 돌을 던져 그의 턱을 부숴 놓았다. 그는 조선의 망나니 사울이자, 나중에는 다시 거듭난 바울 사도였다.

그의 일생에 대전환점이 된 것은 1894년 후반기에 일어난 청일전쟁이었다. 평양은 한반도에서 임진왜란에 이어 두 번째 벌어지는 중국과 일본, 청일전쟁의 한복판이 되었다. 이렇게 평양이 전쟁의 포화에 휩싸이자 그는 원산으로 피난을 떠났고 거기서 비로소 기독교 복음과 진지한 만남이 이루어졌다.

하루는 원산 시내를 걷다가 스왈른(William L. Swallen, 소안론, 1859~1954, 북장로회 선교사, 원산·함흥·평양 등 사역) 선교사를 만나게 되었다. 그는 갑자기 정신이 아찔해졌다. 평양에서 돌로 때려눕힌 양코배기의 화신인가 했다. 돌로 턱을 깨어 피흘리게 한 이후부터 그 양코배기가 잊혀지지 않고 꿈에까지 나타나서 마음 한구석을 괴롭혀왔다. 그 선교사를 길에서 만난 후부터 그의 양심은 괴로워지기 시작하였다. 언제든지 만나면 사과라도 해야 마음이 편해질 것만 같았다.

하루는 어떤 사람이 예수를 믿으라고 권했다. 한 귀로 듣고 한 귀로 흘려버린 채 집에 돌아와서 마루에 벌떡 누워 스르르 잠이 들었는데, 꿈속에서 머리에 가시관을 쓴 분이 나타났다.

"기풍아 기풍아, 왜 나를 핍박하느냐? 너는 나의 증인이 될 사람이다"

너무나도 놀라서 깨어보니 꿈이었다. 온몸이 땀으로 흠뻑 젖었다. 그는 그 자리에서 엎드렸다. 눈에서 회개의 눈물이 쏟아지는 놀라운 체험이었다. 그리고 달려가 만난 양코배기가 낮에 만났던 스왈른 선교사였다. 그의 얘기를 듣고 난 스왈른은 "분명히 당신을 예수님이 귀하게 쓰실 징조요. 당신 죄는 예수님이 다 사하여 주셨소. 기뻐하시오"라고 말했다. 그는 땅에 주저앉아 엉엉 목놓아 울었다. 진정한 참회의 눈물이었다. 그후부터 달라졌고 예수에게 미쳐버렸다.[18]

스왈른은 그를 집안요리사로 채용하고 세례를 준 후 조사로 삼아 전도사역에 동참시켰다.[19] 이기풍은 스왈른을 도와 함흥읍교회와 단천읍교회를 개척했다. 특히 스왈른은 캐나다장로회 선교부에 함경도 지역을 넘겨주고 평안도와 황해도를 맡아 이기풍과 김익두를 조사로 삼고는 황해도 안악을 중심으로 황해도 북서부지역 전도을 담당하였다.

---

18 이기풍 목사의 삶과 신앙(이사례, 기독교문사, 1991) 33~34쪽
19 내한선교사사전(한국기독교역사연구소, 1922) 670쪽

이때 이기풍과 김익두(金益斗, 1874~1950, 황해도 안악, 부흥강사로 유명해 776회의 부흥집회를 인도했고, 병을 고치는 신유의 은사로 많은 사람들의 병을 고쳐주었다고 함)가 가깝게 되어 전라도에서 사역할 때 부흥강사로 유명해진 김익두 목사를 불러내려 제주도, 순천읍교회, 고흥읍교회 등의 부흥사경회를 개최해 맡은 교회마다 크게 확장시키는데 많은 힘이 되었다. 특히 당시 김익두 목사는 병자를 고치는 신유의 은사로 가는 곳마다 사람들이 구름떼처럼 몰려들었다. 이기풍 목사의 호남사역에 김익두 목사가 상당한 역할을 했다고 볼 수 있다.

스왈른은 평양신학교에서 구약역사와 성경지리, 기독교윤리, 교회사를 강의하기도 하였다. 그런 면에서 스왈른은 이기풍에게 가장 많은 영향을 끼친 최고의 스승이었다.

김구 선생과 이기풍의 인연은 잘 알려지지 않았다. 먼저 황해도 해주에서 김구 선생의 어머니를 알게 되어 많은 도움을 받았고 서로 친밀한 사이가 되었다. 황해도 안악에서 김구 선생이 일본군 장교를 살해하고 형무소를 탈옥한 후 상해로 망명할 때 함께 동행하려고 할 정도로 막역한 사이였다.

이기풍은 1907년 평양신학교 첫 졸업생이 되어 독노회에서 서경조 등 7인과 함께 조선인으로 첫 목사 안수를 받았다. 또 한 그 7인 중에서 유일한 순교자가 되었다. 그는 제주도의 첫 선교사로 파송되어 목포에서 제주도로 향했다가 추자도 부근에서 배가 난파되어 혼자 살아남았다. 이는 실로 하나님이 귀하게 쓰시기 위한 기적이었다.

조선 최초 선교사로 파송된 제주 개척

제주도에서는 처음부터 난관이었다. 1901년 '이재수의 난'이라고 일컫는 '제주항쟁'으로 서양 종교에 대한 제주도민의 적대감이 굉장히 높았다. 이를 '신축교난(辛丑敎難)', '신축민란(辛丑民亂)'이라고도 하는데, 당시 제주에서 가톨릭 프랑스 신부의 비호 아래 천주교인들의 폐해가 극에 달해 제주도민들이 항쟁으로 맞서 프랑스 신부들과 천주교인 등 700여 명을 학살해버렸다. 이에 프랑스는 인천에 주둔 중이던 군함 2척을 보내자, 일본이 막아서면서 제주도에서 청일전쟁에 앞서 '불일(佛日)전쟁'이 일어날 뻔했다.

이 항쟁의 주동자가 관노출신 이재수(1882~1901)였다. 구한말 가톨릭교회와 그들을 앞세운 봉세관(封稅官, 세금징수관리)이 제주도 토착민에게 수탈, 강간 등의 흉악범죄를 저지르자 민중들이 자위 집단 상무사(商務社, 보부상 조직)를 조직해 맞선 민중 항쟁이었다.

불과 6년 전에 벌어진 이 항쟁으로 이기풍 목사의 전도 활동은 목숨까지도 위협을 받을 정도로 험악했다. 산지포구를 통해 들어온 이기풍 목사는 가까운 칠성통에 임시 거처를 정했다. 그리고 향교골에서 기도회를 시작으로 선교사역을 펼쳤다. 하지만, 아무도 복음 전파에 귀를 기울이지 않았다. 풍찬노숙을 하면서도 오직 불쌍한 영혼들을 구하겠다는 일념뿐이었다. 그는 밤을 세워가며 하나님께 눈물로써 매달렸다. 그런데 제주에서 뜻밖의 인물을 만나 도움을 받았는데, 모두 하나님의 섭리셨다.

박영효

이기풍은 그곳에 유배와 있던 갑신정변의 주역이자, 고종황제에게 역적으로 몰렸던 박영효(1861~1939, 개화파, 친일명사전에 등재)를 만났다. 그가 전도 활동 중 한 마을에서 청년들에게 폭행을 당하려고 할 때 갑자기 나타나 막아 주었다. 박영효는 철종의 사위로 궁내부 대신까지 올라 고종을 밀어내고 본인이 총통이 되는 쿠데타를 모의하다가 발각되어 유배온 인물이라서 제주도에서도 그의 영향력은 대단했다. 제주 관덕정 옆 옛 훈련청 건물을 매입해 선교사업기지로 사용할 수 있도록 해줄 정도였다.

비록 을사늑약 후에 친일파로 돌아서기는 했지만, 이기풍 목사가 험악한 분위기의 제주도에 도착해 어려움을 극복하고 안정적으로 정착할 수 있게 된 것은 박영효 대감의 도움이 큰 역할을 했을 것으로 보인다.

교회터가 정해지자 본격적인 전도가 시작되었다. 이기풍이 제주도에서 가장 먼저 전도한 사람들은 해녀들이었다. 또한 제주에 도착한 이기풍 목사가 전도에 큰 힘을 얻은 사건은 제주 토박이 신앙인 김재원과의 만남이다.

1904년 서울 제중원(세브란스병원)에서 그의 늑막염을 고쳐준 에비슨 선교사로부터 세례를 받은 김재원은 이기풍 목사가 제주에 오기 전 쪽복음서를 뿌리고 다녔다. 김재원은 에비슨 선교사에게 "제주도에 선교사를 보내달라"고 편지를 썼다는 이야기도 전해온다.

이기풍 목사의 전도를 맨 처음 받아들인 사람은 홍순홍이다. 1909년 제주에서 처음 세례를 받은 그에 대해 이기풍 목사는 "첫 열매, 첫 열매"라고 자랑했다고 한다. 그는 약품제조 판매업을 하면서 전도에 열과 성을 다했는데 1913년 김재원 다음으로 두 번째 영수(嶺袖)가 되었다. 1917년 4월 5일 김재원과 함께 제주도 최초로 장로 안수를 받았다.

남강 이승훈 목사

1911년에는 남강 이승훈(李昇薰, 1864~1930, 장로교 목사, 민족대표 33인)이 제주도 조천읍으로 유배를 오면서 교류를 하게 되었다. 평안북도 정주 출신인 이승훈은 원래 유교에서 가톨릭으로, 다시 개신교로 개종하여 목사까지 되었고, 민족교육학교인 오산학교를 세웠다. 이승훈은 안중근의 사촌 동생 안명근이 서간도에 무관학교를 세우려고 황해도 안악에서 자금을 모으다 붙잡혀 관련자 160명이 처벌을 받은 '안악사건(安岳事件)'으로 유배를 왔다. 이 사건으로 처벌 받은 이는 안명근을 비롯해 김구, 한순직 등이 있으며 손정도 목사도 전남 진도로 유배를 갔다.

남강은 이기풍 목사를 만나 성내교회에 출석하며 성경공부를 시작했고, 그의 요청으로 여러 교회를 다니며 민족정신을 일깨우는 강연도 했다. 그후 '105인 사건'에 연루되어 4년여의 옥고를 치르고 석방된 후 세례를 받고 오산교회의 장로가 되었다가 평양신학교를 졸업해 목사가 되었다. 끝까지 변절하지 않고 민족교육자로 살았던 남강에게 이기풍 목사는 성경과 민족정신을 일깨워 준 스승이었다.

이기풍 목사는 성내교회에 '영흥학교'를 설립했다. 이후 영흥학교는 영흥의숙으로 확장되었고, 모슬포지역 광선의숙과 협재의 영재 야학부, 특히 제주 최초의 유치원(현 중앙유치원)으로 이어진다. 제주도 최초 유치원인 중앙유치원은 1924년 4월 13일 김재원 장로에 의해 설립되었다. 현재 성내교회에는 1917년 제주교회 첫 당회록과 1927년 이기풍 목사가 사용했던 강대상이 보전되어 있다.

그는 말을 타고 제주도를 순회하면서 열심히 복음을 전한 결과 서문통(성내)교회(1908), 성읍교회(1908), 금성리교회(1908), 삼양교회(1908), 조천교회(1909), 모슬포교회(1909), 용수교회(1913), 중문리교회(1904), 한림교회(1915) 등을 차례로 설립하는 데 공헌하였다.[20]

이기풍 목사의 두 번째 부인 윤함애 사모는 황해도 안악에서 태어났다. 말라리아에 걸려 3년 동안 앓아누워 있다가 언더우드 선교사의 조사 김채봉을 만나 병을 털고 일어나는 기적의 주인공이 되었다. 그후 숭의여학교를 졸업하고 마펫 선교사의 중매로 이기풍을 만나 결혼했다. 사실상 재혼이었다. 그 전에 첫째 유씨부인은 1903년 큰아들 이사은을 낳고 출산 후유증으로 세상을 떠났다. 이사은은 벌교읍교회 영수를 지냈다. 윤함애 사모는 제주도에서 둘째 아들 이사선과 셋째 이사준, 넷째 이사영, 다섯째 이사라, 그리고 47세에 막내 이사례를 낳았다.

이기풍 목사는 제주도에서 1908년부터 1915년까지 7년간 사역하면서 성안교회 등 9개의 교회를 개척했다. 1910년 조선예수교장로회 사기에는 제주도 최초의 교회인 성내교회의 설립에 대해 다음과 같이 기록되어 있다.

> 제주도(濟州道) 성내교회(城內敎會)가 성립(成立)하다. 선시(先是)에 노회(老會)에서 파송(派送)한 목사(牧師) 이기풍(李基豊)이 당지(當地)에 래(來)하야 산지포(山地浦)에서 전도(傳道)할새 경성(京城)에 기류(寄留)할 시(時)에 수세(洗洗)한 김재원(金在元)을 봉착(逢着)하야 협력전도(協力傳道)한 결과(結果) 홍순흥(洪淳興), 김행권(金行權) 등(等)이 귀주(歸註)함으로 기도회(祈禱會)를 시작하고 일덕리(一德里) 중

---

20 복음의 큰 빛 110년 벌교대광교회 110년사(김호욱, 2017) 229쪽

인문(重仁門) 내(內)에 초옥(草屋)을 매수(買收)하야 예배당(禮拜堂)으로 사용(使用)하고 전도인(傳道人) 김홍련(金弘連), 이선광(李善光) 등(等)이 전도(傳道)에 노력(努力)하니라.

20여 년 전라도에 뿌린 땀과 사역

이기풍목사 선교기념비

1912년 〈조선예수교장로회총회록〉에 의하면, 당시 제주도의 교인은 410명, 예배당 3개, 기도회 처소가 5곳, 매주 모이는 남녀가 3백여 명에 이른다고 보고되어 있다. 이는 모두가 이기풍 목사의 헌신적인 사역의 결과였다. 그는 1915년 갑자기 성대결절로 말을 할 수가 없게 되어 사역을 중단하고 광주로 왔다. 광주선교부 유진벨 선교사는 광주 북문안교회의 임시목사직을 부여해주고 광주에 머물면서 치료를 받도록 했다. 그후 1918년 광주 양림교회(북문안교회) 초대목사로 부임했고, 1920년 전라노회장을 거쳐 총회장에 피선되었다. 2년간의 병고로 휴양한 다음 1920년에는 순천읍교회, 1924년 고흥읍교회, 1927년 다시 제주도 성내교회, 1931년에는 벌교읍교회, 1938년에는 일흔의 나이에 여수의 남면 우학리교회에서 마지막 목회지로 부임해 그곳에서 순교하였다.

그는 신사참배를 거부하다 체포되어 1942년 심한 고문을 당하고 석방되었으나, 후유증으로 1942년 6월 20일 우학리교회 사택에서 하나님의 부르심을 받았다. 1994년에는 제주 성안교회에 선교기념비가, 1998년 5월에는 제주시 조천읍 남조로 2125번지에 선교기념관이 세워졌다.

1915년 광주에 머물면서 안정된 가운데 성대도 예상보다 빨리 회복되었다. 조선인 목사를 갈망하던 북문안교회에서는 선교부에 위임목사 청빙을 적극 추천했고 1916년 8월 노회에서 마침내 승인되었다. 양림리에서 시작된 광주제일교회 역사에서 최초의 조선인 목사였다. 부임 직후 가을 사경회를 개최했는데, 부흥사로 유명한 김익두 목사였다. 10일 동안 계속된 열띤 사경회로 일대 부흥이 일어났다.

"… 모든 남·녀교우가 신령한 감화를 많이 받아 일변 눈물을 흘리고 통회하며 열심이 일어나며 처음사랑을 다시 회복하며 담배먹던 이는 끊기로 작정도 하며 십일조를 바치기로 작정도 하며 어떤 이는 먹든지 마시든지 죽든지 살든지 하나님을 영화롭게 하기로 든든히 결심하며 온 교회가 신령한 활동을 하는 중에 160명이 새로 믿기로 작정을 하였사오니 이는 다만 광주교회의 부흥이 아니라 전남에 부흥회가 발기된 바 우리 조선교회가 동시에 부흥키를 엎드려 비옵니다." [21]

이 기간 동안 북문안교회는 부흥을 이루어 1916년 교인수도 341명에서 1917년 392명으로 증가했고, 재정도 늘어났다. 그가 의욕을 보이며 목회에 몰두하자, 다시 성대결절이 재발했다. 1918년 7월 전남노회에 휴직청원서를 제출하고 2년 만에 북문안교회를 떠나 다시 신병치료에 들어갔다. 신병치료 하느라 1919년 3·1운동에서는 아무런 역할도 하지 못하고 넘어갔다. 1년 가까이 휴양을 하면서 치료를 받아 재발 염려가 없을 정도로 완치되었다.

건강이 회복되자, 여기저기서 청빙이 들어왔다. 이번에 청빙에 응한 곳은 순천읍교회였다. 1920년 2월에 열린 전남노회에서 코잇 선교사의 동사목사로 인준을 받은 후 3월에 제3대 담임목사로 부임했다. 성대가 회복되고 1년 동안 쉬었던 그의 열정적인 목회가 다시 시작되었다. 교회가 부흥되어 교회 신축이 필요하자, 순천선교부의 도움으로 1923년 54칸의 기와식 교회를 신축하였다. 600명이나 수용할 수 있는 큰 규모였다. 이때 막내딸 이사례가 알렉산더병원에서 태어났다. 당시 윤함애 사모가 46세이고 이기풍 목사는 56세였다.

---

21 기독신보 1916년 11월 8일자

1910년대 순천 중앙교회

예배당 신축과 거의 때를 같이하여 그는 자신이 시무하는 교회의 장로인 김억평을 면직시켰다. 그는 순천읍교회의 설립과 발전에 큰 업적을 남긴 기둥 같은 인물이었다. 그의 면직 사유는 '과실'이었는데 정확한 내용은 알려지지 않았으나, 교회당 건축과 관련된 비리가 아닌가 추정된다. 그는 온유와 겸손 그리고 관용의 인물로 알려져 있으나, 철저한 규율의 인물이었음도 보여주는 사건이 아닐 수 없다.[22]

순천에서는 건강이 회복되면서 대외적인 활동도 열심히 했다. 당시 그의 나이는 56세로 최절정기였다. 제주도 부흥집회 인도에 이어 1920년 9월 목포 양동교회에서 열린 전남노회에서 노회장에 선출되었고, 한 달 뒤에는 총회 부회장으로 피선되었다. 그리하여 1921년에는 총회장으로 추대되었다.

1924년 1월 순천읍교회를 사임했다. 고흥지방의 부흥이 필요했던 고흥읍교회에서 이기풍 목사를 모시기 위해 애를 썼고, 노회에 청빙 청원을 넣었다. 이에 이기풍 목사는 순천읍교회가 안정되었다고 판단이 들어 더 어려운 교회로 옮기기로 했다. 그것이 하나님의 뜻이라고 여겼다. 그는 정태인 목

---

[22] 호남교회 형성인물-이기풍(한인수, 도서출판 경건, 2000) 160쪽

사에 이어 3대 목사로 부임했다. 고흥읍교회에는 이기풍 목사의 친필로 된 교회사기가 남아 있다.

고흥 읍내 옥하리 교회 사기

- ○ 설립연월일 : 1906년 9월 일
- ○ 설립자 성명 : 신우구, 박무응, 박용섭, 이정권
- ○ 처음 전도자 : 미국인 오목사, 지원근, 박응삼, 장현중, 오태욱

1. 특별사건 : 박무응, 박용섭, 이정권, 제씨가 열심 사주하고 믿으며 우상을모두 포기하고 성경에 맞지 않는 세속을 일체 거절하고 따르지 아니하고, 신우구씨는 마음먹고 전도인들의 식비와 여비를 자담하고 청하여 전도하게 하며 예배당 신축에 대하여 부족금을 담당하였고,

2. 연보 : 이상 설립자 4인이 신주 후에 곧 출연하여 예배당을 신건축 하기로 결정하고, 신우구씨 10원, 박무응씨 10원, 박용섭씨는 재목대금 전부를 담당하고 이정권씨 5원과 기타 신자들 연보금으로 동정 예배당을 신 건축 후 열심히 전도하여 지교 3.4곳을 설립하고 교회가 점점 흥왕하여 예배당이 협소하므로 교인들이 개탄이 여기다가 1922년에 김익두 목사를 초청하여 부흥회를 한 결과 일반 교인이 성신감화를 받아 열심히 연보한 금액이 삼천여원에 달하였는데, 신우구씨가 일천원, 박용섭씨가 재목 대금 1,000원 상당 값을 담당하고 정태인, 오중구, 오석주 세사람이 각 백원씩하고 기타 교인들이 힘써 연보하여 옥하리에 조선제와 십이간을 신 건축하고 일반 교인들의 기쁨속에 헌당식을 거행하자 그 즉석 에서도 예교내에 미비한 부속품을 다수히 드렸으며

3. 핍박 : 읍민들이 염증을 느껴 많은 고난을 받는 중에 예배 처소가 없어 신우구씨 사랑채에서 3. 4개월 예배 보다가 협착한 소치로 헌병대 근처 채한금씨 집에서 예배하다가 헌병들의 군박으로 인하여 군기고 사무실에 이전 예교하였다. 또 헌병들의 장애로 인하여 박무응씨 집에서 예교 보았으나 신자들의 친척, 친우들이 피해를 받는 일들은 입으로는 다 말할 수 없다.(중략)

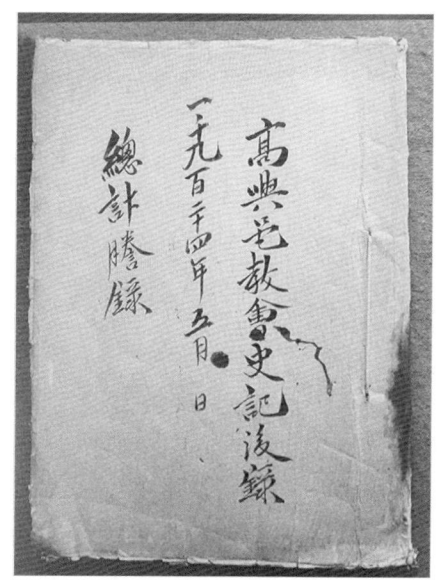 

고흥읍교회사기　　　　　　　　고흥읍교회

이기풍 목사는 고흥읍교회에서도 교회 부흥을 위해 1920년대 최고의 부흥강사 김익두 목사를 초청하여 사경회를 열었다. 그래서 교인들이 증가하자 교회를 새롭게 건축하였고, 가야교회(1925년 3월 10일 설립), 송산교회(1927년 3월 1일 설립) 등을 설립하는데 공헌하였다. 고흥에서는 3년 정도 있다가 제주도 성내교회의 청빙을 받았다.

1915년 성대결절로 어쩔 수 없이 사임하고 떠났던 제주도를 12년 만에 다시 찾게 된 것이다. 1920년 성대결절이 완전히 회복된 후에도 곧바로 제주도로 들어가지 않은 것은 자녀들의 교육 때문이었다. 학교 다니는 아이들은 순천에 두고 어린 자녀들만 데리고 제주도로 향했다.

1926년 성내교회를 담임하던 김정묵(1886~1972, 황해도 송화, 황해도와 인천에서 시무) 목사가 사임하자 교인들은 이기풍 목사에게 초청장을 보내고 교섭을 시작했다. 당시 성내교회의 교세는 장년 130명을 확보하고 있었는데 이기풍을 목회자로 모시기 위해 육지에 있는 도시교회 못지않은 사례비를 책정해놓고 있었다. 성내교회 교우들의 열성에 감동을 받은 이 목사는 마침내 초빙

에 응하기로 결정하고 1926년 초가을 동 교회에 부임했다.[23]

이기풍 목사는 부임하자마자, 교회 재정이 어려움에도 유치원을 설립했고, 크레인 선교사 등 외부강사를 초빙하여 사경회를 열었다. 무엇보다 중점을 둔 것은 기도훈련과 성경교육, 전도활동이었다. 무엇보다 기쁜 일은 1907년 처음 제주도에 파송되어 전도했던 김재선이 1928년 전남노회에서 목사 안수를 받은 것이었다.

이미 그가 전도한 이도종(1891~1948, 제주출신 1호 목사, 고산교회·대정교회·안덕교회 시무) 목사에 이어 두 번째로 제주도 출신 목사가 되었다. 그가 길러낸 두 목사 모두 그를 이어 순교의 제물이 되었다. 이도종 목사는 1948년 6월 고산교회 담임목사로 시무하면서 대정교회와 안덕교회를 돌아보기 위해 나섰다가 좌익 무장대에게 생포되어 생매장 당했다. 그리고 김재선 목사는 제주 한림교회 2대 목사를 지냈고 목포형무소 형목으로 부임했다가 6·25 때 인민군에게 피살되어 순교했다.

1948년 4월부터 제주는 잊을 수 없는 고통을 겪었다. 제주 4·3 당시에 기독교인 17명이 사망했고 교회 5곳이 불타는 등 고초를 겪었다. 13명은 무장대에게 살해되었고, 4명은 진압군의 오발과 폭도혐의로 진압군에게 살해되었다.

1948년 11월 25일 이기풍 목사가 세운 모슬포교회 담임 조남수(1914~1997) 목사는 철도경찰 소속 응원대의 토벌대장으로 파송되었던 문형순(文亨淳, 1897~1966, 평남 안주, 신흥무관학교 졸업, 조선혁명군 집행위원, 성산포경찰서장) 대장과 허욱 경비대장을 면담하여 자수자에 대해서는 죄의 유무를 불문에 붙이겠다는 약속을 받아낸 뒤 '자수 선무 강연'을 시작했다.[24] 첫 강연에서 100여명이 자수를 하고 처형을 면하자 소문은 삽시간에 퍼져 나갔다. 이후 한림, 화순, 중문, 서귀포 지역 등에서 총 150회에 걸쳐 강연을 했다. 그 결과 3천여 명이 자수함으로써 희생을 면할 수 있었다. 그래서 한국판 '쉰들러'로 불린다.

---

23 위의 책(20번) 161쪽
24 제주기독교100년사(제주노회, 2016) 255~256쪽

조남수 목사

　문형순은 6·25전쟁 당시 성산포경찰서장으로 부임해 예비검속자들의 학살명령을 거부해 성산면 지역 예비검속자들은 거의 무사할 수 있었다. 당시 이 관할지역에서 예비검속으로 희생당한 사람은 모두 6명이었다. 2018년 제주경찰청은 청사 본관 앞에 그의 흉상을 세워 기리고 있다.
　'화해자' 조남수 목사의 사역은 여기서 그치지 않았다. 그는 자기 목숨을 담보로 신원보증에 나섰고 억울하게 누명을 쓰고 처형 위기에 몰렸던 200여명의 목숨을 구했다. 1949년 3월 모슬포교회는 특별 전도강연회를 열었는데 그 자리에선 조 목사의 신원보증으로 목숨을 건진 사람들이 복음을 영접하고 세례를 받았다.[25]
　이렇게 이기풍 목사가 뿌린 사랑의 씨앗은 1948년 죽음의 공포 속에서도 제주사람을 살리는데 밑거름이 되었다. 이기풍 목사는 제주도에 부임해 전남노회장으로 선출되면서 제주노회 창립을 추진해 1930년 제주노회가 조직되었다.
　1931년 벌교로 옮겼다. 당시 그의 나이도 66세로 제주도는 보다 젊은 후배 목사에게 물려주는 것이 더 잘 섬길 수 있다는 생각 때문이었다. 당시 벌교는 상업도시로 급성장하면서 인구도 늘어나고 교회도 성장할 수 있는 여건이 무르익고 있었다. 그가 관리해야 할 교회는 벌교읍교회를 중심으로 낙성교회, 평촌교회, 척령교회를 잘 관리하고 성장시키는 것이었다. 당시 벌교읍교회는 회정리에 있었다. 이곳을 중심으로 낙안 등 30리 안에 관리해야 할 교회들이 있었다. 1933년에는 순천노회에서 그의 목사임직 25주년을 기념하는 기념식을 성대하게 치러주었다. 또한 그해 6월에는 17회 순천노회장으로 추대했다.
　무엇보다 그의 나이 칠순이 가까운데도 불구하고 4곳의 교회와 무만리교

25　국민일보 2016년 4월 3일자 기사-제주4·3사건 때 양민 살린 '한국판 쉰들러'
　　http://news.kmib.co.kr/article/view.asp?arcid=0923484917&code=23111113&cp=nv

벌교 회정리교회

회까지 돌보면서 전도에 힘썼다. 무엇보다 벌교읍교회가 벌교지방의 중심교회로 성장하기 위한 자립화에 힘썼다. 회정리 672번지에 돌교회(현재는 대광교회 소유로 벌교아동센터로 이용되고 있다)를 건축했고, 당회 조직을 위해 김용식, 최학언 등 2명의 장로를 세우면서 단독목회자를 세우도록 하였다.

무만교회를 비롯한 나머지 4곳의 교회는 정태인 목사를 청빙하도록 주선해서 다시 모교회에서 목회자로 부임하도록 배려했다. 당시 정태인 목사는 교리 위반으로 목회 중지라는 무거운 처벌을 받아 쉬고 있다가 다시 복귀되었고, 돌산군내교회에 있다가 1937년 이기풍 목사의 배려로 벌교에 돌아올 수 있었다. 당시 이기풍 목사는 73세였고, 정태인 목사는 64세로 객지로 떠돌기에는 두 분 다 고령이었다. 누구보다 그점을 잘 헤아려 정태인 목사를 불러들인 이 목사의 후배 사랑과 애틋함이 잘 드러나고 있다.

이기풍 목사는 1938년 1월 평양신학교를 갓 졸업한 김형모 목사에게 안정적인 벌교읍교회 담임목사 자리를 양보하고 사임했다. 회정리 돌교회 준공식도 후배 목사에게 양보했을 정도로 모범적인 삶을 보였다. 그리고 그가 택한 곳은 남들이 쉽게 가려고 하지 않은 낙도인 여수 금오도 우학리교회였다. 젊은 목사에게 좋은 자리를 양보하고 일부러 어려운 곳을 택한 것이었다. 또한 신사참배에 대한 일제의 압박을 조금이라도 피해갈 수 있는 곳이기도 했다.

그가 가는 곳마다 부흥을 일으키고 작은 교회들을 성장할 수 있도록 순천노회 전도부장으로서 역할에도 최선을 다했다. 이 교회는 조상학 목사가 1년 전에 사임하고 후임자를 구하지 못해 어려움을 겪고 있었다.

마지막 사역지 우학리교회에서 순교

그가 자청해서 가겠다고 나서자, 우학리교회는 목사 사택을 건축하는 등 새목회자를 맞기 위해 준비를 서둘렀다. 우학리교회로서도 이기풍 목사의 부임은 대단한 영광이었다. 본인이 자청하지 않으면 이렇게 명성이 높은 목사를 모시기가 쉽지 않았다. 우학리교회에서도 돌산, 안도 등 5개의 섬으로 배를 타고 다니며 전도했다.

1938년 3월 13일 부임한 이 목사는 교회행정을 민주적으로 엄정하게 처리했다. 교인 중 축첩한 자는 곧 바로 치리했다. 순천읍교회에서는 교회 건축 중에 축첩한 장로를 가차없이 제명시켰을 정도로 엄격한 행정으로 교회의 질서를 다잡았다.

1940년에는 총회 사상 최초로 총회 원로목사로 인준받았다. 하지만, 교회 안팎으로는 일제의 신사참배 강요로 큰 어려움을 겪고 있었다. 1941년 11월 5일 이기풍 목사까지 순천노회 12명의 교역자를 일시에 체포했다. 신사참배 반대운동을 막아 일제의 의도대로 황국신민화를 앞당기겠다는 심산이었다. 일경은 74세의 고령인 이기풍 목사에게도 전혀 배려가 없었다. 여수경찰서로 끌려간 고령의 목사에게 경찰은 갖은 고문과 협박으로 신사참배를 강요했다. 그러나 다른 사람도 아닌 이기풍 목사에게는 목에 칼이 들어와도 절대로 용납할 수 없는 일이었다. 74세의 노인에게도 경찰의 고문은 서슴없었다. 하지만, 굴복할 이기풍 목사가 아니었다.

우학리교회

결국 몸이 극도로 쇠약해지자, 경찰은 1942년 4월 병보석으로 석방하였다. 교회로 돌아온 이기풍 목사는 5월 30일(주일) 최후의 설교와 함께 성찬식을 거행했다. 이때 그는 특별히 연로한 교인들을 향해 "죽을 때에 세상 고통을 생각지 말고 하나님의 부르심을 달게 여기어 평안한 마음으로 가라"고

권면하여 회중을 온통 눈물바다로 만들어 놓았다.[26]

그날부터 그는 자리에 누워 평온한 마음으로 지내다가 6월 20일 하나님의 부르심을 받았다. 그의 나이 75세였다. 장로교 총회의 원로목사인 이기풍 목사의 장례식은 너무나 초라하고 쓸쓸했다. 순천노회의 목회자들이 모두 투옥되어 장례예배를 집도할 목회자가 없었다. 그의 장례식을 맡아 처음부터 끝까지 순서를 진행한 사람은 평소 이기풍 목사에 의해 믿음의 아들로 사랑을 받던 여수제일교회 박재수 장로였다. 그는 나중에 이기풍추모사업회 회장도 맡아 후원하며 헌신했다.

이기풍 목사는 4남 2녀를 두었다. 첫 부인과 사이에 장남 이사은을 낳았고, 윤함애 사모와 사이에 이사선, 이사준, 이사영, 이사라, 이사례까지 3남 2녀를 두었다. 그러나 3남 이사준은 제주에서 10살에 사망했고, 4남 이사영은 광주에서 2살에 사망했다. 5녀 이사라는 1933년 18살의 나이에 의사와 결혼을 앞두고 복막염으로 알렉산더병원에서 사망했다.

장남 이사은 영수의 자녀들은 모두 벌교가 고향이다. 두 아들 종근과 영근이 벌교에서 태어나 성장해 순천중학교를 졸업했고, 삼남 성근은 매산중고등학교를 나와 목사가 되었다. 이들 가족은 1960년대 후반에 모두 광주로 이주해 이기풍 목사가 시무했던 광주제일교회를 섬겼다.

차남 이사선은 광주에 거주하면서 광주제일교회를 섬겼고 막내 이사례 권사는 매산여중학교와 수피아여학교를 나와 광주지역 학교에서 근무했다. 윤함애 사모는 막내딸과 함께 광주제일교회를 섬기며 봉사하시다가 1962년 85세를 일기로 소천하였다. 2세에서는 목회자가 없었으나, 3세에서는 이성근 목사(전주화평교회 시무하다 은퇴해 전주에 거주하고 있다)가 있고, 4세에서는 장손(이종근의 장남) 이준호 목사가 광주 풍성한교회를 담임하고 있다. 또 이성근 목사의 막내 이훈 목사가 있고, 이사례 권사의 3남 신현섭과 사위 나성균, 이홍성이 목회를 하고 있다.

26　위의 책(22번) 168쪽/기독교신문 1942년 7월 22일자 기사

전남노회는 우학리에 있던 이 목사의 묘를 나주 남평에 있던 전남노회 묘지로 옮겨 윤함애 사모와 나란히 안장했다. 그러다가 땅 소유권 문제가 생겨 1988년 4월에 화순에 있는 광주제일교회 공동묘지인 제일동산으로 다시 이장했다.

이기풍 목사를 기념하는 곳은 현재 제주도와 여수 우학리 2곳이다. 1998년 제주시 조천읍에 들어선 이기풍 목사 선교기념관은 초기에 서울명성교회에서 운영하다가 제주노회에서 맡았으나, 코로나로 장기간 휴관하면서 리모델링 비용 및 유지비 재원 조달 문제로 재개관을 하지 못하고 있다. 대신 자료는 모슬포교회로 옮겨 전시하고 있다. 모슬포교회에도 이기풍 목사의 흔적이 있는 곳이다.

2010년에 여수 우학리교회에 세워진 이기풍 목사 순교기념관은 현재 전시물을 치워버려 운영이 안되고 있다. 아마도 재정이 약한 교회가 유지비를 감당하기 어려운 탓인 것 같다. 경남 함안에 세워진 손양원목사기념관은 보훈처 예산으로 세우고 관리하고 있는데 반해 이기풍 목사 기념관은 모두 노회나 교회에서 관리하다 보니 정부나 지자체의 지원을 전혀 받지 못하고 있다. 이는 시급히 한국교회가 나서 해결해야 할 문제로 보인다. 지난 2017년 이기풍목사기념사업회가 다시 창립되었다. 기념사업회의 분발을 기대한다.

이기풍 목사 내외 묘지(화순 제일동산)

이기풍 목사 연대표

1868년 11월 21일	평양에서 출생
1894년(27세)	마펫 선교사 투석 사건/청일전쟁 발생
1895년(28세)	첫째 아내 유씨 부인과 결혼
1896년(29세)	원산으로 도피, 스왈론 선교사를 만남
1898년(31세)	함경도 조사 겸 매서인 활동
1901년(34세)	스왈론 선교사와 함께 평양으로 이주
	제주 항쟁-이재순의 난 발생
1902년(35세)	평양신학교 입학
1902년~1905년	황해도 조사 시무
1903년(36세)	유씨 부인 출산 후유증으로 사망, 장남 이사은 출생,
	윤함애(26살)와 재혼
1907년(40세) 3월	평양신학교 졸업
1907년 9월 17일	목사 안수
1908년(41세) 2월	제주도 파송, 유배 온 박영효와 만남
1911년(44세)	남강 이승훈과 만남
1913년(46세)	전라노회 제주도 선교 인수
1915년(48세)	성대결절로 제주도 선교사 사임, 광주로 철수
1916년(49세) 8월	광주북문안교회 초대목사 부임
1916년 11월	김익두 목사 초청 부흥회 개최
1918년 7월	성대결절 재발로 휴직 청원
1920년(53세) 3월	순천읍교회 3대 담임목사 부임
1920년(53세) 9월	전남노회장 선출
1921년(54세)	총회장 취임
1923년(56세)	교회 신축(기와식 54칸),
	막내 이사라 안력산병원에서 태어남(윤함애 사모 46살)
1924년(57세) 3월	순천읍교회 사임 및 고흥읍교회 부임
1927년(62세) 7월	제주 성내교회 부임
1929년(62세) 6월	전남노회장 피선
1931년(64세)	제주노회 조직노회장 피선, 벌교읍교회 부임
1933년(66세)	목사임직 25주년 기념예배(순천노회), 순천노회장 피선

	장녀 이사라 복막염으로 사망
1938년(71세) 3월 3일	여수 우학리교회 부임
1938년 4월	순천노회 구례읍교회에서 신사참배 결의
1940년(73세)	총회사상 최초로 총회 원로목사 추대
1941년(74세) 11월 15일	여수경찰서에 구금
1942년(75세) 6월 20일	우학리교회 사택에서 순교
	당시 장남 이사온 영수(40세), 막내 이사례(20세)
1959년 9월 2일	윤함애 사모, 총회에서 감사장 받음
1962년 12월 23일	윤함애 사모 85세로 광주에서 소천
1998년	제주 조천읍 이기풍 목사 선교기념관 개관
2010년	여수 우학리교회 이기풍 목사 순교기념관
2017년	이기풍목사기념사업회 창립

CHAPTER · 5

신사참배 반대로 순종한 황보익 목사

황보익 목사

여수 금오도 우학리교회 출신인 황보익 목사의 형제는 일제강점기 우상숭배를 단호히 거부하고 순종하면서 4대에 걸쳐 25명의 목사를 배출하는 등 하나님의 넘치는 축복을 받은 가문이다.

창원 황씨인 황보익(黃保翊, 1895-1953, 족보명 황사연黃仕淵) 목사는 여수시 남면(금오도) 우학리에서 황정빈과 서학진의 5남 2녀 중 차남으로 태어났다. 황 목사를 포함 5형제는 일찍이 복음을 받아들였고, 일제 강점기 3·1운동과 신사참배 거부운동에도 적극적으로 앞장섰다. 부모부터 가문 전체가 개신교를 받아들였고, 순교자는 나오지 않았지만, 일제에 저항하였다.

그 형제들은 벌교 무만교회를 통해 세워진 우학리교회를 다녔고, 고흥 거금도 오천으로 이주해 오천교회를 세웠다. 그리고 벌교로 이주해 벌교읍교회를 섬겼고, 형제들은 흩어져 각각 생활 터전에서 복음 전파의 역할을 훌륭하게 수행하였다. 보성읍교회, 순천중앙교회를 거쳐 서울 광진구의 동성교회, 미국 LA의 교회까지 이어지고 있다.

어머니 서학진의 간절한 기도로 시작된 가문의 신앙

황보익 목사의 고향인 여수시 금오도(남면) 우학리에는 1906년에 첫 예배가 시작되었고, 조선독노회 전라대리회에서 교회설립을 승인한 것은 1907년이다.

여수군 우학리교회가 성립(成立)하다. 선시(先是)에 당지(當地)가 의병난(義兵亂)을 경(經)한 후(後) 민심(民心)이 불안(不安)한 중(中) 민적정리(民籍整理)함을 모병(募兵)으로 오해(誤)하고 예수밋난 자(者)난 차등부역(此等負役)을 면(免)한다난 풍설(風說)이 유행(流行)하야 인민(人民)들이 교회설립결정하기를 무만리교회(武萬里教會)에 대(對)하야 전도인(傳道人) 파송(派送)하기를 청구(請求)하얏더니 전도인(傳道人) 채진영(蔡鎭永)이 당리(當里)에 래(來)하야 전도(傳道)한 결과(結果) 오해(誤解)와 풍설(風設)이 돈식(頓息)되고 진리(眞理)에 귀(歸)한 자(者)가 다(多)하야 예배당(禮拜堂) 축건(建)을 경영(經營)할새 본리(本里)에 공유건물(公有建物)을 매수(買收)하게 되얏더니 면장(長) 김철수(金喆洙)의 이의(異議)로 해약(解約)함에 교인(敎人) 명창순(明昌淳)이 자단(自旦)하야 예배당(禮拜堂) 신축(新築) 하얏고 교회(敎會)에서난 사숙(私熟)을 설치(設置)하야 아동교육(兒童敎育)을 설시(設施)하니 전도(傳道)에 유조(有助)되니라. 기후(基後)에 선교사(宣敎師) 맹현리(孟顯理, H. D. McCalliel), 변약한(邊約翰, John Fairman Preston)와 조사(助師) 조의환(曺義煥) 목사(牧師) 강병담(康秉談) 상무시무(相繼視務)하니라.(조선예수교장로회사기)

동학농민혁명과 의병난 등이 이어지자, 정부는 그 잔당들을 색출하기 위해 대대적으로 호적정리를 시작했다. 호적정리가 시작되자 일부는 군대 모병으로 오해하고 있었다. 그래서 예수교를 믿으면 모병 등 부역을 안해도 된다는 풍문이 유행해 금오도 사람들이 교회설립을 하기로 결정한 것이었다. 예부터 섬마을은 대부분 용왕에게 제를 올리는 미신이 오랫동안 자리 잡고 있었다. 풍어제는 단순히 고기를 많이 잡아달라는 것이 아니라, 바다로 나간 어선과 선원들이 안전하게 돌아와 달라는 남은 가족, 즉 어머니들의 희망가였다.

마침 우학리 출신 의병지도자 서병도가 벌교 무만리에서 만난 예수교를 소개하자, 지방유지인 안규봉, 황정빈 등이 청년들을 벌교에 보내기로 하였다. 황정빈은 황보익의 아버지이다. 그들이 처음 예수교에 기대한 것은 풍어제를 올리는 대상이자 용왕을 대신할 수 있는 존재로 봤던 것이다.

1896년 행정구역 개편으로 돌산군, 낙안군, 흥양군, 순천군 등이 생겼는데, 돌산군은 현재의 돌산도, 금오도, 거문도, 나로도, 거금도, 여자도 등을 비롯해 화개면, 옥정면(화개면과 옥정면이 합쳐져 화정면이 되었다)이 포함되었다. 벌교만 앞 여자도 등 섬은 대부분 돌산군 소속이었다.

이때 명창순, 안정협 등 두 청년이 배를 타고 벌교 장좌리 포구에 도착했다. 이들은 무만교회에서 지원근 조사를 통해 기독교의 교리를 듣고 돌아와 당제를 지내던 제당부터 철거했다. 우상숭배를 금지했기 때문이다. 그리고 교회 설립을 위한 지도자를 보내줄 것을 요청했다.

첫 예배는 1906년 남면 냉수동 322번지 안규봉의 집에서 가정예배를 드리면서 시작했고, 1907년에 노회의 설립승인을 받았다. 교회 건축은 1908년에 이루어졌지만, 1년 전부터 광주 선교부에서 채진영 조사가 파송되어 예배를 인도한 것으로 보인다.

그후 채진영 조사가 우학리에 들어와 전도를 하니 모두 기독교의 진리에 감동하고 예배당 건축을 하기 위해 우학리 초가를 매입했다. 그러나 남면 면장 김철수가 반대해 해약하게 되자, 명창순이 자비로 자기 땅에 예배당을 건축하였다. 교회건축 후 첫 예배가 1908년 4월 5일이었다. 그리고 교회학교를 설치하여 어린이 교육을 시작했다. 황보익, 황두연 등은 모두 이 교회학교부터 다녔다.

우학리교회는 섬지방에 세워진 교회라서 순천노회 관할이었지만, 섬지방 선교 개척활동을 벌이던 매컬리(Henry D.McCallie,1881~1945, 맹현리, 한국 도서선교의 아버지) 선교사의 지원을 받았다. 매컬리는 광주선교부 소속이었지만, 서남해

안 섬을 돌며 복음 전파와 선박진료소를 운영하는데 힘썼다. 주로 해남·완도·진도의 교회를 개척했고, 동부지역에서는 유일하게 여수 우학리교회를 위임받아 육성시켰다. 그래서 초대 교역자는 광주 선교부에서 보낸 채진영 조사이고 이후 강병담, 조의환 조사가 시무하였다.

이때 황보익의 나이가 13세였다. 처음에 부모는 교회 나간 것을 반대했다. 5남 2녀 중 장남인 황재련과 차남 황보익만 교회에 열심히 나갔다. 반대하던 어머니 서학진은 두 아들의 완강한 고집에 포기한 듯 자신이 교회에 나가 자식들이 복을 받도록 하겠다고 했다.

> 어머니는 그 말을 받아들이는 듯이 "그것 꼭 복받는 짓이라면 내가 믿으며 너희들은 안 믿고 가만히 있어도 내가 받는 복이 너희들에게 미치게 될 것이니 내가 너희 대신 믿어야겠다" 고 열심히 교회를 나가셨다.
> 이렇게 거짓 믿는 믿음이었지만 성령께서는 그의 맘속에 은혜의 불길을 붙여 주시어 철저한 신자가 되었다. 예수에 미쳐 밤낮을 가리지 않고 교회에 다닐 뿐 아니라 타인들까지 천주학장이를 만드는 염병장이가 된 것이다.(당시 동리 사람들이 그렇게 불렀다) 동리 어른들의 지탄을 받게 되니 그의 남편은 챙피스럽다고 집을 나가 방탕 생활을 계속했다° 아무리 맹수 같은 어머니일지라도 한 몸에 5남 2녀를 거느리고 가계를 꾸리기란 심한 고생이었다.[27]

어머니는 역시 강했다. 어린 젖먹이를 안고 식량을 구하러 여수에 나갔다가 배로 돌아오다가 풍랑을 만났다. 배는 높은 파도에 휩쓸리고 도저히 살아날 가망이 없었다. 등에 업혀 있던 아이와 함께 꼼짝없이 죽을 판이었다. 배는 파도에 부서지고 해변으로 밀려갔다. 어머니는 위기 속에서 하나님께 목이 터져라 기도했다. 그리고 정신을 잃었다.

"하나님 한 번만 살려주옵소서. 우리 모자는 이제 죽어도 하나님 앞에 갈 것이나,

---

27 자기 십자가 지고 따르라(황두연, 소망사, 1978) 8쪽

이 믿지 않은 뭇생명들은 지옥을 갈 것이니 얼마나 불쌍합니까? 믿고 구원 얻을 기회를 한번만 주옵소서"[28]

그때 기적이 일어났다. 자신도 죽은 줄만 알았는데, 해변에 밀려와 살아났고, 젖먹이 아이는 밀려온 배의 돛대에 달려 있었다. 하나님의 기적이 아니고서는 설명할 수 없는 일이었다. 죽음의 순간에 천사가 나타나 현몽하였던 대로 아이를 돛대에 달려 생명을 구해주셨던 놀라운 체험을 하게 되었다.

그날 이 기적을 목격한 많은 사람들이 복음을 받아들이게 되었다. 어머니는 그날 집으로 돌아오더니 자녀들을 데리고 교회에 나가 눈물로 감사 기도를 드렸다.

교회에서 "하나님 감사하여 바칩니다"만 반복했더니 교회 조사가 놀라 달려왔다. 그날 어머니는 선언했다. "이제부터 나는 무급전도인으로 아이들은 장차 하나님의 일꾼으로 바친다"는 것이었다. 그때부터 어머니는 행상을 다니면서 전도활동을 열심히 했다. 우학리에 왔다가 이 소식을 들은 매컬리 선교사는 아이들은 교회학교에서 배우고 더 공부할 자녀는 자신이 학비를 대겠다고 약속했다.

장남 황재련이 거금도(고흥군 금산면) 오천리로 이주했다. 당시 거금도는 금오도와 함께 같은 돌산군 소속이어서 바다를 통해 가까운 이웃이었다. 또한 집안 친척들도 이미 정착해 있었다. 그리고 벌교가 일본인이 거주하면서 상업도시로 발전하자, 벌교로 진출해 일본 본토를 상대로 건어물 무역을 시작했다. 거금도에는 김, 미역, 톳 등 해조류가 많이 생산되는 곳이었다.

장남 황재련이 정착하면서 오천교회 설립에도 참여하게 되었다. 황보익과 황두연도 1910년쯤 형을 따라 거금도로 이주하였다. 가족 전체가 이주한 것인지는 알 수 없으나, 대부분 장남이 이주하면 나머지 가족들도 함께 이주했다가 성장하면서 흩어지는 것이다.

---

28 위의 같은 책 9쪽

황보익이 처음 출석했던 고향 우학리교회는 광주선교부 매컬리 선교사가 섬 지역 순회전도를 다니며 관리했던 곳이었다. 목포 영흥학교 교장을 겸하였던 매컬리 선교사는 가난한 농어촌 젊은이 중 우수한 인재를 선발해 영흥학교와 정명여학교에 진학시키고 학비까지 지원했다. 따라서 황보익이 목포까지 진학한 것은 매컬리 선교사의 지원 때문이었다. 매컬리 선교사는 완도 약산도의 관산리교회(현 약산제일교회)와 금오도 우학리교회의 중간에 위치한 거금도 오천교회도 지원했다. 그래서 황보익을 영흥학교 신학과를 졸업시켜 오천교회 부설 영천학원을 설립하였던 것이다.

1928년 발간된 조선예수교장로회 사기에 보면 거금도의 개신교 개척자는 한익수(韓翊洙) 장로와 대지주였던 선영홍(宣永鴻, 1861~1924, 자-형수(亨洙))이었다. 선영홍은 차남으로 태어났지만, 형님이 사망하면서 대신 집안을 이끌어가야 했고, 장남으로서 집안 제사를 포기할 수 없어 신앙을 끝까지 지키지 못하고 포기하고 말았다.

그는 1903년 충북 보은으로 이주하였고, 신앙을 이어가지 못하였지만, 장로가 된 한익수는 1925년 순천노회 장로총대, 1926년에는 노회장까지 역임하였다. 노회에서 고흥과 보성 시찰부장으로도 활동한 한 장로는 조사로도 헌신하면서 고흥 과역교회, 남양 주교교회, 벌교 척령교회 등에서 시무하는 등 초기 개척교회의 정착에도 많은 활약을 하였다.

고흥에는 이미 1894년에 미국 선교사 레이놀즈와 드류가 1차 선교답사 여행을 다녀갔다. 이어 1897년에는 의사출신 선교사 유진벨과 오웬이 2차 선교답사여행을 다녀가면서 한약방을 하던 신우구(고흥군 최초의 신자)를 중심으로 첫 예배가 이뤄지는 등 개신교의 역사가 시작되었다.

하지만, 계속된 가뭄으로 이어진 흉년은 대한제국의 암울한 시대를 예고하고 있었다. 섬마을 거금도 주민들의 삶은 조정의 조공 독촉으로 더욱 비참해졌다. 이런 실정을 돌산군청에도 탄원하였지만 소용이 없었다. 금산면 명천교회 자료에 따르면 당시 한익수 집강(執綱, 면장)과 선영홍 참봉이 금산면민들을 대표하여 직접 경성으로 올라가 신문고를 울리고 어려움을 호소하

고흥 금산 신흥교회 전경

였다고 전한다.

조선말 집강(면장)이 하는 일은 주로 현(縣)의 행정 명령을 백성들에게 알리고 특히 조세 납부를 지휘하는 등 지방 관청의 심부름을 하였으나, 점차 정령(政令)의 선포 등 행정 실무를 떠맡게 되면서 면 집강들이 향약의 일까지도 맡게 되었다. 이들의 호소로 조정의 조공은 삭감되었다. 이 두 사람은 경성거리를 구경하다가 길거리에서 미국 선교사를 만났다. 한학에 유능하고 신학문에 관심이 많았던 두 사람은 선교사가 전하는 복음을 듣고 감동을 받아 개신교 신자가 되기로 작정했다. 그리고 거금도로 돌아올 때는 한글로 번역된 쪽복음 수백권을 받아가지고 돌아와 주민들에게 나눠주면서 복음을 전파하기 시작하였다.

> 고흥군(高興郡) 신흥리교회(新興里敎會)가 성립(成立)하다. 선시(先是)에 한익수(韓翊洙), 선영홍(宣永鴻)이 경성(京城)에 여행(旅行)을 하얏슬 시(時)에 복음(音)을 드른 후(後) 밋고 성서(聖書) 수백책(數百冊)을 재래(齎來)하야 금산(錦山) 전도(全島)에 전파(傳播)함으로 신자(信者)가 다귀(多歸)하야 선영홍(宣永鴻) 사제(私邸)에서 예배(禮拜)하더니 선영홍(宣永鴻)이 배교(背敎)한 고(故)로 신흥리(興里)에 예배당(禮拜堂)을 신건(新建)하니라.(조선예수교장로회 사기)

처음에는 선영홍의 집에서 예배를 드리다가 선영홍이 갑자기 자신은 기독교를 믿지 않겠다고 하면서 1907년 신흥리교회(현 금산신흥교회)가 세워졌다. 무엇보다 별다른 저항 없이 쉽게 복음전파가 이뤄진 것은 대부분의 주민들이 선영홍의 소작농들이었기 때문이었다. 이는 지주 출신이었던 오석주 목사가 세운 인근 신평리교회(현 명천교회)에서도 마찬가지로 소작농들이 교회에 나오면서 복음전파가 쉽게 이뤄졌다. 그래도 당시 오랜 유교사상과 보수적인 사회분위기 속에서 서양종교인 기독교를 받아들이는 것이 그렇게 쉬운 일은 아니었다.

고흥군(高興郡) 금산(錦山) 신평리교회(新坪里敎會)가 성립(成立)하다. 선시(先見)에 오석주(吳錫柱), 박수홍(朴秀洪) 등(等)이 주(主)를 밋고 대흥(大興里) 선영홍(宣永鴻) 가(家)에셔 예배(禮拜)하다가 기후(其後) 신흥리(新興里) 교인(敎人)의 협조(協助)로 본리(本里)에 교회(敎會)를 설립(設立)하고 예배당(禮拜堂)을 신건(新建)하니 교회(敎會)가 점차발전(漸次發展)하야 오천(五泉), 동정(東亭) 양처(兩處)에 교회(敎會)를 분립(分立)하게 되니라(조선예수교장로회 사기)

명천출신 오석주와 박수홍 등이 신흥리교회를 다니다가 1908년 3월 3일 신평리교회(현 명천교회)를 세웠다. 그후 이 신평리교회를 통해 1913년 오천교회와 1921년 동정교회(현 성치교회)가 세워졌다.

고흥 금산 신평리교회 터(현 명천교회)

고흥 거금도에서 보성읍교회와 LA까지

거금도로 이주한 황보익은 1913년 18살에 오석주 목사의 여동생 오명심과 결혼하면서 명천마을에 정착하였고, 신평리교회에 출석하면서 오천교회 설립에도 참여하였다.

고흥군(高興郡) 오천교회(敎會)가 설립(設立)되다. 선시(先是)에 우도리(牛島里) 신성주(愼敏珠), 황재연(黃在淵)과 신흥리(新興里) 한상하(韓相夏)의 전도(傳道)로 신자(信者)가 계출(繼出)하여 초가(草家) 6간(六間)을 매득(買得)하이 예배당(禮拜堂)으로 사용(使用)하였고 신평교회(新平敎會)에서 황보익(黃保翊), 오현규(吳賢奎) 양인(兩人)이 내왕(往)하므로 교회(敎會)에 다대(多大)한 노력(勞力)을 공(供)하였고 기후(其後)에 황봉익(黃鳳翊)이 교회(敎會)를 인도(引導)하니라.(조선예수교장로회 사기)

오천교회는 황보익의 형 황재연이 정착하여 오천교회를 개척하였고, 신평교회에서 황보익이 오면서 교회가 커지고 이후에는 황 목사의 동생 황봉익이 예배를 인도했다. 장남은 오천교회를 섬기며 정착했고, 차남 황보익은 벌교로 이주한 후 신학교를 졸업해 보성읍교회를 시무했다. 사남 황두연은 순천읍교회 장로를 거쳐 목사가 되었고 오남 황도익만 관계로 진출해 보성군수 등을 지냈다.

황보익은 1917년에 금산면 신평리에서 황성수 박사를 낳았다. 그 위에는 딸이 하나 있었고, 황성수 박사가 7살 때인 1923년 벌교로 이주하여 고흥에서 생산된 수산물을 일본에 수출하며 상당한 재산을 모았다. 또한 사재를 털어 조성리교회와 벌교교회를 지원하기도 하였다. 하지만, 심장병에 걸리자 모든 사업을 중단하고 벌교 부용산에 올라가 40일간의 산상기도를 통해 건강을 회복하면서 그는 일생을 복음 전파에 헌신하기로 작정한다.

1924년에는 목치숙 등과 함께 순천노회 추천으로 평양신학교에 입학하여 1930년에 졸업하였다. 1927년 보성읍교회 조사로 부임하여 1931년 순천노회에서 목사안수를 받았고, 1934년 정식으로 보성읍교회 목사로 부임하여 전도 활동 및 부흥강사 등으로 사역하였다. 1948년에는 순천노회 노회장도 역임하였다.

특히 목사 안수를 받기 전 조사로 보성읍교회에 부임했을 때부터 그의 전도 활동은 막힘이 없었다. 그는 죽음의 목전에서 기도를 통하여 새 생명을 얻은 시험적 뜨거운 신앙 체험을 앞세워 전도에 나서면서 완고했던 보성사람들의 교회에 대한 반감도 많이 호전되었다. 그의 열정적인 전도로 점차

보성읍교회 전경

교인수가 증가하는 등 교회는 새 힘을 얻어 성장하게 되었다.

그리고 그의 열정적 신앙과 고매한 인품을 바탕으로 유교사상의 본거지인 양로원의 어른들과 과감히 교제를 하면서 그들에게 그리스도의 복음을 전하고 교회 발전에 협력해줄 것을 요청하였다. 그리하여 최소한 그들이 기독교에 대한 반감은 갖지 않도록 노력을 하였다.

당시 보성양로원은 이 지역 양반출신 원로들이 출입하던 곳으로 향교와 함께 유교사상의 본거지라고 할 수 있는 곳이었다. 그러나 이러한 양로원 회원들도 황보익 목사의 끈질긴 전도에 손을 들고 결국 최소한 한 번 이상은 교회에 출석하고야 말았다. 강단에서의 힘 있는 설교와 정열적인 전도활동으로 교인수는 계속 증가하여 100여명을 넘어서 30평의 교회로는 교인수를 감당하기 어려워졌다.[29]

1937년 중일전쟁 이후 일제는 '황민화 운동'과 함께 교회에까지 신사참배를 강요하였다. 1940년 11월 일제에 의해 강제 추방당한 프레스톤(변요한) 선교사를 송별하기 위해 순천역에 배웅을 나갔다는 이유로 15명의 교역자들이 체포되었다.

이 사건재판에서 황보익의 처남인 오석주 목사는 징역 1년 6개월형을 받았다. 순천역 배웅에는 참석하지 않은 황보익은 보성, 고흥을 중심으로 교회의 신사참배 거부운동을 이끌었다. 특히 황두연 등 그의 형제들은 적극적으로 신사참배 거부운동에 동참하였다. 당시 보성읍교회가 운영하던 보성유치원과 초등4년 과정이었던 영신학교도 신사참배 거부로 일제에 의해 강제

---

29 보성읍교회100년사(2017) 99쪽

폐쇄되었다. 황보익도 보성경찰서에 끌려가 고초를 당하였다.

그는 신사참배 거부운동으로 심문을 받는 등 감시와 압력이 심해지자, 유학을 핑계로 일본으로 건너갔다. 1939년 10월 목회 활동을 일시 중단하고 신학공부를 계속 한다는 명목으로 일본 유학길에 오른 것이다. 당시 순천에서 신사참배에 반대하는 비밀모임인 원탁회 사건에 연루되어 고초를 겪었던 장금석도 황보익 목사와 함께 일본으로 건너갔다가 야간학교를 다녔다.

그는 일본신학교 연구과에서 2년간 연수하고 귀국하려 했으나, 당시 태평양전쟁의 발발로 국내외 정세가 불안정하고 아들 황성수가 미국 전시정보국에서 활동을 하던 중이라 지하로 몸을 숨겨야 하는 입장이 되었다. 그래서 일본 시마네현(島根縣, 일본 혼슈 남서부에 있고, 히로시마현 위쪽 해안지방)의 깊은 산중으로 들어가 숯을 굽고 약초를 캐며 민가를 멀리하고 지내다가 해방 후에야 귀국할 수 있었다.[30]

황 목사는 1945년 해방과 함께 귀국하여 우익단체인 독립촉성국민회 보성군지부장을 지냈고, 미군정하에서 전남 동부 6군을 대표한 입법의원으로 선출되어 활동하였다. 입법의원 임기를 마치자, 입각 제의도 거부하고 1948년 보성으로 돌아와 제헌국회의원 선거에 출마하였다. 하지만, 황 목사는 광주 이씨의 적극적인 지지를 받은 이정래(李晶來, 1899~1989. 서울 종로. 한국민주당 소속으로 제헌의원으로 당선. 제6대 국회의원도 지냈음)에게 패하고 말았다.

비록 황보익은 낙선하였지만, 동생 황두연은 순천(갑)에서, 처남 오석주 목사는 고흥(갑)에서 각각 당선되었고, 아들 황성수 박사가 서울 용산에서 제2대 국회의원에 출마하여 당선되었다.

1949년 여순사건에 이어 6·25전쟁이 발발하였다. 특히 좌우익에 의한 보복과 학살 등이 자행되었지만, 보성읍교회 교인 중에는 피해자가 하나도 없었다. 그 배경에는 황 목사의 신사참배 거부운동에 대한 읍민들의 지지와 좌익들에게 평가가 좋았던 점이 작용했다. 특히 교회가 가난한 보성읍민들

---

30   보성읍교회100년사(2017) 105쪽

을 적극적으로 살피면서 지원한 점이 반감을 없애 살상을 막은 것이었다. 이 와중에도 가정방문 전도인 한국 최초의 축호전도를 실시했다.

6·25전쟁 때 황 목사와 장로들은 피난을 떠났으나, 김용준 장로가 가족들 때문에 돌아왔다가 붙잡혀 고문을 당하는 등 고초를 겪었다. 김장로는 인민재판에 회부되어 재판이 열리는 날 유엔군의 공습으로 살아남았다. 하여튼 교회와 관련된 인사들은 모두 무사했다.(김용준 장로는 나중에 박태선의 전도관에 빠져 교회를 떠났다.)

포성이 채 멈추지도 않은 1951년 황 목사는 교회신축을 결정하여 추진하였다. 교회신축을 위해 논 3천평을 먼저 기증하기도 하였으나, 건강이 악화되어 결국 준공을 보지 못하고 1953년 58세를 일기로 소천하였다. 황 목사의 장례는 교회장으로 치러졌고 득량면 예당리 방장산 자락에 안장되었다. 교회 건축은 황 목사가 세상을 떠난 후, 그의 처남인 오석주 목사가 후임으로 부임하여 1956년 말에 완공되었다. 현재의 위치인 보성경찰서 뒤편에 들어선 교회 건물은 그때 건축된 석축건물이다.

처남·매제 관계였던 오석주 목사와 황보익 목사의 관계는 특별하였다. 나이는 오석주 목사가 7살 많았지만, 혈연을 떠나 함께 일제 강점기에 일제의 압박 속에서도 신사참배 반대와 복음 전파에 기울인 헌신의 흔적이 순천노회 역사와 고흥, 보성지역에 고스란히 남아 있다. 매제의 뒤를 이어 65세의 고령에 보성읍교회 담임목사로 부임하였던 오 목사도 황 목사가 못다한 교회건축 임무를 완수하고 1964년 76세의 나이로 보성에서 소천하였다.

청빙 당시 고령이라는 이유로 문제를 제기하기도 하였으나, 교인들은 오 목사의 신앙 열정과 훌륭한 인품에 반대의견은 곧 수그러들었다. 교인들은 교회장으로 장례를 치르고 인근 방장산 자락에 안장하였다가 교회동산을 마련하면서 다시 이장하였다. 오 목사는 1995년에 건국훈장 애족장에 추서되어 독립유공자로 인정받았고, 다시 유족에 의해 국립대전현충원 애국지사 묘역에 안장되었다.

2세, 3세까지 27명의 목사가 쏟아지다

황 목사의 외아들 황성수 박사는 벌교남보통학교를 다니다가 보성보통학교를 졸업하였다. 이어 평양 숭실전문학교(고등과)를 졸업한 후 일본 도호쿠대학, 미국 컬럼비아대학를 거쳐 미국 사법성에서 근무하다 해방 이후, 미군정청 법무부 고문관을 역임했다.

서울 용산에서 2대 · 3대 · 4대, 보성에서 5대 국회의원을 지냈고, 3대에서는 최연소 국회부의장을 역임하였다. 또한 1959년에는 제7대 전남도지사로 부임하였고 박정희의 군사쿠데타가 발생하자 정계를 은퇴했다. 그 후로는 교육계에 투신해 명지대 법정학부장을 거쳐 1968년에는 법학원 명예원장, 1970년 통일문제연구소 이사장에 취임하였다.

그는 1976년 아버지에 이어 신학대학을 졸업한 후 목사안수를 받았고, 자녀들이 있는 미국으로 이민을 떠나 그곳에서 목회활동을 하였다. 1984년 LA 충현장로교회 목사로 부임하였다가 1997년 타계하였다. 황성수는 정치인, 종교인, 교육자 외에도 문학인이었다. 한국 문단의 커다란 족적을 남긴 소설가 황순원, 작곡가 박태준(서울대 음대교수)과 숭실전문학교 동기였다.

숭실전문학교 2학년 때인 1935년 동아일보 신춘문예 시 부문에 당선, 문단에 등단하였지만, 일제의 검열에 걸려 시가 실린 판이 깎여 까맣게 나왔다. 그의 시에는 "우리의 새날은 피바다에 떠서 오나니 불을 삼킨 무리야 어서 일어나거라…"라는 구절이 있어 당시 심사위원 중의 한 명이었던 양주동(숭실전문학교 교수 역임) 선생이 민족애의 불온성을 지녔다며 선뜻 당선작으로 발표하기를 주저했다고 전한다.

황보익 목사의 형제는 5남 2녀이었고, 그중 차남이었다. 장남 황재연(黃在淵)은 고흥군 금산면 오천리에 거주하였는데, 황 목사와 함께 고흥 오천교회 설립에 참여하였고, 목치숙(동요작가 목일신 부친)의 고흥장터 만세운동과 신사참배 거부운동에도 참여하였다. 그는 여순사건 때 금산면에서 자유당의 전신인 국민회 지부장으로 있다가 봉기군에게 살해되었다. 그의 장남 황병수는 1976년에 숙부인 황두연 목사가 설립한 서울 동성교회(1969년 황두연 목사가 서울시 광진구에 개척한 교회)의 부목사로 부임하여 1982년까지 시무했다.

차남 황보익 목사의 아들 황성수 박사는 60세에 목사안수를 받아 LA충현교회 담임목사를 지냈다. 황성수 목사의 세 아들도 모두 목사가 되었다. 큰아들 희철은 미국 캘리포니아 교육국에서 근무하다가 일찍 퇴직하고 목사안수를 받아 명지대 교목실장을 거쳐 은퇴 후 태국에서 선교사로 활동하고 있다. 둘째 규명은 서울대 법대를 나와 변호사로 활약하다가 미국 목회를 거쳐 총신대 교목실장으로 섬기고 있고, 셋째 규영은 미국에서 목회를 하고 있다.

삼남 황봉익(黃鳳翊)은 고흥 오천교회를 섬기다가 보성으로 이주하여 보성에서 초대 전라남도의원을 지냈다. 그의 장남 황양수도 목사를 지냈고 손자 황규철은 합동교단 총무까지 지냈다. 그러나 어느 집안에나 문제아(?)는 있는 법이다. 황규철 목사는 2016년 동료목사에게 칼부림을 한 혐의로 법원에서 징역7년을 선고받으면서 교단에서 출교당한 바 있다.

사남 황두연(黃斗淵, 1905~1984)은 고흥 금산 오천교회 부설 영천학원 초대교장을 지냈고, 전주신흥학교(고등과)와 일본호세이대학(法政大學)를 졸업하였다. 이어 순천으로 이주하여 선교사들이 세운 알렉산더병원 서무과장, 순천부읍장과 순천중앙교회 장로를 지냈다. 순천YMCA 종교부장과 순천기독교연합회 회장, 대한노총 순천군 연맹위원장, 독립촉성국민회 순천지부장을 거쳐 1948년 제헌 국회의원(순천갑)을 지냈다.

특히 황두연은 1942년 9월 '원탁회 사건'으로 일제의 신사참배 거부운동을 주도하여 육해군형법 위반으로 광주지방법원에서 징역 1년형을 받아 옥고를 치렀다. 여순사건 때는 진압군이 수복한 후, 부역자 색출 과정에서 인민재판 배석판사로 참가했다는 누명을 쓰고 총살을 당할 처지에 놓였다가 간신히 목숨을 구하기도 하였다. 그도 60대에 장신대 신학대학원을 졸업한 후, 목사 안수를 받고 1969년 서울 광진구의 동성교회를 설립하여 목회활동을 하다가 1984년 소천하였다. 그의 장남 황현수도 의학박사 출신으로 병원장까지 지내다가 목사 안수를 받았다.

5남 황도익은 보성군수와 목포시장을 지냈고 아들 황윤수가 목회를 하고 있다. 황보익 목사의 형제는 2명의 목회자로 출발하였지만, 3대에 이르러 27명의 목사를 배출한 것으로 교계에서는 유명한 기독교 집안이다. 황규철, 황규명, 황태현 등 3대에서도 목사가 쏟아졌다. 그 뿌리는 황보익 목사의 어머니 서학진 전도사의 기도와 소망에서 출발하였지만, 신사참배 거부 등 믿음의 원칙을 지키면서 하나님의 넘치는 축복을 받은 전남의 대표적인 크리스찬 명가가 되었다.

황보익 목사 연대표

1895년	여수금오 우학리에서 황정빈과 서학진의 5남 2녀 중 차남으로 출생
1905년(11세)	아버지 황정빈를 비롯해 안규봉 등 마을 청년 무만교회 방문
1906년(12세)	우학리 안규봉의 집에서 첫 예배 드림
1907년(13세)	전남노회에서 교회설립 승인받음, 교회 다니기 시작
1908년(14세)	고흥 오천리 명천교회 설립
1910년(16세)	고흥 거금도(오천리)로 형 황재련을 따라 이주
1913년(18세)	오석주 목사 여동생 오명심과 결혼, 금산 명천마을 정착
1913년(18세) 3월 10일	금산 오천교회 설립
1915년(20세)	목포 영흥학교(신학과) 졸업
1917년(21세) 2월 22일	명천마을에서 장남 황성수 박사 출생
1920년(24세) 4월 1일	벌교리교회 설립
1923년(27세)	벌교로 이주, 심장병으로 부용산에서 40일 산상기도로 건강 회복
1924년(28세)	순천노회 추천으로 평양신학교 입학
1927년(31세) 3월	보성읍교회 조사 부임(전임자 목치숙 조사)
1930년(34세) 6월 16일	평양신학교 졸업
1931년(35세) 5월 13일	순천노회에서 목사 안수 받음, 보성읍교회 목사 임명
1935년(39세)	교회부설 영신학교 설립
1939년(43세) 10월	신사참배 강요를 피해 일본 유학
1940년(44세)	장남 미국 유학 떠남(황성수 23세)
1942년(46세)	일본신학교 연구과 졸업 후 도근현으로 피신
1945년(49세) 8월	귀국, 보성읍교회 다시 부임(아들 황성수 박사 귀국)

	독립촉성국민회 보성군지부장 부임,
	아들 황성수 박사, 미군정 법무부 고문관 부임
1946년(50세) 12월 12일	남조선과도입법의원 취임
1948년(52세) 3월 9일	순천노회장 선출
5월 10일	제헌의회의원(보성군) 출마, 한민당 이정래에게 낙선,
	동생 황두연(순천갑)과 처남 오석주(고흥갑) 목사는 당선
1949년(53세)	형 황재련, 고흥 금산면에서 14연대 봉기군에게 피살
1950년(54세) 5월 30일	제2대 국회원선거 아들 황성수(33세) 당선(용산구갑)
1951년(55세)	교회 신축 기공
1953년(58세) 3월 3일	향년 58세로 소천
1959년	아들 황성수 박사 전남도지사 취임
1960년 7월 29일	아들 황성수 제5대 참의원 선거 당선(보성군)
1969년	황두연 목사안수 받고 서울 동성교회(광진구) 설립
1976년	황성수 목사안수 받음
1984년	황성수 목사 LA충현교회 담임목사 부임, 황두연 목사 소천
1997년 3월 5일	황성수 목사 LA에서 소천

CHAPTER · 6

영광의 감리교 순교자와 전라도

감리회 표식

장로교와 감리교는 이땅에서 나란히 길을 걸었던 선교의 동지이자, 형제였다. 선교 초기부터 함께 연합전선을 펼쳤던 감리교와 장로교의 연합사역으로 생긴 학교가 1913년 설립된 피어선학교(현 평택대), 1915년 설립된 조선기독교대학(연희전문, 세브란스의전, 현 연세대학교) 등이다.

국내에서는 선교지역 분할협정에 따라 북감리교는 주로 서울을 비롯하여 강원도·충남·충북·황해도 남부, 남감리교는 경기도 북부를 비롯하여 평안남도 동부·함경남도 남부 지역을 맡아 선교구역을 정했다. 초기 선교 당시에는 남북으로 나뉘어 있었지만, 현재 국내 교단은 기독교대한감리회 단일조직으로 전체 교인수가 150만여명에 이른다.

감리교는 18세기 영국에서 창립된 프로테스탄트의 한 교파로 웨슬리(Wesley. J)가 창시했다. 영국교회에서는 반대가 심했지만, 그의 동생과 동료인 휫트필드(Whitefield,G)가 가세하여 감리회(Methodist Society) 발전에 크게 공헌했다. 그러나, 1744년 웨슬리와 휫트필드는 칼뱅(Calvin,J.)의 예정설에 대한 의견 차이로 분리되어 웨슬리파는 감리교로, 휫트필드파는 칼뱅감리교로

각각 분리되었다.[31]

미국에 전파된 감리교는 1784년에 독립교파를 형성하였으나, 남북전쟁의 영향으로 남북으로 분리되었다. 웨슬리의 신학과 신앙노선을 따르는 감리교인들은 웨슬리의 표어인 '기독자의 완전'을 향한 체험신앙을 강조하면서 말보다는 사랑의 행동을 앞세운다.

김구, 이준, 이회영 등 독립운동사의 주인공 배출

한국에서는 1884년 6월 27일 미국 북감리교 선교사인 매클레이가 서울에 와서 당시 개화당 지도자인 김옥균을 통해 고종에게 감리교회의 선교사업에 대한 허용을 요청하였으나, 교육사업과 의료사업만 허락받았다. 이로써 미국 감리교회의 한국 선교계획과 준비는 급진전을 이루어, 1885년 4월 5일 미국 북감리회 선교사 아펜젤러 부부가 북장로교의 언더우드와 함께 인천에 상륙함으로써 본격화되었다.

그 후에 의료선교사인 스크랜턴이 들어왔고, 아펜젤러는 정동 사택에서 조선인 학생들을 모아 영어를 가르치기 시작해서 배재학당을 만들었다. 선교 초기부터 감리교는 고종의 특별한 신임을 얻었고, 배재학당의 이름을 직접 지어 하사할 정도였다.

의료사업은 북장로교 알렌이 들어와 광혜원을 설립하면서 스크랜턴은 정동 사택에서 환자들을 치료해 정동감리병원이 시작되었다. 정동병원은 가난한 사람들에게는 무료치료를 하였고, 1년 동안 혼자서 2천 명이 넘는 환자를 치료하여 의료사업을 통한 선교에 박차를 가하였다.

또한 스크랜턴의 어머니는 1886년 지금의 이화여고 자리에서 이화학당을 시작했다. 1895년에는 윤치호의 노력으로 남감리교가 10년 늦게 들어와 개성·원산·춘천·고양군 등 중부지방에서 교육사업과 의료사업을 시작하였다.[32] 감리교가 세운 학교로는 배재대학, 이화여자대학교, 인천 송도고등

---

31 두산백과 - 감리회
32 기독교대한감리회-감리교회사(https://kmc.or.kr/about-kmc/history-of-kmc)

학교(개성에서 이전), 대전 호수돈여고 등이 있고, 현재 감리회에서 설립한 신학대학으로는 감리교신학대, 목원대, 협성대 등이 있다.

1901년에는 12년 동안 목사후보 훈련을 받아온 김창식(金昌植)과 김기범(金箕範)이 선교연회에서 목사안수를 받음으로써 감리교에도 한국인 목사 시대가 시작되었다. 감리교는 장로교의 노회와 같은 조직인 연회가 전국에 걸쳐 12개가 조직되어 있고, 호남은 전남북, 광주를 통틀어 호남특별연회로 조직되어 있다. 이 호남연회에는 8개 지방회가 있는데, 전남동부권에는 여수광양 지방회가 있다.

일제의 식민지 통치가 시작되면서 감리교회는 교세의 증가와 더불어 교회조직과 활동분야가 전국적으로 확대됨에 따라, 교회의 영향력도 커져갔다. 특히 미국에서 기독교인이 된 서재필 박사가 조직한 독립협회가 1898년 해산되면서 독립협회의 주요 간부들이 대거 감리교에 입교하였다. 그래서 서울 남대문에 있던 상동교회, 정동교회 등 감리교회가 민족운동에 앞장서게 되었다.

1905년에 을사늑약이 체결되자, 상동교회는 담임목사인 전덕기를 중심으로 김구·이준 등이 전국감리교청년연합회를 소집하고 보호조약 무효화 투쟁을 전개하였다. 우리 독립운동사에서 독립운동을 주도한 인물 중에는 감리교 출신들이 많다. 김구, 서재필, 이승만을 비롯하여 헤이그밀사로 파견된 이준 및 이회영·이동녕·안창호·이승훈·이동휘·양기탁·이필주 등이 모여들어 독립운동을 모의하였고, 1907년에는 상동교회에서 신민회(新民會)가 조직되어 민족운동을 주도해 나갔다.

또한 주시경·최남선 등과 3·1운동을 대표하는 유관순 열사도 감리교인이었다. 민족대표 33인 중 16인이 기독교 대표인데, 이필주·최성모·오화영·김창준·박희도·신석구·박동완·신홍식·정춘수 등 9명이 감리교를 대표해 참여했다. 일제의 대표적 기독교인 학살사건인 제암리교회도 감리교회이다.

해방 후에는 감리교도 극심한 분열의 갈등을 겪었다. 일제강점기 말기에

제암리교회

　일제에 협력하면서 교권을 장악했던 사람들이 친일적 행동에 대해 회개하지 않고 계속 기득권을 유지하려고 하자, 핍박을 받았던 재야인사들이 교회 지도부와 대립함으로써 처음으로 분열을 맞게 되었다.
　이른바 부흥파와 재건파의 분열이었다. 이 분열은 6·25전쟁 1년 전에 평신도들의 노력으로 극적인 화해를 이루면서 다시 통합되었다. 그러나, 6·25전쟁은 교회에 인적·물질적으로 엄청난 손실을 가져왔고, 이북의 교회는 완전 파멸상태가 되었다. 당시 감리교의 50% 이상이 이북에 있었다.
　감리교는 지속적인 혁신의 바람과 평신도들의 요구에 분열과 화합을 거듭하면서 성장해왔다. 장로교가 양적 성장에 치중해왔다면, 감리교는 질적 성장에 치중해왔다는 평을 얻고 있다.
　감리교인들 중에 독립운동가로는 유관순, 이준 열사를 비롯해 을사오적 이완용을 처단하려 했던 이재명 열사, 친일파 미국인 스티븐스를 살해한 장인환 열사가 있고, 무궁화 보급과 민족교육에 앞장선 남궁억 선생, 민족대표 33인이었던 신석구 목사, 안중근 의사와 함께 이토 히로부미 처단에 나섰던 우덕순 열사, 상해 임시정부를 이끈 이동녕 국무령, 만주 항일투쟁가 이회영 열사 등이 있다.

정치인 중에는 이승만과 정일형, 조병옥 등이 있고, 박정희 정권에 맞섰던 정일형(1904~1982, 황해도 안악출신, 건국훈장 애국장, 정대철의 부친) 박사와 국내 첫 여성 변호사로 여성운동과 민주화운동에 앞장선 이태영 박사 부부도 있다. 또 김대중 전대통령 부인 이희호 여사와 노태우 전 대통령도 감리교인이었다. 반면에 친일파로 이름을 날린 윤치호와 김활란 이화여대 초대 총장, 자살로 이승만 정권의 막을 내린 이기붕과 부인 박마리아, 중앙대 설립자 임영신 박사 등이 있다.

자신의 몸을 불살라 시대의 어둠을 밝히려고 했던 전태일(全泰壹, 1948~1970) 열사도 서울 도봉구 쌍문동에 있는 창현교회(현 갈릴리교회)를 다녔던 감리교인이었다. 또한 1986년 4월 분신투쟁으로 불꽃처럼 살다간 서울대생 김세진(金世鎭, 1965~1986, 충북 충주, 서울대 미생물학과 입학, 자연대학생회장) 열사도 모태 신앙인으로 서울 종로구 창성동 자교교회를 섬기던 교회 청년이었다.[33]

1980년 광주민중항쟁을 직접 목격하고 돌아온 서강대생 김의기(金宜基, 1959~1980) 열사는 1980년 5월 30일 서울기독교회관 6층에서 '동포에게 드리는 글'을 남기고 투신했다. 그는 경북 영주 출신으로 형제감리교회를 섬겼고, 감리교청년전국연합회 농촌선교위원장을 맡아 활동하면서 농촌목회자를 꿈꾸던 열혈 청년이었다.

김영학, 신석구, 한사연 등 순교자 배출

감리교도 일제강점기와 6·25 전쟁을 거치면서 많은 순교자들을 배출했다. 일제강점기 김영학(金永鶴, 1877~1932, 황해도 금천, 협성신학교 졸업) 목사는 강원도 고성군 간성구역장으로 활동하며 양양교회 교인들과 3·1만세 시위에 나섰다가 옥고를 치렀다. 러시아 연해주로 파송되었다가, 소련 공산당에 체포

---

33 한국감리교 인물사전(기독교대한감리회)

되어 노역을 살던 중 1932년 겨울철 얼음이 갈라져 익사했다. 1990년 건국훈장 애국장이 추서되었고, 대전 국립현충원에 안장되었다.

민족대표 33인 중 감리교 대표로 참여했던 신석구(申錫九, 1875~1950, 충북 청주) 목사는 3·1운동에 뛰어들어 2년 6개월을 서대문형무소에서 수감생활을 하였고, 신사참배 거부와 전승기원 예배 및 일장기 게양 거부로 또다시 구금되기도 했다. 해방 후 북한 정치보위부에 체포되어 반동결사죄로 끌려가 고문을 당했고, 1950년 평양교화소에서 총살을 당한 것으로 알려졌다. 정부는 1963년 건국훈장 대통령표창장을 수여했다.

6·25 전쟁으로 지도에서 사라진 강원도 김화군에서 주로 시무했던 한사연(1879~1950, 평남 안주) 목사는 자신과 세 아들까지 순교의 제물로 바쳤다. 철원군과 맞닿아 있는 김화군은 해방 후 3·8선 이북지역으로 조만식 장로가 이끌던 조선민주당에 가입해 공산주의자들과 싸우며 버텼다. 그러나 6·25 전쟁 시작 직전 체포되어 1950년 10월 3일에 원산 앞바다에서 수장되어 순교했다. 4명의 아들 중 3명도 그들에게 희생되었지만, 아직까지 이들의 헌신과 순교를 기념하는 사업은 이뤄지지 않고 있다.

복음성가의 아버지로 불리는 유재헌(1905~1950, 남대문교회 유홍렬 장로의 장남) 목사도 9·28 수복으로 후퇴하던 인민군에게 총살되었고, 경기도 장흥교회 서기훈(徐琪勳, 1882~1951, 충남 논산) 목사도 전쟁 중 인민군에게 희생되었다. 감리교 선교사로 처음 한국 땅을 밟았던 아펜젤러는 1902년 6월 11일 성서번역위원회 회의 참석차 목포로 가던 중 군산 앞바다에서 선박충돌 사고로 침몰해 희생되었다.

평양에서 태어나 일본과 미국 유학까지 다녀온 신여성 김란사(金蘭史, 1872~1919, 하란사)는 협성여자신학교(현 감리교신학대학) 교수와 이화학당 교감을 지냈고 민족주의적 여성운동가로 활동했다. 을사늑약 체결 후 고종의 밀지를 받아 의친왕을 파리 강화회담에 파송할 비밀계획을 추진하다가 고종이 서거하면서 수포로 돌아갔다. 북경으로 간 김란사는 도착 직후 교포들이 마련한 만찬회에서 먹은 음식이 잘못되어 병원에서 생을 마쳤다. 시체가 검게

변한 것으로 볼 때 그를 미행하던 일제 스파이 배정자(裵貞子, 1870~1952, 친일반민족행위자, 경남 김해출신)에 의한 독살이라는 의혹이 일었다.

배정자는 일제강점기 조선총독 이토 히로부미(伊藤博文)의 양녀가 되어 일제의 정보원으로 활동한 밀정이었다. 태평양전쟁 때는 위안부 송출업무를 맡아 앞장섰고, 직접 칠순의 노구에도 불구하고 조선인 여성 100여 명을 '군인위문대'라는 이름으로 남양군도까지 데리고 가서 위안부를 하도록 강요했다. 해방 후 숨어 살다가 1949년 체포되어 구속되었는데, 1952년 노환으로 사망했다. 추악한 행위를 저질렀음에도 82세까지 장수를 누린 셈이다.

감리교의 역사에서 최대 자랑거리(?)는 3형제들의 교회 세습이다, 국내 감리교회 중 교세 면에서 1, 2위를 다투는 교회가 서울 광림교회와 금란교회이고 이에 버금가는 대형교회인 임마누엘교회까지 김선도, 김홍도, 김국도 목사 3형제가 자식들에게 세습을 완료했다. 이제 21세기교회 김건도 목사만 남아 있다.

아마 세계 기독교사에서도 3형제 세습은 최초일 것이다. '기도의 어머니'로 불리는 이숙녀 전도사가 이들 4형제를 키웠다. '훌륭한 어머니상'과 '세계성령봉사상'도 수상하셨는데, 이 얼마나 자랑스러운 영광이랴. 한 명도 아닌 3명이나 하나님께 바친 교회를 남이 아닌 자기 자식들에게 차례대로 물려주었으니 천국에서 땅을 치며 통곡할 일 아니겠는가.

6·25 때 여수에 정착한 황해도 감리교인들

전남 동부는 남장로교 관할구역이어서 감리교회가 개척하기 어려웠다. 그러나 1950년 6·25 전쟁 때 1·4 후퇴 당시 미군 상륙선을 타고 황해도 지역 피난민이 전남에 정착했고, 함경남도 사람들은 경상도에 많이 정착했다. 이때 전남에 정착한 황해도 사람들이 1만310명이었고, 여수항에만 6천여 명이 들어와 정착했다. 이들은 휴전협정이 체결되면서 상당수는 고향 가까운 서울, 경기도로 이주했다. 1995년 조사 때 여수에 남은 황해도 사람들은 1천565명이었다. 여수 소라면 복산교회 뒷산에 황해도민들의 집단묘지인 '회

여수 황해도민들의 집단묘지인 회향원

향원'이 있다. 고향을 그리워 하는 곳이란 뜻으로 200여 기가 모셔져 있다.

피난민 중에는 70여명의 감리교인들도 있었는데 황해도 남부지역은 북감리회 선교구역이었다. 해방 전에 해주에만 감리교회가 24개 있었고, 옹진군, 벽성군, 연백군 등에 많이 분포했다. 당시 황해도 감리교 피난민들은 여천군 돌산면 둔전리에 제단을 마련하고 감리교 총리원에서 파송받은 박성태 목사와 감리교인들이 둔전감리교회(현 돌산중앙감리교회)를 설립하면서 여수지방에 교회가 개척되고 설립되었다. 당시 돌산 둔전리에 정착했던 감리교인들은 황해도 연백군 출신이었다. 이들은 교단의 지원을 받아 여수시내, 순천, 고흥 동강 등 3곳으로 이주해 터를 잡았다. 여수는 유호영 장로 등이 서정시장통으로 옮겨 1952년 동산감리교회를 세웠다. 사람들은 '피난민교회'라고 불렀고, 낯선 타향에서 행상을 하며 가족을 부양하고 교회에 바쳤다. 현재는 덕충동으로 옮겨 자리하고 있다. 이때 1951년 순천으로 이주한 원태익 장로가 개척한 교회가 순천중앙감리교회로 현재 중앙동 남문성터 뒤편 '동재' 카페 건물이었다. 처음에는 천막교회로 시작하다가 세운 교회로 종탑 등 건물형태가 그대로 재활용되고 있다. 현재는 조례동 선혜학교 앞으로 이전해 있다. 고흥 동강은 우천영 장로가 이주해 동강감리교회를 세웠다.

전남 동부지역 감리교회는 '피난민교회' 라는 인식이 깊어 확장이 쉽지 않았으나, 80년대 중반 감리교단의 대대적인 농어촌교회 개척활동으로 현재는 여수에 7개, 순천에 5개, 광양에 1개, 고흥에 3개, 보성에 2개, 구례에 1개의 감리교회가 있다. 1974년에는 전국 비료공장이 통합해 남해화학이 설립되면서 감리교인이던 충주비료 공장 직원들이 여천으로 이주해왔다. 그들이 여천 진남제일감리교회를 설립해 오늘에 이르고 있다.

CHAPTER · 7
언더우드가의 비밀

1세 원두우는 한국 장로교의 아버지

언더우드 선교사

한반도에 장로회를 처음 소개한 최초의 복음 선교사는 언더우드(Horace Grant Underwood, 원두우, 1859~1916)로 대한민국 개신교 장로회의 아버지라고 불리운다.

그는 영국 런던에서 태어나 13살에 부모님이 미국으로 이민해 뉴저지주 뉴더햄에 정착하였다. 원래 영국에서는 회중교회(당회가 아닌 전체 교인의 합의로 모든 의사를 결정하는 개신교의 교파) 교파였으나, 뉴더햄에서는 개혁교회에 등록하였고, 뉴욕대와 네덜란드 개혁신학교를 졸업해 선교사의 꿈을 꾸었다. 원래 인도 선교를 꿈꾸다가 일본에서 선교사로 활동한 울트만스의 한국에 관한 논문 발표를 듣고 목표를 바꾸게 되었다.

그는 네덜란드개혁교회에서 목사 안수를 받고 일본으로 건너왔다. 미국성서공회 일본지부 루미스 총무를 통해 성서번역가 이수정과 갑신정변 실패로 망명온 김옥균 등 개화파 인사들도 만나 조선의 사정에 대해 도움을 얻

김규식

게 되었다.

드디어 부활주일인 1885년 4월 5일에 제물포항에 감리교 선교사 아펜젤러와 함께 입국했다. 미국 북장로회 첫 복음선교사였다. 하지만, 선교는 허용되지 않았고, 광혜원에서 화학과 물리학을 강의하다가 1년 만에 최초의 고아원인 고아학교(예수교학당·경신학교)를 개원해 본격적인 사역에 나섰다. 그 첫 원생이 독립운동가 김규식(金奎植, 1881~1950, 파리강화회의 민족대표, 임정 부주석, 과도입법의 원장, 남북좌우합작운동 주도, 납북, 1989년 건국훈장 대한민국장)이었다. 그리고 황해도 소래에서 온 서경조·최명오·정공빈에게 세례를 베풀었고, 한국 최초의 조직교회인 새문안교회도 세웠다.

1889년 의료 여성선교사인 릴리어스 호톤(Lillias S. Horton, 1851~1921)과 결혼해 서북지역으로 전도여행을 떠나 압록강 건너에서 의주지역 교인 33명에게 물세례를 집도했다. 그는 성경번역 출간에서 많은 업적을 남겼다. 조선성교서회를 조직하고 한영사전, 누가복음, 신약성서 등을 출간했다. 을미사변 직후에는 헐버트(H. B. Hulbert, 1863~1949, 홀법, 한국 최초 세계지도 발간, 문서선교 활동, 아리랑 서양식 음계로 채보해 해외에 알림, 1903년 초대 한국YMCA회장, 헤이그밀사 호소문 불어번역), 길 모 어 (G. W. Gilmore, 길모, 1857~1933, 최초 근대공립학교 육영공원 교사, 친한파로 독립운동 모금활동 전개) 등 동료선교사들과 교대로 고종 황제를 호위하다가 러시아 공관으로 옮기는 일을 도왔다. 그 덕에 고종에게 '훈4등' 태극훈장을 받았다. 장로회공의회 회장을 거쳐 독노회 노회장, 장로회 초대총회장, 경신학교 교장, 대한교육학회 회장 등을 역임했다.

특히 연합기독교대학 설립을 위한 모금운동을 벌여 경기도 고양군 연희면에 대학설립 부지 19,320평을 매입했다. 지금의 연세대학교이다. 1916년 건강이 악화되어 귀국했다가 57세로 별세하였다. 사후 새문안교회에 '원두우 선교사 기념비'가 세워졌고, 연세대 교정에는 언더우드 동상이 세워졌다. 그의 유해는 1999년 양화진 외국인선교사묘지로 이장되었다.

2세 원한경의 배교와 하나님의 징계

언더우드(원한경) 선교사

언더우드와 릴리어스 호톤 사이에는 외아들 호러스 호르톤(Horace Horton, Underwood, 1890~1951, 원한경)이 있다. 그는 서울에서 태어나 한국에서 유년시절을 보냈다. 미국 뉴욕대에서 박사학위를 받고 선교사로 파송되어 아버지가 세운 경신학교 교사를 거쳐 조선기독교대학(연희전문)에서 강의를 시작했다. 1912년 12월 당시 서울외국인학교 교사로 부임한 에델 반 와그너(Ethel Van Wagoner, 1888~1949)와 결혼했다. 부친이 별세하기 전이었다. 그는 에비슨에 이어 연희전문학교 3대 교장으로 부임했다. 3·1운동 때는 제암리 사건 등을 해외에 알리고 일제의 만행을 규탄하는 활동을 벌이는 등 친한파로서 상당한 기여를 하였다.

그러나, 일제의 신사참배 강요 앞에서는 일찍 무릎을 꿇고 말았다. 그는 "과거 장로회 총회에서 신사참배 반대를 고집함으로써 유서 깊은 여러 학교(남·북장로회가 경영하는 여러 학교)가 폐쇄되기에 이르렀다. 그러나 신사참배는 그다지 문제가 될 것이 아니다. 오늘 총회에서 신사참배가 결의된 것은 당연하다"고 발언할 정도였다. 이어서 자신의 선친 때부터 재미 친척 재벌과 함께 연희전문학교의 설립자로서 조선 내 선교사 중 가장 유력한 자임을 과시하면서 북장로교의 미순회(美殉會, 미션교부)가 주장한 신사참배 반대 태도에 대하여 부당함을 역설하고 북장로교에서의 탈퇴도 불사하겠다는 신념을 토로함으로써 충격을 주었다.[34]

하지만, 조선총독부는 자신들의 정책에 협력했던 언더우드를 배신하고 미국 스파이라며 쫓아냈다. 미국인을 믿을 수 없었던 것이다. 결국 1941년 3월 일제의 탄압에 연희전문 교장직에서 물러나고 일본 헌병에 체포되어 10일간 외국인 수용소 구류처분과 가택연금을 당하는 수모를 겪어야만 했다. 그

---

34 순교목사 양용근 평전 섬진강(진병도, 쿰란출판사, 2010) 329~330쪽

언더우드(원한경) 선교사 부부

후 태평양전쟁이 발발하면서 1942년 5월 미국으로 추방되었다.

해방이 되자, 미군정장관 아놀드 중장의 통역 및 고문으로 임명되었고, 미군정의 관방 재산관리과에서 활동하면서 지역 선교부의 재산 환원과 연희대학 및 경신학교, 세브란스병원 등의 정상화에 나섰다. 1940년 미 선교사들이 추방되면서 총독부가 관리했던 대부분의 선교부 자산들이 다시 환원되었다. 그러나 하나님은 일제의 신사참배를 지지한 언더우드의 우상숭배에 대한 죄악을 결코 용서하지 않았다.

1949년 3월 17일 그의 부인 에델이 연희전문 좌익학생들에 의해 저격당하는 사건이 발생했다. 언어우드가의 불행이 시작된 것이었다. 그는 그 충격으로 건강이 악화되어 미국으로 돌아가야 할 정도였다. 그리고 2년 후 6·25 전쟁 중에 부산 동래에서 활동하던 중 심장질환으로 고생했으며 결국 1951년 2월 20일 치명적인 심장마비라는 고통 속에서 61세로 사망하였다.

그의 장례식은 전시 중이지만 사회장으로 성대하게 거행되었다. 이승만과 정부 요인, 미8군 사령관과 유엔군 장교들, 미국대사와 해외공관장, 한국 교회 대표들이 참석했다. 백낙준 박사가 영결사를 했고, 유엔묘지에 묻혔다가 양화진으로 이장되었다.

부인 에델과 사이에 여섯 명의 자녀를 두었다. 원일한과 쌍둥이 원요한, 원재한, 원득한, 외동딸 원은혜이다. 미국에서 출생한 아들 윌리엄은 1924년 태어난 지 3일 만에 신생아 내출혈로 숨을 거두었다. 하나님의 단죄는 1951년 원한경의 심장마비로 멈추지는 않았다.

그후 원한경의 장남 원일한은 연세대 등에서, 차남 원요한은 광주선교부에서, 사남 원재한은 서울의 미국연합장로회 선교부에서 활약했다. 원일한의 장남 원한광이 연세대와 구제대학원에서 활약하다가 영구 귀국했고, 차남 원한석만 남아 있다.

연세대 언더우드관 앞에는 1928년 언더우드(원두우) 선교사의 추모 10주기를 기념하여 교직원들의 성금으로 청동 동상을 세웠다. 그 동상은 1942년 태평양 전쟁이 극에 달할 때 전쟁물자 부족으로 총독부가 철거해 전쟁 무기를 만드는 데 사용했다.

언더우드 동상

해방 후 미군정장관 비서였던 이묘묵 연희전문동문회장이 윤호중 조각가에게 의뢰해 두 번째 동상을 세웠다. 이 동상 제막식에는 이승만 대통령을 비롯해 김구 선생, 김규식 박사도 참여했다. 하지만, 이 동상도 북한군이 서울을 점령한 후 좌익 계열 학생자치회가 동상의 목에 밧줄을 걸고 뽑아냈다. 그후 1955년 4월 22일 세 번째 동상이 세워져 오늘에 이르고 있다. 이 동상도 2020년 누군가 '핼러윈 분장'으로 훼손했는데, 인터넷게임 캐릭터인 데드풀 가면을 씌우고 토르 망치를 들게 한 것이다. 핼러윈은 악마와 악령을 숭배하는 축제라고 비판을 받고 있지만, 과연 우상숭배의 상징인 동상에 악령의 상징을 씌운 것에 대해 어떻게 비난할 수 있겠는가.

언더우드가는 한국에서 이렇게 4대에 걸쳐 선교사역을 펼쳐왔지만, 그만큼 슬픔과 아픔도 겪었다. 하나님이 언더우드가를 통해 우리에게 주는 메시지를 무엇일까. 역시 동상을 세우고 우상숭배를 하지 말라는 것 아니겠는가. 언더우드관 앞의 동상도 우상숭배이다.

PART
05

기독교와 반공주의 역사
원수를 사랑하라

CHAPTER · 1

기독교는 왜 공산세력과 적이 되었나

서북청년회

서북청년단의 탄생 배경과 호전성

우리 사회에서 좌우 갈등의 중심에는 개신교계가 있다. 개신교 중에도 대부분이 대한예수교 통합교단이다. 이들은 우익 진영을 대표하며 그 중심에는 서북 출신 목회자나 교인들이 있었다.[1] 제주4·3항쟁과 여순항쟁을 거치면서 서북(황해도, 평안도, 함경도 지방을 통틀어 이르는 말) 출신 개신교인들은 '반공

---

1 한국전쟁과 기독교(2005, 윤정란, 한울아카데미) 14쪽

의 선봉으로 그 진가를 발휘했고, 한국 기독교의 주류가 되었다.

이를 대표한 단체가 서북청년회(청년단)이고, 서북 출신 한경직 목사가 세운 서울영락교회가 그 배경이다. 우선 서북 출신 개신교인들은 이승만 정권보다 박정희 정권에서 국정 운영의 중심세력으로 등장한다. 박정희가 '반공'을 국시로 삼았기 때문이다. 이어 6공화국까지 대한민국의 주류이자, 기득권 세력으로 그 권세를 누렸다.

영락교회

TK(대구경북)와 노스웨스트(서북)의 연합이었다. 이 연합은 이명박 정부까지 이어져 '고소영 정권'이라고 불렀다. 고려대, 소망교회, 영남의 앞 글자를 따서 만든 말인데, 소망교회는 서북 출신 곽선희(1933~ , 황해도 평산. 소망교회 원로목사. 숭실대 이사장 역임) 목사가 세운 교회이다.

곽선희 목사는 한국전쟁 당시 유엔군 유격대인 '동키부대' 출신이다. 동키(Donkey)는 당나귀란 뜻으로 1951년 1월 백령도로 피난 온 황해도 청년 1천여명을 선발했는데, 이 부대 구성원의 70%가 개신교인이었다. 곽 목사의 부친은 북한의 기독교 탄압과정에서 피살당했지만, 1995년 강양욱의 아들 강영섭 북한기독교연맹 회장 초청으로 방북해 치과병원 시설 등을 지원했다. 곽 목사도 아들 곽요셉 목사에게 분당에 예수소망교회를 세워 변칙적으로 교회를 세습했다는 지적을 받고 있다.[2]

곽선희 목사

동키부대는 미8군 산하 유격대(비정규전부대)로 1951

---

2 뉴스앤조이 2003년 4월 14일자 기사 〈세습포럼〉 소망교회 변칙 세습 실태
https://www.newsnjoy.or.kr/news/articleView.html?idxno=4972

년 2월에 창설되었다. 이 부대는 KLO부대(8240부대)의 지원을 받았는데, 이 부대 산하에는 20여 개의 동키부대가 존재했다. 부대원들은 고공 침투, 국지전 수행, 첩보 활동 등 이른바 '특수전'을 펼쳐 오늘날 특수전사령부의 모태가 됐다. 8240부대에는 첩보활동을 담당했던 '켈로(KLO)' 부대도 포함돼 있다.[3]

다일공동체 최일도 목사의 부친 최희화는 동키4부대(황해도 장연군 출신으로 구성) 독립대대장을 지냈다. 미국 국립문서기록관리청(NARA)에서 최희화 대대장의 미군 문서가 발견되어 지난 2014년에는 화랑무공훈장을 받았다. 곽선희 목사는 동키5부대 출신이었는데, 그 부대는 평북 정주 출신으로 구성되었고, 오산학교 학생들이 많았다.

서북지역은 19세기 말 이후 기독교를 어느 지역보다 가장 빨리 받아들인 한국 기독교의 요람이었다. 특히 평양은 조선의 '예루살렘'으로 불리었다. 조선시대에 서북지역은 변방이었다. 19세기 말 물밀듯이 들어오는 서양 자본주의 문명에서 희망을 발견하고 기독교를 어느 지역보다 빨리 받아들였다. 서북민들은 자신들을 민족의 중심세력으로 위치를 설정하고, 세력을 확장하기 위해 다양한 정치·사회 운동을 지속적으로 전개했다. 이러한 분위기 속에서 광복을 맞이했다.

미국과 소련을 축으로 한 냉전 체제가 확고해지자, 서북지역 기독교인들은 자신들의 세력을 중심으로 냉전 체제에 대응할 수 있는 반공 연합전선을 새로 구축하고자 했다. 그러나 광복과 함께 북한으로 들어온 소련 군정과 김일성 연합정권의 탄압으로 서북 출신의 기독교인들은 38선을 넘어야 했다.

한국전쟁은 월남한 서북 출신 기독교인들에게 남한에서 자신들의 세력을 정착시키고 정치적·사회적 헤게모니를 확장해가는 데 중요한 기회를 제공했다. 한국전쟁으로 남한의 모든 전통이 일소되어버린 상황에서 미국의 자본주의가 빠른 속도로 침투해 들어왔고, 월남한 서북 출신 기독교인들은 누

---

3 한국전쟁의 유격전사(2003, 국방부 군사편찬연구소)

구보다 빨리 이러한 환경에 적응했다. 한국전쟁을 기회로 남한 사회에 성공적으로 정착한 서북 출신 기독교인들은 박정희 정권과 결합함으로써 한국의 성공적인 경제성장을 위한 동력이 되었으며 핵심 주체가 되었다.[4]

　서북청년회도 이러한 지역적 배경을 안고 탄생했다. 그 배경에는 조만식, 오산학교, 숭실전문학교, 영락교회, 한경직 목사 등이 있다. 기독교를 수용하면서 민족운동에 앞장섰던 이들이 왜 남한에서는 성경의 십계명을 거슬린 살인귀가 되었을까. 이들은 제주4·3과 여순사건에서 완장을 차고 고문과 살상을 식은 죽 먹듯 자행했다. 공산주의 타도라는 이유로.

지역의 차별 속 서북지역의 피해

　서북청년회, 서북 개신교인들이 공산주의자를 싫어하는 이유는 조선시대까지 거슬러 올라간다. 서북 출신 이성계가 역성혁명을 통해 이룬 왕조이지만, 조선의 주류는 한양과 경기도, 경상도의 성리학 명문대가들이었다. 개국공신 중 친인척을 제외하고 정도전은 경상도 봉화 출신이었고, 하륜은 출신지는 알려지지 않았지만, 진주 하씨 가문이다. 서북출신은 조준(평양)뿐이었다.

　조선시대에서 서북출신들은 경상도나 전라도 출신에 비해 등용되는 기회가 적었다. 영조 때 발생한 '홍경래의 난'은 이런 사회 분위기에 대한 반발이라고 볼 수 있다. 홍경래는 평안도 용강 출신이다.

　이이화의 〈민란의 시대〉에서 "그의 아버지는 진사라 했으나 어떻게 그 칭호를 얻었는지는 모른다. 아무튼 그는 어릴 때부터 외숙인 유학권에게 글을 배웠다. 그런 끝에 뜻을 품고 서울에 와 과거에 응시했다. 서북출신들이 비록 등용은 되지 않으나 문과는 진사, 무과는 출신(무과 합격자)이라도 되기 위해 과거를 보는 일이 종종 있었다. 홍경래는 몇 차례 과거를 보았지만, 번번이 낙방했고 자신보다 형편없는 글재주와 학식을 가진 남쪽 출신의 양반

4　한국전쟁과 기독교(2015, 윤정란, 한울아카데미) 16쪽

붙이들이 합격하는 모습을 자주 목격했다."⁵ 라고 할 정도로 오랜 지역차별에 시달렸다.

평안도는 성리학이 주도하던 조선에서 철저히 소외되고 배척당한 곳이었다. 조선을 개국한 함경도 출신 이성계는 무신이 많은 평안도 등 서북지방을 경계했다. 그래서 높은 벼슬에 등용하지 말라고 명을 내렸다. 그래서 조선 500년 역사에서 그들은 철저히 배척당했고, 그 불만은 민란으로 이어졌다.

우리 역사책에 등장하는 단종 때 이징옥의 난을 비롯해 임꺽정의 난, 홍경래의 난 등 크고 작은 민란이 이 지역에서 일어났다. 조선후기 당상관 후보자 명부인 도당록에도 서북 출신은 단 한 명도 없다. 6품 이상은 오를 수 없었다. 홍경래도 평양 향시(지방공무원시험)에 합격 후 한양에서 대과에 응시했으나, 서북 출신이라는 이유로 낙방했다. 특히 무관의 차별은 더 심했다.

임진왜란 때는 영호남과 달리 서북지역에서는 의병이 일어나지 않았고, 오히려 함경북도 회령에서는 피난 온 왕자 임화군과 순화군이 포악하고 백성들을 괴롭히자, 이들을 붙잡아 왜군에게 넘긴 일도 있었다. 이들은 조선이라는 나라의 백성이라는 일체감이 없을 정도로 차별을 받아온 지역이다. 조선 초기에는 이북사람들을 고려 유민으로 여겨 등용하지 않았다.

대신 관직 등용의 기회를 차단당한 서북민들은 상업과 무역에 눈을 돌렸다. 대동강 무역선, 의주상인, 개성상인 등 대중국 무역으로 부를 쌓았다. 중소자영농이 많아 생산성이 높았고, 평양과 개성은 손꼽히는 상업도시로 발전했다. 서북지방은 삼남(전라, 충청, 경상)지방 보다 유학자들이 적었고, 성리학 질서가 덜한 곳이었다.

그래서 가톨릭이나 개신교 등 서양문물을 한반도에서 가장 먼저 받아들였다. 서북민들이 개신교를 다른 지방보다 빨리 받아들인 것은 바로 평등사상 때문이었다. 미국 상선 제너럴셔먼호가 대동강에서 불타고 토마스 선교사가 참수를 당하기도 했지만, 그로 인해 스스로 성경을 통해 개신교를 받아들

---

5 민란의 시대(2017. 이이화. 한겨레출판)38쪽

이면서 해방 직전에 평양에만 교회가 280여개나 될 정도였다. 그래서 '동양의 예루살렘'이라고 불렀던 것이다.

서북민들은 서북지역이 단군과 기자의 땅으로 한민족의 발상지라는 자부심이 있었다. 단군 신화의 유일신과 기독교의 유일신 사상을 연결했다는 학계의 주장도 있다. 서양의 평등사상이 함유된 기독교를 한반도에서 가장 먼저 받아들인 곳이 바로 황해도였고, 서북민이 그 어느 지역보다 빠르게 팽창시키고 주도한 것은 바로 조선사회의 뿌리 깊은 지역차별이 그 배경이었다고 볼 수 있다. 일제강점기에 이곳 개신교인들은 조선의 신분제 사회를 자본주의사회로 바꾸기 위해 교회, 사립학교, 기독교단체 등을 만들어 자신들의 지지기반을 확대해나갔다.

일제의 식민지 정책과 경쟁하면서 3·1운동 이후에는 물산장려운동과 농촌운동을 벌였다. 이들이 미래를 준비하면서 가장 많이 투자하고 집중한 것은 사립학교 개설이었다. 그 결과 1943년에 이르면 전국의 사립학교 중 70%가 북한지역에 집중되었다.[6]

일제강점기 전국에서 학도병 지원자가 가장 많은 곳이 오산학교 등이 있는 평안북도 정주군이었다. 서북의 중심은 평양 보다 정주라고 할 수 있을 정도로 인물들도 많이 배출되었다. 시인 김억, 통일교 교주 문선명, 언론인 방응모, 교육자 백낙준, 시인 백석, 소설가 이광수, 독립운동가 남강 이승훈, 장준하, 고려대 총장 현상윤 등이 정주군 출신이다.

기독교가 키운 서북지역의 폭력성

개신교가 미국 선교사를 통해 미국과 끈끈하게 연계된 것처럼 서북 출신들은 군대와 개신교를 통해 한국 사회의 주류로 등장하게 된다. 해방 이후 대거 진출한 곳이 군대였다. 1960년까지 위관급 장교 1만여명 이상이 미국에서 유학을 했다.[7]

---

6 오산80년사(1987, 오산중고등학교) 395쪽
7 1960년대 한국의 근대와 지식인(2004, 노영기, 선인) 62, 66쪽

한국전쟁 직후 미국에서 들어온 방대한 구호물자를 독점한 이들은 서북출신 개신교인들이었다. 이들은 대한예수교 장로회에서 분파된 고신파(고려신학교파)와 기독교장로회(조선신학원파) 교역자까지 전쟁 구호물자 배급에 배제할 정도로 독점적 지위를 누리며 경제적 기반도 다졌다. 이들은 미국 장로교단과 긴밀한 관계를 유지했다. 미국 장로교단은 미국 정부와 세계여론까지 움직이는 힘을 가진 집단이었다. 1950년대 중반에 신설된 2천여개의 교회 중 약 90%가 이들이 세운 것이었다. 이 자본은 바로 구호물자 배급권에서 얻은 것이었다.

서북출신 청년들은 이승만의 반공정권 수립과정에서 유용하게 활용되었다. 하지만, 이승만은 제주와 여수·순천에서 이들을 이용해 먹고 숙청시켰고, 아이러니 하게도 남로당출신 박정희가 집권하면서 다시 부활했다. 박정희에게는 남로당출신이라는 주홍글씨에서 벗어날 수 있는 유일한 길이 바로 반공의 깃발이었고, 서북청년회가 남한에서 주류로 부상할 수 있는 방법은 '공산주의 타도' 였다.

1946년 11월 30일 결성된 서북청년회는 이북에서 남하한 2·30대 청년들과 학생들로 구성되었다. 설립 당시 김구와 이승만 등 민족진영은 적극 지지했다. 서북청년회의 역사적 정체성은 기독교 민족주의자인 안창호, 이승훈, 조만식 등으로 이어지고, 평양의 숭실전문학교, 정주의 오산학교로 이어진다. 그리고 그 중심에는 서울영락교회와 한경직 목사가 있었다. 이들이 분단 후 남한에 재건한 숭실대학, 오산(중고등)학교에 이어 대광(중고등)학교까지 서북청년회의 그림자가 숨어 있다.

1946년 3월 조선민주당 당수 조만식이 소련 군정과 김일성에 의해 감금당하자 지주와 기독교인 등은 대거 남한으로 내려왔다. 이들은 북한에 반대하는 단체의 조직을 준비하였다. 이후 월남한 청년 남성들이 모여서 조직의 규모가 확장되었다. 1946년 3월 5일 문봉제(文鳳濟) 등 월남 청년들이 주도한 집회가 성공하며, 이에 힘입어 평남동지회가 조직되고, 다시 평남동지회는 평남북 조직을 합친 평안청년회로 확대되었다. 결성대회에는 북한 지역 연고자(이윤영, 김병연, 강기덕)는 물론 김구도 참석했다.

1946년 11월 우익단체들과 영락교회청년회 등이 통합하여 서북청년회가 결성되자 김구, 이승만, 한민당 등은 자금도 지원했다. 서북청년들은 당시 전국에서 붐을 이룬 사회주의 세력들을 척결하는데 앞장섰다. 처음에는 미군정 방첩대와 손을 잡고 대북공작활동에서 큰 전과를 남겼다.

테러단체인 '백의사'[8]도 서북청년회원들로 구성되었다. 정치깡패, 백색테러를 수없이 자행했던 극우 테러조직이었다. 백의사는 반공을 표방하였지만, 본질적으로는 파시스트적인 조직으로서 모든 공산주의자들과 반정부 정치인들을 암살하는 것이 기본 목적이었다. 김구 암살범인 안두희도 백의사 특공대원이었으며, 1947년 여운형·장덕수 암살사건과 1946년 김일성·강양욱·김책 암살 미수사건에도 개입했다.

켈로부대(KLO)[9] 최규봉 대장이 백의사 출신으로 1946년 2월 미소공동위원회 개최를 앞두고 원산에 침투할 때 고향 뒷집에 살던 고향선배인 당시 남로당 총책 이주하를 만나 소개장을 얻었고, 백의사 공작원 10명이 출발할 때도 김구 선생의 경교장을 예방해 윤봉길 의사처럼 총과 수류탄을 들고 기념사진을 촬영했다. '백의사' 뒤에는 미군정 정보기관과 김구 선생이 있었던 것이다.

최규봉은 앞서 이주하를 만나 백의사의 전신인 우익테러단체 '양호단'에 가입한 것을 후회한다면서 "속죄하는 마음으로 고향에 돌아가 공산당을 위해 일하고 싶다"고 설득했다. 물론 이주하가 이 설득에 속아 넘어갔다. 최규봉 일행은 원산으로 잠입해 이주하의 소개장 덕분에 번듯한 직장까지 얻어 활동 기반을 구축하게 되었다.

정부 초기 육군사관학교의 전신인 조선경비사관학교에도 서북청년들이 대거 입대했는데, 주로 육사 5기, 7기, 8기에 많다. 월남한 많은 서북청년들

8　White Clothes Party/White Clothes Society, 白衣社. 중국 국민당 장제스 휘하의 반공 결사단체 남의사(藍衣社)를 본뜬 것.

9　1949년 미국 극동군사령부 직할로 조직된 비정규전부대. 1954년 해체

제주도 북촌마을 위령탑

에게 군대만큼 안정된 직장도 없었다. 특히 이들의 만행은 1948년 제주도에서 극에 달했다. 이들은 사람을 죽이는 것에 끝나지 않고 여자들을 겁탈하고 죽이는 행위도 서슴치 않았다.

제주시 조천읍 북촌마을 450여명 대학살은 서북청년회 출신 함병선이 이끄는 2연대가 일으킨 사건인데, 1개 대대가 전원 서북청년들로 구성되어 악랄한 학살을 자행했다. 수도특별경찰대에도 대거 입대해 제주도에 투입되어 마을을 불태우고 어린아이까지 가리지 않고 죽였다. 선흘리 용암굴에서는 어린아이를 바위에 패대기를 쳐서 죽였다고 증언했다. 인간으로서는 할 수 없는 악마였다.

특히 경찰에도 서북청년들이 대거 임용되었다. 이들로 구성된 수도특별경찰대는 여순사건에서도 순천, 벌교 등 부역자 색출 작전에 투입되어 갖은 고문을 자행했다. 여순사건 이후 이들은 육군정보국, 유엔군유격대(KLO), 한국군유격대 호림부대 등에서 활약했다.

서북청년회는 좌우익의 충돌이 있을 때마다 언제나 우익진영의 선봉역할을 하였다. 1947년 3·1절 기념식을 각각 가진 좌우익의 시가행진 중 남대문에서 충돌한 남대문 충돌사건, 공산주의를 찬양·고취하던 민족예술제를 광복청년회와 합동으로 저지시킨 부산극장사건, 부산좌익청년운동의 본부격인 민주애국청년동맹의 사무실을 습격하여 서북청년회 부산지부의 간판을 건 좌익단체 사무실점령사건 등에는 서북청년회가 주도했다.

6·25 전쟁과 서북세력의 부활

그렇다면 이들이 그렇게 공산주의를 싫어한 배경은 무엇일까. 해방 이후 소련이 들어와 군정을 실시하면서 기독교 민족주의자 단체와 일본군 총기를 소지한 적위대가 충돌했다. 오산학생사건, 용암포사건이 이어졌다. 하여튼 이북에서 개신교세력이 적위대 등 김일성 친위조직에 의해 공격을 받았고, 피해를 입어 대거 남하했다. 그런 과정에서 가족의 해산, 재산 피해 등도 많았다.

그에 반해 이승만은 서북세력을 사실상 '토사구팽(兎死狗烹)' 시켰다. 이승만은 서북청년회를 해산시키고 대동청년단을 발족시켰다. 서북청년회 뒤에는 김구가 있다고 믿었기 때문에 세력을 약화시킬 필요가 있었다. 그러나 6·25전쟁이 발생하면서 서북청년회는 다시 부활했다.

서울 수복 후 연합군이 3·8선을 넘어 북진하자, 대한청년단 북한총단부를 구성해 북한에 들어가 행정을 장악했다. 다시 중공군이 내려오면서 철수 명령이 내려지고, 이승만 암살사건에 연루되면서 큰 타격을 입었다. 또한 이승만은 서북지역 기독교인들을 신뢰하지 않았다. 이에 한경직 등 서북출신 기독교인들은 유엔에 파견할 독자적인 대표단을 구성하는 등 이승만의 심기를 거슬렸다. 특히 한경직은 이승만에게 밉보여 WCC총회에도 가지 못했다. 나중에는 서북청년들이 입성한 대한청년단도 해산시켰다.

정치권에서 배제된 서북출신들을 살린 것은 박정희였다. 늘 극과 극이 만난다더니 남로당 군사부장 출신과 반공 기독교세력이 손을 잡은 것이다. 쿠데타에 주도세력으로 참여한 서북 출신들은 박정희와 손을 잡고 '반공'을 국시로 삼았다. '반공' 국시의 배경에는 서북청년회와 서북출신 기독교계가 있다.

서북청년들은 육군정보국을 장악해 이후 중앙정보부 창설멤버로 참여했고, 월남전에도 참전했다. 중정부장 김형욱(7기), 채명신(5기) 파월사령관이 서북청년회 출신이다. 김구를 암살한 안두희(7기)도 서북청년회 출신이었다. 이외에도 12·12쿠데타에 참여한 김학원(1군사령관), 외무부장관을 지낸 김홍일(7기), 3공 무임소장관 길재호(7기) 등이 서북청년회 출신이다.

서울에는 예장통합 교단 중 평양노회, 서북노회, 황해노회 등 이북지역을 그대로 계승한 노회조직이 있다. 이들 교회가 극우세력의 중심이다. 이명박이 다녔던 소망교회 설립자 곽선희 목사도 서북출신이다. 당시 조선예수교장로회 황해노회는 평양노회와 함께 전국에서 교세가 가장 강했다.

당시 목회자들은 공산주의자들은 사탄이고, 이들과의 대결에서 꼭 승리해야 한다는 믿음을 심어줬다. 이런 믿음은 학살의 죄의식을 지워주는 좋은 장치가 됐고, 학살은 범죄가 아닌 종교적 축복을 가져다주는 행위로 여겨졌다.[10]

이런 극우주의적 원죄를 가지고 출발한 한국 개신교는 이후 독재정권을 비호했고, 독재정권은 개신교에 혜택을 주면서 공생관계를 유지했다. 이런 독재정권과의 공생을 통해 개신교는 성장을 거듭했고, 보수적 성향의 개신교회들과 인사들은 한국 개신교의 주류가 되었다.[11]

해방 후 월남해온 서북출신 조직깡패 이화룡(1914~1984. 평양박치기, 명동의 황제. 1958년 충정로 도끼사건으로 체포. 강제 은퇴 당함)과 그 조직원들은 한때 서북청년단(위원장 선우기성)에 대거 가입하는 등 정치적으로 이승만을 지지해왔던 것은 사실이다. 하지만, 6·25 이후 정치상황에 변화가 오면서 이들이 동향출신 지역구 국회의원이자 야당의 중진인 정일형(평남 진남포 출신) 지지세력으로 옮겨갔다.

이화룡의 명동파 본거지가 있는 서울 중구는 장면(평양 출신)의 최측근인 정일형의 선거구로서 월남해온 서북인들이 많이 살았는데, 정일형은 이화룡을 비롯한 동향 출신 지역주민들의 지지에 힘입어 중구에서 무려 연속 8선 의원(2대~9대)을 하는 기염을 토했다. 이는 한국 의정사에서 지금까지도 깨지지 않는 기록으로 남아 있다.

---

10 민중의소리 2020.9.21.일자 [기자수첩] 개신교 청년들은 어떻게 극우화되었나?(권종술 기자)/https://www.vop.co.kr/A00001513825.html

11 위의 같은 자료

서북청년단은 6·25 때 국민방위군으로 다시 흡수되면서 사실상 조직이 해체된 상태였는데, 1952년 부산 정치파동이 터지면서 장면이 정치적으로 부각되자, 상당수가 동향인 장면 지지로 돌아섰다. 여기다가 이승만이 족청계에 의존하여 부산 정치파동을 정면 돌파하면서 더 이상 정치적 수요가 사라진 이들 서북출신 청년들은 자유당과도 정서적으로 멀어지게 되었다.

특히 이들의 주적이던 남로당이 6·25 종전 후 남북한에서 모두 소멸되었기 때문에 서북청년 조직들도 딱히 더 이상 할 일이 없는 상태였다. 그 시점에서 그들이 자유당 정권을 위해서 할 일이라고 해봐야 관제시위나 반공궐기대회에 청중을 동원하는 정도였다. 이는 요즘도 마찬가지이다.

CHAPTER · 2

소설 『순교자』와 북한에 남은 목사들

해방 후 북한에서 기독교세력과 공산주의세력이 본격적으로 부딪힌 것은 언제부터일까. 북한은 기독교를 친미세력의 진원지로 보았고, 남한은 공산세력을 친소세력의 진원지로 본 것이다. 결국 우리 자체의 문제가 아닌 미소의 대결구도에서 대리전을 치른 것은 아닐까.

소설 속 주인공은 평양의 지도자 이학봉 목사

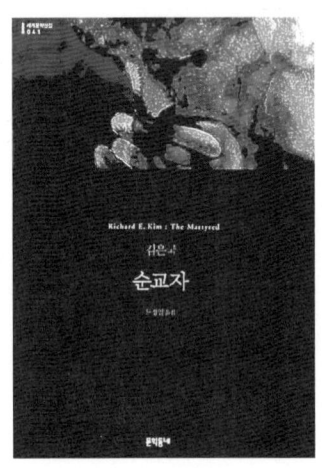

김은국의 소설 순교자

재미교포 작가 김은국(Richard Kim, 1932~2009, 함흥출신, 김찬도 목사의 아들)의 장편소설 '순교자(원제 The Martyred)'는 1964년 미국에서 발표되었다. 미국 아이오와대 문예창작 석사학위과정 졸업작품으로 제출된 이 영문 소설은 발표되자마자 미국 평단과 언론에 센세이션을 불러일으켰다. 김은국 작가는 1947년 월남하여 목포고를 나왔고, 서울대 경제학과를 거쳐 존스 홉킨스대와 하버드대에서 문학 석사학위를 받았다. 한국에는 크게 알려지지 않았지만, 이 작품 하나로 한국계 최초로 노벨문학상 후보까지 올랐고, 20주 연속 베스트셀러를 기록했다.

이 소설의 주인공 '신목사'의 실제 인물은 김은국 작가의 외할아버지인 이학봉(李學鳳, 1892~1950, 평북 용천, 해주·원산·함흥·평양에서 목회) 목사로 평양신학교 17회 졸업생이며, 원산 광석동교회, 함흥중앙교회를 거쳐 평양 남문밖교회를 담임했다.

평안북도 용천은 당시 서북의 중심 지역으로 장기려, 함석헌 등을 배출한 곳이다. 선천·용천 지역에는 매퀸 선교사와 홀드 크러프트 선교사 등이 교회와 학교, 병원을 세우고 복음 전도에 열정을 불태웠다. 이학봉 목사는 설교할 때면 교회당이 쩌렁쩌렁 울릴 정도로 크고 맑은 목소리를 자랑했다고 한다. 평양에서는 유일하게 수화(手話)를 할 줄 아는 목사라서 청각장애인들이 많이 출석했고, 늦은 밤에도 혼자 예배당을 울리며 설교연습을 하는 열정을 가진 목사였다.

1946년 3월 1일 평양에서 발생한 3·1절 기념 예배 사건으로 이 목사는 북한 기독교 역사에 등장했다. 북한 공산당은 평양 교회들의 3·1절 기념행사를 금지시키고 공산당에 대한 충성을 다짐하는 평양역전집회에 참여할 것을 요구했으나, 교회 측은 3·1운동은 기독교회 중심으로 일어난 운동이라는 점을 주장하며 교계의 기념 예배를 취소할 수 없다고 통보했다. 기념예배는 유서 깊은 장대현교회에서 열렸다. 이때 연행된 사람이 사회자 김길수(金吉洙, 1905~1950, 평남 용강) 목사, 설교자 황은균(黃殷均, 1902~1959, 기독공보 주필) 목사를 비롯해 이학봉 목사(평양노회장) 등 8명이나 되었다. 기독교와 공산정부가 공개적으로 대립한 첫 사건이었다.[12]

김일성이 정권을 장악한 후 기독교에 대한 본격적인 탄압이 시작되었다. 1946년 11월 3일 일요일을 전국 인민위원회 위원선출을 위한 투표일로 정했고, 교회 지도자들은 당연히 주일선거를 반대했다. 이학봉 평양노회장은 북한 정권의 최고 요주의 감시대상이었다.

---

12 국민일보 2014년 1월 22일자 기사-인간의 구원 가능성을 설파하다(한국 최고 테너 이인범 탄생 100주년) https://news.kmib.co.kr/article/view.asp?arcid=0007959340&code=13110000

당시 사위인 독립운동가 김찬도(1907~1994, 황해도 황주출신, 인천시장 직무대리 역임, 건국훈장 애족장, 소설가 김은국의 부친) 목사가 장인인 이 목사를 만나 함께 월남할 것을 권유했으나 이 목사는 "교인들이 나를 쳐다보고 있는데 내가 어찌 일신의 편안함을 위해 홀로 교회를 떠날 수 있느냐"며 부부가 끝내 평양을 고집했다.

김찬도 목사는 수원고등농림학교 재학 중이던 1928년 우종휘·권영선 등과 함께 전문학교급에서 가장 규모가 큰 항일독립운동단체 조선개척사를 설립해 농학도를 결속시키다가 3년간 옥고를 치른 후 만주 용정중학교 교사로 재직하며 강원룡과 문익환 목사를 키워낸 사람이다.

공산주의자 강양욱과 친일·공산주의자 김응순 목사의 변심

1948년으로 접어들자, 김일성의 외종조부 강양욱 목사 등 친공산 기독교인들은 평양기독교연맹에 목사들을 가입시키기 위해 이 목사가 시무하는 남문밖교회에 평양시내 목사·장로들을 소집하여 연맹 가입을 요구했다. 이 기독교연맹은 현재의 '조선그리스도연맹'의 전신이다. 남문밖교회는 1903년 장대현교회에서 분립한 교회로 이학봉 목사가 3대 담임을 맡고 있었다.

김일성은 이북 지역에 지지 기반과 인맥이 없었기에 자신의 정치적 기반을 수축하고 견고히 하기 위해 이북 지역의 교회 조직을 이용하려고 강 목사를 권력의 전면에 내세웠다. 여기에 천도교까지 끌어들여 지지기반을 넓히는데 이용하였다.

강 목사는 이북 지역의 교회와 목회자들을 자신의 편으로 결집시켰고, 이런 목적을 위해서 그 지역의 영향력 있는 목사들을 회유하고 때로는 협박하면서 공산정권의 수립과 공산화 작업에 끌여들였다. 그는 1946년에서 1947년까지 온갖 수단과 방법을 동원하여 곽희정, 이웅, 신영철, 김익두, 박상순, 김용순 등을 '조선기독교도연맹'에 가입시키고 박상순 목사를 연맹의 위원장으로 세웠다. 1947년 여름까지 북한 개신교도의 3분의 1이 연맹에 가입했

고, 1948년 9월 1일까지 8만5천 명이 가입했다.[13]

이기풍 목사가 아꼈던 후배 김익두 목사는 해방 전에는 일경에게 이용당해 신사참배를 하더니, 해방 후에는 강양욱(康良煜, 1904~1983, 1943년 평양신학교 졸업, 장대현교회 전도사, 평양고정교회 담임, 조선사회민주당 위원장)에게 이용당해 그들의 꼭두각시인 기독교연맹 총회장을 맡았다. 하지만 김익두 목사는 전쟁(6·25) 승리를 위해 무기구입비로 10만원을 헌납하는 등 적극적인 협력에도 불구하고 6·25 전쟁 당시 그들의 손에 최후를 맞고 말았다. 강양욱은 '제2의 김익두'라는 말을 들을 정도로 설교실력이 뛰어났고, 아들 강명철이 조선그리스도연맹 위원장을 세습체제로 이어받고 있다. 탈북한 강명도 교수의 작은 할아버지이다.

김응순

일제 말기 적극적인 부일협력자이자, 조선예수교 장로회의 총회장이었던 김응순(金應珣, 1891~1958, 황해도 장연, 해주·봉산·장연·인천 등에서 목회, 해군전투기 헌납주도, 반민족행위자)은 교회를 살리는 길은 조선기독교도연맹에 가입하는 길밖에 없다고 하면서 친근한 목사들을 찾아다니며 가입을 유인했고 협박까지 해가면서 이를 실행하였다. 실제로 가입하지 않는 이유택(李裕澤, 1905~1949, 경북 안동, 평양신학교 교수, 피살) 목사, 문경균 목사(피살), 평북 정주의 최택규(崔宅奎, 1902~1949, 평북 선천, 정주에서 목회, 피살) 목사 등 선천의 여러 목사들을 투옥시켰다. 평양신학교 교장인 김인준(金仁俊, ?~1950(?), 평양에서 목회, 이북5도연합노회 구성) 목사는 정치보위부에 연행되어 고문을 받다가 세상을 떠났다.[14]

이런 기회주의자이자, 오리지널 빨갱이 목사였던 김응순은 1951년 1·4후퇴 당시 월남해 인천에 정착하여 황해노회 소속 인천 보합교회(현재 합동교단)를 세웠다. 또한 북한에서 가져온 재산이 많았는지 경제적 기반이 탄탄해

---

13 근현대사로 읽는 북한교회사(강석진, 쿰란출판사, 2022) 150쪽
14 위의 책 150쪽

인천에 보합공민학교와 보합고등공민학교(현 인천중앙여상)을 설립해 교장으로 취임했다. 1993년 김영삼 정부는 이런 친일 오리지널 빨갱이 목사에게 건국훈장 애족장을 추서했다.

김일성의 큰 외삼촌 강진석 목사에게도 2012년 이명박 정부가 박승춘(1947~ , 강릉출신, 육사 27기, 예비역 중장) 보훈처장 재임 때 광복 67주년 기념식에서 독립운동을 인정하여 건국훈장 애국장을 수여했다가, 나중에 김일성의 외삼촌인 것을 알고 명단에서 삭제하고 은폐한 적이 있다. 이런 빨갱이라도 공적이 있으면 수여해야 마땅하지만, 김응순 같은 기회주의자에게 훈장을 주는 것은 말이 안된다.

순교자의 참 의미와 아름다운 순교

1950년 남침을 앞두고 북한 정권은 6월 18일 평양의 목사 14명을 연행하였다. 이 연행 후 과정을 다루고 있는 것이 바로 소설 '순교자'이다. 끌려간 14명의 목사 중 12명은 6월 25일 새벽에 처형됐다. 한 사람은 정신 이상이 돼 목숨을 유지했고, 온전하게 돌아온 한 사람의 행적이 의혹을 불러일으켰다.

소설은 이렇게 전개된다. 살아 돌아온 신 목사는 같은 장소에 수감되어 있지 않아 12명의 처형 사실을 몰랐다고 주장했다. 그러나 차츰 신 목사가 다른 목사들과 함께 수감되어 있었다는 사실이 드러나면서 진실은 오리무중이 되고, 신 목사는 하나님을 배반하고 공산당에 부역해 살아남은 자로 몰린다. 교인들이 들고 일어나 교회를 파괴하고 신 목사에게 돌팔매질을 한다. 그럼에도 신 목사는 입을 열지 않는다.

서울 수복 후 북진하던 육군특무대는 평양에 파견되어 12명 순교자에 대한 추도예배를 열어 공산세력의 잔혹함을 알리기 위해 이 사건을 조사한다. 나중에 처형을 목격한 공산군 소좌가 체포돼 진상이 드러나기 시작한다. 공산군 소좌는 말한다.

"자, 여러분. 당신들의 위대한 순교자들이 어떻게 죽었나 알고 싶다고 했지? 꼭 개새끼들 같이 훌쩍거리고, 낑낑거리고 엉엉 울면서 죽어 갔어. 살려

달라 아우성을 치고, 자기네 신을 부정하고 동료들을 헐뜯는 꼬락서니라니. 과연 한 번 보기 좋았지. 그자들은 개처럼 죽은 거야!"

"그자(신 목사)는 유일하게 내게 대항했던 자였어. 난 당당하게 싸우는 걸 좋아해. 그자는 용기가 있었어. 내 얼굴에 침을 뱉을 만큼 배짱 있는 친구는 그자 하나뿐이었어. 그래서 그자만은 쏘지 않았던 거야. 사실은 쏘아 버렸어야 하는 건데."

그 후 신 목사는 태도를 바꾼다. 12명 목사의 처형에 관해 자기로선 일체 아는 바 없다고 했던 그는 동료 목사들이 얼마나 굳세게 저항했는지, 모진 고문 속에서도 얼마나 당당하게 죽어갔는지를 증언하고 나선다. 물론 거짓이다. 인간의 일시적인 필요를 위하여 신앙의 순교자를 날조할 수는 없다고, 그것은 최대의 경멸을 받아 마땅할 신성모독이라고 생각했던 신 목사가 자신이 반역자이며 오히려 죽은 12명의 동료 목사들이 순교자라고 사람들에게 설파하고 다닌다.

이 작품의 평자들은 "신 목사의 인간적인 성숙성과 신앙인으로서의 겸허한 자세가 절제 있고 지적인 문장으로 잘 묘사되어 있다"고 밝히고 있거니와, 신 목사가 왜 자신 스스로 반역자의 입장을 택했는지, 비겁하게 죽어간 목사들을 왜 순교자의 위치에 올려놓았는지 작품은 직접적으로 설명하지는 않고 있다. 신앙의 지조를 선택함으로써 살아남았고, 그러나 동료 목사들을 위해서는 기꺼이 배신자의 위치를 선택하여 교인들로부터 버림을 받은 신 목사, 그 주인공이 바로 이학봉 목사라는 것이다. 물론 소설이지만, 진짜 이학봉 목사의 최후는 제대로 밝혀지지 않았다.

이 소설처럼 완전한 진짜 순교자는 하나님만이 아실 것이다. 자식들이 아버지가 순교자라고 떠드는 것에 반해 동료들을 위해 스스로 자신은 배교자라고 주장한 소설의 주인공이 더 아름다운 순교자가 아니겠는가.

CHAPTER · 3

유관순과 김일성의 스승 손정도 목사

손정도 목사

유관순 순국열사와 북한 김일성 주석과는 손정도 목사를 통해 연결된다. 두 사람 모두 손정도 목사에게 세례를 받은 감리교 신자였다. 유관순 열사는 손 목사가 부임한 정동감리교회(현 정동제일교회) 바로 옆에 있던 이화학당을 다녔고, 그 교회에는 이화학당과 배재학당 학생들이 많이 섬겼던 곳이다.

두 사람 모두 손정도 목사의 애국적인 설교를 듣고 성장했다. 그럼에도 한 사람은 조국의 독립에 하나밖에 없는 목숨을 바쳤고, 또 한사람은 조국을 위해 전쟁을 일으켜 수백만 명의 같은 민족을 희생시켰다.

손정도 목사의 영향으로 자기 인생을 개척하고 결정한 두 사람의 삶이 우리 역사에서는 무엇을 남겼는지 돌아봐야 할 때이다. 어쩌면 그 책임을 스승인 손정도 목사에게 물어야 할지도 모르겠다. 제자를 잘못 가르친 과오를 말이다.

전남 진도로 유배간 손정도 목사

손정도는 평양의 무어(J.Z. Moore, 문요한, 1874~1963, 미감리회 평양선교부 파송) 선교사를 만나 그의 비서 겸 어학선생으로 들어가 숭실중학교(5회)를 졸업하였다. 1907년 평양지방을 휩쓴 대부흥운동에 자극받아 전도자가 되기로 결심, 서울에 있는 협성신학교(현 감리교신학대학)에 진학하여 1910년 졸업하였다.

그는 안중근의 사촌 동생 안명근이 서간도에 무관학교를 세우려고 황해도 안악에서 자금을 모으다 붙잡혀 관련자 160명이 처벌을 받은 '안악사건(安岳事件)'으로 체포되어 1912년 전남 진도로 유배되었다. 이 사건에 연루되어 40여명이 유배를 갔는데, 남강 이승훈 목사도 제주도 조천읍으로 유배를 갔고, 김구는 15년형을 받았다. 이 사건은 이기풍, 이승훈, 김구 등으로 연결되어 있다.

손정도 목사는 진도에서 복음 전파와 독립정신 고취에 진력하였고, 1년 후 서울로 돌아올 때는 섬 주민들이 뱃길을 막으며 이별을 아쉬워할 정도였다고 한다. 유배 생활을 하던 정배소로 자기 집 사랑채를 내놓은 이가 소치 허련의 후손 허도종(본명 허도행)이었다. 이 집안은 5대가 내려온 남종화의 산실이 된 양천 허씨 집안이다. 허도종은 손정도 목사가 주도한 성경공부 모임에 참석하면서 개종하였고, 서울로 갈 때 배재학당에 입학하도록 주선했다. 이어 졸업 후에는 미국으로 유학을 보냈다.

서울로 올라간 손정도 목사는 동대문교회와 정동교회에서 담임목사로 시무했다. 당시 서울에는 감리교회로 상동교회, 동대문교회, 정동교회가 자리를 잡고 있었다. 동대문교회에서 정동교회로 옮긴 후에는 남녀를 구별하는 휘장을 걷어내고 예배당을 늘렸다. 교회 양 옆에는 이화학당과 배재학당이 있어 젊은이들이 모여 들었다. 이때 유관순도 이화학당에 전학하면서 정동교회를 나와 손정도 목사의 애국설교를 들었다. 1918년 7월 정동교회를 사임하고 평양으로 돌아가 영친왕의 중국 망명을 추진했으나, 고종이 갑자기 서거하면서 중단되었다.

김일성을 길림교회에서 제자로 삼다

3·1운동이 시작되자, 독립운동가들이 상해로 모여 임시정부를 설립했고

임시의정원 의장을 맡아 임시정부 헌법을 만들어 공포했다. 그 후 임시정부 내에서도 권력투쟁이 난무하자, 1924년 만주 길림성으로 떠나 길림교회 등을 맡았다. 이곳에서 평양 숭실전문학교 후배인 김형직의 아들 김일성을 만났다. 1917년 숭실전문학교 졸업생과 재학생들이 조선국민회라는 비밀조직을 만들었는데 김형직도 가담했고, 그때 두 사람은 12살이라는 나이 차이에도 친하게 지냈다.

그리고 김일성은 김형직이 사망한 후에는 중국 길림성으로 건너가 육문중학교에 편입학하면서 손정도 목사 사택에 하숙하며 '길림교회'를 3년여에 걸쳐 출석하는 등 교회생활을 열심히 했다.

손원일 해군제독

그래서 손 목사의 자녀들은 김일성 주석과도 형제처럼 지냈다. 손 목사의 장남이 손원일(1909~1980, 초대 해군참모총장, 5대 국방부장관) 해군 제독이고, 차남이 김일성과 만주 육문중학교 동창인 손원태 박사이다. 또한 손원일 제독의 장남이 손명원 장로(서울새사람교회)인데, 현대중공업 부사장과 현대미포조선 사장, 쌍용자동차 사장을 지냈다.

1991년 손원태 박사는 친구 김일성 주석의 초청으로 평양에 들어가 60여 년 만에 만났다. 당시 그는 미국 시민권자였다. 1994년 김일성이 사망하자, 2003년에는 김정일의 초청으로 손원태 박사와 손명원 장로가 북측이 주최한 손정도 목사 남북학술토론회에도 참석했다.

그리고 이듬해인 2004년에 손원태 박사가 미국에서 사망했는데, 평양 애국열사릉에 안치되었다. 손원태 박사의 형인 손원일 제독은 동작동 국립현충원에 안장되어 있으니, 형제가 남과 북에서 추앙받고 있는 셈이다. 그렇다고 역대 대한민국 정부가 적(?)과 내통한 손명원 장로를 국가보안법으로 처벌했다거나, 손원일 제독을 공산주의자로 몰지는 않았다. 이를 보면 국가보안법도 사람에 따라, 또는 출신에 따라 차별을 두는 것 같기도 하다.

김일성은 추후 "손정도 목사님은 비록 사상은 달랐지만, 참으로 민족을 위해 헌신한 애국자"라고 말했다고 전해진다. 이때는 당연히 기독교 신자가 아니었다. 그럼에도 김일성은 손정도 목사의 장손자인 손명원 장로에게 '손정도 목사 기념사업회'를 하라고 권유했다. 그래서 2003년 평양에서 손정도 목사 남북학술토론회가 열렸다.

공산주의의 종교관에 따르면 '종교는 아편'이라고 규정한다. 김일성의 외가로 들어가면 친척(외종조부)인 강양욱 목사가 조선그리스도교연맹(조그련)을 창립했고 3대가 수장직을 맡아 현재는 손자인 강명철 목사가 위원장이다. 그러나 한국 기독교에서는 조그련을 기독교단체로 보지 않는다.

북한이 반긴 목사도 있었다. 바로 미국의 빌리 그레이엄 목사이다. 1992년 서양 목사로는 최초로 북한을 방문해 김일성 주석을 만났다. 그레이엄 목사의 아내인 루스 그레이엄이 평양 외국인학교에 다닌 인연으로 북한이 먼저 그레이엄 목사 부부를 초청한 것이다. 하지만 빌리 그레이엄 목사의 장인 넬슨 벨 선교사가 김일성의 부모를 결혼에 이르도록 중매한 인연이 있었으니 깍듯이 모셨던 것이다. 당시 그레이엄 목사는 성경책과 자신의 저서를 김 주석에게 선물했으며, 2년 후 다시 평양을 찾았다. 그 인연은 인도적 지원으로 이어졌다. 그레이엄 목사의 아들인 프랭클린 그레이엄 목사는 '사마리아인의 지갑'이라는 대북지원 민간단체를 만들었고, 방북 당시 그레이엄 목사의 통역을 맡았던 드와이트 린튼((Thomas Dwight Linton, 인도아, 1927~2010, 전북 전주 출신, 호남신학대 학장 역임) 목사의 집안 역시 대북지원단체를 설립해 인도적 도움을 주고 있다.[15]

---

15 BBC뉴스코리아(김형은 기자/2018.9.19일자)-북한과 기독교…인연 혹은 악연의 시작
    https://www.bbc.com/korean/news-45507082

CHAPTER · 4

김일성 주석은 감리교 세례 신자

 김일성 주석이 감리교 세례 신자라고 주장하면 믿을 사람이 있을까. 하지만 사실이다. 그런 그가 어떻게 북한에서 기독교를 배척하고 탄압했는지 궁금하다. 그의 본가나 외가 모두 기독교 집안이었다는 사실이다.

부모 모두 기독교 신자, 부모 중매 선 미국 선교사
 김일성 주석은 독실한 기독교 집안에서 태어났고, 교회를 다녔으며, 성가대 등 교회에서 열심히 활동한 성도였다. 그는 1912년 4월 15일 평양 교외 칠골 농가에서 태어났다. 아버지 김형직(1894~1926)은 초등학교 교사로 선교활동을 했고, 어머니 강반석(1892~1932)도 개신교 신자였다.
 김일성의 아버지 김형직과 어머니 강반석은 미국 선교사였던 넬슨 벨(L. Nelson Bell, 1894-1973, 1916~1941년 동안 중국에 파송된 미국 의료선교사)의 중매로 결혼했고, 강반석도 원래 이름이 강신희였는데, 세례를 받으면서 선교사가 지어준 이름이었다.[16] 반석은 베드로의 우리말 발음이었다. 넬슨 벨 선교사는 세계적인 복음 설교가인 미국의 빌리 그레이엄(Billy Graham, 1918~2018, 미국 침례교 목사. 미국 개신교 복음주의 운동에 막대한 영향을 준 인물) 목사의 장인이다.

---

16 리버티코리아포스트-김형수, 2019.10.22. 일자 기사((http://www.lkp.news)

김일성 주석이 어린 시절 고향인 평양 만경대에서 다니던 교회는 지금 김일성군사종합대학이 위치한 곳에 있었던 송산교회당이었다. 김 주석도 자기의 회고록에서 당시 송산교회 김성호(1913년 평양신학교 졸업, 1916년부터 1918년까지 송산교회 담임목사) 담임목사에 대해 회고했다. 그리고 송산교회에 다닐 때 교회에서 주는 사탕과 공책을 받았던 일들도 기억하고 있다고 증언한 바 있다.

당시 평양 만경대구역에는 장대현교회 등 장로교회가 16개 교회가 있었고 감리교회로는 남산현교회만 있었다. 1899년에 건립된 하리교회는 지금의 평양 만경대구역 칠골동에 있었는데, 칠골교회라고도 불렀다. 김 주석의 외조부 강돈욱이 이 교회장로였다.[17]

그 후 온 가족이 중국 팔도구로 이사를 했다. 김형직이 일제에 의해 투옥되었다가 석방된 후, 다시 조선으로 건너와 지금의 양강도 포평지역에 자리를 잡은 후에는 '포평교회당'을 열심히 다녔다. 이 포평교회는 부모님을 비롯해 숙부와 동생들까지 모두 함께 신앙생활을 했고 김 주석의 부모는 이 교회당을 주민들의 항일교육 장소로도 활용했다.

김형직은 조만식 선생의 숭실전문학교 후배이지만, 중퇴했고, 반공주의 성향의 독립운동가로 알려져 있다. 실제 1926년 공산주의자들에게 암살당했다. 하지만 북한은 백두혈통을 내세우며 기독교인, 공산주의자에게 암살 당했다는 사실을 철저히 은폐하고 있다.

김형직이 사망한 후에는 중국 길림성으로 건너가 육문중학교(만주에 있는 중국인학교로 북한에서는 혁명사적지로 선전하고 있다.)에 편입학하면서 손정도(1882~1931, 평북 증산군 출신. 독립운동가. 감리교 목사. 협성신학교 졸업. 상해임시정부 의정원의장) 목사 사택에서 하숙을 했다. 당연히 손 목사가 목회하는 '길림 조선인교회'를 3년여에 걸쳐 출석하며 교회생활도 했다. 이 정도로 꾸준히 교회를 다녔다면 지금은 집사 등 교회 직분을 맡아 열심히 봉사했다고 할 수 있다.

이때 성가대장과 주일학교 교사를 하였으며 동시에 본격적으로 공산주의

---

17 북한교회사(7) 평양 만경대구역에 세워진 옛 교회는 어떤 교회일까(황기식 목사-아산동산교회)

학습을 시작했다. 손 목사와 길림 조선인교회, 육문중학교는 청소년기에서 청년기로 변화하는 성장기의 김일성 주석이 초기 공산주의 이론을 형성하게 했고, 나아가 혁명운동의 요람이 되도록 했다. 특히 손정도 목사는 공산주의 이론을 학습하며 학생운동을 전개하던 김일성을 아들처럼 여기며 적극 포용하고 목회적인 차원에서 전적으로 지원했다.[18]

손정도 목사는 서울 정동제일교회 제6대 목사를 지냈고, 김일성 주석은 손 목사에게 세례도 받았다. 김 주석은 손정도 목사의 장손인 손명원(1941~)[19] 장로에게 '손정도 목사 기념사업회'를 하라고 권유했다. 그래서 2003년 평양에서 손정도목사 남북학술토론회가 열렸다. 교회 장로인 손명원은 정몽준 현대중공업 고문과 손윗동서이고, 현대중공업 부사장과 현대미포조선 사장을 지냈으니, 현대가와 정동제일교회를 중심으로 엮인 가문이다. 정주영 현대그룹 회장의 '소떼 500마리 방문'도 손정도 목사의 가문과 관련이 있지 않을까 싶다.

김 주석 외가도 탄탄한 기독교 집안이었다. 외종조부이자 김 주석의 스승인 강양욱(康良煜, 1903~1983, 평양신학교 졸업, 북한에서 조평통 위원장, 최고인민회의 상임위 부위원장, 국가부주석 등을 지냈다) 목사는 해방 후 북한에서 조만식이 창당한 조선민주당 중앙위원을 거쳐 북조선인민위원회 서기장, 기독교연맹 중앙위원장을 지냈다.

기독교와 갈등은 주일 선거

1946년 이북지역의 기독교 단체인 '오도연합회'가 공산정부 수립에 대항하기 위해 결성되자, 김 주석과 강양욱 목사는 '조선기독교도연맹'을 결성하여 대항한다. 이 단체는 기독교의 내분을 목표로 한 정치적 단체이었고,

---

18 통일뉴스(http://www.tongilnews.com)/2016.1.4.일자/최재영 목사-NK VISON 2020대표
19 손원일 해군제독 아들. 현대중공업 부사장, 현대미포조선 사장, 쌍용자동차 사장, 맥슨전자 사장 등 역임. 서울 새사람교회 장로.

이때부터 기독교도에 대한 핍박과 방해공작이 노골화되었다.[20]

이때 기독교와 종교적 갈등은 김일성 주석이 총선거를 1946년 11월 3일, 주일에 실시하기로 하면서 시작되었다. 기독교인들에게 주일 성수는 목숨과도 같은 것이었고, 주일예배 외에는 허용하지 않은 것이 원칙이다. 하필 주일에 총선거를 실시하기로 한 것은 의도적이었다고 볼 수 있다. 어쩌면 기독교보다는 천도교와 미리 손을 잡기로 한 탓인지도 모른다.

당시 북한에서 가장 큰 세력은 기독교와 천도교였다. 그런데 세력 규모로 보면 천도교가 기독교를 앞섰다. 1919년 3·1운동 당시 천도교가 300여만 명이고, 개신교는 20여만명에 불과했다. 김 주석의 아버지 김형직이 사망하자, 어린 김성주(김일성의 옛이름)를 거둔 인물이 화성의숙 교장 최동오[21]였다.

논란이 많기는 하지만, 북한에서는 '보천보사건'도 천도교 교정 박인진(1887~1939)[22]과 김 주석이 손잡고 주도했다고 주장하고 있다. 실제 '보천보사건'을 주도한 김일성 장군은 1937년 11월 전사한 동북항일연군 2군 6사장이었다.

해방 직후 북한에 들어온 김 주석이 북쪽에서 가장 강력한 지방조직을 갖고 있는 천도교 세력과 손잡으면서 도움을 받아 북한지역을 장악할 수 있었다는 주장도 있다. 그래서 북한은 천도교를 현재도 형식상 동반자 취급을 하고 있다. 최동오는 1920년대 천도교 종의원 의장을 지냈고, 6·25 때 납북되었다고 했지만, 사실은 월북이었다. 북한에서 김일성의 스승으로 극진한 대접을 받았다. 반면에 그의 아들 최덕신은 박정희의 스승이었다. 부자간에 남북에서 독재자를 제자로 둔 흑역사를 갖고 있다. 최덕신은 아버지가 납북되었다고 우겼다.

조선경비사관학교 3기생으로 임관한 최덕신은 6·25 때 국군11사단장을

20　기독일보-강석진 목사의 북한교회사 이야기(32)
　　(https://www.christiandaily.co.kr/news/114168#)

21　1892~1963, 평북 의주출생, 건국훈장 독립장, 만주 화성의숙 교장, 임시정부 국무위원, 좌우합작위원회 우파 대표, 입법의원 부의장, 6·25 때 월북

22　함경남도 풍산지역에서 활동. 3·1운동 시위 주도. 보천보 사건의 주역

맡아 견벽청야작전으로 경남 산청·함양·거창 민간인 학살을 주도했다. 그뿐만 아니라, 전남에서도 함평, 영광, 장성, 나주 등에서 미수복지구 탈환 작전을 펼치면서 무고한 국민들을 죽음으로 몰았다. 집단학살의 주범 최덕신은 이승만의 총애를 받았고, 중장으로 예편했다. 제자인 박정희는 쿠데타 집권 이후 최덕신을 외무장관에 앉혔고, 다시 서독대사에 임명했다.

1967년 서독대사로 있으면서 서독에 거주하는 교포·유학생·예술인 등을 간첩으로 몰아 중앙정보부 요원들이 납치해 온 '동백림사건'을 거들었다. 김형욱 중정부장이 벌인 일이지만, 대사의 묵인이 없으면 불가능한 일이었다. 단교조치 등 외교적으로도 심각한 문제였으나, 파독광부와 간호사를 보내면서 무마시켰다는 주장도 있다.

이 사건 이후 최덕신은 천도교 교령을 맡았는데, 1971년 7대 대선 전에 박정희에게 자금을 지원받아 당시로는 최고층인 천도교회관(수운회관)을 완성하고 대선에서 박정희 유세를 하며 천도교 표를 몰아주었다. 대학까지도 설립할 계획이었으나, 유신정권으로 돌아서면서 사이가 멀어졌다. 결국 공금횡령설이 불거지자, 미국으로 망명했

백선엽과 최덕신

다가 1986년 북한으로 영구 귀국했다. 남한 정보부의 감시를 받던 최덕신의 아들 최인국도 월북해 북한에 살고 있다. 남한이나 북한이나 학살의 주범을 '스승'이라는 이유로 승승장구하도록 배려한 것이 남북한 독재정권이었다. 그래서 북한에서는 천도교가 청우당이라는 정당으로 살아남아 있고, 최덕

신의 월북에 이어 1997년 대선 때 오익제 교령도 월북하면서 남한에서 천도교의 세력은 급속히 약화되었다.

북한에서는 기독교는 이미 버린 카드였다. 1948년 9월 9일 수상에 김일성, 부수상에 박헌영을 선출하여 공산정부가 수립되었고, 이때부터는 폭력적으로 5도연합회 소속 지도자들을 검거, 투옥하는 등의 핍박이 본격화되었다. 공산정권 수립에 협력하는 기독교 지도자들에게는 교회조직의 권한을 보장했으나, 반대하면 투옥과 고문 및 처형으로 제거했다.

당시 김화식(1894~1947, 평남 숙천, 평양신학교 졸업, 평양 창동교회 목사) 목사 등 북한 교회를 실질적으로 이끌던 많은 목사들이 순교를 당하였다.[23] 이에 저항한 많은 기독교인들이 신앙의 자유를 찾아 이남으로 내려오면서 '서북청년회'라는 폭력적인 괴물(?)집단이 탄생하게 되었다. 잘 알려지다시피 이 서북청년회 회원들이 1948년 경찰복을 입고 제주도에 들어와 약탈, 살인 등 폭압적인 진압의 선봉에 나섰다. 이북의 공산정권에 당한 핍박을 이남의 선량한 양민들에게 보복한 것이다. 이들은 여순사건 진압과정에도 등장해 좌익부역자 색출과 고문에 참여했다.

김일성 주석은 강양욱 목사를 통해 이북의 장로교단과 감리교단을 통합시켜 '조선그리스도교도연맹'을 출범했다. 공산정권은 평양에 있던 장로교 평양신학교와 감리교 성화신학교를 통합해 '그리스도신학교'로 재편성하였으며, 신학생 선발도 신앙보다는 공산주의 사상과 김일성 정권에 협력하는 것을 더 비중을 두어 선발하였다. 또 학교에는 스탈린과 김일성의 사진이 성화처럼 전시되었다.[24]

강양욱은 한국 최초 산동성 파견 선교사인 박상순(1918년 중국 산동성 3대 선교사로 파견되어 1937년까지 활동했다. 평양 장대현교회 출신. 평양신학교 졸업) 목사 등 거물급 목사들을 끌어들였다. 이들은 앞장서 김일성의 정권 수립에는 공을 세웠지

---

23 김화식, 김인준, 이정심, 이철훈, 이유택 등 목사 등이 순교를 당하였다.
24 기독일보 2022.4.6.일자 강석진 목사의 북한교회사 이야기(32)-북한, 공산국가 '조선민주주의 인민공화국' 수립(https://www.christiandaily.co.kr/news/114168#)

만, 대부분 숙청당하거나 배척당했다. 대부분의 교회도 파괴되었는데, 3천여 개가 넘는다.

무엇보다 북한에서 기독교는 '미국 스파이'라는 인식이 강했다. 실제로 일제강점기 조선 땅에 가장 먼저 온 분들이 선교사였다. 일본은 군대를 먼저 보냈지만, 미국은 선교사를 통해 조선의 많은 정보들이 넘어갔다. 물론 종교적인 목적을 떠나 의료, 교육 등 선교사들의 헌신은 이루 말할 수 없이 크지만, 빼앗긴 것도 많다.

하지만, 김일성은 부모를 중매한 넬슨 벨 선교사의 사위인 빌리 그레이엄 목사는 깍듯이 대접했다. 또한 그레이엄 목사의 아내 루스가 평양 외국인학

빌리그레이엄 목사와 김일성 주석

교에 다녔는데, 그녀의 부모는 중국 오지에서 활동한 선교사였다. 그래서 북한정권은 1980년 이후 평양에 봉수교회와 장충성당을 건립했다.

반면에 북한이 반긴 목사도 있는데, 바로 미국의 빌리 그레이엄 목사다.

1992년 서양 목사로는 최초로 북한을 방문해 김일성 주석을 만났다. 그 인연은 바로 김일성 주석의 아버지와 어머니를 중매시킨 넬슨 벨 선교사가 그레이엄 목사의 장인이라는 점과 그레이엄 목사의 아내인 루스 그레이엄이 일제강점기 평양에서 외국인학교에 다녔던 인연으로 1992년 북한이 먼저 그레이엄 목사 부부를 초청한 것이다.[25] 루스의 부모는 중국 오지에서 활동한 선교사였다.

특히 그레이엄 목사는 1994년 영변폭격설로 한반도 전쟁위기가 최고조의 이르렀을 때도 평양을 방문하여 클린턴 대통령의 구두 메시지를 전달하고 카터 전 대통령 방북을 위한 다리를 놓아 북미 제네바 합의를 이끌어 내는데도 큰 역할을 한 것으로 알려져 있다.[26]

1992년 1차 방북 당시 그레이엄 목사가 "김일성 주석은 하나님이 꿈꾸는 세상을 만들었다"고 말했다고 노동신문이 발표하여 논란을 불러일으킨 바 있다. 당시 그레이엄 목사는 성경책과 자신의 저서를 김 주석에게 선물했다. 종교다원주의자로 "예수 이외에도 구원이 있다"고 주장했던 빌리 그레함을 김일성 주석이 손잡은 이유는 무엇일까.

두 번의 방북으로 인도적 지원까지 이어졌다. 그레이엄 목사의 아들인 프랭클린 그레이엄 목사는 '사마리아인의 지갑(Samaritan's Purse)'이라는 대북지원 민간단체를 만들었다. 현재 미국 빌리그레이엄복음협회(BGEA) 회장인 프랭클린 그레이엄 목사는 트럼프 대통령의 취임식 때 축복기도를 맡았고, 적극적인 지지자였다.

방북 당시 통역을 맡았던 드와이트 린튼 목사의 집안 역시 대북지원단체를 설립해 인도적 도움을 주고 있다. 이후 북한도 실리를 중시해서 종교적 교류를 통한 지원에 관심을 갖게 되었다.

---

25 BBC뉴스코리아(김형은 기자/2018.9.19.일자) (https://www.bbc.com/korean/news-45507082
26 자주시보 2018.2.23.일자 기사소천한 빌리 그레이엄 목사와 김일성 주석
  (http://www.jajusibo.com/38082)

CHAPTER · 5

정교분리에 실패한 이승만의 야망

해방 이전 임시정부 수립 단계부터 개신교는 깊숙이 관여했다. 교회를 통해 독립운동자금을 공급하기도 하였고, 선교사와 교회를 통해 독립운동을 조직적으로 전개해 나갔다. 해방 후에도 한국 교회는 미군정 조직과 정부수립 과정에서도 목사 등 상당수 교계 지도자들이 참여했다.

헌법 제2조 제2항-국교는 인정되지 아니하며, 종교와 정치는 분리된다.

우리나라 헌법에 종교와 정치는 분리된다고 명시되어 있지만, 많은 교회 지도자들이 정치 일선에 뛰어들었고, 제헌국회에도 상당수 목사와 장로들이 진출했다. 특히 이승만의 자유당 정권은 장로교와 감리교의 연합 정권이라고 할 정도로 많은 기독교인들이 요직에 진출했다.

이승만의 하야는 감리교의 쇠퇴로 이어져

그래서 이승만의 하야와 4·19혁명은 감리교를 넘어 한국 기독교 전체에 큰 타격을 입혔다. 이승만 대통령이 감리교 명예장로였고, 총으로 자살한 이기붕 가족도 정동제일교회에 출석하는 교인이었기 때문이다. 이때까지도 서울에서는 장로교 보다 감리교의 위세가 더 강했다. 그러나 4·19혁명으로 완전히 역전이 되었다.

　미국 감리회는 이승만을 배재학당 재학 때부터 철저하게 보호했고 키웠다. 박영효 등과 쿠데타 혐의로 사형 위기에 처했을 때도 고종에게 로비와 압력을 가해 사형 위기에서 살려냈고, 그리고 '105인 사건[27]'에 연루되었을 때는 일제의 포위망을 뚫고 미국으로 보내 살린 것도 미국 감리교 선교사들이었다.

　황해도 평산 출신인 이승만은 세종의 형 양녕대군의 16대 후손이다.

1956년 남산 신궁터에 세워진 이승만의 동상

항렬로 보면 대원군 이하응과 형제뻘이다. 비록 5대조부터 벼슬길이 끊긴 몰락한 왕족 가문이었지만, 집안 대대로 불교 등 타 종교를 배척하고 유교를 목숨처럼 숭상하는 집안이었다.

이승만의 스승 아펜젤러와 배재학당

아펜젤러 감리교 선교사

　그렇다면 이승만은 어떻게 기독교로 개종하게 되었을까. 이승만을 기독교로 개종시키고 키운 스승은 감리교 선교사 아펜젤러였다. 배재학당에서 기독교 사상은 아펜젤러에게, 영어는 노블(Willuam A. Noble, 노보을, 1866~1945, 1892년 내한, 배재학당 교사, 평양·서울 감리사)에게, 서구민주주의는 미국에서 돌아온 서재필 박사(당시 윤치호와 함께 배재학당 교사였다)에게 배웠다.

27　1911년 조선총독부가 민족해방운동을 탄압하기 위하여 데라우치 마사타케(寺內正毅) 총독의 암살 미수사건을 조작하여 105인의 독립운동가를 감옥에 가둔 사건으로 애국계몽운동가의 비밀결사였던 신민회가 해체되는 원인이 되었다.

보성 출신 서재필은 갑신정변 실패 후 미국으로 망명하여 의사가 되었고, 1894년 필립 제이슨(Philip Jaisohn)으로 개명하고 미국 시민권까지 딴 미국 국적이었다. 조선에서는 갑신정변으로 역적으로 낙인찍혀 멸문지화를 당했다. 아내와 생모는 자살하고, 2살 아들은 돌봐주는 이가 없어 굶어 죽었다. 생부 서광효와 친형은 자결했고, 양부는 재산을 몰수 당하고 노비로 전락했다. 출가한 누이들과 피신한 동생 등 몇 명을 제외하고는 모두 노비가 되거나 참형을 면치 못했다. 자신이 살기 위해 미국인이 되었지만, 집안을 쑥대밭으로 만들어버린 조선 왕조에 절대로 좋은 이미지를 가지고 있을 리가 없음에도 불구하고 해외에서 모국의 독립을 위해 노력했다. 서재필을 그 누구보다도 더 높이 평가해야 하는 점이다.

에비슨 선교사
(2대 연희전문학교 교장)

에비슨(Oliaer R. Avison, 노부신, 1860~1956, 북장로교 의료선교사, 제중원4대원장, 세브란스병원 설립, 백정 신분차별 철폐 청원)은 이승만의 상투를 잘라주었다. 이들이 이승만을 키운 스승들이다. 그가 상투를 자르고 단발을 했다는 것은 이씨 왕가의 전통인 유교를 버리기 시작했다는 것을 의미한다. 하지만, 곧바로 기독교로 개종하지는 않았다.

그는 만 20세인 1895년 아펜젤러가 설립한 배재학당에 입학해 아침마다 드리는 예배에 참석해 기독교 교리를 익혔고, 이곳에서 서양문화, 기독교, 민주주의, 영어 등도 익혀 그의 일생에 많은 영향을 끼쳤다.

1902년 6월 11일 아펜젤러가 목포에서 열린 성경번역위원회 회의에 참석하기 위해 선박으로 이동하던 중 어청도 부근에서 침몰되어 타계했다. 일제의 공작에 의한 '선박 고의 충돌 사고'라는 주장도 있으나, 이승만 추종 세력의 일방적인 주장일 뿐이다. 아펜젤러는 함께 동행한 동료를 구하려다가 익사했고, 시체는 끝내 찾지 못했다. 이 소식을 들은 이승만은 하루 종일 식음을 전폐하고 통곡을 했다고 한다.

그럼에도 이승만은 졸업할 때까지도 기독교로 개종하지 않았다. 그의 어머니 김말란(김해 김씨, 1840~1916)과 서양인 선교사가 세운 학교에 다니더라도 '야소교'는 절대 믿지 않겠다고 약속했기 때문이었다. 그가 개종한 것은 졸업 후 역적으로 몰려 감옥에 들어간 후이다.

그는 급진개혁가 박영효(朴泳孝, 1861~1939, 철종의 사위, 친일반민족행위자) 등과 함께 고종을 폐위시키고 박영효(의친왕 이강이라고도 함)를 대통령으로 옹립하는 혁신 내각을 만들겠다는 쿠데타 음모에 가담했다가 체포됐다. 고종은 진노했고, 박영효는 일본으로 망명했지만, 체포된 자들은 사형 위기에 몰렸다.

이승만은 회고록에서 자신이 박영효 일파들과 접촉했던 사실을 시인한 바 있고, 실제로도 그는 박영효를 대통령, 혹은 황제로 하는 박영효 중심의 혁신적인 정부를 수립하려는 쿠데타에 가담했다. 하지만 이 음모가 사전 발각되어, 1899년 1월 9일 그는 체포되고 만다.[28]

당시 이승만은 탈옥했다가 체포된 후 혹독한 고문을 받았다. 1899년 1월 9일 투옥되어 1월 30일에 탈옥을 감행하였고, 다시 체포되어 7월 11일에 열린 재판에서 태(笞) 100대와 종신형(終身刑)을 선고받았다. 이승만은 탈옥하는 과정에서 권총을 발사하지 않았기 때문에 다행히 사형은 면했지만, 이승만과 함께 탈옥을 감행했던 독립협회 동지 최정식은 권총을 세 번 발사하여 간수(김윤길)의 다리에 부상을 입혔다는 혐의가 더해져 사형당했다.[29]

이씨 왕족 이승만과 고종의 배려

대한제국 시절 대역죄를 저지르고도 종신형을 선고받았다면 대단히 관대한 판결이었다. 서재필의 가족에 비하면 얼마나 관대한 처벌인가. 무기소지와 탈옥에 역적모의까지 더해졌는데도 그 정도라면 아펜젤러 등 미국 선교사들의 영향력이 대단했다고 볼 수 있다. 이승만이 이렇게 관대한 판결을

---

28 최승선 논문-이승만의 기독교 개종과 그의 기독교 이해(1875~1904)(장신대대학원) 38~39쪽
   윤치호, 『윤치호 일기』 5, 198쪽
29 위 같은 논문 45쪽

받은 것은 체포되었을 당시부터 아펜젤러와 에비슨이 알렌 주한공사를 통해 고문을 가하지 못하도록 부탁했고, 결국 이승만에게 개종을 약속받고는 고종에게 선처를 로비했다고 보고 있다.

더욱이 이승만의 판결을 맡았던 평리원(平理院) 재판장 홍종우(1850-1913, 洪鍾宇, 김옥균 암살, 황실중심의 근대화 추진)는 이승만과 적대 관계에 있었던 전(前) 황국협회 회장이기도 했기 때문이다. 이에 대해 유영익은 이것을 "고종 황제의 정치적 배려"라고 보았는데, 고종은 알렌을 비롯한 미국 선교사들로부터 이승만의 석방 및 감형 청탁을 받고 있었고, 이승만이 왕족의 일원이라는 점 등을 감안했다는 것이다.[30]

이승만은 어머니와 약속도 있었지만, 이씨 왕족의 전통인 유교를 쉽게 배교할 수는 없었다. 결국 살기 위해 아펜젤러의 개종 요구를 받아들일 수밖에 없었다. 위와 같은 종교적 고뇌를 겪으면서 마음을 다스릴 요량으로 스승 에비슨 선교사에게 사람을 보내어 영어성경과 영한사전을 감옥 안으로 넣어 달라고 부탁했다.

본격적인 성경 읽기와 기도를 하면서 안정을 찾았고, 기독교로 개종했다. 이후 종신형을 선고받고 한성감옥으로 이감되어 특사로 석방될 때까지 성경을 정독하면서 옥중 전도활동을 펼쳤다. 그 결과 40여 명의 죄수와 옥리들을 기독교로 개종시켜 선교사들을 놀라게 했다.

이때 이승만에 의해 기독교로 개종한 인물로는 한성감옥서의 간수장 이중진(李重鎭)과 그의 동생 이중혁(李重赫, 미국 유학, 변호사)을 비롯해 나중에 연동교회, 서울YMCA, 동경의 한인YMCA 등에서 크게 활약하게 되는 이상재(李商在, 1850~1927), 유성준(兪星濬, 1860~1934, 친일반민족행위자), 이원긍(李源兢, 1849~?), 김린(金麟) 등이 포함된다.

이들 옥중 개종자들은 1904년 러일전쟁이 일어나기 직전에 거의 다 석방되었다. 1월 하순에 이상재 · 이원긍 · 김정식 · 홍재기 등이 무죄로 석방되

---

30 유영익 논문-젊은 날의 이승만-한성감옥생활(1899-1904)과 옥중잡기 연구 19~20쪽

었으며, 유성준은 황해도 황주로 유배당했다가 1905년 4월 중순에 석방되었다. 이들은 석방된 후 유성준·이원긍·안국선 등은 게일 선교사가 시무하던 연동교회(장로교)로, 이준은 상동교회(감리교)로 출석하였고, 이상재·신흥우·김정식 등은 황성기독교청년회(YMCA)를 통해 기독교 신앙운동을 전개하였다. 한편 이승만은 1904년 8월 특별사면령을 받아 5년 7개월의 옥고를 마치고 석방되었다.[31]

이승만은 국내에서 기독교로 개종한 최초의 왕족 출신으로 19세기 말 한국에 입국해 전도했던 어느 외국인 선교사보다 더 많은 수의 동포를 기독교로 인도하는 데 성공한 전도자였다.

청년시절 이승만

이승만은 한성감옥소 안에서 1905년 여름에 저술한 〈독립정신〉의 결론에서 "지금 우리나라가 쓰러진 데서 일어나려 하며 썩은 데서 싹이 나고자 할 진데, 이 교(기독교)로써 근본을 삼지 않고는 세계와 상통하여도 참 이익을 얻지 못할 것이오… 마땅히 이 교로써 만사에 근원을 삼아 나의 몸을 잊어버리고 남을 위하여 일하는 자가 되어야 나라를 일심으로 받들어 영미 각국과 동등이 되리라"고 갈파했다.[32]

이승만은 기독교 교육이 대한제국을 살리는 길이라고 생각했다. 따라서 그는 기회가 있으면 미국에 건너가 기독교 교육에 관련된 공부를 할 욕심을 품었다. 한성감옥소에서 석방되자 1904년 11월 미국으로 건너가 미국 동부에 위치한 조지워싱턴대에 입학했다. 도미(渡美)에 앞서 그는 서울에 있는 북미 선교사 7명으로부터 대학 입학에 필요한 추천서 19통도 받아냈다.

이승만에게 추천서를 써준 선교사들은 그가 옥중에서 거둔 전도의 성과를 높이 평가하면서 장차 한국의 기독교 운동에 앞장설 인물임을 강조했다. 이

---

31 1899-1904년 한성감옥서 수감자들의 기독교 입교에 관한 연구(김일환, 북랩, 2023) 131쪽
32 이승만기념관-크리스천 이승만(유영익)
    http://xn--zb0bnwy6egumoslu1g.com/bbs/board.php?bo_table=Christian&wr_id=6

추천서 덕분에 이승만은 조지워싱턴대의 니덤(Needham) 총장으로부터 전액 장학금까지 지급받는 조건으로 3학년에 입학을 허락받았다. 조지워싱턴대에서 학사학위를, 하버드대 인문대학원에서 석사과정을 이수하였고, 프린스턴대 대학원에서 박사학위를 취득했다.

특히 1912년 같은 프린스턴대 출신 우드로 윌슨이 제28대 미국 대통령에 당선되면서 이승만은 든든한 후원자를 얻었다. 특히 각 민족은 정치적 운명을 스스로 결정할 권리가 있고, 다른 민족의 간섭을 받을 수 없다는 윌슨 대통령의 '민족자결주의'는 우리의 독립운동에 많은 힘이 되었다.

대한민국 정부수립과 이승만의 등극

1948년 7월 24일 국회에서 실시된 정·부통령 선거에서 이승만은 180표의 압도적 다수의 지지로 대통령에 당선됐다. 이어서 거행된 취임식에서 이승만은 하나님의 이름으로 선서를 했고, 8월 15일 개최된 대한민국 정부수립 기념식에서는 "하나님과 동포 앞에서 나의 직무를 다하기로 일층 더 결심하며 맹세한다"라는 취임사를 낭독했다.

이승만의 대통령 취임은 이씨 왕족의 입장에서는 조선의 맥을 다시 잇는 것으로 볼 수 있다. 박영효와 쿠데타를 모의할 때부터 왕이나 마찬가지인 대통령을 꿈꾸었을 것이다. 이승만은 고종이 아관파천으로 러시아와 손잡을 때부터 왕으로 섬길 수 없다고 생각했다. 특히 러시아에 대한 반감이 높았다. 그의 반러·반공주의는 고종의 아관파천으로부터 시작되었다고 볼 수 있다.

이승만은 1960년 4월 하야할 때까지 12년간 대한민국을 통치했다. 이 기간에 그는 조석으로 기도와 성경 읽기를 실천했으며, 서울 정동감리교회(정동제일교회)의 등록교인으로서 주일 예배를 거르지 않았다.

이승만이 기독교를 장려하기 위해 한 주요 조치는 아직도 극우 기독교인들을 중심으로 극찬을 받고 있는 이유이기도 하다. 먼저 크리스마스를 공휴일로 정하고 국기에 대한 경례를 일제강점기 일장기에 하던 그대로 답습한 배례에서 주목례(注目禮)로 바꾸었다. 물론 손양원 목사 등 많은 기독교인들이 반발해서 내린 조치였다.

두 번째는 군대의 군종제도와 교도소의 형목제도, 미션스쿨의 교목제도를 도입했다. 무엇보다 정부요직에 목사 등 기독교 교인들을 많이 기용하고 국회에 많이 진출하도록 장려했다. 재임 당시 정부 요직의 약 40%와 국회의원의 약 25%를 기독교인들이 진출했다. 그리고 YMCA 및 YWCA의 활동을 장려하고 지원했다.

전남에서는 제헌국회에 29개 선거구 중 오석주 목사 등 6명이 진출했다. 전남에서 이승만과 가까운 인물은 보성읍교회 황보익 목사와 아들 황성수 박사였고, 목포 이남규 목사도 정부수립 후 초대 도지사를 맡을 정도로 가까운 관계였다.

전남의 기독교인 출신 제헌의원 당선자 현황

지역	성명	직분	소속	학교	비고
순천	황두연 (1905~1984)	장로 목사	농민 총연맹	일본호세이대학	신사참배 거부, 알렉산더병원 서무과장, 순천 부읍장, 목사
여수	김문평 (1905~1987)	교인	독촉 국민회	와세다대학	여수군수, 초대 대법원장 김병로 사위 여순사건 수습 대책위원
고흥	오석주 (1888~1952)	목사	독촉 국민회	평양신학교	3·1운동 참가, 국회의원
목포	이남규 (1901~1976)	목사	독촉 국민회	평양신학교	입법의원, 전남도지사
해남(갑)	송봉해 (1887~1971)	교인	독촉 국민회	세브란스	3·1운동 참가, 의사, 미군정 고문
해남(을)	이성학 (1906~1980)	장로	대동 청년단	중앙신학교	영흥고·정명여중 교장, 양림교회 장로, 광주YMCA총무, 5·18수습위원, 광주NCC인권위원장

※낙선자 - 황보익 목사(보성), 정순모 목사(나주 을)

이외에도 6·25전쟁 직후 구호금과 구호물자 배분을 '한국기독교연합회(KNCC)'에 맡겼다. 이 단체는 한경직 목사 등 북에서 내려온 기독교인들과 서북청년회 등이 주도하였다. 6·25전쟁은 서북 개신교인들에게 기회의 공간으로 작용했다. 그 중심에는 한경직 목사가 있었다. 그는 남한 개신교 장로회에서 신사참배 거부그룹과 조선신학원 그룹을 밀어내고 주도권을 잡았다. 그 힘은 '미국에서 들어오던 방대한 전쟁 구호물자와 선교자금의 독점'

에 있었다. 서북 출신인 그는 전쟁 전 서북지역을 관할했던 미국 북장로교 선교사들과의 밀착 관계를 활용했다.[33]

이 구호물자는 편파적으로 교회와 교역자, 신학교 등에 우선적으로 배분되는 결과를 낳았다. 이 구호물자 배분권을 확보해 교회의 성장과 개신교 확장에는 큰 영향을 끼쳤지만, 구호물자를 빼돌려 부를 축적시키는 비리도 많았다.

정동제일교회

해방 전 한국 전체 기독교 교인 수는 37만 명에 불과했다. 해방 후 남한에 미군정이 실시되면서 조금씩 불어나 1950년에 이르러 60만 명 수준에 이르렀고, 이승만이 물러날 때인 1960년에는 1,140만명에 이를 정도였다.[34]

감리교회인 정동제일교회 (1885년 아펜젤러가 세운 최초의 감리교회)가 1956년 1월 81세 고령의 평신도인 이승만에게 명예장로로 추대했다. 제3대 대통령선거와 4대 부통령 선거를 앞두고 기독교계의 표를 얻기 위함이었다. 물론 오랫동안 교회를 위해 헌신하고 봉사해온 70세 이상의 집사나 권사에게는 명예장로로 추대하기도 한다. 하지만 이번에는 본래의 목적에서 벗어난 편법이었다.

이때 이승만의 인기는 서서히 추락하고 있었다. 1956년 대선에서는 신익희 국회의장에게 밀렸으나, 그가 유세 중 뇌출혈로 서거하면서 무소속 조봉암 후보를 누르고 당선되었다. 그러나 부통령 후보 이기붕은 민주당 장면에

---

33 한겨레-'서북청년'에 뿌리 둔 한국 개신교의 주류(허미경, 2015.11.27.일자)
https://n.news.naver.com/article/028/0002298077
34 같은 자료

게 밀려 낙선했다. 고령인 대통령이 유고시에는 민주당 장면 부통령이 자동으로 승계받아 자유당 정권이 무너지는 결과를 낳을 수 있었다.

그래서 4년 후 대대적인 부정선거를 획책하게 되었다. 1960년 3월 15일 정·부통령 선거에서 이승만의 자유당 정권에 의해 대대적인 부정행위가 자행되었다. 이는 마산 3·15민주항쟁의 원인이 되었고, 마산에서 시작된 시위는 전국으로 확산되며 4·19혁명의 도화선이 되었다.

3·15 부정선거와 이승만의 추락

자유당 정권은 이번에도 이승만과 이기붕을 정·부통령 후보로 내세웠고, 야당이었던 민주당은 조병옥과 장면을 정·부통령으로 내세웠다. 그런데 변수가 생겼다. 선거 한 달 전 민주당 조병옥 대통령 후보가 신병 치료차 미국으로 가면서 조기 선거를 반대했지만, 자유당 정권은 농번기를 피해야 한다는 이유로 3월 15일을 일방적으로 선거일로 공고해 버렸다. 더군다나 조병옥이 미국에서 갑자기 사망하면서 이승만의 승리가 점쳐졌다.

하지만, 자유당 정권은 고령인 이승만이 걱정이었다. 그러자 선거의 초점은 당시 85세로 고령이었던 이승만의 유고 시에 승계권을 가질 부통령 선거로 옮겨지게 되었다. 특히 아들 이강석을 이승만의 양자로 입적시킨 이기붕의 부인 박마리아의 야망과 권모술수는 한국 사회의 화젯거리가 되었다.

무엇보다 천주교인이었던 장면(張勉, 1899-1966)의 인기가 대단히 높았다. 내무부장관 최인규(崔仁圭)는 전국 경찰에 대한 대대적인 인사이동을 단행하여 일선 경찰서장을 연고지 중심으로 재배치시키고, 이어서 전국 시·읍·면·동 단위로 공무원친목회를 조직하는 등 득표 활동을 지시했다.[35]

또한, 내무부는 11월부터 다음해 2월 사이에 전국 각급 기관장에게 다음과 같은 구체적 부정선거 방법을 극비리에 지시하였다. 즉, ①4할 사전투표 ②3인조 또는 5인조 공개투표 ③완장부대 활용 ④야당 참관인 축출 등을 통

---

35 옥성득 교수의 한국기독교역사·이기붕의 몰락

3·15부정선거 당시 거리로 뛰쳐나온 시민들

하여 자유당 후보의 득표율을 85%까지 올린다는 것이었다. [36]

　자유당 정권은 선거 당일 새벽에 40%나 되는 표를 미리 투표함에 투입해 놓고, 유권자들을 3, 5, 9명씩 조를 짜 조장이 조원들의 기표를 확인한 뒤 투표함에 넣도록 했다.

　당시 보성에서 저질러진 부정선거는 국제적 망신을 사기도 하였다. 일명 '보성 닭죽사건' 으로 보성군에 출마한 자유당 안용백(安龍伯, 1901~1977, 보성읍 출신, 일제 고등문관시험 합격, 경남 하동군수, 경남고 교장, 전남도교육감, 친일인명사전 등록)은 제헌의원 출신 민주당 이정래(李晶來, 1899~1989, 초대·5대·6대 국회의원, 60년대 민주당·민정당 활동) 후보와 맞붙었다. 개표장에서 야당 참관인에게 수면제를 탄 닭죽을 먹이고 깡패들을 동원해 투표용지를 불태우며 참관인들을 폭행했다. 이 사건은 미국 시사주간지 '타임' 지에 실렸을 정도로 이승만 정권 부정선거 극치를 보여준 사건이었다. 당시 사건을 주도한 인물은 이정년(1920~?, 순천 출신) 보성경찰서 사찰계 주임이었다. 이정년은 1950년 7월 21일 고흥경찰서가 관리한 보도연맹원 43명을 팔영산 근처(점암면 당고개)에서 집단 학살시킨 인물로 알려져 있다. 결국 이 사건으로 안용백은 당선 무효 판결을 받았고, 이정

36　한국민족문화대백과사전-3·15부정선거

년은 경찰에서 옷을 벗었다가 순천대 행정직으로 복귀해 정년퇴임한 것으로 알려졌다.

당시 개표가 시작되자 이승만과 이기붕의 득표가 95~99%까지 조작되어 나온 지역이 속출하였고, 이런 터무니없는 집계에 놀란 자유당은 최인규에게 득표수를 하향 조정하라고 지시하였다. 그 결과 최종 집계는 총투표자 1,000여만 명 중 이승만 960여만 명으로 88.7% 득표, 이기붕 830여만 명으로 79.2%를 득표한 것으로 나타났다. 그러나 이러한 투표와 개표상의 공공연한 부정행위에 대한 전 국민의 저항은 3월 15일 저녁 마산에서의 부정선거 규탄시위로부터 시작되어 전국적으로 확산되었고, 결국은 4·19혁명으로 끝을 맺었다.

최인규는 장관 취임식 연설에서 "모든 공무원은 이승만 대통령에게 충성을 다해야 하며, 차기 정·부통령 선거에서는 기필코 자유당 후보가 당선되도록 해야 한다"라고 공개적으로 관권선거를 지시했다.

그는 경기도 광주군에서 1958년 4대 총선에서 당선되어 내무부장관을 맡았다가 선거 직후 수습 차원에서 장관직에서 사퇴했다. 4·19혁명 때는 숨어 지내다가 5·16 군사쿠데타로 체포되어 혁명재판부에서 교수형을 당했다.

3·15 부정선거의 백미(?)는 사사오입 개헌(四捨五入改憲)이었다. 1954년 9월 6일 여당인 자유당 소속 의원 136명 중 서명을 거부한 김두한 의원을 제외한 135명과 무소속 윤재욱 의원 등 총 136명의 서명을 받아 '초대 대통령에 한해 중임 제한을 없앤다'는 것을 주요 골자로 한 헌법 개헌안을 발의해 11월 27일 국회 표결을 붙였다.

이승만의 영구집권을 시도했던 것이다. 재적의원 203명의 2/3인 135.33의 가결정족수를 얻어야 했는데, 찬성 135표, 반대 60표, 기권 7표라는 결과가 나왔다. 0.33 포인트가 부족해 부결된 것이었다.

이에 따라 당시 자유당 소속 국회부의장 최순주는 부결을 선포했지만, 이틀 후 자유당은 당시 대한수학회장 최윤식 교수까지 내세우며 사사오입, 즉 반올림을 하는 것이 맞는다는 주장을 내세워 정족수를 135명으로 하여 가결된 것으로 정정 선포했다.

 이러한 행위가 가능했던 것은 자유당 정부의 독재적 행태가 작용했기 때문이었다. 이를 토대로 이승만은 1956년 대통령 선거에서 당선되어 3선 대통령의 뜻을 이루었고, 이는 자유당의 장기 집권과 독재가 연장되는 계기가 되었다. 그러나 이 사건 이후 자유당 내 양심적 의원들이 탈당을 하면서 점차 당의 정당성과 위력이 붕괴되어 갔다.[37]

 당시 야당인 민주당은 신파와 구파로 나뉘었다. 신파는 감리교의 정일형, 불교신자 이철승 등을 제외하고는 개신교에서 천주교로 개종한 이들이 있는데, 박순천(朴順天, 1898~1983), 김대중(金大中, 15대 대통령)이 장면을 대부로 노기남 대주교에게 영세를 받고 천주교로 개종했다. 하지만 김대중 대통령의 부인 이희호 여사는 장로교인이었다.

 구파는 조병옥, 윤보선(예장 통합), 김영삼(예장 합동) 등 장로교 신자들이 주류였다. 이승만의 하야는 감리교의 쇠퇴로 이어졌다고 볼 수 있다. 4·19혁명으로 이승만의 양자인 이강석이 친부 이기붕, 친모 박마리아, 동생 이강욱 등 온 가족을 총으로 사살하고 자살한 사건은 한국 개신교뿐만 아니라, 온 나라에 대단히 충격적인 사건이었다.

 이 사건은 정교분리 원칙을 위반한 한국 교회에 내린 단죄이기도 했다. 목사 등 교역자들이 본분을 망각하고 정치 일선에 나서는 것에 대한 하나님의 노여움이 나타난 사건이었다. 이승만 추종자들은 이승만이 부정선거를 직접 지시한 적이 없으므로 부정선거로 당선된 적이 없다고 주장한다. 이는 한미디로 말해서 견강부회(牽強附會)인 것이다. 하나님의 섭리를 그런 식으로 해석하면 안된다.

---

37 두산백과 두피디아-사사오입개헌

CHAPTER · 6

원수를 사랑하라

너희 듣는 자에게 내가 이르노니 너희 원수를 사랑하며 너희를 미워하는 자를 선대하며 너희를 저주하는 자를 위하여 축복하며 너희를 모욕하는 자를 위하여 기도하라(누가복음 6:27~28)

기독교는 왜 공산세력과 원수가 되었을까. 해방 후 북한의 적화과정에서 기독교와 공산세력은 부딪힐 수밖에 없었다. 우리는 일제의 신사참배 강요 역사에서 먼저 우리의 배교와 그 죄악을 찾을 수 있다면 화해의 길도 찾을 수 있지 않을까.

한반도에 기독교가 전래되면서 오늘까지 이루어진 역사는 배교와 대립, 갈등의 역사가 주를 이루었다. 우리 역사는 타민족의 끊임없는 침략 속에서도 평화를 사랑했던 민족이었다. 끊임없이 아랍민족과 갈등하고 공격하는 작금의 이스라엘 민족 보다 우리 민족이 하나님 보시기에 더 평화를 사랑하는 민족이 아니겠는가.

여순사건의 올바른 이해와 화해 필요

우선 여순사건은 해방 공간에서 발생한 정치·경제적 상황을 배경으로 접근해야 한다. 해방 후 미군정이 시작되면서 발생한 복잡하고 극단적인 갈등들, 즉 친일세력의 부활, 좌우 세력의 주도권 다툼, 인민위원회와 미군정의 대립, 이승만의 권력 장악, 분단과 단독정부 수립, 미군정의 곡물 정책 실패 등이 복잡하게 얽히면서 발생한 비극적인 사건이다.

따라서 여순사건을 일부 남로당 소속 군인의 반란으로 규정·한정하는 것은 문제의 핵심을 놓치는 것이다. 이런 맥락에서, 이 사건을 '반란'이 아닌, '봉기'나 '항쟁'으로 명명해야 한다는 일각의 주장은 진지하게 경청할 필요가 있다.[38]

여순사건 당시 죄없는 엄마가 머리에 손을 얹고 진압군의 처분을 기다리는 모습이다.

얼마 전 유명한 순교자 아들인 A목사를 만났는데, 이렇게 말했다. "여순반란사건을 문재인이 여순사건으로 명칭을 바꾸었다"고 했다. 목사가 이렇게 세상 돌아가는 것도 모르고 무식해서 어떻게 교인들을 가르쳤는지 한심한 생각이 들었다. 이렇게 혹세무민(惑世誣民)하는 것은 세상을 어지럽히는 악행이다.

무엇보다 아직도 억울하게 좌익의 굴레에 덧씌워진 유족들이 신음하고 있고, 연좌제에 의해 성장과정에서 큰 좌절을 겪어야 했던 후손들을 위해, 그리고 여순사건과 제주4·3에서 자행된 서북청년단 소속 개신교인들의 살상행위와 김종원 같은 개신교인들의 폭력에 대해 한국교회는 공감할 필요가 있다.

---

38 (사)기독교윤리실천운동-좋은나무 칼럼-여순사건을 다시 생각한다(배덕만, 기독연구원 느헤미야 교회사 교수)/https://cemk.org/22593/

물론 9·28 수복과정에서 반대로 인민군과 좌익들에 의해 한국교회도 엄청난 피해를 입었다. 하지만 우리는 원수를 폭력으로 되갚음 하지 않고 오히려 사랑으로 대하는 기독교인이다. 한국교회가 그토록 숭상하는 '사랑의 원자탄' 손양원 목사를 본받지 않는다면 그것은 이율배반적이다.

먼저 손 내민 교회와 제주 4·3의 이해

제주4·3평화공원의 조형물로 실제로 있었던 사건 중에서 엄마가 죽은 아이를 안고 통곡하는 모습을 형상화했다.

성경의 가르침을 행동으로 실천하는 한국교회가 되어야 한다. 한국교회가 원수를 사랑하고 평화를 앞세우는 데 앞장서야 한다. 2018년 3월 31일 제주 4·3 70주년을 앞두고 제주도 450여개 교회가 참여한 제주기독교교단협의회 주최로 성안교회에서 첫 '4·3합동예배'를 드렸다. 각 교회와 교단 차원에서 4·3을 기억하는 예배나 기도회가 열리기는 했지만, 제주지역 교계 전체가 모인 예배는 첫 사례다.[39]

이날 제주교단협의회 회장인 신관식 법환교회 담임목사는 설교를 통해

---

39 4·3 70년 하나된 제주교회 "주여, 이 땅을 용서하소서" (제주의소리 2018.3.31. 일자 기사)/http://www.jejusori.net/news/articleView.html?idxno=202353

"이 땅 제주는 망망대해의 섬이었다. 외적이 들어오면 마지막 전쟁터가 돼 살육을 당해야 했고, 4·3사건 하나만으로도 도민의 10분의 1인 3만여명이 죽어가야 했던 죽음의 땅이었다"면서 "우리는 70년 전 이 땅에 피의 학살이 발생했지만, 그 아픔을 알려고 하지도 않았고, 그 아픔과 함께하려고도 하지 않았다"고 참회했다.

그는 "말씀을 준비하며 개인적으로 하나님 앞에 회개했다. 70년은 이스라엘이 바벨론에서 자유를 얻는 해지만, 제주 땅에는 70년이 됐건만 아직도 눈물을 흘리는 4·3의 아픔을 보고 있다. 그 고통이 '나의 고통'이 아니라 '너의 고통', '너의 상처'로만 바라보며 모래알처럼 흩어진 모습으로 살아가는 도민들과 그리스도인들의 모습 속에서 하나님의 눈물을 보게 된다"고 전했다.

신 목사는 "인간이 70년의 눈물과 아픔을 걷어갈 수 없다. 하나님이 걸어가고 씻겨주고 만져주셔야 치유될 수 있는 것이다. 하나님이 예레미야에게 준 마음은 '나를 향하여 부르짖고, 어린 자녀의 생명을 위해 두 손을 들어라'였다. 이는 오늘 우리에게 주시는 말씀이다. 이 시간 제주의 교회들이 4·3을 기억하며 그 고통을 위해 함께 기도해야 한다"고 당부했다.

제주교회는 이렇게 먼저 손을 내밀었다. 이 얼마나 아름답고 하나님이 보시기에 좋았을 그 모습이 아닐까. 그날 함께 모인 교인들은 이렇게 '공동기도문'을 읊었다.

하나님, 이 땅 제주를 불쌍히 여겨주옵소서, 죽음의 광기가 이 땅을 휘몰아치고 순박한 섬 곳곳에서 통곡의 소리 가득한 지 70년이 지났건만 아직도 상처 입은 마음들은 미움과 증오로 갈가리 찢겨져 눈물을 흘립니다.
하나님, 바벨론 포로를 70년 만에 돌려보내시듯이 이 땅 백성들의 오랜 아픔을 치유의 손길로 보듬어주셔서 깨어진 마음들이 그리스도의 참된 평화에 이르게 하소서.
하나님, 부모세대와 우리세대의 모든 죄를 용서하야 주옵소서. 편을 가르고 등을 돌리며 편견과 아집에 사로 잡혀 갈등과 분쟁을 일삼아온 우리의 죄악을 용서하소서. 정죄하고 판단하며 스스로 심판자의 자리에 서서 죄악에 동참한 우리 안의 무서운 폭력성을 회개하오니 사하여 주옵소서.

하나님, 제주의 눈물을 닦아주시고 상처를 싸매어 주시옵소서. 이 땅에 뿌려진 고통의 피를 십자가의 보혈로 씻어주옵소서. 잠들지 못하는 분노를 그리스도의 사랑으로 안아주소서. 부르짖는 아벨의 핏소리를 하나님의 공의로 위로하여 주옵소서. 이제는 제주가 그리스도 안에서 참 평화를 알게 하옵소서.

제주와 함께 울고 함께 아파하셨던 예수 그리스도의 이름으로 기도드립니다. 아멘

2018년 3월 30일

반면에, 우리 정부가 제주의 4·3의 희생자 추념일로 지정한 2014년 3월에 제주의 한 기독교 신문에는 "4·3을 추념일로 지정하면 남로당 무장대의 폭동을 인정해 주는 결과가 된다"며 추념일 지정에 반대하는 내용이 실렸다. 당시 이 기고문을 쓴 사람은 예장통합교단 제주노회장 임명휘 장로였다. 그는 피난온 서울 영락교회 교인들과 서북청년단이 설립한 제주영락교회 장로였다.

이 기고문을 보고 젊은 시절부터 4·3에 대한 연구와 활동 등을 해온 제주 성지교회 송창권 장로와 성안교회 오승학 집사가 제주의 진실을 알려야겠다는 의미로 평신도 모임을 시작했다고 한다. 이들은 여전히 진실이 규명되지 않은 4·3사건의 상흔으로 고통받는 이들을 대변하기 위하여 『치유와 평화를 기원하는 그리스도인모임』을 결성하기에 이른다. 목회자들이 침묵하고 눈치를 볼 때 평신도들이 일어선 것이다. 그리고 오승학 집사는 1990년대 후반에 『4·3은 말한다』(전예원)라는 책자를 통하여 제주4·3문제를 연구하기 시작했다.[40]

---

40 제주 4·3 사건 화해의 첫 걸음(예장뉴스.2018.4.1.)

전남 동부 교회의 상생과 평화로 가는 길

같은 시기에 발생한 제주는 이렇게 화해와 상생의 길로 가고 있지만, 여순항쟁은 아직 진상규명 조차 제대로 이루어지지 않았다. 여전히 '빨갱이'라는 굴레에서 벗어나지 못하고 신음하고 있다.

이때 우리 교계도 마음의 문을 열고 상생과 평화를 모색하는 길을 열어가야 하지 않을까. 이 또한 제주도 처럼 하나님이 보시기에 아름다운 모습으로 나아갔으면 좋겠다.

해방 후 한반도에서 벌어진 일들을 살펴보면, 해방은 우리에게 축복이 아니라 형벌이었다는 생각마저 든다. 해방과 독립보다 이념과 권력이 더 중요해지면서, 동족을 향해 서슴없이 총칼을 휘두르며 광란의 세월을 보냈기 때문이다. 그 과정에서 진실은 왜곡되고 역사는 뒤틀렸다.

무엇보다 한국교회가 상생과 화해의 매개자 대신, 보복과 심판의 십자군 역할을 한 것 같아 참담하다. 부디 여순사건 특별법 통과를 계기로, 한국교회를 포함한 한국 사회 전체가 여순사건을 반성적으로 재조명하여, 뒤틀린 역사를 바로잡고 발전적 미래를 모색할 수 있길 간절히 소망한다.[41]

또 하나는 신사참배가 얼마나 큰 죄악인지 한국교회가 인식해야 할 필요가 있다는 점이다. 아니 알면서도 부끄러워서 숨기고 드러내려고 하지 않고 있는지도 모르겠다.

2015년 1월 13일 세계한인기독교총연합회(WKCC)[42] 주최로 뉴욕성결교회에서 열린 '한반도 평화 통일을 위한 뉴욕포럼'에서 통일연구원 허문영 박사는 남북분단이 신사참배에 의한 죄악 때문이라고 진단했다. 이날 그의 발제문을 보자.

---

41 (사)기독교윤리실천운동-좋은나무 칼럼-여순사건을 다시 생각한다(배덕만, 기독연구원 느헤미야교회사 교수)/https://cemk.org/22593/

42 2011년 1월 29일 성령의 불길로 민족과 세계를 복음화하자는 목표로 창립한 단체로 합동교단 중심으로 해외 한인기독교선교회 등이 차여, 통합교단과 고신, 백석, 대신 등 보수측 교단은 참여하지 않고 있음.

한국교회가 3가지를 가져야 한다.

첫째, 하나님 나라를 먼저 구해야 한다. 통일보다 더 중요한 것이 있다. 우선 순위가 바뀌어서는 안된다.

둘째, 한국교회가 좌로나 우로나 치우쳐서는 안된다. 좌로나 우로나 치우치지 말라고 하신 주님의 말씀을 잘 기억할 필요가 있다.

셋째, 이사야 19장에서 말씀을 받았는데 애굽과 앗수르와 이스라엘 등 세 나라가 함께 가는 것이다. 미국을 애굽, 중국을 앗수르, 통일한국을 이스라엘이라고 보고 싶다. 미국과 중국과 통일한국이 함께 마지막대 주님 오시는 길을 만들어 갈 것이다. 그런 비전으로 우리는 통일을 해야 한다.

아직 끝나지 않은 2차 세계대전은 바로 한반도 통일이다. 우리들이 2차 세계대전을 일으키지 않았는데 우리가 십자가를 지고 있다. 한반도의 평화와 통일이 이루어질 때 2차대전은 끝나는 것이고, 세계의 새로운 질서가 열릴 것이다.

우리가 순종할 때 하나님께서 동방 예루살렘으로 불렸던 평양을 회복시키시고 절대 폭풍을 성령의 바람으로 순풍이 되게 하셔서 다시 한 번 대한민국을 도약하게 할 수도 있다. 하지만 불순종하고 계속해서 타락한 사회를 유지한다면, 그리고 북한 동포에 대해 잔인한 마음을 계속 가진다면 오히려 우리에게 절대 폭풍이 다가올 수 있다.[43]

끝으로 한국교회가 진정 평화를 우상(?)처럼 숭배하는 교회가 되었으면 좋겠다. 싸움과 대립이 아닌 화해와 평화를 사랑하는 한국교회가 되어야 하지 않을까.

---

43 신사참배 때문에 10년 뒤 남북분단 (뉴스파워 2015.1.19.일자 기사)
    http://www.newspower.co.kr/26474

부록

조선예수교장로회 사기 등록 초기 동부권 교회 설립현황

소속	연도	지역	교회명	현 교회	지역
전라대리회	1905	보성	무만리교회	무만교회(통) 성산교회(합)	벌교읍
			신천교회	폐쇄	노동면
	1906	고흥	옥하리교회	고흥읍교회(합)	
		순천	낙안평촌교회	낙안중앙교회(통)	낙안면
		보성	운림리교회	운림교회(합)	겸백면
	1907	여수	장천리교회	장천교회(통)	율촌면
		고흥	신흥리교회	신흥교회(통)	금산면
		광양	신황리교회	신황교회(통)	진상면
		여수	우학리교회	우학리교회(합)	남면
		순천	용당교회	폐쇄	폐쇄
	1908	순천	신평리교회	폐쇄(송광면)	송광
		고흥	신평리교회	명천교회(합)	명천교회
		순천	이미교회	폐쇄(별량면)	별량, 폐쇄
		광양	광양읍교회	광양읍교회(합) 광양제일교회(통)	광양읍
		구례	구례읍교회	구례제일교회(통) 구례중앙교회(합)	구례읍
		광양	웅동교회	웅동교회(합)	진상면
			대방리교회	대방교회(통)	옥룡면
		보성	양동교회	폐쇄	회천면
	1909	순천	순천읍교회	순천중앙교회(통)	매곡동

소속	연도	지역	교회명	현 교회	지역
전라대리회	1909	광양	백암리교회	옥곡교회(감)	옥곡면
			섬거리교회	광동중앙교회(통)	진상면
			지량리교회	광동중앙교회(통)	진상면
		순천	대치리교회	대치교회(합)	황전면
			구상리교회	구상교회(통)	서면
	1910	곡성	원장자교회	목사동교회(통)	목사동면
		보성	문양리교회	율어교회(합)	율어면
		순천	월산리교회	폐쇄	송광면
		고흥	주교리교회	주교교회(합)	남양면
		구례	대전리교회	광의교회(통)	광의면
		여수	서정교회	여수제일교회(합)	
		곡성	곡성읍교회	곡성읍교회(통)	곡성읍
	1912	보성	동막교회	폐쇄	벌교읍
		순천	압곡리교회	압곡교회(통)	서면
	1914	광주	봉선리교회	애양원교회(통)	율촌면
		순천	월곡리교회	월등교회(통)	월등면
			가곡리교회	가곡교회(통)	가곡동
	1915	고흥	오천교회	오천교회(합)	금산면
			길두리교회	길두교회(통)	포두면
	1917	보성	보성읍교회	보성읍교회(통)	

소속	연도	지역	교회명	현 교회	지역
전남노회	1918	보성	봉갑리교회	폐쇄	문덕면
		고흥	유둔리교회	동강제일교회(통)	동강면
	1919	순천	평중리교회	폐쇄	승주읍
			마륜교회	마륜교회(합)	상사면
	1920	순천	사룡리교회	폐쇄	
		보성	벌교리교회	벌교제일교회(통) 대광교회(합)	벌교읍
		고흥	대덕리교회	두원교회(통)	두원면
			조사리교회	폐쇄	?
		광양	태인도교회	태인교회(통)	태인동
			금호도교회	금호교회(통)	광영동
	1921	보성	장동교회	장동교회(합)	율어면
		여수	서교회	?	?
			봉전리교회	여수영락교회(통)	국동
		보성	칠동교회	칠동교회(통) (폐쇄 후 재설립)	벌교읍
		고흥	관리교회	관리교회(통)	도양읍
			내발리교회	발포교회(통)	도화면
			동정리교회	성치교회(통)	금산면
		광양	원당리교회	광동중앙교회(통)	진상면
			광포리교회	광영교회(통)	광영동
	1922	고흥	송천리교회	폐쇄	과역면
			화전리교회	폐쇄	점암면
			천등리교회	폐쇄	풍양면
		보성	조성교회	조성교회(통)	조성면

전남 동부 개신교 전래사에 따른 연대표

1549년	8월 15일	스페인 선교사 하비에프, 일본 가고시마에 상륙
1593년	12월 27일	일본주재 세스페데스 신부, 경상도 웅천 상륙 복음 전파
1785년	3월	절두산에서 천주교 신자 처형
1801년	2월	신유교난, 천주교 신자 3천여명 처형(해미읍성)
1816년	9월 1일	영국 함선 함장 홀(B. Hall, 리라호)과 맥스웰(M. Maxwell, 알세스트호) 백령도 상륙. 성경을 나눠주면서 전도, 충남 서천 마량진 앞 갈곶에서 첨사 조대복에게 최초로 성경을 전하다.
1832년	7월 17일	네델란드 선교회 귀즐라프(K. F. A. Gutzlaff) 선교사 충청도 고대도 상륙. 선교하면서 감자 씨 선물
1858년		미일수호통상조약 체결
		일본은 통상조약에 의거 외국인에 대해 그리스도교 신앙자유 허용
1866년	9월 4일	런던선교회 토머스(R. J. Thomas) 선교사 평양 대동강에서 순교
1868년	3월 19일	미 선교사 미티어 토마스 행방 찾아 셰난도어호 타고 황해도 장연에 상륙
1871년	4월	신미양요
		전국에 척화비 건립
1876년		이응찬, 백홍준, 이성하, 김진기, 만주 영구에서 스코틀랜드 연합장로교 매킨타이어 선교사에게 세례 받다.
1879년		백홍준, 이응찬 등 4명 만주에서 매킨타이어에게 세례받다.
1882년	3월 24일	스코틀랜드연합장로교 선교사 로스 심양에서 서상륜의 협력으로 최초의 한글성경 〈예수성교누가복음젼서〉 발간
	5월 22일	조미수호통상조약 체결
	6월 9일	임오군란
	10월 6일	영국성서공회 서상륜을 한국 최초로 권서인으로 국내 파송
	10월 19일	이수정 신사유람단 비수행원 자격으로 도일
1883년	4월 29일	이수정 일본에서 미국장로교 녹스(G. W. Knox) 선교사의 입

완전한 순교 | 391

		회하에 목사 야스기와(安川亭)의 집례로 세례받다.
	5월 16일	서상륜과 서경조 의주에서 기독교 신자임이 탄로, 황해도 소래로 피신해 자생적 소래교회 설립.
	7월	이수정 미국에 한국 선교 요청
	12월 13일	이수정 미국교회 앞으로 선교 파송 요청 서한 발송
1884년	2월	이수정 동경에 한인교회 설립
	4월	이수정 5권의 한한성경 출간
	6월	고종 미국에 보빙사 파견
	6월 24일	일본 주재 미국 감리교 선교사 맥클레이(R. S. Maclay) 조선 입국, 김옥균의 주선으로 고종 황제 만나 기독교 문화 전파 허락받다.
	7월 28일	북장로교선교부 언더우드 한국 최초 복음선교사로 임명 (개신교 최초 정주선교사)
	9월 20일	미국 북장로교 의료 선교사 알렌(H. N. Allen) 입국
	10월	알렌 선교사 광혜원 개원
	12월 4일	갑신정변
		중상 입은 민영익 알렌이 치료
		황해도 소래교회 설립
	12월 말	이수정 일본 요꼬하마에서 미국 성서공회 총무 루미스(H. Loomis) 선교사의 권유와 협력으로 순한문성서〈신약마가전복음서〉번역출간
1885년	1월	언더우드 이수정에게 한국어 학습
	4월 5일	미국 북장로교 언더우드 북감리회 아펜젤러선교사 입국
	4월 7일	언더우드 서울 입성
	4월 10일	최초 근대식 병원 광혜원 개원
	6월 20일	미국 감리교 아펜젤러 선교사 부부 재입국
	8월 3일	아펜젤러 선교사 배재학당 설립
1886년	5월	천주교 포교금지 해제(한불수호통상조약 체결)
	5월 11일	언더우드 경신학당 설립
	5월 31일	스크랜턴 대부인 이화학당 출범

	6월 4일	한불수호통상조약 체결(천주교 공식 허용)
1887년	1월	언더우드 황해도 소래에서 서경조 등 세례 집례
	2월	언더우드, 아펜젤러, 스크랜터, 헤론 등 성서번역위원회 조직
	2월 21일	고종 배재학당 학교명 하사
	2월 27일	로스와 한국인 번역자들 최초 한글 신약전서〈예수성교전서〉 발간
	봄	미국 북장로교 의료선교사 앨러스 서울 정동 제중원 사택에서 정동여학당 시작하여 이후 종로5가로 이전하면서 정신여학교 개명하였음.
		미국 감리교 여의사 하워드(M. Howard), 한국 최초의 부인병원 보구여관 설립(동대문 이대병원 전신)
	8월	미국 조선정부 공사관 설치
	9월	서경조의 아들 서명호 한국인 최초로 유아세례 받음
	9월 27일	서울 새문안교회 설립
	10월 9일	정동감리교회 설립
1988년	1월	스크랜턴 대부인 이화학당에서 최초의 주일학교 시작
	4월 28일	조정에서 미국공산관 등에 기독교 금교령 통보하자 알렌이 조불통상조약에서 "교회(敎誨)"는 포교를 허용하는 의미라고 설득해 해결함
	12월 15일	호주장로회 게일선교사 부산 상륙
1889년	3월	언더우드 부부 압록강에서 김이련, 김권근 부자 등 의주교인 33명 물세례식을 거행함.
	8월	호주장로회 한국선교 시작
	10월	호주장로교 데이비스 남매 선교사 입국
		캐나다 침례교 펜윅(M.C. Fenwick) 선교사 입국함
	12월 8일	미국 북장로교와 호주장로교 선교회 미션연합공의회 조직
1890년	4월	언더우드 한영문법서 출간
	6월 25일	조선성교서회(기독교서회) 설립
	7월 26일	헤론 선교사 사망, 양화진에 안치
	9월	영국 성공회 선교사 입국

	9월 6일	호러스 호튼 언더우드(원한경) 서울에서 태어남
	10월	언더우드 서울에서 최초의 사경회 개최
	12월 8일	미국 북장로교 마펜 선교사 내한
1891년	1월 15일	부산 초량교회 설립
	3월	호주장로교 부산선교부 설치
		마펫, 게일 선교사 서북지방 순회 전도 시작
1892년	8월 25일	미 감리회 평양에 홀 의료선교사 파송
	11월 3일	**미 남장로교 7인의 개척자 내한**
	12월	미 감리회 평양선교부 설치
		미 남장로교 한국 선교 결정
1893년		백홍준 장로 옥중 순교
		북장로교 평양 및 대구 선교부 설치
	1월 28일	선교구역 분할 협정 체결
	3월	동학당의 기독교 배척운동 진행
		북장로교 마펫, 리, 스왈른 평양 도착
	4월	장로교 미션공희회 조직
	4월 1일	장로교·감리회 선교회 연합으로 평양 기홀병원 개원
		평양 첫 감리교회 남선현교회 설립
	6월	에비슨 의료선교사 내한/전주서문교회 설립
	9월	테이트 선교사 서문교회 부임
	10월	양화진 외국인 묘지 조성
		언더우드 서대문밖 휴양소 및 진료소 개원
	12월	캐나다 메리타임즈선교협의회 매켄지(W. J. Makenzie) 선교사 단독 입국하여 황해도 소래교회에서 사역
		호주장로교 부산일신병원 개원
1894년		서울연동교회 설립
		청일전쟁 발생
	1월 8일	평양 장대현교회 설립
	봄	평양숭실학교 설립
		동학농민항쟁 백산봉기

		군산 구암병원 개원
	4월	**레이놀즈 및 드루 선교사 호남지역 선교답사**
	4월 27일	**레이놀즈 및 드루 선교사 고흥 녹동항 상륙**
	4월 30일	**레이놀즈 선교사 순천 입성(읍성 출입은 불가)**
	5월 10일	평양 기독교인 박해사건(한석진, 김창식 등 체포 후 투옥, 평안감사 민병석이 외아문 전보받고 석방함)
	8월	**동학농민군(대접주 김인배) 순천부 동헌에 영호도회소 설치, 순천부사 김갑규 사임**
	12월 28일	순창에서 체포된 전봉준 서울로 압송
1895년	7월	운산금광 채굴권 계약
	10월 8일	을미사변
	10월	미 남감리회 본격적인 선교 시작
		미 남장로교 리드(C.F. Reid) 선교사 입국
		을미사변 후 언더우드 · 헐버트 · 길모어 등과 교대로 고종 호위
	12월	미 북장로교 대구선교부 설치
		미 남장로교 군산 및 전주 선교부 설치
		군산 구암교회 개척 및 설립
1896년		을미의병
		나주선교부 설치 실패
		군산진료소 개시(드루 사택)
	2월 11일	이관아천
	4월 7일	독립신문 창간(서재필)
	9월	누가복음 한글판 출간
1897년	7월 17일	전주 김창국 등 5명 레이놀즈에게 세례받음
	10월 1일	**목포항 개항**
	10월 10일	평양숭실학교 공식 개교
	10월	마티잉골드 전주선교부 합류
	12월	**오웬과 테이트가 지원근과 함께 순천읍성 방문**
1898년	1월	러시아정교회 한국선교 시작

완전한 순교 | 395

		평양남자성경학교 개교
	5월 15일	**목포 양동교회(목포교회) 설립**
	9월 7일	캐나다장로회 한국선교 착수
	10월	서울 배화학당 설립
		목포선교부 설치
	11월	전주진료소 개설
1899년		나주 삼도리교회 설립(현재는 광주시 광산구)
		지원근 · 곽우영이 목포양동교회에서 세례를 받다.
	4월	에비슨 세브란스병원 및 의학교 설립
	9월	언더우드 장로회공의회 회장 선임
1900년		중국 의화단 사건 발생(개신교 선교사 135명 피살됨)
		박에스더 한국인 최초 의학박사 취득 후 귀국
		목포진료소 운영 후 중단
		함평 문양리교회 설립
	1월 4일	**벌교 무만마을 김재조의 집에서 처음 예배를 드리다**
	4월 24일	전주기전여학교 설립
	5월	일본 요꼬하마에서 신약전서 번역판 37,000부 발간
	6월	평양외국인학교 설립
	9월 1일	군부대신 이근택 전국에 기독교인 살해 밀지 발송(선교사들의 조치로 해결됨)
	9월 9일	**전주신흥학교 설립**
1901년		합동공의회 설립
		광주 송정리교회 설립
	4월 25일	**오웬 선교사 고흥읍 감초당한약방에서 신우구, 목치숙, 박무응, 박용섭, 설준승 등과 어린이 정수근, 김태수 등이 첫 예배드리다**
	5월 14일	미 감리회 김창식 및 김기범 집사 최초 목사 안수함
	5월 15일	평양신학교 설립
	5월 28일	제주도 신축교난(전주교인 700여명 피살)
	9월	조선예수교장로회 결성
	11월	동양선교회 창설

1902년		군산 멜본딘어학교 설립
		장성 보생리교회, 화순 대포리교회, 해남 우수영교회 설립
	5월 10일	**목포 정명여학교 설립**
	6월 11일	**아펜젤러 성번역위원회 참석 차 목포로 가던 중 해상 사고로 순직**
		알렉산더 군산예수병원장 부임 후 부친 사망으로 즉시 귀국
1903년		장성 율곡리(영신)교회, 황룡리교회설립
		영광 대전리교회, 나주 광암리교회 설립
	2월 1일	군산영명학교 설립
	7월	하와이한인교회 설립
	10월 28일	경성YMCA 창립
1904년		추수감사절 예배 시작
		영광 신천리교회, 곡성 옥과리교회 설립
		나주 덕림리교회, 완도 관산리교회 설립
	8월	**목포 눌런, 전주 포사이드, 군산 다니엘 선교사 부임**
		목포진료소 재개
	11월	군산 개복동교회 설립
	12월	**광주선교부 설치, 양림동 진료소 시작**
	12월 25일	**광주 양림리 유진벨 사택에서 예배 시작(광주교회 설립)**
1905년		세브란스의학교 정식 개교
		평양산정현교회 설립
		을사늑약 체결
		헐버트가 고종의 청으로 미국으로 급파됐으나, 대통령 면담 실패함
		호주장로회 진주선교부 설치
		보성 노동 신천리교회 설립(명천교회로 개명, 합동교단으로 있다가 폐쇄)
	6월	알렌 주한공사 해임
	6월 21일	미 감리회 한국 선교연회 구성
	7월 1일	장로회 및 감리회 연합 〈그리스도신문〉 발간

	8월 15일	**벌교 무만교회(성산교회) 설립**(교회측은 1900년 설립 주장)
	9월	천주교 신교자유 공인
	10월 15일	**율촌 장천리 조일환 장로 집에서 처음 예배드림** (노회사에서는 설립일으로 하였으나, 장천교회사에서는 1907년으로 최종 정리하였음)
	11월 3일	**광양 신황리 한태원 장로 집에서 처음 예배드림** (노회사에서는 설립일으로 하였음)
1906년		최초의 국한문 신약전서 발행
		평양 장대현교회(길선주 목사 주도)에서 새벽기도회 시작
		진남포에서 장로교와 안식교 충돌
		광주 북문안교회(충장로) 신축 이전 입당
	1월 2일	**보성 겸백 운림교회 설립**
	4월 15일	**낙안 평촌교회(낙안중앙교회) 설립**
	6월	광주제중원 개원
	9월	**고흥 옥하리교회(고흥읍교회) 설립**
	10월	평양 숭실전문학교 개교
	12월 6일	**여수 김암무 여사 복음 전파 시작**(여수읍교회의 설립일로 주장)
1907년		놀란 선교사 사임하고 평안도 금광광산 의사로 옮김
		순천노회 설립승인 - 여수 장천교회, 우학리교회, 광양 신황리교회, 순천용당교회
	1월 6일	평양 장대현교회 대부흥운동 시작
	2월	광주숭일학교 개교
	4월 15일	**순천읍교회(순천중앙교회) 설립**(금곡동 양사재)
	6월 20일	평양신학교 1회 졸업생 7명 배출
		이기풍 목사 신학교 졸업(40세)
	7월	감리교 협성신학교 설립
		감리교 상동교회 중심으로 헤이그말사사건 밀의
	7월 1일	정주 오산학교 설립
	9월 17일	조선예수교장로회 독노회 조직
	9월 18일	평양신학교 1회 졸업생 7명 목사 안수

		이기풍 목사 제주도 선교사로 파송
	10월 5일	고흥 금산 신흥리교회 설립
	11월 3일	광양 신황리교회 설립(조선예수교장로회 사기)
1908년		순천 송광 신평리교회, 순천 별량 이미교회,
		광양 진상 웅동교회, 보성 회천 양동교회 설립
	2월 23일	이기풍 목사 제주 성내교회 설립
	3월 3일	고흥 금산 신평교회(명천교회) 설립
	3월 23	장로교인 장인환 의사 친일미국인 스티븐스 사살
	4월 1일	광주수피아여학교 설립
	4월 5일	여수 우학리교회 건축
	5월 10일	광양 대방동교회(대방교회) 설립
	8월 2일	구례읍교회(구례제일교회) 설립
	9월 15일	광양읍교회(광양제일교회) 설립
	9월 16일	남감리교 만주선교 시작, 이화춘 목사 파송
	10월	구세군 한국선교 시작
		장로교회와 감리교 합동찬송가 발행
	12월	세브란스의학교 첫 졸업생 7명 배출
		동양척식주식회사 발족
1909년		이관선 전도사 제주 첫 여선교사로 파송
		광주 나병진료소 개설
		전라대리회 첫 한국인 목사 김필수 안수
		순천 구상리교회(구상교회), 대치리교회 설립
		광양 섬거리교회, 지랑리교회 설립
	3월 3일	광양 섬거리교회(광동중앙교회) 설립
	4월 3일	오웬 선교사 급성폐렴으로 사망
	4월 15일	순천읍교회 설립(조선예수교장로회 사기 기록)
	5월	북장로교와 북감리회 선교지 분할협정 최종안 확정
	9월 5일	조선예수교장로회 노회장 언더우드 피선
		곡성 원정자교회(목사동교회) 설립
	10월 12일	장로교 한석진 목사 일본 선교사로 파송

	10월 26일	안중근 의사 하얼빈에서 이토 히로부미 총독 암살, 감리교인 우덕순(우연준) 가담 후 피체
1910년		제주 성내교회, 굴메대유리교회 설립
		보성 문양리교회, 대치리교회설립
		순천 월산리교회, 고흥 주교리교회 설립
	2월 5일	**여수서정교회(읍교회, 여수제일교회) 설립**
	2월 15일	구세군학교 개교
		고흥 길두교회 설립
	3월	프레스톤(변요한), 코잇(고라복) 순천 은성학교 시작
	5월 12일	**구례 대전리교회(광의교회) 설립**
	8월 29일	경술국치일
	가을	최중진 목사 자유교회 선언
1911년		**미 남장로회 선교부 매산등 부지 매입 시작**
	4월 1일	곡성읍교회 설립
	4월 4일	**광양 태인도교회(태인교회) 설립**
	4월 25일	**광주 봉선리에서 윌슨이 광주 나병원 개원**
	9월 17일	조선예수교장로회 총회 7개 노회 조직결의
	10월 11일	**전라노회 조직**
	11월	105인 사건(테라우치 총독의 암살미수사건을 조작하여 105명의 독립운동가를 체포 구금한 사건)
1912년		**보성 동막교회, 순천 가곡리교회 설립**
	3월	서서평 선교사 광주 입성
	8월	광주북문안교회 당회 조직, 김윤수·최흥종 장로 장립
	9월 1일	조선예수교장로회 총회 창립(초대총회장 언더우드)
	10월 15일	**순천선교부 설치**
		피어선성경학교 개교
1913년		**순천 선교부 진료소 개설**
	3월 1일	**순천 해룡 도롱교회(영흥교회) 설립**
	3월 10일	**고흥 금산 오천교회 설립**
	6월 16일	전남출신 최초 임성옥 목사 평양신학교 졸업, 목사안수

	9월 1일	**순천은성학교 설립**
1914년		장로교 서간도 및 길림에 선교사 파송
		순천 월곡리교회, 가곡리교회 설립
	3월 16일	**순천 알렉산더병원 건립, 진료소 시작**
	4월	조선YMCA연합회 조직,
		조선기독교대학 설립
	9월 6일	유진벨 선교사 제3회 총회장 피선
1915년		**보성 영암교회 설립**
	1월	광주 양림리 오웬기념각 개관
	1월 1일	**고흥 동강 유둔교회(동강제일교회) 설립**
	3월 5일	연희전문학교 설립
	4월 5일	**보성읍교회 설립**
	12월 7일	기독신보 창간
1916년	2월	감리교 〈신학세계〉 창간
	2월 24일	**소록도자혜의원 설립(한센인전문병원)**
	3월 1일	**순천알렉산더병원 신축 개원**
	6월	**순천 은성학교 자진 폐교**
	10월 12일	언더우드(원두우) 선교사 소천
1917년		평양신학교 3년과정 신설
		무만리교회 정태인 목사 청빙
	1월 30일	광주남문밖교회(광주중앙교회) 설립
	6월 15일	정태인 목사 평양신학교 졸업
	8월 24일	정태인 목사 안수
	9월 17일	**전남노회 설립**
	10월	러시아 볼세비키혁명(세계 최초 공산주 혁명)
	10월 10일	전북노회 설립
1918년		광주 이일선경학교, 전주여자성경학교 설립
	2월	조선예수교연합공의회(KNCC) 조직
	3월	〈신학지남〉 창간
	3월 3일	**보성 득량교회 설립**

	4월	파리 국제평화회담에 조선 대표 파송
	7월 6일	**이기풍 목사 성대결절로 휴직**
1919년		평남 정주읍교회 방화사건, 간도교회 방화사건
		평양신학교 무기 휴교 선언
	2월 1일	**순천자혜의원 설립(순천의료원)**
	2월 8일	도쿄 2·8독립선언서 발표
	3월 1일	기미독립선언서 발표, 독립만세운동 시작
	3월 3일	강서교인 학살사건(43명)
	3월 4일	**순천 상사 마륜교회 설립**
	3월 10일	광주 만세운동
	3월 17일	미 필라델피아 한인 시가행진
	3월 24일	**구례 읍장날 만세운동**
	3월 27일	**광양읍장터에서 만세운동**
	3월 29일	**곡성 장날 만세운동**
	4월	상해 임시정부 수립
		광주 북문안교회 폐쇄(3·1운동 거점)
	4월 7일	**순천 유생 박항래 단독 만세운동**
	4월 8일	**목포 만세운동**
	4월 9일	**낙안비밀조직 〈이팔사〉 벌교 장터에서 만세운동**
	4월 13일	**낙안 만세운동**
	4월 14일	**고흥 장날 만세운동 실패**
	4월 15일	수촌교회 방화사건, 제암리교회 학살방화사건
	9월 2일	장로교인 강우규 의사 사이토 총독에게 폭탄 투척 실패
	10월	장로교 총회-선교사에게 偃倦만 부여키로 결정
		광주 북문안교회, 금정동으로 이전 및 금정교회로 개명
1920년		**고흥 금산 동정교회(성치교회) 설립**
	3월 5일	**나로도교회 설립**
	3월 30일	**구례 신월교회 설립**
	4월 1일	**벌교리교회 설립(무만리교회에서 분립)**
	4월 4일	**고흥 도화 내발교회(발포교회) 설립**

	7월 29일	조선물산장려회 창립, 광주YMCA 창립
	8월	**고흥기독청년면려회 창립**
	9월 4일	광주중앙교회 분립(북문밖교회)
	9월 28일	유관순 열사 옥중 순국
	11월 1일	**고흥 관리중앙교회(관리교회) 설립**
	11월 29일	강우규 장로 사형 집행(사이토 총독 폭탄 의거)
1921년	3월 1일	상해에서 3·1독립선언 2주년 기념식 개최
	4월 15일	**순천 매산학교 재개교**
	6월 15일	최흥종 목사 평양신학교 졸업
	10월 5일	쿠바 까타자스 한인감리교회 설립
	11월 1일	조선주일학교 제1회 대회 개최
1922년	6월 15일	**곽우영, 조의환 목사 평양신학교 졸업**
	7월 9일	**고흥 남열리교회 설립**
	10월 2일	**순천노회 설립**
	10월 8일	**소록도 한센인 예배 시작(일본 성결교단 목사 초청 집회)**
	11월	조선예수교장로회 헌법 제정
	11월 20일	**보성 조성교회 설립**
	12월 30일	소련정권 등장
1923년		**여수 덕양교회(주향교회) 설립**
	1월 31일	장로교 시베리나노회 설립
	3월 2일	**보성 겸백 수남교회 설립**
	4월 22일	**여수 화양 서촌리교회 설립**
	6월 16일	**조상학 목사 평양신학교 졸업**
	9월 1일	관동대지진 발생
1924년	4월 7일	**구례 산동교회 설립**
	4월 13일	**율촌 구곡교회(성암교회) 설립**
	4월 25일	**돌산군내교회(돌산읍제일교회) 설립**
	6월 15일	**오석주, 김정복, 강병담 목사 평양신학교 졸업**
	8월 15일	**여수 화양 나진교회 설립**
	9월 24일	조선예수교연합공의회(KNCC) 조직

	9월 30일	광주 금정교회에서 양림교회와 다시 분립 (오웬기념각에서 예배 시작)
	12월 19일	경기충청노회에서 경기노회 분립
1925년		**박용희 목사 경기노회 특별가결 목사안수**
		여수 신풍리에 애양원 이전부지 마련
	1월	감리교 최성모 목사 몰골로 파송 동아기독교 박문기 선교사 등 4명 길림성에서 순교
	1월 20일	충청노회 분립
	3월 10일	**고흥 도덕 가야교회 설립**
	4월 7일	**순천 수평교회(황전제일교회), 고흥 도양 대봉교회 설립**
	5월 1일	순천 서면 압곡교회 설립
	7월 25일	**순천 해룡 상삼교회(엘림교회) 설립**
	9월 28일	유진벨 선교사 심장질환으로 소천
		순천 신성교회 설립
1926년	1월	**여수 율촌 평촌교회 설립**
	6월 10일	6·10만세운동(순종의 장례일-인산일(因山日)
	12월 15일	**보성 예동교회 설립**
	겨울	오순절 한국 선교 출범
1927년	3월 1일	**고흥 송산교회 설립**
	8월 7일	**순천 동산교회 설립**
	11월 19일	**고흥 당오리교회(도화교회) 설립**
1928년	9월	조선예수교장로회 사기 발간
	12월	여전도회 전국연합회 조직
1929년	3월 10일	**광양 고길교회(황금교회) 설립**
	6월 4일	**고흥 과역교회 설립**
	6월 15일	김상두 목사 평양신학교 졸업
1930년	4월 15일	**순천 학구교회 설립**
	6월 16일	황보익 목사 평양신학교 졸업
	12월 25일	경전선(송정리~여수, 광려선) 개통
1931년		**광양 다압 관동리교회(다압교회) 설립**

		광양 다압 도사리교회(수평교회) 설립
	5월 15일	**여수 봉산리교회(여수영락교회) 설립**
1932년	2월	**순천 월등교회 설립**
	6월	초교파 적극신앙단 설립
	6월 15일	**김순배 목사 평양신학교 졸업**
1933년	10월 6일	조선예수교회 창립
1934년	5월 15일	**보성 조성 동산교회 설립**
	6월 5일	**순천 송광낙수교회(송강중앙교회) 설립**
	6월 26일	서서평 선교사 소천(광주 최초 사회장)
	11월 21일	여권문제필화사건(女權問題筆禍事件) 발생
		- 김춘배 목사가 기독신보에 기고한 글로
		여성장로제도 청원운동 지원
	가을	장로교 〈신편 찬송가〉, 감리교 〈신정찬송가〉 발간
1935년	1월	장로교 한경희 선교사 북만주에서 순교
	3월 15일	**광주나병원, 애양원으로 개칭**
	4월 8일	**보성 복내 장천교회 설립**
	7월 1일	**박용희 목사 목포중앙교회 부임**
1936년	5월 18일	로마교황청, 천주교 신사참배 허용
	6월	감리교 신사참배 허용 결정
	7월 6일	**순천 승주교회(순천제일교회) 설립**
	11월 15일	**순천 별량 개령교회 설립**
1937년		**곡성 원장자교회(목사동교회) 설립**
	2월	**박용희 목사 순천중앙교회 담임으로 부임**
	3월 3일	**박용희 목사 위임식**
	7월 7일	중일전쟁 발발
	9월	**남장로교 선교부 각급 학교 폐쇄 결정**
		순천매산학교 신사참배 강요로 자진 폐교
1938년	4월 25일	순천노회 22회 총회(구례읍교회)에서 신사참배 결의
	5월	전남노회 신사참배 결의
	6월 16일	김형모, 선재련, 손양원 목사 평양신학교 졸업

	6월 18일	**애양원교회 김응규 목사 사임의결**
	9월 9일	조선예수교장로회 제27회 총회 개최(평양 서문밖교회)
	9월 10일	장로회 신사참배 찬성 긴급 결의안 채택
	9월 12일	북장로교 선교사 26명 연서날인으로 총회 결의 항의서 제출
	9월 20일	평양신학교 폐교
	12월 12일	한국 교단 대표자 일본 본토 방문 및 신사 참배
1939년	3월	조선신학원 기성회 조직
	4월	**순천중앙교회 성경모임 원탁회 시작**
	6월 15일	**양용근, 안덕윤, 나덕환 목사 평양신학교 졸업(통신)**
	7월 15일	**손양원 강도사 애양원교회 부임**
	9월	국민정신총동원 조선예수교장로회연맹 조직
	11월	신사참배, 궁성요배, 황국신민서사 제창 후 예배 시작하도록 선포
1940년	3월 10일	**구례 파도교회(토지교회) 설립**
	4월 11일	평양신학교 재건초대교장에 채필근 목사
	9월	조선예수교장로히 총회 해산, 일본기독교 조선장로교단으로 개편
	9월 20일	**황두연 장로 원탁회사건으로 구속**
	9월 25일	**손양원 목사 일경에 체포**
	10월 14일	**프레스톤 추방명령으로 순천역 출발, 교역자들 배웅**
	11월	**순천 알렉산더병원 폐원**
		전국 교역자 300여 명 불법 감금
		미 선교사 전원 강제출국 조치
1941년	8월	교단별로 애국기 헌납운동 전개
	11월 5일	**순천노회 교역자 체포 구속**
		여수경찰서 이기풍 목사 체포 구금
	12월 8일	태평양전쟁 발발(진주만 습격) 재일조선기독교 목사, 장로, 전도사 등 18명 구속
1942년	4월	**이기풍 목사 병보석 석방**
	6월 1일	광주선교부 탤미지 선교사 강제 추방

	6월 20일	**이기풍 목사 소천**
	7월 31일	황두연 장로 재구속
	9월 30일	순천노회 수난사건 광주지법 선고 판결
	11월 5일	김형모, 안덕윤 목사 및 임원석 장로 석방
	12월 16일	주기철 목사 제자 조용학 영수 순교
1943년	5월 5일	**선재련, 김상두, 김형재 목사 석방**
	9월	조선총독부 주일밤 및 수요일밤 예배 금지령
	9월 30일	**김정복, 강병담, 김순배 목사 석방**
	11월 4일	**나덕환 목사 석방**
	11월 26일	**구례 신월리 심봉한 집사 순교**
	12월 5일	**양용근 목사 순교**
1944년	2월 15일	**목포양동교회 박연세 목사 순교**
	4월 5일	**순천 덕월교회 설립**
	4월 21일	주기철 목사 순교
	8월 20일	**황두연 장로 석방**
1945년	1월 30일	**오석주 목사 석방**
	4월 5일	**여수 소라면 현천교회 설립**
	5월	**여수제일교회 박재수 장로 등 기독교인 구금(8월 15일 석방)**
	5월 18일	**여수 소라면 복산교회 설립**
	7월	일본기독교 조선교단 출범(모든 교단 통합)
	8월 6일	히로시마 원탄 투하
	8월 8일	소련 대일 선전포고
	8월 15일	**일왕 항복 발표**
	8월 17일	**순천, 광양, 고흥, 보성, 구례 건국준비위원회 결성**
		손양원 목사 석방
	8월 25일	**여수 건국준비위원회 결성**
	9월 9일	미 군정 실시
	10월 21일	**미군 순천 주둔**
	12월 2일	서울영락교회 창립예배(서북청년회 등장)
1946년		**여수 화양면 신성교회 설립**

	1월	**윌슨 선교사 입국**
	2월 9일	일본 도쿄 한인교회 재건
	3월 1일	북한 3·1절 행사 두고 공산세력과 기독교 충돌
	3월 7일	**고흥 오마교회 설립**
	4월	**김정복 목사 소록도교회 담임목사 부임(겸직)**
		-성결교에서 장로교로 이전
	5월 23일	미 군정청 3·8선 차단, 월경금지 발표
	9월	경남노회 고려신학교 신설, 고려파 이탈
	9월 3일	**순천 매산중학교(남녀공학) 개교**
		조선기독교연합회 결성(장로교, 감리교, 성결교, 구세군 등)
	10월 6일	**여수 제2교회(여수중앙교회) 설립**
	11월 3일	북한 주일 인민위원회 선거 두고 반대한 목사 등 구속 조치
	12월	북한5도기독교연합회 결성(장대현교회)
1947년	3월 4일	**순천노회 해방 후 제 27회 총회 개최(벌교읍교회)**
		보이어 선교사 7년만에 내한
	3월 7일	**곡성 오지리교회(오곡교회) 설립**
	3월 10일	**보성서부교회 설립**
	3월 17일	언더우드(원한경) 부인 에델 연희전문 좌익계 학생에게 피살
	4월 18일	조선예수교장로회 총회로 재건
	5월 10일	**여수 화정제일교회 설립**
1948년	3월 3일	**광양 망덕교회(진월교회) 설립**
	3월 5일	**광양 옥곡교회 설립**
	3월 9일	**순천노회 주일날 선거 반대 결의안 채택**
	4월 20일	34회 총회에서 신사참배 결의안 취소 결의
	5월	서울 남산에서 장로회 신학교 개교
	5월 4일	여수 14연대 창설
	5월 10일	**남한단독 선거 실시(순천갑 황두연, 순천을 조옥현, 여수갑 김운창, 여수을 황병규, 광양군 김옥주, 구례군 김종선, 고흥갑 오석주, 고흥을 류성갑, 보성군 이정래 당선)**
	5월 31일	제헌국회 출범

	7월 12일	대한민국 헌법 국회 통과
	7월 17일	제헌국회 헌법 및 정부조직법 공표
	7월 20일	이승만 대통령 국회에서 선출
	8월 15일	대한민국 정부 수립, 미군정 종식
	10월 19일	**여순사건 발생**
	10월 20일	14연대 봉기군 순천 장악
	10월 21일	**여수, 순천에서 경찰 및 우익인사 피살**
		승주교회 손동인 · 동신 형제, 고재춘 청년 좌익계 청년에게 피살, 해룡 도롱교회 김병준 장로, 윤형근, 윤순근 청년 천도교인에게 피살
	10월 22일	여수, 순천 계엄령 선포
		별량교회 김용길 집사, 고흥 축두교회 임인규 집사 봉기군에 피살
	10월 23일	진압군경 순천 시내 탈환
		순천 매산등에서 순천중앙교회 교인 등 26명 12연대 진압군에게 집단학살
		황두연 제헌의원 순천북초등학교 방문해 김규당 목사 석방
		황두연 구타당한 박찬길 집사 석방 요청
	10월 24일	**순천중앙교회 박찬길(검사) 집사 등 21명 집단 학살**
	10월 25일	여수 탈환작전 시작, 대대적인 민간인 학살 시작
	10월 26일	국군 3연대 여수 덕충동(본동마을) 학살 및 강간, 방화
	10월 27일	여수 및 구례 완전 탈환
	11월 4일	1차 군법회의 28명 사형판결
		(2차-102명, 3차-280명, 4차-73명 사형 판결)
		순천 학구교회 유영채 집사 봉기군에 피살
	11월 21일	서북청년단 순천서면 삽치마을 집단 구타 및 성고문 살해
	12월 17일	**순천에서 순직군경 및 애국단체 지도자 합동위령제 개최**
1949년	4월	**광동중앙교회 교인 이상홍 가족 4명 진압군에 학살**
	4월 22일	교단 명칭을 대한예수교장로회로 변경
	5월	출옥성도 중심 이탈 재건파 조직

	6월 26일	김구 선생 암살
	8월 15일	**순천 승평교회(순천동부교회) 설립**
	11월 1일	**광양 진목교회(진광교회) 설립**
1950년	3월	평양장로회신학교와 성화신학교 통합 후 기독교신학교로 개편
	5월 5일	**순천 천보교회 설립**
	5월 17일	**매산중학교와 은성고등학교로 분리**
	6월 25일	6·25전쟁 발생
	7월 9일	전남지역 보도연맹원 집단학살 시작
	7월 16일	여수 애기섬 보도연맹원 집단 수장
	7월 23일	인민군6사단 광주 점령
		전남 동부지역 목회자 및 교인 등 부산으로 피난
	7월 25일	인민군6사단 순천, 구례, 벌교 점령
	7월 26일	인민군6사단 여수 점령 1개대대 주둔
		인민군 전남 전지역 점령
	8월	**여수제일교회 김은기 집사(여수YMCA회장) 인민군에게 피살**
	8월 3일	여수 이야포 미군 포격
	8월 6일	순천 신성포, 고흥 용동 해상 미군 폭격
	8월 12일	순천 선평리 미군 폭격
	8월 15일	**해룡 도롱교회 서동실 성도 인민군에게 피살**
	8월 27일	광양읍 인동리 미군 폭격
	9월 15일	인천상륙작전 개시
		순천 해룡면 도롱교회 성도 서천규 인민군에게 피살
	9월 27일	**고흥 김정복 목사 순교**
	9월 28일	서울 수복
		손양원, 조상학 목사, 윤형숙 전도사, 지한영 강도사, 지준철 성도 등 인민군에게 여수 미평과수원 등에서 순교
		인민군 영광, 영암 등에서 대대적인 민간인 및 교회 목사·교인들 학살
	10월 1일	유엔연합군 3·8선 돌파
		피난 교회지도자 등 속속 복귀 시작

	10월 17일	황해도 신천군 대학살
	10월 30일	**순천 상사 서정교회(상사교회) 설립**
	11월 1일	**곡성 죽곡교회 설립**
	12월 7일	**황해도 피난민들 여수 돌산 둔전에 감리교회 (돌산중앙감리교회) 설립**
	12월 9일	**이선용 구례읍교회 목사 등 6명 순천 송치재에서 인민군 잔당에게 피살**
	12월 15일	흥남, 원산 철수작전 시작(28일까지)
1951년	1월	대구에서 군종학교 설립과 군목제도 실시
	1월 4일	유엔군 서울 철수
	2월 20일	언더우드(원한경) 심장마비로 급서
	3월	**빨치산에 의해 순천도립병원 전소**
	3월 10일	**순천 별량교회 설립**
	3월 15일	서울 재수복
	5월	**여수 충무동교회 설립**
	6월	**박용희 목사 목포중앙교회 재부임**
	9월 1일	**순천 삼산교회(선교하는교회) 설립**
	9월 8일	**황해도 피난민 여수 웅천에 정착(연백군 부토리교회 교인 포함)**
	9월 18일	총회신학교 개교(대구서문교회)
	10월	**순천 업동교회(한소망교회) 설립**
	11월 17일	**여수 제3교회(서부교회, 성광교회) 설립**
	12월 15일	**보성 미력 도개교회 설립**
	12월 29일	**여수 거문교회 설립**
1952년	1월 6일	**광양희양교회(광양중앙교회) 설립**
	1월 20일	**고흥 대서교회 설립**
	3월 5일	**고흥 동강 영송교회 설립**
	4월 1일	**고흥 포두 외산교회 설립**
	5월	**여수 동산 감리교회, 순천 중앙 감리교회, 동강 감리교회 설립**
	7월 17일	**광양 광포리교회(광영교회) 설립**
	10월 20일	**여수 쌍봉교회(여천교회) 설립**

| | 11월 28일 | **고흥 길두교회 박석순 목사 위임식** |
| | 12월 28일 | 미공군 폭격기 200대 평양시가지 융단 폭격 |

1953년	3월 2일	**곡성 대신교회(곡성동부교회) 설립**
	3월 29일	휴전회담 재개, 이승만 휴전반대 단독북진 성명 발표
	4월 2일	**해룡중앙교회 설립**
	4월 15일	**순천 오리정교회(성북교회) 설립**
	6월 10일	한국기독교장로회 이탈, 박용희 목사 기장 총회장 피선
	6월 18일	이승만 반공포로 석방(2만7천명)
	7월 27일	휴전협정 체결
	9월 13일	**고흥 덕흥교회 설립**
	9월 18일	지리산 빗점골에서 남부군사령관 이현상 피살
	12월 19일	군경 백운산 토벌작전 개시
1954년	1월 1일	**광양 지곡교회(광양북부교회) 설립**
	1월 15일	국회 한미상호방위조약 비준
	4월	총회신학교 예과 1~2년생 남산 조선신궁터에서 수업 시작
	4월 5일	**고흥 사도교회 설립**
	4월 26일	제39회 총회 개최(신사참배 27회 총회의 결의안 취소)
	5월	문선명 통일교 창설
	6월 7일	**여수 남면 화태교회 설립**
	6월 24일	**순천노회 신사불참배 순교자 유가족 특별헌금 보내기 결의**
	8월 1일	**고흥 점암 모룡리교회(점암중앙교회) 설립**
	9월 14일	종교단체 기부 금지법 개정안 반대 진정
	9월 21일	신상묵 제주도경국장 한라산 금족령 해제(제주4·3사건 종료)
	10월 1일	**고흥 두원중앙교회 설립**
	11월 27일	국회 사사오입 사건 발생
	12월 9일	**여수 돌산신기교회 설립**
1955년	1월	**승주 쌍암교회(승주중앙교회) 설립**
	3월 6일	**구례 외곡교회 설립**
	3월 15일	**보성 겸백, 복내, 미력, 율어면 등 7개 교회 순천노회로 편입**

	4월	총회신학교를 장로회신학교로 개명
		여수 소라교회 설립
	4월 1일	**송광 낙수교회(송광중앙교회) 설립**
		지리산 및 백운산 입산금지 해제
	4월 3일	**보성 웅치교회 설립**
	4월 15일	**순천 주암창촌교회 설립**
	5월 1일	**보성 남부교회 설립**
	5월 22일	**여수 동광교회 설립**
	5월 23일	이승만정부 지리산 빨치산 소멸 공식 발표
	9월 6일	**여수 제5교회(남부교회/영락교회) 재설립**
	9월 16일	**광양 골약교회 설립**
	11월	경기노회에서 박태선 이단으로 규정
	11월 25일	**순천 송광 이읍교회 설립**
1956년	1월	**순천노회 크레인 선교사 40주년 기념식 개최**
		밀러(민유수)선교사 35주년 기념식 개최
	2월 6일	**고흥 옥강교회 설립**
	3월 1일	**곡성 죽곡 동계교회 설립**
	3월 15일	**순천 별량 원산교회 설립**
	4월 17일	**여수 돌산성두교회 설립**
	5월	**광양봉강교회 설립**
		여수 미평동 순교자 기념 예배당 건축 결정
	5월 5일	민주당 대통령 후보 신익희 사망
	5월 30일	**광양 사곡교회 설립**
	8월 3일	**순천 은성고등학교를 매산고등학교로 개명**
	9월	총회에서 나운몽 이단으로 규정
	10월 7일	**보성 노동교회 설립**
	10월 15일	**곡성 고달교회 설립**
1957년	2월 7일	**보성 문덕교회 설립**
	3월 5일	**고흥 두원교회 설립**
	3월 13일	**여수 석창교회 설립**

	4월 21일	**고흥 천학교회 설립**
	5월 3일	**해룡 월전교회(해룡중앙교회) 설립**
	9월 20일	**여수 삼산면 죽촌교회 설립**
	9월 28일	**여수 미평교회 설립**
	10월 20일	**여수 삼산면 서도교회 설립**
	11월 7일	**광양세풍교회 설립**
	11월 10일	**순천남부교회 설립(2015년 금당남부교회 분립)**
1958년	1월	루터교선교회 창립
	4월 19일	**광양다압교회 설립**
	5월 5일	**율촌 산수교회 설립**
	5월 10일	**순천 황전 월산교회(황전중앙교회) 설립**
	5월 17일	**여수 죽림교회 설립**
	5월 21일	**구례 산동면 중동교회 설립**
	5월 29일	장년면려회(남선교회전국연합회) 조직
	8월	**광양 덕례교회 설립**
	8월 14일	**여수 삼산면 유촌교회 설립**
	8월 22일	**순천 주암 광천교회 설립**
	8월 25일	**순천 주암 백록교회(고신파) 설립**
	9월 1일	국방부 군종과 발족
	10월 1일	한국대학생선교회(CCC) 창립
	11월	서울 승동교회에서 합동측 총회 분립
		장로회신학대와 총신대로 분립
1959년	4월 10일	**구례 이평교회 설립**
	5월 12일	에큐메니칼운동 찬반 논쟁, WCC 탈퇴 결의
	9월 28일	제44회 대전총회에서 경기노회 총대 문제로 분쟁
	9월 29일	에큐메니칼 지지세력 총회 속개(연동교회),
		통합총회 명칭 사용시작
	11월 24일	NAE측 지지세력 총회 속개(승동교회),
		합동총회 명칭 사용 시작
		보성 노동옥마교회 설립

	12월 2일	**여수 삼산면 덕촌교회 설립**
1960년	2월 17일	통합측 총회 개최(새문안교회), 나덕환 목사 참석
	2월 19일	합동 측과 통합을 위해 통합총회 WCC 탈퇴
	3월 15일	자유당 부정선거 실시(3·15부정선거), 마산 봉기 발생
	4월 1일	**고흥 신안교회 설립**
	4월 7일	**벌교 칠동교회 설립**
	4월 10일	**구례 평도교회 설립**
	4월 11일	마산 앞바다에서 김주열 열사 시신 발견
	4월 19일	4·19학생혁명
	5월 10일	**승주 남강교회 설립**
		보이어 선교사 환송예배
	5월 26일	**구례 월전교회(실로암교회) 재설립**
	6월 10일	**고흥중앙교회 설립**
	7월 3일	**광양 금호도교회(금호교회) 설립**
	8월 19일	장면 정부 출범
	9월	고신과 합동측 통합(1963년 9월 각각 환원)

※교회 설립년도(설립일자)는 교회 측 자료와 노회회의록 등을 반영한 것입니다.

참고문헌

교회사 및 노회사 자료집

고흥오천교회100년사(2013)
광양제일교회110년사(2022)
나진교회100년사(2022)
대한예수교장로회 100년사(1984)
보성읍교회100년사(2017)
벌교대광교회110년사(2017)
순서노회30년사(2011)
순천노회 회의록 1집, 2집, 3집(1988)
순천노회사(1992)
순천노회100년사(2022)
순천제일교회50년사(1977)
신황리교회역사(2012)
여수노회40년사(2020)
여수제일교회110년사(2018)
장로회신학대학교100년사(2002)
장천교회110년사(2017)
전남노회105년사(2006)
전주서문교회100년사(1999)
제주기독교100년사(2016)
제주성안교회100년사(2008)
조선예수교장로회사기-상(2014)
조선예수교장로회사기-하(2014)
한국기독교성장100년(기독교문사, 1986)
호남기독교100년사(전북편)

기독관련도서

광주 전남지방의 기독교 역사(김수진, 한국장로교출판사,2013)
근현대사로 읽는 북한교회사(강석진, 쿰란출판사, 2022)
기독교연감(한국기독교교회협의회, 1970)
나의 나된 것은: 정규오 목사 회고록(정규모, 한국복음문서협회, 1984)
나의 아버지 손양원 목사(손동희, 아가페, 1999)
내한선교사사전(한국기독교역사연구소. 2022)
대륙의 십자가(송철규 민경중. 메디치미디어. 2020)
목포기독교이야기(김양호, 세움북스, 2016)
미국남장로교 선교 100년사-순천지방을 중심으로(안기창, 진흥, 2010)
복의 근원(김형도, 한국기독교문학연구소출판부, 1979)
북한교회사(강석진, 쿰란출판사, 2022)
사형수 전도사 차남진 박사(김남식, 총신대학교출판부, 2009)
새로 쓴 개종이야기(이덕주, 한국기독교역사연구소, 1990)
손양원 목사의 삶과 신앙(이상규, 코람데오닷컴, 2016)
순교목사 양용근 평전 섬진강(진병도, 쿰란출판사, 2010)
심봉한 심보라 호남의 순교 가족사(차경희, 백영희목회연구회, 2013)
아름다운 믿음의 유산(나덕환, 한국장로교출판사,2012)
아름다운 원칙주의자 해원 정규오 목사(김남식, 해원기념사업회, 2007)
야소교장로회연감(조선야소교장로회총회 종교교육부, 1904)
언더우드家 이야기(서정민, 살림, 2005)
역사와 교회-내가 섬긴 교회 내가 살던 역사-유호준 목사 회고록(유호준, 대한기독교서회, 1993)
애양원과 사랑의 성자-손양원(차종순, KIATS, 2008)
예수 나를 오라 하네(양향모, 쿰란출판사, 2018)
예수사랑을 실천한 목포・순천 이야기(이덕주.도서출판 진흥)
이기풍 목사의 삶과 신앙(이사례, 기독교문사, 1991)
일제의 탄압과 한국교회의 저항-순천노회 수난사건을 중심으로(김수진, 주명진. 쿰란출판사. 1996)

일제의 한국교회 박해사(김인수, 대한기독교서회, 2006)
자기 십자가 지고 따르라(황두연. 소망사. 1978)
전남의 기독교 이야기1(김양호. 세움북스. 2019)
전남의 기독교 이야기3(김양호. 사람이크는책. 2020)
전남동부지역 기독교 인물과 선교활동(순천대 인문학술원, 선인, 2021)
주암면지(2009)
태극기와 한국교회(홍승포, 이야기북, 20220
토마스목사전(오문환, 대한기독교서회, 2020)
한권으로 읽는 한국기독교의 역사(류대영. 한국기독역사연구소. 2018)
한국감리교인물사전(기독교대한감리회, 2002)
한국교회교단형성사 上, 中(김덕환, 임마누엘출판사, 1986)
한국교회사(김영재, 협신대학원출판부, 2009)
한국 교회 친일과 전통(최덕성, 본문과현장사이, 2000)
한국교회사(김영재, 협신대학원출판부, 2009)
한국교회교단형성사 上, 中(김덕환, 임마누엘출판사, 1986)
한국기독교서회운동사(김명배, 북코리아, 2009)
한국기독교와 민족통일운동(이만열, 한국기독교역사연구소, 2001)
한국기독교인물사(김광수, 기독교문사, 1974)
한국기독교의 역사Ⅰ개정판(한국기독교역사학회. 기독교문사. 2011)
한국기독교의 역사Ⅱ개정판(한국기독교역사학회. 기독교문사. 2014)
한국기독교의 역사(Ⅲ)(한국기독교역사학회, 2009, 한국기독교역사연구소)
한국기독교의료사(이만열. 아카넷. 2003)
한국기독교형성사(옥성득. 새물결플러스. 2020)
한국기독교 흑역사(강성호, 도서출판 짓다, 2016)
韓國民族基督敎百年史(김광수, 한국교회사연구원, 1978)
韓國民族督敎人物史(김광수, 기독교문사, 1974)
한국선교이야기(조지 톰슨 브라운, 동연, 2010)
한국성결교회사 110년 이야기(홍순표, 킹북, 2011)
한국에큐메니칼운동사(전택부, 한국기독교교회협의회, 1979)
한국 오지에 내 삶을 불태우며(보이어, 개혁주의출판사, 2004)

한국전쟁과 기독교(윤정란, 한울아카데미, 2015)
한국초대교회사(김민영. 쿰란출판사. 1998)
해방 전후사의 교회 인식(김정일, CLC, 2022)
호남교회 형성인물 1, 2, 3, 4, 5편-이기풍(한인수, 도서출판 경건, 2000)
호남지역 장로교회사(강민수, 한국학술정보, 2009)
1899-1904년 한성감옥서 수감자들의 기독교 입교에 관한 연구(김일환, 북랩, 2023)
3·1운동과 기독교 민족대표16인(한국기독교역사연구소, 2019)

일반 단행본 및 향토지

남로당 연구(김남식, 1984, 돌베개)
대검찰청 좌익사건실록 11권(1975)
동포의 학살을 거부한다(주철희, 흐름, 2017)
민란의 시대(2017. 이이화. 한겨레출판)
'빨갱이'의 탄생-여순사건과 반공국가의 형성(김득중, 선인출판사, 2009)
벌교읍지(벌교읍지편찬위원회, 2007)
불량국민들(주철희, 북랩, 2013)
송광면지(2010)
순천승주향토지(순천문화원, 1975)
순천의 마을 유래지(순천문화원, 1993)
순천의료원 100년사(최경필, 순천의료원, 2019)
아직 끝나지 않은 문제 신사참배(오창희, 예영커뮤니케이션, 2021)
오산80년사(1987, 오산중고등학교)
전국학련(이철승, 중앙일보, 1976)
전남유격투쟁사(정관호, 선인, 2008)
전라남도지8권(전라남도지편찬위원회, 1993)
한국근대광업침탈사연구(이배용, 일조각, 1989)
한국전쟁비사2(안용현, 1992, 경인문화사)
한국전쟁의 기원-상(브루스 커밍스, 1986, 청사)
한국전쟁의 유격전사(2003, 국방부 군사편찬연구소)

황전면지(2009)

해룡면지(2012)

1960년대 한국의 근대와 지식인(2004, 노영기, 선인)

논문 및 발표 자료

- 신학지남 1974년 여름호
- 1920년대 한국장로교회 헌법을 통해 본 장로회 정치의 특징-김일환(서울장신대)의 논문(한국기독교와 역사 제49호 36쪽. 2018.09)
- 레이놀즈의 목회 사역(송현강 저)-한국기독교와 역사 제33호(2010년 9월 25일)
- 논문-대한제국기 충추 안동김씨 김갑규의 가계와 경제기반(충북대 남금자)-한국사연구제154호(2011)
- 박용희(朴容羲)의 신앙과 사역에 대한 연구(연세대 이선호)-피어선신학논단 제3권 제2호(2014.8)
- 김승태, "1940년대 일제의 종교탄압과 한국교회의 대응"-한국기독교역사연구소 제10호
- 일제 신사참배 강요와 양용근 목사의 순교사에 관한 고찰(양향모 목사)-전남동부지역 기독교 인물과 선교활동(순천대인문학술원. 2021)
- 6·25전쟁 직후 기독교 탄압 학살연구(서울신학대 박병수 교수팀, 2022)-진실화해를위한과거사정리위원회
- 문화와 신학-옥성득 교수의 평양 기독교역사 2019년 11월호(대한기독교서회)
- 미국남장로교 한국선교회의 순천선교부 개설 배경 연구-1892년~1912년을 중심으로-임희모의 장신논단(2021년 3월)
- 순천노회 교역자 수난사건 재평가-최덕성(고려신학대학원 교수) 연구논문
- 순천중앙교회의 태동과 발전-차종순(호남신학대)-순천대 인문학연구소 주최 학술대회 발표(2017년 8월)
- 전남 순천지역 기독교의 수용과 확산-윤정란(전남대) 연구논문-숭실사학 제26집 발표(2011년 6월)
- 이수정의 성경번역과 한국교회사의 의미-이만열(숙명여대 명예교수)-한국기독교와 역사 제43호(2015년 9월)

- 호남 최초 목사 최중진에 관한 선교적 고찰-최운산(총신대) 석사학위 논문(2017)
- 평양신학교 초기편사(박용규 성남제일교회 목사)
- 호남지방 교회의 역사(김수진 장신대)-한국기독교와 역사
- 2018년 순천대 인문학술원 학술대회-전남동부지역 기독교인물과 지역사회
- 김일환(서울장신대)의 논문-1920년대 한국장로교회 헌법을 통해 본 장로회 정치의 특징(한국기독교와 역사 제49호. 2018.09)
- 어린이 잡지『아이생활』의 창간 주도 세력 연구 논문(박영지, 인하대, 2019)
- 논문-광주·전남 기독교인들의 3·1운동 참여와 동향(한규무 광주대 한국사)
- 전남동부지역 기독교 인물과 선교활동(순천대인문학술원. 2021)-일제 신사참배 강요와 양용근 목사의 순교사에 관한 고찰(양향모 목사)
- 한국 교회 친일과 전통(최덕성, 본문과현장사이, 2000)
- 임송자-제헌의원 황두연의 생애와 순천지역 활동(남도문화연구35) 58-59쪽
- 임송자-여순사건과 순천지역 좌·우익 세력의 동향(역사학연구73) 178~179쪽
- 논문-남북분단과 6·25전쟁 시기(1945-1953) 민간인집단희생과 한국기독교의 관계연구(최태육, 목원대학원, 2014) 181쪽
- 한국정신문화연구원 편-내가 겪은 건국과 갈등(선인, 2004)
- 이수정의 성경번역과 한국교회사의 의미(이만열)-한국 기독교와 역사 제43호(2015.9)
- 이덕주, "초기 한글성서 번역에 관한 연구," 한글성서와 겨레문화 (기독교문사, 1985)
- 전남 동부지역 기독교 인물과 선교활동(순천대, 선인)-일제 신사참배 강요와 양용근 목사의 순교사에 관한 고찰(양향모)
- 남도문화연구 제26집-지리산권 동남부지역 동학농민혁명의 전개와 특징(김양식, 충남발전연구원) 50쪽
- 최승선 논문-이승만의 기독교 개종과 그의 기독교 이해(1875~1904)(장신대대학원) 38~39쪽
- 유영익 논문-젊은 날의 이승만-한성감옥생활(1899-1904)과 옥중잡기 연구 19~20쪽

> 언론매체기사

- 한국기독공보 2003년 7월 26일자(순천 원탁회의사건,일기의 주인공 강창원 목사의 회고)
- 한겨레:온(http://www.hanion.co.kr) 20203.1.23일자-신사참배를 거부한 신앙인 한상동
- 국민일보 2013년 7월 3일자-[역경의 열매] 손동희 (10) 두 오빠 총살됐다는 소리에 순천까지 50리 길을…
  (https://news.kmib.co.kr/article/view.asp?arcid=0007336629)
- 국민일보 2013년 7월 7일자-[역경의 열매] 손동희 (12) "목사님, 이 자가 지금 막 동인 동신이를 죽였다고 시인했습니다."
  (https://news.kmib.co.kr/article/view.asp?arcid=0007347532)
- 국민일보 2018년 8월 9일자 기사-[신사참배 결의 80년, 이젠 회개다]한경직 목사, 1992년 첫 공개적 회개 "신사참배, 일생의 짐이었는데 우상숭배의 죄를 이제야 참회"
- 크리스천투데이-손양원 목사 양손자, 아프리카 한센인들 섬긴다(2020.10.29.)
- 서민호, 〈그때 그 이야기, 이 정권과의 투쟁〉, 〈전남매일신문〉, 1973년 8월 30일/[김삼웅의 인물열전-월파 서민호 평전4] 3·1혁명 참여, 일경에 소금·고춧가루 뿌려(오마이뉴스, 2023.1.2.일자)
  (https://www.ohmynews.com/NWS_Web/View/at_pg.aspx?CNTN_CD=A0002892261&CMPT_CD=P0010&utm_source=naver&utm_medium=newsearch&utm_campaign=naver_news)
- 순천시민의신문 2004년 기획특집 〈안력산병원에서 순천병원까지〉 김선유
- 왜 한국교회는 신사참배에 나섰는가?(가톨릭뉴스 지금여기, 2008.11.27.일자 기사)
  (http://www.catholicnews.co.kr/news/articleView.html?idxno=666)
- 에큐메니안 칼럼-손바닥으로 하늘을 가리려 하지 마라(김동한, 2005.10.2.일자)
  (http://www.ecumenian.com/news/articleView.html?idxno=239)
- 국민일보-[아직 끝나지 않은 문제 신사참배] 〈9〉 신사참배 이후의 배도들
  (http://news.kmib.co.kr/article/view.asp?arcid=0924220591&code=23111111&cp=nv)
- 매일신보 1941년 3월 19일자 기사
- 목사직의 영광-기독신보 1936년 5월 13일자 기사

- 평양과 기독교의 수입(이창진)-종합교양잡지 〈民聲〉 1949년 12월호) 87~89쪽
- 국민일보 2016년 3월 18일자 기사-순교와 순종, 사명과 화해의 이야기가 있는 길 위의 묵상
  (http://news.kmib.co.kr/article/view.asp?arcid=0923465557&code=23111113&cp=nv)
- 한국교회이야기-박연세 목사(성경환 목사. 2021.1.28.일자)
  (https://blog.naver.com/kalos1079/222223487685)
- 동아일보 1993년 7월 12일자 31면 기사-골프치다 벼락맞은 前 장관부인 숨져
- 한국 감리교회 역사에 나타난 영적 권위와 지도력 문제2-이덕주 교수 '진정한 감리교 운동연구' 심포지엄 발제문(뉴스엔조이, 2009.3.3.일자 기사)
  (https://www.newsnjoy.or.kr/news/articleView.html?idxno=27103)
- 한경직 목사는 성자였나? 배교자였나?(바른 믿음, 2016.1.14.일자)
  (http://www.good-faith.net/news/articleView.html?idxno=398)
- 신사참배 때문에 10년 뒤 남북분단(뉴스파워 2015.1.19.일자 기사)
  (http://www.newspower.co.kr/26474)
- 장로교 총회가 키운 한 검사의 죽음(정병진, 평화나무, 2020.10.22.일자 기사)
  (http://www.logosian.com/news/articleView.html?idxno=1576)
- 동아일보 1946.7.26.일자 기사
- 매곡동에도 양민학살 있었다(한국기독공보 1999.11.13일자 기사)
  (http://www.pckworld.com/article.php?aid=1673911209)
- (사)기독교윤리실천운동 좋은나무 칼럼-여순사건을 다시 생각한다-배덕만(기독연구원 느헤미야 교회사 교수)/(https://cemk.org/22593/)
- 선데이저널-[단독보도] 차지철 처남 윤세웅 일가, 뉴욕 플러싱 수천억대 부동산 '떼부자 내막' (2017.11.16.일자, 안치용 시크릿 오브 코리아 편집인)
- 김성동, 6·25때 좌익이 학살한 5만9964명 명부 발견", 〈월간조선〉, 2002년 4월호
- 〈통일뉴스〉좌익에 의한 민간인 학살사건(4)-인민군의 퇴각과 민간인 학살-〈연재〉임영태의 한국현대사, 망각과의 투쟁(32)(2017.1.31.일자)
- 조선일보 2021년 6월 1일자 기사-피카소 그림 '한국에서의 학살' 은 6·25전쟁 허위 선전물이다 (https://n.news.naver.com/article/023/0003617369)
- 전북일보 2021년 6월 22일자 기사-"피카소 '한국에서의 학살' 제작동기…신천

- 학살 아니야" (http://www.jjan.kr/2111078)
- "난 자유의 편… 北의 스카우트 제안 거절"(SENIOR조선, 2017.6.23.일자 기사) (http://senior.chosun.com/site/data/html_dir/2017/06/23/2017062300847.html)
- 기독신보 1916년 11월 8일자 기사
- 국민일보 2016년 4월 3일자 기사-제주4·3사건 때 양민 살린 '한국판 쉰들러' (http://news.kmib.co.kr/article/view.asp?arcid=0923484917&code=23111113&cp=nv)
- 기독교신문 1942년 7월 22일자 기사
- 뉴스엔조이 2003년 4월 14일자 기사-〈세습포럼〉소망교회 변칙 세습 실태 (https://www.newsnjoy.or.kr/news/articleView.html?idxno=4972)
- 민중의소리 2020.9.21.일자 [기자수첩] 개신교 청년들은 어떻게 극우화되었나?(권종술 기자)/(https://www.vop.co.kr/A00001513825.html)
- 국민일보 2014년 1월 22일자 기사-인간의 구원 가능성을 설파하다(한국 최고 테너 이인범 탄생 100주년 (https://news.kmib.co.kr/article/view.asp?arcid=0007959340&code=13110000)
- BBC뉴스코리아(김형은 기자/2018.9.19일자)-북한과 기독교…인연 혹은 악연의 시작 (https://www.bbc.com/korean/news-45507082)
- 리버티코리아포스트-김형수, 2019.10.22.일자 기사((http://www.lkp.news)
- 자주시보 2018.2.23.일자 기사-소천한 빌리 그레이엄 목사와 김일성 주석 (http://www.jajusibo.com/38082)
- 기독일보 2022.4.6.일자 강석진 목사의 북한교회사 이야기(32)-북한, 공산국가 '조선민주주의 인민공화국' 수립 (https://www.christiandaily.co.kr/news/114168#)
- 이승만기념관 홈페이지-크리스천 이승만(유영익) (http://xn-zb0bnwy6egumoslu1g.com/bbs/board.php?bo_table=Christian&wr_id=6)
- 한겨레- '서북청년'에 뿌리 둔 한국 개신교의 주류(허미경, 2015.11.27.일자) (https://n.news.naver.com/article/028/0002298077)
- 4·3 70년 하나된 제주교회 "주여, 이 땅을 용서하소서"(제주의소리 2018.3.31.일자 기사) (http://www.jejusori.net/news/articleView.html?idxno=202353)
- 제주 4·3 사건 화해의 첫 걸음(예장뉴스.2018.4.1.)

(http://www.pck-goodnews.com/news/articleView.html?idxno=2810)
- 신사참배 때문에 10년 뒤 남북분단(뉴스파워 2015.1.19. 일자 기사)
(http://www.newspower.co.kr/26474)

기타 기관 공적자료, 선교사 서신 등

- 공훈전자사료관, 『독립유공자공적조서』
- 국가기록원-독립운동 관련 판결문
- 독립유공자 공훈전자사료관 유공자정보-김병조/이원익
- 독립기념관 한국독립운동사연구소-강문호 편
- 산동 손양원 목사 순교 기념학술 심포지엄 〈산돌 손양원 목사와 순교〉(2013년 9월 28일 여수방주교회, 주관-한국기독교역사학회, 한국기독교육사연구소)
- 순천지역 여순사건 보고서(매산중학교교사 희생사건 면담보고서. 2008. 12. 5일)
- 여순사건 여수지역보고서(진실과화해위원회, 2010) 곽상국(당시 22세)목사 증언
- 진실화해위원회, 종합보고서 II (진실화해위원회, 2010) 71~72쪽
- 진실화해위원회, 「순천·여수지역 적대세력에 의한 피해사건」『2010년 상반기 조사보고서』02, 173쪽, 195쪽)
- 진실화해를위한과거사정리위원회가 서울신학대 박병수 교수팀에 용역을 의뢰한 '6·25전쟁 직후 기독교 탄압 학살연구' 결과이다(2022.2.21.)
- Boyer, "SoonChun, Korea, Letters," (October 28. 1948)
- Personal Report, J. C. Crane, for the year ending June, 1930.
- Rev. R. T. Coit, A New Station in Korea, The Missionary(September 1910), 468.
- Boyer, "SoonChun, Korea, Letters," (October 28. 1948).
- "Can Christian Missioanries Sanction Shrine Worship?", Sunday School Times(June 12, 1937) 427쪽, 428쪽

> 서평

역사적 시각과 종교적 열정으로 재구성한 순천지방의 개신교 선교 역사

박병섭(지역사 탐구가) [1]

"성경과 진리와 신앙적 양심을 고수하지 못하고 스스로 십계명의 제1계명을 위반한 우상숭배와 배교 행위인 신사참배 결의는, 기독교 역사의 수치와 부끄러운 것임을 인정하며 깊이 반성하고 통회자복(痛悔自服)하며 이제라도 신사참배 결의를 취소하고 신앙적 양심을 회복해 성경과 진리로 돌아가고자 한다."

순천노회가 2022년 4월 19일 구례 제일교회 예배당에서 제104회 2차 정기노회를 열어 일제 신사참배 결의를 취소하고 성령 안에서 다시 태어날 것을 결의했다는 지난해 보도 기사를 찾아 읽었다. 84년 만의 일이라고 제목이 붙어 있었다.

당황스럽다. 매산관 옆에는 〈신사참배 거부운동지〉 라는 현충 시설 표지판까지 있는데, 조지와츠 기념관 옆 돌비 가운데는 신사참배 거부 운동과 관련한 것도 있는데, 수많은 학생들이 배우고 있는 학교까지 문을 닫으며 신사참배를 거부했다고 알아왔는데, 정작 이 지역의 교회 지도자들은 신사참배를 찬성했었다니, 어쩔 수 없는 상황에서 신사참배를 해야 한다고 결의했었다면 해방이 되어 신사를 부수던 때에, 이 지역의 교회 지도자들은 자신들의 과오를 반성하고 용서를 빌지 않았을까?

많이 닮았다. 유관순 열사를 띄운 사람들이 친일 경력자들이었다는 주장과 말이다. 교단 일부의 신사참배 거부를 내세워 교단 전체의 신사참배를 가리려 했던

---

[1] 전남대 국사교육과를 졸업하고, 전남의 중등학교에서 역사(사회)를 가르쳤으며, 지역의 역사와 문화를 꾸준히 탐구하며 알리고 있다.

것은 아니었을까? 보통 사람이든 믿는 사람이건 생명에 대한 위협 앞에서 약자일 수밖에 없다. 교계의 지도자들이 교회를 폐쇄당하고, 수감과 고문의 고난을 불사하며 신사참배를 끝까지 거부하는 것이 쉽지 않았을 것이다. 유관순을 떠우며 자신의 친일을 감추려 했던 것처럼 순천 외곽의 일부 순교자를 내세운 것은 아니었을까 생각해본다.

그래도 다행이다. 순천노회가 신사참배를 결의했던 그 교회당에 가서 치욕의 역사를 솔직하게 인정하고 회개했다. 다른 지역보다 늦은 것은 아쉽지만, 이제라도 교계 자체적으로 자신의 역사를 되돌아 보게 되었으니 말이다. 혹시 치욕의 역사를 감추기 위해서 실제 이상으로 과장하고, 더 나아가 왜곡한 것은 없는지 교계 안에서 검증하는 노력도 필요할 것이다. 현재 항일기간 기독교계가 벌인 신사참배 거부 운동은 독립운동으로 인정받았으며, 일부 종교인들은 독립운동가로 서훈까지 받았다. 순천노회 소속 교역자와 신자들 가운데, 더 나아가 선교사들 중에 항일의 자세를 당당하게 보여주었던 분들을 발굴했으면 좋겠다.

그래서 이 책을 더 반갑게 맞이했다. 순천지방의 개신교 선교 역사를 최경필 작가가 그동안 연구한 결과로 책을 묶었다. 매산등을 비롯한 전남 동부 지역 남장로교회 선교 역사를 정리한 책이 그동안 많이 나온 것은 사실이다. 하지만 주로 교단 내부의 시각이 너무 강하다보니 '믿지 않는 사람'이 보기에는 불편한 부분이 많았다. 나와 최 작가는 현재 과거사 문제 해결 기구와 순천문화재단에서 함께 활동해오고 있기에 조금은 활동하고 있는 모습을 지켜봤다. 작가는 그동안 전혀 정리되지 않았던 순천의료원의 100년 역사를 2019년에 펴내고, 순천 성북교회의 역사를 집필했다. 언론인이나 시민운동가로 활약하면서 쌓은 순발력과 분석력으로 남다른 필력을 과시해 왔는데 이번에는 〈완전한 순교〉라는 제목으로 전남 동부의 개신교 역사를 충실하게 정리한 것이다. 최 작가가 '믿는 사람'이긴 하지만 정치 사회적, 역사적 시각으로 선교 역사를 정리하였기에 공감이 가는 바 많았다. 교단 안의 시각을 존중하면서도 교단 밖의 문제 제기를 잘 반영하였다.

정말 애썼다. 지금까지 나온 전남 동부의 개신교 역사책들은 선교부 설치 이후를 다루면서 그 이전에 이미 설립되었던 교회를 제대로 소개하지 않고 있다. 하지만 최 작가는 무만리 교회와 마을 출신 교역자 정태인 목사를 충실하게 소개하고 있다. 제대로 관리되고 있지 않은 묘소는 물론 교회 분열 상황까지 현지 답사를 통해 세세하게 파악하여 전달하고 있다. 이런 식으로 기록에만 의존하지 않고 관련 현장을 누비며 기록했던 것이다.

  작가가 중점을 두고 서술한 부분은 이른바 순교자의 실상일 것이다. 매산등을 비롯하여 초기 순천노회 관할 지역에서 신사참배, 여순10·19, 6·25전쟁 시기에 발생한 순교의 상황을 상세하게 다루고 있다. 이 주장을 처음으로 대하는 분들은 충격으로 받아들일 수도 있겠다. 알면서도 감췄을 수도 있고, 몰라서 답습했을 수도 있다. 독실한 신자로서 교계의 보편적인 주장에 도발하기 쉽지 않았을 것이다. 하지만 판결문, 노회 자료 등의 공식 기록과 역사학계의 최근 연구 성과를 바탕으로 한 최 작가의 사실 기술에 교계가 진지하게 경청했으면 좋겠다.

  이제 시작이라고 생각한다. 순천은 하늘의 뜻을 좇으며 살아가는 아름다운 동네이다. 여순10·19의 역사 현장을 찾아오는 분들을 모시고, 여순10·19평화공원에 자주 들르고 있다. 평화공원 입구의 돌비 앞에서 죽도봉을 바라보면 너무도 평화롭다. 성당, 사찰, 교회에서부터 어느 성씨 제각, 어느 신흥종교의 예배당이 공존한다. '믿는 분' 들로서는 모두 교회로 통합되기를 바라실 수 있지만, 그러기에는 더 시간이 필요할 것이다. 이번 최 작가의 책 출판을 계기로 공존 사회를 지향하는 토론과 교감이 오고 갔으면 좋겠다.

> 추천사

역사는 과거와 현재의 끊임없는 대화

고창주 목사[1]

"영국의 세계적인 역사학자였던 에드워드 카(Edward Hallett Carr)는 그의 책 〈역사란 무엇인가〉에서 '역사는 과거와 현재의 끊임없는 대화'이고, '미래에 대한 의식이 없으면 역사란 존재하지 않는다.'고 말했다. 나는 이 말에 전적으로 동의한다. 우리는 역사를 통해 과거와 대화하고 미래에 대한 의식을 통해 과거를 해석한다. 그러므로 에드워드 카의 말처럼 역사는 단절된 것이 아니라 과거와 현재의 끊임 없는 대화이며 연속선상에 있는 것이다.

국문학을 전공하고 출판사를 거쳐 20년 언론사 취재기자의 경력으로 지역 향토사 발굴 등의 활동을 하고 있는 분이 전남동부개신교 전래사를 썼다고 초본을 들고 왔다. 평신도가 이런 작업을 했고 그 결과물을 가져온 것에 대해 솔직히 적잖게 놀랬고, 지역 교회를 섬기는 목회자로서 부끄러움도 느낀 것이 사실이다.

이 책은 이 지역에서 활동한 선교사들의 선교활동과 어떤 성과에 대한 내용이 아니라, 전남 동부지역의 개신교 전래와 더불어 이 지역 교회의 역사, 그리고 역할에 초점을 둔 책이다.

이 책은 일제강점기 교회의 신사참배라는 불편한 진실을 들추고 있다. 그 배교의 역사가 한국사회와 교회에 아픈 현대사를 초래했으며, 순교자에 대한 우상화와 이데올로기적 우민화가 이 시대 교회와 성도들을 또 다른 죄악으로 내몰고 있다고 해석한다.

이 책은 확실히 한국교회 역사와 이 지역 선교역사에 대한 기존의 자료들과는

---

[1] 순천 금당남부교회 위임목사.

차별되는 지점이 있고 다소 진보적 역사관을 가지고 있다. 그렇기 때문에 이 책이 가치가 있다. '개혁된 교회는 항상 개혁되어야 한다'는 종교개혁가들의 모토처럼, 교회와 크리스찬은 하나님의 말씀으로 날마다 개혁되지 않으면 무능한 '맛 잃은 소금'이 되기 때문이다.

모쪼록 이 책이 교회와 크리스찬들이 복음의 본질로 돌아가는 일에 일조하기를 기대하고, 저자가 밝힌 대로 이 지역 초기 복음 전파에 헌신한 평신도들의 숨겨진 역사도 많이 발굴하여 소개해 주기를 기대한다.

추천사

방황하는 영혼들이 주님께 돌아오는 역사

박응진 목사[2]

이 책은 1894년부터 1960년 사이에 전남 동부 개신교 전래사를 시대별로 체계적으로 잘 정리한 책이다. 특히 이 시기에 신사참배와 우상숭배의 부끄러운 과거를 솔직하게 드러내며, 완전한 순교의 정신이 무엇인지 다시 한번 조국교회에 도전하고 있다.

이 책을 통해서 다시 한번 손양원 목사와 여러 순교자의 아름다운 순교신앙이 조국교회에 널리 알려지고, 이 시대에 방황하는 많은 영혼이 다시 주님께 돌아오는 역사가 일어나길 기대하고 소망한다.

---

2 여수제일교회 담임목사

> 추천사

하나님의 역사는 사람을 통해 사람과 함께 이루어지고 기록된다

서종옥 장로[3]

처음에는 보잘것없겠지만 나중에는 훌륭하게 될 것일세.
(Though you started with little, you will end with much) - 욥기8;7

    1997년 봄 7년간의 부산 생활을 마친 후 목포기독병원 내과로 봉직을 정하고 전공의 파견 문제로 모교 내과 주임교수를 만났다가 흔쾌히 그 자리를 양보하고 잠깐 들린 땅이 전라남도 동부지역 순천이다.
    역사를 돌이켜보면 100년 전 순천은 매산등을 중심으로 군산, 전주, 목포, 광주에 이어 남장로교 선교부가 설치되었다. 1913년부터 1941년에는 의료·교육·복음을 위한 선교사 가족들이 안력산병원과 애양원, 외국인 어린이학교, 매산학교, 순천읍교회를 중심으로 거주하면서 동부지역 산길과 바닷길을 오고 갔다. 그래서 선교사역의 중심거점으로 노란 머리와 파란 눈의 미국인 100여 명이 조선사람들과 생활을 해온 국제도시였다.
    나는 1997년 순천 구도심에서 내과 의사로 내시경과 초음파를 주로 하는 진료를 하면서 진료권이 녹동, 고흥, 벌교, 낙안, 송광, 외서, 석곡, 목사동, 구례 산동, 남원, 광양, 하동, 여수 율촌까지 확대되었다. 그래서 대중교통 시외버스나 가끔 자가용 환자들, 순천 원도심 거주 어르신들과 동천 너머 신도심 젊

---

3 안력산의료문화재단 이사장, 위앤장 서내과의원 원장

은 층까지 환자로 만날 수 있었다.

나는 2000년부터 전라남도의사회와 순천시의사회에서 활동해왔다. 또한 목포·광주 선교부에서 활동하며 전남 동부지역에 복음을 씨앗을 뿌린 의사이자 목사인 오웬 선교사의 바닷길과 육로길 발자취를 더듬었다. 군산에 왔던 걸출한 의료선교사 알렉산더의 큰 손길이 프레스턴을 통해 순천 및 동부권 첫 근대병원인 안력산병원을 세웠는데, 그 뿌리 찾기를 통해 '안력산의료문화센터', '순천 근대 의료역사 과제'를 순천시와 협업을 하고 있다. 이어 안력산의료문화재단을 통해 의료봉사, 의료역사, 의료학술, 의료관광의 꿈을 지역민들과 함께하고 있다.

하나님의 사람, 귀한 동역자 최경필 작가가 '순천의료원 100년사'와 '순천성북교회 70년사'에 이어 '전남 동부 개신교 전래사'의 깃발을 들고 장군처럼 파죽지세로 달려가는 거침없는 모습을 지켜보고 있다.

이렇게 관심 있게 지켜본 최 작가는 고향인 고흥 해창만을 자양분으로 지방 언론사 기자를 하며 순천문화재단 이사와 여순사건 진실규명을 위한 실무위원으로서 지역사회에 헌신하는 강직한 사람이다. 하지만, 시집 '마흔살 엄마'를 통해 모정을 가슴에 품었던 것처럼, 고 송수권 시인을 기리는 기념사업에도 앞장설 정도로 가슴이 따뜻한 안수집사이자, 그리스도인으로서 부족함이 없었다.

이번에 1894년부터 1960년대까지 순천읍성과 동부지역 초대교회들 역사와 증인들, 신사참배, 여순사건과 6·25 참화를 딛고서 '완전한 순교'를 사랑으로 보듬는 전남 동부 개신교 전래 역사가 세상에 나온 것은 하나님의 축복이다. 이제 저 너머 또 다른 곳을 향해 넘어가는 그가 쉼 없이 푯대를 향해 다듬질할 선명한 눈길과 발길을 응원하며 기도하고 싶다.